Vera Miesen
Engagement und Habitus im Alter

Alter - Kultur - Gesellschaft | Band 7

Vera Miesen, geb. 1984, forscht als Sozialarbeiterin und Erwachsenenbildnerin zu gerontologischen Fragestellungen, u.a. zu den Themen Teilhabe im Alter, Habitus und soziale Ungleichheit sowie gemeinwesenorientierte Senior*innenarbeit.

Vera Miesen

Engagement und Habitus im Alter

Milieuspezifische Engagementtätigkeit im sozialen Nahraum

[transcript]

Diese Arbeit wurde 2021 bei der Fakultät für Bildungswissenschaften der Universität Duisburg-Essen zum Erwerb des Doktorgrades eingereicht.
Datum der Disputation: 18. März 2022
Prof. Dr. Helmut Bremer, Prof. Dr. Dietmar Köster

Bibliografische Information der Deutschen Nationalbibliothek
Die Deutsche Nationalbibliothek verzeichnet diese Publikation in der Deutschen Nationalbibliografie; detaillierte bibliografische Daten sind im Internet über http://dnb.d-nb.de abrufbar.

© 2023 transcript Verlag, Bielefeld

Alle Rechte vorbehalten. Die Verwertung der Texte und Bilder ist ohne Zustimmung des Verlages urheberrechtswidrig und strafbar. Das gilt auch für Vervielfältigungen, Übersetzungen, Mikroverfilmungen und für die Verarbeitung mit elektronischen Systemen.

Umschlaggestaltung: Maria Arndt, Bielefeld
Druck: Majuskel Medienproduktion GmbH, Wetzlar
https://doi.org/10.14361/9783839464618
Print-ISBN 978-3-8376-6461-4
PDF-ISBN 978-3-8394-6461-8
Buchreihen-ISSN: 2569-2615
Buchreihen-eISSN: 2703-0318

Gedruckt auf alterungsbeständigem Papier mit chlorfrei gebleichtem Zellstoff.
Besuchen Sie uns im Internet: https://www.transcript-verlag.de
Unsere aktuelle Vorschau finden Sie unter www.transcript-verlag.de/vorschau-download

Inhalt

Danksagung 9

1 Einführende Überlegungen 11
1.1 Erste begriffliche Annäherungen zu Engagement und Habitus 14
    1.1.1 Alter und Engagement – Einbettung in drei sozialgerontologische Diskurse 15
    1.1.2 Formelles Engagement – Grenzziehungen und normative Setzungen 21
    1.1.3 Informelles Engagement – die unsichtbaren Hilfeleistungen 25
    1.1.4 Engagement im Stadtteil – Bedeutung des sozialen Nahraums 29
    1.1.5 Habitus und Milieu – ein Perspektivwechsel auf Engagement 32
1.2 Zur Anlage und Perspektive der Arbeit 35
    1.2.1 Problemstellung und zentrale Forschungsfragen 36
    1.2.2 Forschungsfeld der Studie 37
    1.2.3 Aufbau der Arbeit 38

2 Einordung der Studie in die Engagementforschung 41
2.1 Zur gesellschaftlichen Bedeutung von Engagement im Alter – Wer engagiert
    sich und wer (vermeintlich) nicht? 42
    2.1.1 Engagementzahlen und Engagementbereiche 43
    2.1.2 Strukturwandel des Ehrenamtes – Chancen oder Risiken? 48
    2.1.3 Engagement und soziale Ungleichheit 51
2.2 Zur individuellen Bedeutung von Engagement im Alter – Warum engagieren
    sich Ältere (und warum auch nicht)? 55
    2.2.1 Engagement als Ausdruck biografischer Lebensereignisse 56
    2.2.2 Engagement als individuelle Nutzenabwägung 60
    2.2.3 Engagement als Ergebnis von vorhandenem (Sozial-)Kapital 63
    2.2.4 Engagement im Kontext von Lebensstil und Milieu 66
    2.2.5 Studien zu Engagement sozial benachteiligter Personengruppen 75
2.3 Zwischenfazit: Zusammenführung gesellschaftlicher und individueller
    Bedeutung von Engagement 78

3	**Theoretische Bezüge**	83
3.1	Bezüge zu Pierre Bourdieus Habitus- und Feldtheorie	84
	3.1.1 Alter als Klassifikations- und Teilungsprinzip	84
	3.1.2 Engagement als Teil der Ökonomie des symbolischen Tauschs	87
	3.1.3 Altern – eine im »Habitus wirkende Präsenz der gesamten Vergangenheit«	91
	3.1.4 Der Glaube an das Spiel des Engagements – das Feld und die illusio	92
	3.1.5 Schlussfolgerungen für die vorliegende Studie	95
3.2	Bezüge zu den »Sozialen Milieus« nach Vester	97
	3.2.1 Milieutypologie	98
	3.2.2 Sozialer Zusammenhalt (Kohäsion) als Ursprung von Engagement	104
	3.2.3 Engagement als Teil des Freizeitverhaltens und der Gesellungspraktiken	106
	3.2.4 Überleitung zur empirischen Studie: sozialer Raum und physischer Raum	110
4	**Mehrstufiges Forschungsdesign**	113
4.1	Feldzugang	114
	4.1.1 »Get into the district« – Feldforschung der Gemeindesoziologie	115
	4.1.2 Auswahl des Stadtteils und Samplebildung	120
4.2	Methodologische und methodische Anlage der Studie	123
	4.2.1 Habitushermeneutik als »verstehender« Zugang zur Alltagswelt	124
	4.2.2 Erhebungs- und Auswertungsmethoden	126
5	**Ergebnisse der Studie: Vier milieuspezifische Engagementmuster mit entsprechenden Fallportraits**	133
5.1	Engagementmuster I: Prätentiös-statusorientiertes Engagement	135
	5.1.1 Fallportrait Frau Schick: »Man kann sagen, wir ham hier eine Ordnung und da halten wir dran fest.«	136
	5.1.2 Vergleichsfälle	143
	5.1.3 Muster I: Engagement nach dem Prinzip »Ordnung und Konventionen«	149
5.2	Engagementmuster II: Anpackend-spontanes Engagement	155
	5.2.1 Fallportrait Herr Nelles: »also wenn äh drei Mann über einen hergefallen sind, war ich der einzigste, der ihm geholfen hat.«	157
	5.2.2 Muster II: Engagement nach dem Prinzip »Authentizität und Respektabilität«	164
5.3	Engagementmuster III: Gemeinschaftlich-solidarisches Engagement	168
	5.3.1 Fallportrait Herr Laue: »ich werd ja nie in Entscheidungen mit einbezogen. […]. Ich bin ja nich nur da hingegangen, um nur ausführendes Organ zu sein.«	169
	5.3.2 Vergleichsfälle	177
	5.3.3 Muster III: Engagement nach dem Prinzip »Egalität und Autonomie«	184
5.4	Engagementmuster IV: Karitativ-leistungsorientiertes Engagement	188
	5.4.1 Fallportrait Frau Jakob: »ich hab der dann einen Kilo Zucker [gegeben] und ich sag, das nächste Mal bringen sie ihn mir dann wieder, ne.«	189
	5.4.2 Vergleichsfälle	197
	5.4.3 Muster IV: Engagement nach dem Prinzip »Distinktion und Reziprozität«	202

6	**Zusammenführung der Ergebnisse**	207
6.1	Verdichtete Darstellung der Engagementmuster	207
	6.1.1 Prätentiös-statusorientiertes Engagement	208
	6.1.2 Anpackend-spontanes Engagement	209
	6.1.3 Gemeinschaftlich-solidarisches Engagement	210
	6.1.4 Karitativ-leistungsorientiertes Engagement	211
	6.1.5 Tabellarische Übersicht der Engagementmuster	213
6.2	Übergreifende Darstellung der Engagementmuster anhand von Engagementpolen	216
	6.2.1 Formell/»anerkannt« vs. informell/»verkannt«	217
	6.2.2 Stadtteilbezogen vs. über den Stadtteil hinausgehend	218
	6.2.3 Dominant vs. dominiert	219
	6.2.4 Praktisch-anpackend vs. verwaltend-organisatorisch	220
	6.2.5 Individuell vs. gemeinschaftlich	221
	6.2.6 Reziprok vs. einseitig	222
7	**Schlussbetrachtungen und Ausblick**	225
7.1	Zusammenfassung zentraler Befunde	226
7.2	Einbettung der Ergebnisse in den Engagementdiskurs und weiterführende Forschungsdesiderate	233
7.3	Perspektiven für die pädagogische und soziale Arbeit in der Begleitung von Engagierten	238

Literaturverzeichnis ... 243

Danksagung

Ohne die Unterstützung vieler Menschen wäre diese Arbeit nicht entstanden.

Ein ganz besonderer Dank gilt den Senior*innen aus dem Stadtteil, den ich für diese Arbeit untersucht habe. Sie haben mir durch zahlreiche Gespräche einen Einblick in den Alltag im Stadtteil und ihre Lebenswelt gegeben und somit erst das Zustandekommen dieser Arbeit ermöglicht. Ein herzlicher Dank richtet sich auch an die hauptamtlich Tätigen im Stadtteil für das mir entgegengebrachte Vertrauen und die Möglichkeit, eine Zeit lang Teil der Arbeitskreise zu werden.

Helmut Bremer danke ich für seine über viele Jahre stattfindende persönliche Betreuung, seine fachliche Expertise und die immer konstruktiven Anregungen, die meine Arbeit enorm bereichert haben. Ebenso danke ich meinem Zweitbetreuer Dietmar Köster für die stetige Begleitung meines Vorhabens sowie die kollegiale Unterstützung.

Für die anregenden Rückmeldungen zu Zwischenständen und Auswertungsergebnissen möchte ich mich bei allen Teilnehmenden des Doktorandenkolloquiums in Essen bedanken. Auch die fachlichen Anregungen im überregionalen Kolloquium zur Habitus- und Milieuforschung haben meine Arbeit voran gebracht, danke hier ganz besonders Andrea Lange-Vester und Christel Teiwes-Kügler. Für weitere fachliche Anregungen und die stetige Möglichkeit des Austauschs danke ich Elisabeth Bubolz-Lutz.

Tim Zosel, Meike Wittfeld und Katrin Häuser bin ich von Herzen dankbar – nicht nur für die gemeinsamen Arbeitsphasen und zahlreichen arbeitsamen Wochenenden, sondern ebenso für die in meine Arbeit investierte Zeit, ein immer offenes Ohr, die stets konstruktiven Rückmeldungen und die Begleitung bei diesem langen Prozess.

Eine solche Arbeit ist auch ein ständiger Begleiter des alltäglichen Lebens. Daher danke ich meinen Freund*innen für ihre stetige Unterstützung – insbesondere Sonja Rübhausen und Nele Grieshaber: für Euer Verständnis sowie die gemeinsamen Auszeiten, die mich neue Kraft tanken ließen. Ebenso gilt ein Dank meiner Familie, vor allem meinen Eltern Karl-Heinz und Gaby Miesen, die mir diesen Weg ermöglichten und mich nie daran zweifeln ließen, dieses Projekt erfolgreich zu Ende zu führen.

Ein ganz besonderer Dank gilt meinem Mann Patrick Kersting und meinem Sohn Jannis, ohne deren Unterstützung ich die Arbeit nicht hätte fertigstellen können: Danke, dass ihr immer an mich geglaubt und mir die nötigen Freiräume zum Schreiben gegeben habt.

1 Einführende Überlegungen

»Das Alter ist nicht vom vorhergehenden, übrigen Leben geschieden: es ist die Fortsetzung deiner Jugend, deiner Jahre als junger Mensch, deiner Reifezeit […]. Das Alter spiegelt deine Ansicht vom Leben wider, und noch im Alter wird deine Einstellung zum Leben davon geprägt, ob du das Leben wie einen steilen Berg begriffen hast, der bestiegen werden muss, oder wie einen breiten Strom, in den du eintauchst, um langsam zur Mündung zu schwimmen, oder wie einen undurchdringlichen Wald, in dem du herumirrst, ohne je genau zu wissen, welchen Weg du einschlagen musst, um wieder ins Freie zu kommen.« (Bobbio 1999: 36–37)

In diesem Zitat des politischen Philosophen Norberto Bobbio deutet sich die enge Verbindung zwischen dem Alter und den vorangegangenen Lebensphasen an, welche auch für die Perspektive der vorliegenden Studie zum Thema Engagement im Alter zentral ist. Engagement, Partizipation und Teilhabe älterer Menschen haben vor dem Hintergrund des demografischen Wandels, dem größer werdenden Anteil älterer Menschen mit gutem Gesundheitszustand sowie den kommenden Generationen von Älteren mit höheren Bildungsabschlüssen – um nur einige Gründe zu nennen – seit Jahren Hochkonjunktur und finden Ausdruck in zahlreichen gerontologischen Studien und Forschungsbeiträgen (vgl. Vogel 2021; Alisch 2020; van Rießen/Henke 2020; Simonson/Vogel 2020; Naegele et al. 2016). Dabei wird verstärkt das Engagement älterer Menschen in ihrer direkten Wohnumgebung, wie beispielsweise im Stadtteil, beleuchtet und auf den Ansatz der Sozialraumorientierung zurückgegriffen (vgl. Grates et al. 2018; Rüßler et al. 2015; Alisch 2014; May/Alisch 2013; Heite 2012). Begleitet wird dieser wissenschaftliche Diskurs durch eine intensive Thematisierung auf politischer Ebene[1], so dass ausgehend vom Einsetzen der Enquete-Kommission »Zukunft des bürgerschaftlichen Engagements« (2002a) die Etablierung einer eigenständigen Engagementpolitik[2] festzustellen ist, die darauf zielt, das Engagement auch älterer Menschen zu fördern.

---

1   Aktuell findet diese Entwicklung unter anderem Ausdruck in der neu gegründeten Deutschen Stiftung für Engagement und Ehrenamt als bundesweit tätige Anlaufstelle zur Förderung ehrenamtlichen Engagements (Website der Stiftung für Engagement und Ehrenamt o.J.).
2   Siehe hierzu Olk et al. 2010; BBE-Reihe »Jahrbuch Engagementpolitik« (BBE-Website o.J.).

Diese Entwicklungen haben auf Bund- und Länderebene zur Einführung diverser Förderprogramme geführt, wie beispielsweise »Aktiv im Alter« oder »Erfahrungswissen für Initiativen« im gerontologischen Forschungsbereich. Ebenso auf Länderebene spiegelt sich in den Altenberichten Nordrhein-Westfalens die Bedeutung von Engagement im Alter wieder, so im 2016 erschienenen Bericht: »Nordrhein-Westfalen weiß um das besondere Potenzial der älteren Bürgerinnen und Bürger und unterstützt und fördert ihr bürgerschaftliches Engagement mit verlässlichen Rahmenbedingungen.« (Ministerium für Gesundheit, Emanzipation, Pflege und Alters des Landes NRW 2016: 11) Auch im aktuellen Altenbericht werden die positiven Effekte bürgerschaftlichen Engagements als Mittel zur Förderung des Zusammenhalts der Gesellschaft und einem guten Miteinander beschrieben (Ministerium für Arbeit, Gesundheit und Soziales des Landes NRW 2020: 184). Kaum ein politischer Bericht verzichtet auf die positiven Effekte von Engagement, verbunden mit dem Hinweis darauf, noch mehr Menschen für diese Engagementstrukturen zu gewinnen und bisher brachliegende Potenziale zu heben. Dahinter deutet sich zumeist ein Verständnis einer einheitlichen homogenen Gruppe von Älteren an, die es noch stärker zu mobilisieren gilt. Weniger wird jedoch die Tatsache berücksichtigt, dass das Alter zum einen eine Lebensspanne von rund vierzig Jahren umfasst und damit ältere Menschen beispielsweise über unterschiedliche gesundheitliche Voraussetzungen verfügen und zum anderen diese Lebensphase durch verschiedene Lebensumstände geprägt ist. Darüber hinaus ist – wie im Eingangszitat angerissen – das Alter als eine Lebensphase zu sehen, die nur im Kontext des vorherigen Lebensabschnitts zu verstehen ist.

Erkenntnisse zur vorhandenen Vielfalt des Alters bieten alterssoziologische Studien, welche in den letzten Jahrzehnten eine zunehmend differenzierte Beleuchtung der Gruppe der Älteren vorgenommen haben: wurde in früheren Arbeiten von einem Statusverlust der gesamten Gruppe der Älteren in der Gesellschaft ausgegangen (Cowgill/Holmes 1972, siehe Kohli 2013: 12), entstand in den 1990er Jahren eine differenziertere Beleuchtung, beispielhaft kann auf Tews' Altersstrukturwandel (1993) verwiesen werden. Ebenso folgten gerontologische Milieu- und Lebensstilstudien (u.a. Becker 1993; Amrhein 2008), welche neben dem Alter weitere Prägungen für das Handeln älterer Menschen beschreiben, wie etwa den Einfluss von Werten. Neben dieser differenzierten Perspektive der Lebensphase Alter ist zudem die Entwicklung sozialer Ungleichheit im Alter zu berücksichtigen.[3]

> »*Die* Alten gibt es ebenso wenig wie *die* Jungen oder *die* Menschen. Sie sind keine homogene Masse. Sie unterscheiden sich in ihren Kompetenzen, Bedürfnissen, Zwängen, sozialen Lagen, Lebensstilen und Lebenszielen und erweisen sich als überaus heterogen. Einige stehen auf der Sonnen-, andere auf der Schattenseite der »vita tertia«, andere irgendwo dazwischen.« (Schroeter 2002a: 95, Herv. i.O.)

Der Einfluss sozialer Ungleichheit lässt sich auch im Engagement älterer Menschen erkennen, denn »Strukturen des […] Engagements haben in der Regel einen Mittel-

---

3   Thematisch aufgegriffen u.a. in den Sammelbänden der Reihe »Alter(n) und Gesellschaft«, herausgegeben von Gertrud M. Backes und Wolfgang Clemens (u.a. Backes/Clemens 2002a; Backes et al. 2001; Backes 2000).

schichtsbias und reproduzieren oder verstärken soziale Ungleichheiten« (Aner/Köster 2016: 479). Nicht alle Bevölkerungsgruppen finden sich in verfassten Strukturen des bürgerschaftlichen Engagements wieder. So engagieren sich beispielsweise Personen mit höherem Bildungsabschluss häufiger als Personen mit niedrigerem und Bewohner*innen aus ländlichen Regionen häufiger als aus städtischen Regionen (Simonson et al. 2021). Die Zahlen beziehen sich jedoch ausschließlich auf das sogenannte formelle Engagement. Dieses formelle und anerkannte Engagement wird, bezugnehmend auf eine durch die Enquete-Kommission erarbeitete Definition des bürgerschaftlichen Engagements, anhand von fünf Kriterien (Enquete-Kommission 2002a: 86) deutlich vom sogenannten informellem Engagement abgegrenzt. Dabei findet sich in diesem informellen Engagement, d.h. den Hilfe- und Unterstützungsstrukturen im Familien- und Freundeskreis sowie der Nachbarschaft, ein hoher Anteil von sozial benachteiligten Personengruppen. Als Begründung für die aufgemachte Grenzziehung zwischen formellem sowie informellem Engagement wird auf die fehlenden Kriterien der Freiwilligkeit sowie der Öffentlichkeit im informellen Engagement verwiesen, da angenommen wird, dass aufgrund bestehender Rollenverpflichtungen innerhalb familialer und freundschaftlicher Netzwerke nicht von einer Freiwilligkeit in der geleisteten Hilfe ausgegangen werden kann (siehe hierzu u.a. die Sekundäranalyse zu Engagementstudien von Beher et al. 1999). Zudem führe die Hilfe im Privaten zu einer nicht vorhandenen Öffentlichkeit im Engagement und damit zu einer fehlenden Möglichkeit, diese Hilfe auch fremden dritten entgegenbringen zu können. Die starke Einbindung sozial benachteiligter Personengruppen in eher informellen Engagementtätigkeiten hat zur Folge, dass nicht nur diese Engagementformen einer fehlenden öffentlichen Wahrnehmung unterliegen, sondern ebenso die dort zu findenden Milieus öffentlich nicht als *engagiert* sichtbar werden. Beispielhaft kann an dieser Stelle auf zwei Ursachen für ein Fernbleiben aus formellen Engagementstrukturen verwiesen werden: Aufgrund einer zunehmenden Altersarmut ist ein Großteil der Älteren auch in der nachberuflichen Lebensphase auf einen Hinzuverdienst angewiesen und wird es auch künftig sein (Blinkert/Klie 2018). So wird bürgerschaftliches Engagement im Alter zu einer zunehmenden Luxusdebatte. Backes (2006) verweist darauf, dass »eine materielle Existenzgrundlage« (ebd.: 90) notwendig sei, um unbezahltes Arbeiten zu ermöglichen. Ebenso bringen sich viele Ältere aus unterprivilegierten Milieus in die Pflege in der Familie ein (Zander/Heusinger 2013). Diese Tätigkeiten werden explizit nicht zum bürgerschaftlichen Engagement gezählt, bündeln jedoch einen Großteil der Energie und Zeit – und insbesondere der in diesen Strukturen zu findenden älteren Frauen (Backes 2006).

Mit dem Anliegen, diese Trennung von formellem sowie informellem Engagement in der vorliegenden Studie aufzuheben, geht die Arbeit daher von einem erweiterten Engagementverständnis aus, welches neben dem *etablierten Engagement* ebenfalls das informelle Engagement beleuchtet. Dieses wird verstanden als regelmäßig ausgeübte Handlung, die in familialen, freundschaftlichen oder nachbarschaftlichen Beziehungen stattfindet und zur Aufrechterhaltung und Unterstützung der Netzwerke beiträgt. Anknüpfend an die Arbeiten Munschs (2011; 2005; 2003; Müller/Munsch 2021), die sich jedoch nicht auf die Gruppe der älteren Menschen beziehen, wird dieses Engagement als Ausdruck eines milieuspezifischen Solidaritätsverständnisses aufgefasst:

> »Der Unterschied zwischen einer Mutter, die mittags neben ihren eigenen Kindern jeweils noch diejenigen ihrer arbeitenden Freundinnen verköstigt, und einer Frau, die sich im Kinderladen engagiert, in dem auch ihr eigenes Kind betreut wird, oder die Differenz zwischen einer informellen gegenseitigen Hilfe unter Bekannten und derjenigen im formellen Rahmen einer Tauschbörse liegt meines Erachtens vor allem in der milieuspezifischen Bewertung des organisationellen Rahmens begründet.« (Munsch 2005: 141)

Daran anschließend greift die hier vorgelegte Arbeit für die Beleuchtung der Engagementtätigkeiten älterer Menschen auf die soziologische Habitus- und Klassentheorie Bourdieus (2011; 1987; 1982; Bourdieu/Wacquant 1996) zurück, die bisher nur vereinzelt in der alterssoziologischen Forschung aufgegriffen wurde (siehe hierzu u.a. Amrhein 2008; Köster 2002; Schroeter 2008; 2007; 2006; 2002a; 2001). Eine habitusspezifische Perspektive ermöglicht, wie zu Beginn im Zitat von Bobbio beschrieben, das Alter als Fortsetzung des bis dahin gelebten Lebens zu sehen, indem der Habitus als Konstrukt verstanden wird, in dem »die Vergangenheit des Individuums fortwirkt« (Krais/Gebauer 2013: 43). Mit diesem theoretischen Zugang wird zudem davon ausgegangen, dass aus gesellschaftlichen Milieus heraus Handlungsformen und Themen für Engagement gewählt werden. Soziale Milieus verweisen auf »gesellschaftliche Ungleichheiten, auf klassenspezifische Kohäsionsmuster und auf soziale Nähe- und Distanzbeziehungen« (Geiling 2000: 6). Somit liegt die These zugrunde, dass Engagement als ein Ausdruck dieser Vergemeinschaftung gelesen werden kann und nicht ausschließlich gemeinsame Interessen als Ausgangspunkt für Engagement gesehen werden können.

Im Weiteren werden die bis hierhin skizzierten Bezugspunkte der Arbeit ausgeführt und damit eine inhaltliche Einführung in das Thema gegeben.

1.1 Erste begriffliche Annäherungen zu Engagement und Habitus

Es schließt sich eine Bestimmung zentraler *inhaltlicher Eckpfeiler* des Themas und eine Darstellung der konzeptionellen Anlage der vorliegenden Studie an (siehe Abb. 1). Dazu werden die Rahmung der Arbeit, der Forschungsgegenstand sowie der theoretische Zugang einführend erläutert. Die Ausführungen dienen zunächst als Annäherung an die jeweiligen Konzepte, die in den anschließenden Kapiteln zum Forschungsstand (Kap. 2) und zur Theorie (Kap. 3) nochmals eingehender aufgegriffen werden.

Gerahmt wird die Arbeit von drei wesentlichen sozialgerontologischen Diskursen (Backes 2008; 2005), welche die mit Ambivalenzen verbundene Engagementdebatte im Alter verdeutlichen: ein Belastungsdiskurs, ein Potenzialediskurs und ein kritischer Diskurs. Diese Diskurslinien, die sich zwischen einer defizitären Perspektive auf Ältere einerseits und einem Aktivierungsansatz andererseits bewegen und damit ein »Spannungsfeld von Positiv- und Negativszenarien« (van Dyk 2015a: 32) aufmachen, werden in Kap. 1.1.1 gemeinsam mit einer kurzen Einführung in die Lebensphase Alter skizziert.

Daran anschließend folgt in Kap. 1.1.2 eine Annäherung an den Forschungsgegenstand Engagement, differenziert nach der im wissenschaftlichen Diskurs zu findenden

Trennung von formellem und informellem Engagement. Hier steht kritisch die Engführung des wissenschaftlichen Diskurses zum bürgerschaftlichen Engagement im Fokus, weil sie mit einer deutlichen Grenzziehung zu Formen des informellen Engagements einhergeht. Diese verengte Perspektive wird insbesondere mit den Kriterien des Öffentlichkeitsbezugs sowie der Freiwilligkeit begründet. Anschließend folgt in Kap. 1.1.3 eine Erläuterung des informellen Engagements, welchem im gerontologischen Kontext bisher eine unzureichende Bedeutung zukommt.

Für die vorliegende Studie erfolgt der Zugang zu (formellen sowie informellen) Engagementtätigkeiten über einen spezifischen Stadtteil, dem sozialen Nahraum älterer Menschen. Daher wird in Kap. 1.1.4 das Konzept der Sozialraumorientierung mit den ebenfalls verbundenen Ambivalenzen diskutiert und die Bedeutung des Stadtteils in Bezug auf Engagement im Alter umrissen. Abschließend folgt in Kap. 1.1.5 eine Einführung in den der Arbeit zugrundeliegenden theoretischen Zugang, indem die bisherige Rezeption der Habitus- und Milieutheorie in der Alterssoziologie und die sich hieraus ergebenden spezifischen Anschlusspunkte für die vorliegende Arbeit skizziert werden.

Abbildung 1: Konzeptioneller Rahmen und zentrale inhaltliche »Eckpfeiler« der vorliegenden Arbeit

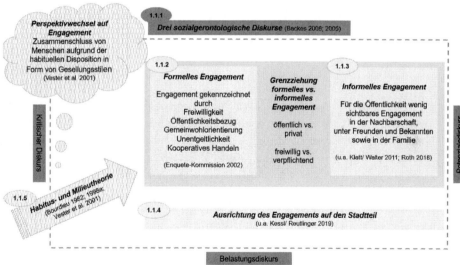

(eigene Darstellung)

1.1.1 Alter und Engagement – Einbettung in drei sozialgerontologische Diskurse

Suggeriert die Bezeichnung *Lebensphase Alter* zunächst, diese Spanne sei eindeutig und klar zu definieren, zeigen die zahlreichen Vorschläge der Altersforschung zur Eingrenzung dieses Lebensabschnitts das Gegenteil. Von Böhnisch (2008) pointiert formuliert: »Alter ist zwar von seinem Ende, dem Tod, nicht aber von seinen Anfängen her eindeutig bestimmbar.« (Ebd.: 257)[4] Trotz dieser Vielfalt an Möglichkeiten hat sich in der gerontologischen Forschung der Eintritt in die nachberufliche Lebensphase als relevanter Zeitpunkt etabliert, insbesondere aufgrund der damit verbundenen Zäsur bzw. des zentralen Einschnitts im Lebenslauf durch den Wegfall der Erwerbsarbeit.[5] Dieser führt für die meisten Menschen notwendigerweise zu einer Neuorientierung und einer Suche nach sinnstiftenden Tätigkeiten in der sogenannten »rollenlosen Altersrolle« (Burgess 1950). Das Alter gilt damit als Zeit, die zum einen zur Zufriedenheit des Individuums sowie zum anderen aus struktureller Sicht für die Gesellschaft mit neuen Aufgaben zu füllen ist. Diese zwei Perspektiven von Engagement im Alter, zum einen der Nutzen durch Engagementtätigkeiten für das Individuum und zum anderen der Gewinn für die Gesellschaft, zieht sich durch die gesamte Engagementdebatte (siehe auch die zwei Seiten der *Engagementmedaille*, Kap. 2).

Die wissenschaftliche Auseinandersetzung mit dem Thema »Engagement im Alter« findet letztlich unter verschiedenen Vorzeichen statt und spiegelt damit auch die angedeuteten unterschiedlichen Perspektiven auf den Forschungsgegenstand wider. Backes (2008; 2005) hat diese Debatte als drei sozialgerontologische Diskurslinien skizziert, die mit den Begriffen *Belastungsdiskurs*, *Potenzialediskurs* und *kritischer Diskurs* überschrieben werden können. Diese implizieren einen normativen Gebrauch von Altersvorstellungen und spiegeln zudem, dass sich Engagement im Alter in einem Spannungsfeld zwischen Chancen und Risiken bewegt und Ambivalenzen mit sich bringt: einerseits kann Engagement für den*die Einzelne*n zu neuen sinnhaften Tätigkeitsfeldern führen, eine Form der Integration in die Gesellschaft sein oder durch Möglichkeiten der Beschäftigung und Vernetzung Kontakte zu anderen Menschen ermöglichen. Zugleich bergen Engagementtätigkeiten im Alter auch Risiken, insbesondere im Hinblick auf Dimensionen sozialer Ungleichheit. Nicht alle Älteren haben Zugang zu Engagement und verfügen über die notwendigen Ressourcen, derer es beispielsweise bedarf, um sich in einem Bürger*innenverein oder einer -initiative einzubringen. Zusätzlich ist dabei zu berücksichtigen: besteht ein Zugang, bedeutet dies nicht, dass die Aufgaben im Engagement gleich verteilt werden oder Prozesse von allen mitgetragen werden. So übernehmen Frauen beispielsweise eher Aufgaben in weniger prestigeträchtigen Bereichen und seltener Leitungs- oder Vorstandspositionen, so dass sie in Engagementstrukturen oft »unsichtbar« sind (Vogel et al. 2017a).[6] Zudem lässt sich die im Engagement hervorgehobene Bedeutung von Freiwilligkeit kritisch beleuchten, wenn die steigende Zahl der Menschen berücksichtigt wird, die von Altersarmut betroffen sind (Kümpers/

---

4 Zu diesen unterschiedlichen Altersdefinitionen zählt neben dem biologischen, psychologischen und sozialen Alter (vgl. Kohli 2013) beispielsweise auch Lasletts Unterscheidung in das Dritte Alter, die »Zeit der persönlichen Erfüllung« sowie das Vierte Alter, eine Zeit mit eintretenden Abhängigkeiten aufgrund einer zunehmenden Altersschwäche (Laslett 1995: 35).

5 Kritisch anzumerken ist, dass mit der Orientierung der Lebensphase Alter am Arbeitsmarkt gleichzeitig ein Ausschluss der Menschen vorgenommen wird, die keiner meist männlich dominierten »Normalbiografie« nachgegangen sind (beispielsweise einem großen Anteil älterer Frauen, siehe hierzu u.a. van Dyk 2015b).

6 Das Geschlecht wird daher im Sinne der der Habitus- und Klassentheorie ebenfalls als eine Ungleichheitsdimension und als Teil der Entstehung und Reproduktion sozialer Ordnung verstanden (Bourdieu 2017).

Alisch 2018; weitere diesbezügliche Anschlüsse in Backes/Höltge 2008: 294–295). Die von Backes beschriebenen Diskurse werden im Weiteren mit ihren jeweiligen zentralen Annahmen skizziert.

Der älteste der drei Diskurse, der sogenannte Belastungsdiskurs, gestützt unter anderem auf die in den 1960er Jahren entwickelte Disengagement-Theorie (Cumming/Henry 1961), hebt verstärkt auf ein negatives Altersbild ab. Insbesondere in populärwissenschaftlicher Literatur zu finden (u.a. Schirrmacher 2004) fokussiert diese Argumentation auf die zunehmende Belastung der Renten-, Kranken- und Pflegeversicherungen aufgrund der Vielzahl älterer pflegebedürftiger Menschen. Die Schaffung von Engagementkontexten spielt hier weniger eine Rolle, denn es wird angenommen, dass ältere Menschen sich aufgrund des natürlichen Alterungsprozesses aus öffentlichen Rollen zurückziehen.

Abgelöst wurde dieser Diskurs mit seinem Verständnis eines »funktionslosen Alters« durch den Potenzialediskurs und einem dort vertretenen »funktionalisierten Alter« (Amrhein 2013a). Zu dieser »Funktionalisierung des Alters« gehört ebenso die von Tews (1994) beschriebene Abkehr vom Konzept des Ruhestandes:

> »Vor dem Hintergrund des entsprechenden gesellschaftlichen Bedarfs und der zunehmenden Unbezahlbarkeit immer teurer werdender Dienstleistungen müssen wir uns einfach der Frage stellen, ob wir es uns leisten können, das Alter mit seinen zunehmenden Diskrepanzen zwischen gesellschaftlichen Entpflichtungen und altersspezifischen Kompetenzentwicklungen als ›wohlverdienten Ruhestand‹ zu konzipieren.« (Ebd.: 161, zit.n. Schroeter 2002a: 95–96)

Diese von Tews gestellte Frage danach, ob die Gesellschaft sich einen Ruhestand leisten kann, scheint weitestgehend beantwortet und der Potenzialediskurs mittlerweile zum Mainstream der Gerontologie geworden zu sein, in dem der Zusammenhang zwischen Aktivität und gutem Leben als gesichert gilt und nicht mehr in Frage gestellt wird (kritisch hierzu: Aner 2013; van Dyk 2009; Lessenich 2008; Schroeter 2002a). Ein ausgewogenes dialektisches Verhältnis zwischen Muße und Rückzug einerseits und selbstbestimmter Tätigkeit andererseits wird hier vernachlässigt (siehe hierzu Köster 2002).

Das als »gesellschaftliche Kapital« entdeckte Alter ist in diesem Diskurs eng verbunden mit dem Wandel eines versorgenden hin zu einem aktivierenden Staat (Lessenich 2008: 108). Für den gerontologischen Kontext zeigt sich dies unter anderem im Sechsten Altenbericht der Bundesregierung, indem das Recht auf Potenzialentwicklung jedes älteren Menschen auch Pflichten gegenüber der Gesellschaft mit sich bringe (BMFSFJ 2010: 28).[7]

Niederschlag fand dieser Diskurs mit seiner Fokussierung auf die »jungen Alten« (van Dyk/Lessenich 2009) zudem in verschiedenen sozialgerontologischen Konzepten: dem Konzept der »Produktivität im Alter« (Tews 1996), dem sozialpsychologischen Konzept des »Erfolgreichen Alterns« (Rowe/Kahn 1997; Baltes/Baltes 1992) oder dem »active ageing« (Walker 2010). Gemein ist diesen Konzepten, dass sie an der schon in den

---

7   Welche materielle und auch symbolische Funktion Engagementtätigkeiten aufweisen, skizziert eine Studie, in der Funktionsmechanismen und Nutzungspraktiken in verschiedenen Engagementfeldern beleuchtet werden (van Dyk/Haubner 2019).

1950er Jahren entwickelten Aktivitätstheorie anknüpfen, welche »das für die Erwerbsarbeit gültige Geschäftigkeitsgebot, eine ›busy ethic‹ (Ekerdt 1986), für die Gestaltung der nachberuflichen Lebensphase« (Amann/Kolland 2008: 27) übernahm. Verbindendes Element dieser Konzepte ist damit die Fokussierung auf Eigenverantwortung jedes*jeder Einzelnen im Sinne einer Sorge um sich selbst sowie Mitverantwortung bezogen auf eine Verantwortungsübernahme für gesellschaftliche Anliegen und das Leben anderer. Diese »freiwillige Mitverantwortung im und für den öffentlichen Raum« (BMSFSJ 2012: 6) findet sich dann auch als zentrales Kriterium für bürgerschaftliches Engagement, so dass Engagement aus einer (system-)funktionalen Perspektive betrachtet wird und als »normative[r] Pflichtenappell« (Klie 2003: 109) verstanden werden kann.[8] Auch wenn die gerontologischen Konzepte selbst nicht derart auf die Lebenswelt der Menschen zurückwirken, als dass sie ihr nicht mehr produktives Alter zu einem *unnützen* Alter machen, tragen sie durch ihre normativen Setzungen dazu bei, dass einige ältere Menschen den systemnormativen Forderungen nicht nachkommen können und nur in diesem Sinne *unnütz* erscheinen (Schroeter 2002a: 93).

Amrhein (2008) sieht diese »normativistische (Alterns-)wissenschaft« (ebd.: 19) insbesondere durch zwei Verzerrungen gekennzeichnet, die neben den normativen Annahmen zur aus wissenschaftlicher Sicht *richtigen und guten Lebensführung* ebenso ganz bestimmte Aktivitäten der Lebensführung präferieren und andere hingegen abwerten. Er spricht hier von

> »einem *sozialen Bias*, der häufig zur distinktiven Abwertung populärkultureller Aktivitäten und zur elitären Anpreisung hochkultureller Aktivitäten führt, und einem *intellektualistischen Bias*, der eine rational geplante und wissenschaftlich legitimierte Lebensführung zum universalen Ideal erhebt – obwohl die ›Logik der Praxis‹ nicht der ›Praxis der Logik‹ entspricht (Bourdieu 1999b), und die Übertragung abstrakt-theoretischer Denk- und Bewertungsschemata auf die alltägliche Lebenspraxis ein besonderes Habitusmerkmal rationalitätsgläubiger Wissenschaftler sein dürfte.« (Ebd., Herv. i.O.)

Amrhein skizziert damit zwei Ebenen: zum einen durch den Wissenschaftsdiskurs produzierte normative Setzungen, zum anderen eine milieuspezifische Bewertung, indem bestimmte Formen der Vergesellschaftung als reine Spaß- oder Vergnügungssettings abgewertet werden und wegen einer vermeintlich unzureichenden Bildungsfunktion diskreditiert werden. Van Dyk (2015a) beschreibt dementsprechend auch die Debatte über konkrete Engagementtätigkeiten älterer Menschen als stark geprägt durch einen

> »Mittelschichts-Bias – man denke an den Nachhilfeunterricht für sozial schwache Kinder oder die ehrenamtliche Unternehmensberatung durch ehemalige leitende Angestellte. Eine kleine, privilegierte Minderheit materiell wohl ausgestatteter, gut gebildeter SeniorInnen wird zum Maßstab einer anerkannten Altersaktivität erkoren, den die mit weniger ökonomischem und kulturellem Kapital gesegneten Alten nur verfehlen können.« (Ebd.: 40)

---

8   Zur Beleuchtung des Einflusses dieses mit dem Aktivierungsdiskurs verbundenen Pflichtappells an die Individuen, siehe Schwabe 2015.

Warum die gerontologische Forschung selbst diesen Potenzialediskurs in dem Maße aufgreift, ist nach van Dyk (2009) unter anderem verbunden mit dem »(durchaus verständlichen) Wunsch, eine Aufwertung des Alters zu bewirken« (ebd.: 603) – dies insbesondere in Abgrenzung zum negativen Altersbild des Belastungsdiskurses. Eine solche Altersforschung tendiert jedoch durch ihre eigene Ausrichtung dazu, ein drittes Alter von einem vierten Alter zu unterscheiden und konstruiert folglich das *hohe Alter* als ein gesellschaftlich *Anderes*, das vom Ideal der Aktivität und Produktivität abweicht. Mit der Schaffung einer Gruppe von sogenannten »jungen Alten« ist dann auch die strukturelle Voraussetzung für den Diskurs des bürgerschaftlichen Engagements im Alter gegeben (vgl. Schulz-Nieswandt/Köstler 2011), indem der Engagementdiskurs genau auf diese Gruppe der jungen und gesunden Alten abhebt.

Demgegenüber fasst die in den 1980er Jahren v.a. in Großbritannien und Kanada entwickelte »Kritische Gerontologie«[9] die Verknüpfung zivilgesellschaftlicher Diskussionen mit dem Alter als ambivalent auf: hier werden auf der einen Seite »Befreiungsmöglichkeiten und Autonomiespielräume« (Amann/Kolland 2008: 37) für die*den Einzelne*n gesehen, auf der anderen Seite aber auch »die Gefahr, dass das zivilgesellschaftliche Engagement der Senioren lediglich die Mängelverwaltung der öffentlichen Hand kompensiert« (ebd.). Partizipation und Engagement dienen in diesem Diskurs nicht einer einseitigen Entlastung öffentlicher Haushalte sowie als Instrument sozialstaatlichen Krisenmanagements, sondern sollen insbesondere zur Handlungsermächtigung sozial- und bildungsbenachteiligter Älterer beitragen. Der Messung der Lebensführung älterer Menschen an sozialen Leistungs- und Nützlichkeitsnormen stellt der kritische Diskurs die Lebenslagen älterer Menschen entgegen und rückt – anders als die beiden andere Diskurse – somit das Thema der sozialen Ungleichheit in den Fokus. Daher wird es als wichtig erachtet, auch Engagementstrukturen kritisch in den Blick zu nehmen. Jedoch ist eine Abgrenzung zum Potenzialediskurs nicht immer trennscharf, dient doch auch hier Engagement als zentrale Möglichkeit der Teilhabe. Rosenmayr und Kolland (2002) verweisen zur Unterscheidung der Diskurse auf unterschiedliche Begrifflichkeiten und zeigen dies am Beispiel der Unterscheidung von »Aktivität« und »Handlung« auf. So müsse aus ihrer Sicht ehrenamtliches Engagement »über Aktivismus hinausgehen« (ebd.: 274) und damit eine Abgrenzung zum Potenzialdiskurs vorgenommen werden: »Es geht in besonderer Weise um Handlungsmöglichkeiten, die in ihrem Bezug auf andere Menschen, auf die Gemeinschaft wirken und die Selbstwertschätzung (self efficacy) erhöhen.« (Ebd.) Bedeutsam ist für den kritischen Diskurs ebenso das Engagementverständnis, welches weniger auf die Institutionen abhebt als vielmehr die »lebensweltlichen sozialen Kontakte […] und Beziehungen, wie Freundschaften und Bekanntschaften« (ebd.) und die bestehenden Netzwerke in den Blick nimmt. Damit wird – ebenfalls in Abgrenzung zu den anderen beiden Diskursen – den informellen

---

9 Merkmale dieser Kritischen Gerontologie sind unter anderem die Berücksichtigung der Rolle von gesellschaftlichen Machtstrukturen sowie die kritische Frage danach, welche finanzielle Verantwortung seitens des Staates für Ältere übernommen wird (ausführlicher dazu Amann/Kolland 2008). Bezugnehmend auf die kritischen Sozialwissenschaften geht es dabei immer um »die Veränderung der Gesellschaft hin zu einer humanitären Ordnung, wie dies z.B. Bourdieus Anliegen mit seiner praxeologischen Forschung war« (Köster 2012: 603).

Kontakten eine besondere Bedeutung beigemessen und diese als Ausgangspunkt für Engagementtätigkeiten gesehen (für die Bedeutung von sozialen Kontakten im Alter siehe auch Kap. 1.1.3 zum informellen Engagement). Die im Potenzialediskurs stattfindende Abwertung dieser Formen des Miteinanders erhält im kritischen Diskurs hingegen einen besonderen Stellenwert. So greift auch die vorliegende Arbeit diese milieuspezifische Vergemeinschaftung als Ausgangspunkt für Engagement auf und versteht diese als Ursprung des gemeinsamen Tätigwerdens (siehe Kap. 3.2.2).

Welche Relevanz diese drei knapp skizzierten wissenschaftlichen Diskurse für die subjektiven Alter(n)serfahrungen von Menschen in der zweiten Lebenshälfte haben, verdeutlicht die Studie von Graefe (2013). Im Ergebnis zeigt sich eine starke Ausrichtung der Diskurse an Altersidealen der mittleren und oberen Mittelschichten, den sogenannten »moderne[n] Selbstverwirklicher[*innen]« (ebd.: 69). Die vergleichsweise schlechter ausgestatteten sozialen Milieus weisen hingegen nicht die entsprechenden Ressourcen auf, um auf das propagierte Ideal des aktiven und engagierten älteren Menschen reagieren zu können. Graefe hebt daher auf die besondere Bedeutung des Milieus ab, welches (Alters-)Selbstkonzeptionen prägt: »Wie Alter(n) gedacht und konzipiert wird, hängt vor allem vom sozialen und kulturellen Kapital der Befragten und damit vom (Bildungs-)Milieu ab.« (Ebd.: 64)

Diese dargestellten Diskurslinien sind für die weiteren Ausführungen als gerontologischer Rahmen zu verstehen, indem sie die Ambivalenzen der Engagementthematik aufzeigen und eine Reflexionsfolie, auch für die empirischen Ergebnisse der vorliegenden Studie, bieten. Bereits in den skizzierten Diskursen zeigt sich, dass die wissenschaftliche Auseinandersetzung mit dem Thema »Engagement im Alter« auf jeweils zwei Aspekte fokussiert: zum einen auf das Individuum sowie zum anderen auf die Gesellschaft. Hebt der Potenzialediskurs im Besonderen auf die zu nutzende Ressource Alter für die Gesellschaft ab und ist damit überwiegend von Normativität geprägt,[10] fokussiert der kritische Diskurs auf sozial benachteiligte Ältere und den Abbau sozialer Ungleichheitsstrukturen. Es zeigt sich zudem, dass nicht nur die Kategorie Alter, sondern ebenso die Kategorie Milieu einen möglicherweise umfassenderen Einfluss darauf hat, wie die gesellschaftlich formulierten Anforderungen zu einem guten Alter(n) subjektiv bewältigt werden.

Die vorliegende Arbeit greift daher mit der Habitus- und Milieutheorie diesen Fokus des kritischen Diskurses auf, indem die Dimensionen sozialer Ungleichheit im Kontext von Engagementtätigkeiten beleuchtet werden. Der habitus- und milieutheoretische Zugang bietet die Möglichkeit, das Aufgreifen einer Engagementtätigkeit aus der subjektiven Sicht der Älteren zu beschreiben. Es geht an dieser Stelle um eine verstehende Perspektive, die beleuchtet, »nach welchen *eigenen* Vorstellungen, Werten und Relevanzstrukturen ältere Menschen« (Amrhein 2008: 18, Herv. i.O.) ihr Engagement wählen.

Zur Klärung des Forschungsgegenstandes der Arbeit, dem Engagement, erfolgt im Weiteren eine einführende Beleuchtung des formellen sowie informellen Engagementverständnisses.

---

10 Zu normativen Modellen des Alter(n)s, siehe auch Amrhein 2008.

1.1.2 Formelles Engagement – Grenzziehungen und normative Setzungen

Trotz der hohen Bedeutung, die dem Thema Engagement in der gerontologischen Forschung in den letzten Jahren beigemessen wurde (u.a. Alisch 2020; Micheel 2017; Schulz-Nieswandt/Köstler 2011; Backes/Höltge 2008), hat eine systematische Betrachtung der vielfältigen Engagementtätigkeiten, auch außerhalb der Altersforschung, bisher kaum stattgefunden. Es liegen nur vereinzelte Sekundäranalysen zum Engagement im deutschsprachigen Raum vor (u.a. Engels 1991; Beher et al. 1990; Vogt 1987a), welche jedoch eigene Systematiken zur Strukturierung des Engagements entwickeln und damit einen Vergleich sowie eine gegenseitige Bezugnahme erschweren. Zu dieser Systematisierung zählen neben Engagementbereichen (beispielsweise Schulbereich, Sportbereich, Bürgerinitiativen/politische Initiativen) ebenso die Kategorisierung anhand der organisatorischen Anbindung (Wohlfahrtsverband, Partei, Sportverein etc.) oder aber die Unterscheidung von Aufgaben im Ehrenamt (z.B. Leitung, Administration, persönliche Dienste). Die Enquete-Kommission (2002a) differenziert zudem zwischen »politischem Engagement« und »sozialem Engagement« (ebd.: 64–66) und macht damit eine weitere inhaltliche Unterscheidung auf.

Diese Versuche einer Annäherung an den Engagementdiskurs zeigen bereits Herausforderungen hinsichtlich der Definition von formellem Engagement: zum einen gibt es zahlreiche Möglichkeiten der Kategorisierung des Engagementfeldes, zum anderen lassen sich Engagementtätigkeiten nicht immer eindeutig definieren, was die von Beher et al. (1999) entwickelte grafische Darstellung zum Ehrenamt anschaulich zeigt (siehe Abb. 2). Mit Hilfe von unterschiedlichen Dimensionen (wie beispielsweise der Dimension »institutionelle Anbindung«) werden jeweils entsprechende Pole aufgemacht, zwischen denen das Engagement zu verorten ist (Arbeit ohne organisatorische Anbindung vs. Arbeit mit organisatorischer Anbindung). Diese Darstellung verweist darauf, dass unter anderem aufgrund der zunehmenden Ausdifferenzierung von Engagementformen (siehe dazu Kap. 2.1.2 zum Strukturwandel des Ehrenamtes) keine eindeutige Zuordnung zu einem der Pole möglich ist. War das frühere klassische Ehrenamt an institutionelle Strukturen und häufig an *Ämter* gebunden, werden heute auch selbstorganisierte Initiativen zum formellen Engagement gezählt. Anhand der Darstellung zeigt sich, dass je nach Verortung auf den jeweiligen Polen ein immer wieder neues Bild von Engagement entsteht.

Es ergeben sich sozusagen unterschiedliche Engagementcharakteristika, die zu einer Vielzahl unterschiedlicher Ausprägungen von Engagement führen, jedoch keine weitergehende Systematisierung ermöglichen.

Diese Annäherung an Engagement anhand von Polen und die damit verbundene Offenheit für unterschiedliche Formen von Engagement wurde jedoch in den letzten Jahren unter anderem durch die von der Enquete-Kommission Zukunft des Bürgerschaftlichen Engagements entwickelten Kriterien für bürgerschaftliches Engagement im Diskurs nicht weitergeführt. Zudem folgte aus der Einführung des Begriffs *bürgerschaftliches Engagement* unter anderem, dass der älteste Begriff in der Engagementforschung, der Begriff des Ehrenamtes[11], aufgrund der bereits genannten Ausdifferenzierung des Engagements zusehends abgelöst wurde: zum einen aufgrund des Bestandteils Ehre, der als nicht mehr angemessen in der Engagementdiskussion gesehen wird (Rauschenbach 2007), zum anderen aufgrund des inhaltlichen Engagementverständnisses, welches »stärker formalisierte, in Regeln eingebundene und dauerhafte Formen des Engagements« (Enquete-Kommission 2002a: 74) impliziert und damit insbesondere an Institutionen und Ämter gebunden ist. Ganz verschwunden ist er jedoch nicht, denn so wird er in quantitativen Studien zur Erhebung von Engagementdaten wie im Sozioökonomischen Panel (Kantar Public 2019) oder Alterssurvey (Mahne et al. 2017) noch verwendet, indem von ehrenamtlichen Tätigkeiten oder der Ausübung eines Ehrenamtes gesprochen wird. Zudem greifen auch viele ältere Menschen selbst in ihrem Sprachgebrauch auf diesen Begriff zurück (vgl. BMFSFJ 2014).[12]

Abbildung 2: Dimensionen des Phänomens Ehrenamtes

(Beher et al. 1999: 106)

Im Weiteren wird der in der Engagementdiskussion wirkmächtige Terminus *bürgerschaftliches Engagement* vorgestellt. Die Definition des bürgerschaftlichen Engagements durch die Enquete-Kommission anhand von fünf Kriterien wird in vielfältigen Studien zur Erhebung von Engagementzahlen zugrunde gelegt. Auch die Operationalisierung

---

11 Für einen Abriss der historischen Wurzeln der Engagementbegriffe aus der Sozialen Arbeit siehe Meusel 2016; Sachße 2011; Conrad/Kondratowitz 1983.
12 Dies zeigt sich auch in den Ergebnissen der vorliegenden Studie: insbesondere Interviewte des Musters I, »*prätentiös-statusorientiertes Engagement*« (vgl. Kap. 5.1) bezeichnen ihre Engagementtätigkeiten als Ehrenamt.

des im Freiwilligensurvey[13] erhobenen Engagements orientiert sich an dieser Definition, obwohl im Bericht nicht von *bürgerschaftlichem*, sondern *freiwilligem Engagement*, gesprochen wird (für die entsprechenden Engagementzahlen auf Basis dieser Definition, siehe Kap. 2.1.1). Zu den fünf Kriterien bürgerschaftlichen Engagements zählen die Unentgeltlichkeit, das Kooperative/Gemeinschaftliche Handeln, die Gemeinwohlorientierung, der Öffentlichkeitsbezug sowie die Freiwilligkeit (Enquete-Kommission 2002a: 86). Diese Kriterien werden im Weiteren skizziert, um die anschließende Abgrenzung zum informellen Engagement nachvollziehbar darzustellen zu können.

Neben dem (1) nicht auf materiellen Gewinn ausgerichteten Handeln sind in dieser Definition Engagementtätigkeiten durch (2) ein kooperatives/gemeinschaftliches Handeln gekennzeichnet, was sich auf zwei Ebenen näher beschreiben lässt: zum einen die Ausrichtung des Engagements auf das Wohl einer Gruppe (damit wird gewissermaßen der Zweck des Engagements fokussiert) und zum anderen die Ausführung des Engagements gemeinsam mit anderen (hier wird stärker das Tun bzw. die Handlung in den Blick genommen). An der Tatsache, dass das Engagement auf das Wohl einer Gruppe ausgerichtet ist, schließt auch das Kriterium (3) der Gemeinwohlorientierung an. Dieses Gemeinwohl lässt sich nicht eindeutig und für alle Mitglieder der Gesellschaft einheitlich bestimmen, sondern ist eher als Ergebnis eines Aushandlungsprozesses zu verstehen. Um von bürgerschaftlichem Engagement zu sprechen ist jedoch die Intention des*der Engagierten zentral, die darauf ausgerichtet sein muss, dem Gemeinwohl zu dienen. Damit verbunden ist zudem (4) der Öffentlichkeitsbezug, denn um einen Beitrag zum Gemeinwohl zu leisten, muss dieses im öffentlichen Raum verortet sein.[14]

Das letztgenannte Kriterium (5) der Freiwilligkeit, ebenfalls zentrales Merkmal zur Abgrenzung des formellen Engagements zum informellen Engagement, wird insbesondere vor dem Hintergrund der Anbindung des Engagementdiskurses an Konzepte der Zivil- und Bürgergesellschaft kritisch diskutiert (zur Entwicklung des Begriffs Zivilgesellschaft siehe u.a. Störkle 2021; Münkler 2003). Die mit dem Konzept der Bürger- und Zivilgesellschaft verbundenen Begriffe »aktivierender Staat«, »ermöglichender Staat« etc. können als »Vorstellungen von einer neuen Verantwortungsteilung zwischen Staat und Gesellschaft« (Schroeter 2006b: 9) verstanden werden. Diese Verantwortungsteilung berührt die Frage danach, welche gesellschaftliche Funktion Engagement übernehmen soll und inwieweit dieses eine *Lückenbüßerfunktion* übernimmt, indem hauptamtliche Strukturen eingespart werden. So sieht Roth mit dem Konzept des aktivierenden Staates »oft Vorstellungen verbunden, die das Gegenteil von freiwilligem Bürgerengagement bedeuten« (Enquete-Kommission 2002a: 60). Roth bringt an dieser Stelle einen Vergleich zu »workfare-Strategien« an, in denen es darum geht, weniger

---

13 Der Freiwilligensurvey, die zentrale Grundlage der Sozialberichterstattung zum freiwilligen Engagement, ist eine repräsentativ angelegte Befragung zum Engagement in Deutschland, die sich an alle Personen ab 14 Jahren richtet. Auf Grundlage von telefonischen Interviews werden die aktuell ausgeführten Engagementtätigkeiten sowie die Engagementbereitschaft erhoben. Die Datenerhebungen fanden zu fünf Zeitpunkten statt (1999, 2004, 2009, 2014, 2019) (Website des DZA o.J.).
14 Aufgrund der zentralen Bedeutung des Öffentlichkeitsbezugs zur Abgrenzung zum informellen Engagement wird in Kap. 1.1.3 nochmals ausführlich auf dieses Kriterium eingegangen.

an positiven Engagementerfahrungen von Menschen anzuknüpfen als vielmehr appellhaft Engagement zu fordern (ebd.). Ebenso aus sozialpädagogischer Perspektive wird der Begriff *bürgerschaftliches Engagement* als ein Instrument verstanden, auf welches im Rahmen knapper Kassen zurückgegriffen werde. Sinnbildlich beschreibt Munsch (2005) dieses Engagement als »Öl im Getriebe« (ebd.: 50), welches dazu diene, die gesellschaftlichen Strukturen am Laufen zu halten. Der von ihr präferierte aus der Sozialen Arbeit stammende Begriff der Gemeinwesenarbeit stehe hingegen für das »Sand im Getriebe«, indem der Fokus stärker auf die Veränderung gesellschaftlicher Machtverhältnisse gelegt werde, um gezielt benachteiligten Gruppen Gehör zu verschaffen (ebd.).

In diesem Kontext der kritischen Auseinandersetzung mit der Freiwilligkeit des bürgerschaftlichen Engagements ist auch die Kritik an den im ersten Engagementbericht (BMFSFJ 2012) verwendeten Begrifflichkeiten von »freiwilliger Mitverantwortung« und »Bürgerpflicht« zu lesen. Aus diesem Grund nahm der zweite Engagementbericht (BMFSFJ 2017) eine Erweiterung der »Bürgerpflicht« durch das Aufgreifen des Konzepts der Bürgertugend vor, welches eine stärkere »Debatte über Orientierungen, Mentalitäten und Verhaltensweisen« (BMFSFJ 2017: 58) anstoßen und damit die Chance bieten sollte »eines freien und nur sich selbst verpflichteten Nachdenkens über Haltung und Habitus anzuerkennen und zu kultivieren« (ebd.). Anliegen der Autor*innen des zweiten Engagementberichtes war daher die Fokussierung auf die Eigensinnigkeit des Engagements aus Sicht der Individuen und ihrem Habitus. Die dort aufgemachten theoretischen Bezüge führen jedoch dazu, dass auch hier keine gänzliche Loslösung von normativen Setzungen gelingt. In der Rückbindung des Tugendbegriffs an Seel (2011) werden diese verstanden als »affektiv, kognitiv und volitiv konfigurierte Haltungen des Menschen, die ihn in seiner Lebensführung über längere Zeit hinweg prägen« (ebd., zit.n. BMFSFJ 2017: 61). Weiterführend spricht Seel jedoch von sogenannten »Kardinaltugenden«, die von jedem Menschen eingefordert werden können (wie zum Beispiel Aufrichtigkeit oder Wohlwollen). Durch die ebenfalls vorhandenen Bezüge zu Aristoteles' Schriften zum »guten Handeln« wird daher wiederum eine Setzung von normativen Postulaten im Engagement vorgenommen. Zwar folgt im Engagementbericht selbst der Verweis darauf, dass sich die Debatte um Bürgertugenden zusehends zu einer Pflichtethik entwickelt habe (BMFSFJ 2017: 60-63), es wird jedoch auch keine Erweiterung oder theoretische Ergänzung an dieser Stelle vorgenommen. Die ursprüngliche postulierte Intention des zweiten Engagementberichts, einen Perspektivwechsel auf Engagement vorzunehmen, gelingt daher nicht zufriedenstellend.[15]

Diese knapp skizzierten kritischen Anmerkungen zur Freiwilligkeit im Engagement führen dazu, dass einige Vertreter*innen bewusst den Begriff *freiwilliges Engagement* wählen, um durch die Betonung der Freiwilligkeit eine stärkere »Handlungssouveranität der Akteure« (Meusel 2016: 23) hervorzuheben. Wieder andere sehen hingegen

---

15 Die skizzierte Debatte über Freiwilligkeit im Engagement reiht sich ein in den bereits in Kap. 1.1.1 skizzierten Potenzialediskurs. In diesem Diskurs wird davon ausgegangen, dass Engagementtätigkeiten nicht nur für die Gesellschaft, sondern auch für den*die Einzelne*n gut und sinnvoll seien (beispielsweise mit dem Hinweis auf den positiven Einfluss von Engagement auf die Gesundheit und die Lebensqualität u.a. Wilson 2012; van Willigen 2000). Diese Setzung führt gleichzeitig dazu, dass weniger Freiwilligkeit als vielmehr eine Aktivierungsstrategie im Fokus steht.

eher im Terminus *zivilgesellschaftliches Engagement* Potenziale, indem dieser nicht nur die Möglichkeit biete, »das heterogene Engagementspektrum einzufangen« (Alscher et al. 2009: 178), sondern ebenso die Chance der Anbindung des Diskurses an die internationale Forschung (ebd.).

Die knappe Darstellung verschiedener Präferenzen in der Verwendung von Termini weist auf die Kontroversen innerhalb des Engagementdiskurses hin. Der vorliegenden Arbeit ist es weniger ein Anliegen, die Definitionsdebatte fortzuführen, als vielmehr resümierend festhalten, dass die unterschiedlichen Termini zum einen Konsequenzen bei der empirischen Erfassung von Engagementtätigkeiten haben. Dazu zählen groß angelegte quantitative Studien, welche unterschiedliche Operationalisierungen vornehmen (siehe hierzu Kap. 2.1), aber auch qualitative Studien, die sich beispielsweise auf bestimmte Engagementbereiche und ausgewählte institutionelle Strukturen beschränken (siehe hierzu Kap. 2.2), um aussagekräftige Ergebnisse liefern zu können. Zum anderen zeigt sich, dass die Frage nach Definitionen gebunden ist an disziplinäre Diskurse und zudem teilweise normative Setzungen impliziert. Olk (2002) bezeichnet den Begriff *bürgerschaftliches Engagement* daher auch als »keine rein analytische Kategorie« (ebd.: 29), sondern vielmehr als »eine normativ-programmatische Leitformel« (ebd.).

Im folgenden Kapitel zum informellen Engagement wird diese normative Setzung am Beispiel des Kriteriums der Freiwilligkeit nochmals aufgegriffen und ausführlicher dargestellt. Einführend wird zunächst das informelle Engagement in Abgrenzung zum formellen Engagement umrissen.

1.1.3 Informelles Engagement – die unsichtbaren Hilfeleistungen

Das im Engagementdiskurs neben dem formellen Engagement diskutierte informelle Engagement, häufig auch als sogenannte »informelle Unterstützungsleistung« bezeichnet (Simonson et al. 2017), hat in den letzten Jahren zunehmend eine stärkere Berücksichtigung in politischen Programmen erhalten (siehe beispielhaft hierfür den Siebten Altenbericht, BMFSFJ 2015). Nichts desto trotz fokussieren viele Beiträge in der Engagementforschung nach wie vor auf das Engagement in Organisationen und lassen daher häufig außerinstitutionelles Engagement unberücksichtigt (kritisch: Klatt/Walter 2011: 37).[16] Informelles Engagement lässt sich jedoch nicht ausschließlich ex negativo über die nicht vorhandene Anbindung an Institutionen definieren, sondern wird vielmehr in seinen unterschiedlichen Ausprägungen geeint durch die Verortung im Privaten, d.h. in Abgrenzung zum öffentlichen Raum. Roth (2018) bezeichnet dieses Engagement auch als »Mikroengagement«, welches »in Form wechselseitiger Unterstützung in den Alltag von Nachbarschaften und informellen Akteursgruppen [...] eingebettet« (ebd.: 4) ist. Konkrete Tätigkeiten in diesem Engagement führt Barloschky (2003) am Beispiel von

---

16 Die Nicht-Sichtbarkeit des informellen Engagements ist jedoch kein neues Phänomen: Schon Barber (1998) wies in seinen Studien zum bürgerschaftlichen Engagement und Sozialkapital in den USA darauf hin, »dass die gebildeten Mittelschichten die Organisationsformen der Armen vielfach gar nicht wahrnehmen und dass diese Formen von Zusammenschlüssen und praktizierter gegenseitiger Unterstützung damit auch nicht in Untersuchungen erfasst werden« (ebd., zit.n. Jakob 2003: 93–94).

Menschen in der Arbeitslosigkeit an: »die Betreuung der Kranken/Alten von »nebenan«, das tägliche Aufnehmen der unbeaufsichtigten FreundInnen der eigenen Kinder [...], das Reinigen der Straße und die Pflege der Pflanzen; das Mit-Organisieren von Haus- bzw. Quartiersfestlichkeiten und Events« (ebd.: 143). Aufgrund dieser im Zitat deutlich werdenden Vielfältigkeit der informellen Engagementtätigkeiten nahm der Freiwilligensurvey eine Systematisierung dieses heterogenen Feldes vor (siehe Abb. 3).

Abbildung 3: Gesellschaftliche Verortung der informellen Unterstützung im außerfamilialen sozialen Nahraum

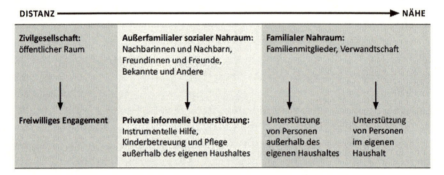

(Simonson et al. 2014: 255)

Hier werden zwei Bereiche unterschieden: Unterstützungsleistungen von Nachbar*innen, Freund*innen und Bekannten (außerfamilialer sozialer Nahraum) sowie Unterstützungsleistungen der Familie und der Verwandtschaft (familialer Nahraum). Diese Trennung der Bereiche des informellen Engagements in der Familie und außerhalb der Familie findet sich bisher jedoch kaum in der Anlage von empirischen Erhebungen, so dass getrennt für beide Bereiche bisher nur wenige vereinzelte Studien vorliegen (Hank/Erlinghagen 2008: 12).[17]

Der Freiwilligensurvey, der erst seit der Erhebungswelle 2014 das informelle Engagement in die Datenerfassung aufgenommen hat, weist zum einen auf die quantitative Bedeutung dieser informellen Unterstützungsleistungen im Alter hin, indem sich die Hochbetagten noch zu 60 Prozent als informell engagiert beschreiben, wohingegen die Engagierten im formellen Engagement im hohen Alter weniger werden (Simonson et al. 2017). Es zeigt sich somit, dass auch im höheren Alter dieses *Engagement im Verborgenen* fortgeführt wird. Zum anderen weist der Survey auf eine qualitative Dimension dieser Tätigkeiten hin, indem »durch den Prozess des Gebens und Nehmens im direkten Miteinander tragfähige soziale Netzwerke und Gemeinschaften« (Vogel/Tesch-Römer 2017: 279) entstehen, welche insbesondere im Alter von besonderer Bedeutung sind (für die

---

17 Die Nürnberger Studie von Fromm und Rosenkranz (2019) ist exemplarisch als eine Arbeit zu nennen, in der ausschließlich der Bereich der informellen Hilfe in der Nachbarschaft beleuchtet wird und die Unterstützungsleistungen unter Freund*innen und der Familie ausgeklammert werden.

Bedeutung des sozialen Kapitals siehe auch Kap. 2.2.3). Neben der starken Einbindung der Älteren in die »Nuklearfamilie/Kernfamilie« (Schicka et al. 2019) nimmt ebenso die Bedeutung von freundschaftlichen Netzwerken zu, was ferner anhand der Daten des Alterssurveys verdeutlicht werden kann (vgl. Böger et al. 2017).[18] Dies hat nicht nur für die Praxis der Senior*innenarbeit, sondern auch für die Gestaltung von Forschungs- und Entwicklungsprozessen zur Folge, Geselligkeit als wichtige Dimension für die Gestaltung von Engagementkontexten zu berücksichtigen.[19]

Diese Bedeutung von Netzwerken und Gesellungsmomenten im Alter spiegelt sich daher auch in der Wahl des Engagements wieder: beispielhaft kann hier auf die Wiener Studie von Rosenmayr und Kolland (2002) verwiesen werden, in der Formen bürgerschaftlichen Engagements gefunden wurden, welche »einen stark privaten Charakter« (ebd.: 271) aufweisen und »auf das unmittelbare soziale Milieu beschränkt« (ebd.) sind: »Es handelt sich gewissermaßen um eine Alterskultur der sozial-räumlichen Unmittelbarkeit.« (Ebd.) Dieser Einfluss wird auch in der vorliegenden Studie durch empirisch erhobene Ergebnisse zu milieuspezifischem Freizeit- und Gesellungsverhalten berücksichtigt (siehe Kap. 3.2.3). Neben dem Alter zeigt sich damit das Milieu als relevanter Faktor für die Gestaltung von Netzwerken und Freundschaften. So weisen Ajrouch et al. (2005) nach, dass Effekte des sozioökonomischen Status einen größeren Einfluss auf Netzwerkgröße und -komposition haben als das Alter (Hahmann 2019: 15). In älteren Studien gibt es zudem Hinweise auf eine klassenspezifische Bedeutung von Freundschaften und Netzwerken, wie beispielsweise in der Arbeiterklasse (u.a. Allan 1977).

Eben diese Formen der milieubezogenen sozialräumlichen Gesellungsmomente werden im Engagementdiskurs dem Privaten zugeordnet und aufgrund dieser persönlichen Beziehungen die Freiwilligkeit in den Engagementtätigkeiten in Frage gestellt. So liegt vielen Studien (siehe dazu die Sekundäranalyse von Beher et al. 1999) die Annahme zugrunde, die Hilfe innerhalb familialer, freundschaftlicher oder nachbarschaftlicher Beziehungen könne nicht zum formellen Engagement zählen, da diese private Hilfe aufgrund wechselseitiger Rollenverpflichtungen übernommen werde und die Hilfe und Unterstützung Unbekannter hingegen auf Freiwilligkeit basiere (vgl. auch Klatt/Walter 2011: 41). Auch Embacher (2016) betont, dass Freiwilligkeit gegenüber Familienangehörigen nicht bestehe, sondern in diesen Beziehungen eher Pflichten dominierten. Aus milieuspezifischer Perspektive stellt sich jedoch die Frage, ob »der Unterschied nicht einfach in einer kulturellen Höherbewertung öffentlich-organisierter Formen von Engagement [liegt], insbesondere wenn sie mit Ämtern und Verantwortung einhergehen?!« (Munsch 2004: 56, Erg. d. Verf.). Wie bereits im Kontext der sozialgerontologischen Diskurse am Beispiel des Potenzialediskurses verdeutlicht, zeigt sich auch hier eine milieuspezifische In-Wert-Setzung von Engagementtätigkeiten, die insbesondere an das Kriterium Öffentlichkeit gebunden ist. In diesem öffentlichen Raum findet dann auch eine entsprechende Wahrnehmung durch andere

---

18   Für den Einfluss von Kontakten zu außerfamilialen Gruppen auf ein gesundes und gelingendes Altern siehe u.a. Musick et al. 1999.

19   Für die Gestaltung einer Gemeinwesenorientierten Senior*innenarbeit entwickelte das Forschungsinstitut Geragogik 12 Qualitätsziele. Eines dieser Qualitätsziele beschreibt die Förderung von Kontakt und Gemeinschaft als bedeutsame Dimension für Senior*innen (Köster et al. 2008).

und damit erst eine Möglichkeit der Anerkennung statt. Daher kann auch nur das formelle Engagement, mit Bourdieu gesprochen, in symbolisches Kapital[20] transferiert werden (Schroeter 2006a: 50), da eine fehlende Öffentlichkeit dies nicht zulassen würde.

Zur Weitung der Debatte über die Kriterien Öffentlichkeit und Freiwilligkeit lohnt an dieser Stelle ein Blick auf die Individuen und die Frage, welche Anreize für ein Engagement im öffentlichen Raum bestehen, denn nicht für alle Menschen erscheint es erstrebenswert, solchen öffentlichen Formen des Engagements nachzugehen. So gibt es für einige Menschen eventuell im privaten Bereich lohnenderes soziales Kapital, welches im öffentlichen Engagement nicht gefunden würde (Backes 2006: 74; siehe auch Lüttringhaus 2000: 112). Daher ist nach Backes (2006) nicht für alle Älteren der »klassische Bereich« des bürgerschaftlichen Engagements sinnstiftend.[21] Untermauert werden kann dies durch die Zeitverwendungsstudie, wonach mit einem steigenden sozialen Status nicht nur die Kompetenzen zum Auftreten in öffentlichen Rollen zunehmen, sondern (und das ist umso zentraler) das Interesse an der Anerkennung in öffentlichen Rollen steigt (Blinkert/Klie 2017). Blinkert und Klie ziehen hier Parallelen zwischen formellen Engagementformen und dem Besuch von kulturellen Veranstaltungen: »Beide finden in einem öffentlichen Raum statt und durch beide wird etwas ›Überprivates‹ repräsentiert. […]. Beide Räume befriedigen das Bedürfnis nach einem Auftreten in und einer Teilnahme an Öffentlichkeit, an einer Transzendenz von Privatheit.« (Ebd.: 212)

Die dem Diskurs zugrundeliegende Annahme von einer Pflicht und einer fehlenden Freiwilligkeit in privaten Unterstützungsleistungen kann somit nicht allgemeingültig aufrechterhalten werden. Übernimmt beispielsweise eine ältere Dame regelmäßig für ihre immobile Schwester Einkäufe, kann dies ebenso als ganz bewusst gewählte Engagementtätigkeit gelesen werden, die insbesondere durch den persönlichen Bezug einen sinnstiftenden Charakter für die helfende Dame erhält und weniger durch Pflicht gekennzeichnet ist als im Engagementdiskurs angenommen.

Die hier nachgezeichnete Grenzziehung zwischen formellen und informellen Engagementtätigkeiten läuft damit entlang der Kriterien Freiwilligkeit und Öffentlichkeit. Zwei Kriterien, die eng miteinander verwoben sind: Durch die Verortung im Privaten, fern der Öffentlichkeit, wird davon ausgegangen, dass das Engagement zum einen nicht vielen, sondern nur ausgewählten Menschen zugutekommt, und zum anderen der Hilfe aufgrund der privaten Beziehungen eine gewisse Rollenverpflichtung zugrunde liegt.

Diese aufgemachte Grenzziehung findet sich nicht nur in den Definitionsbemühungen von Engagement (im Besonderen) wieder, sondern zeigt sich ebenso in einem übergreifenderen Rahmen demokratietheoretischer Bestimmungsversuche gesellschaftlicher Partizipation (im Allgemeinen). Je nach Theorieströmung wird *die Grenze* an

---

20 Symbolisches Kapital, eine von insgesamt vier Kapitalsorten, versteht Bourdieu als »Wertschätzung, Status, Hervorhebung« (Fröhlich/Rehbein 2014: 138), für die immer die Öffentlichkeit notwendig ist, um die entsprechende Anerkennung zu erzielen.

21 Munsch (2004) verweist auf eine Studie von Bhasin 1997 zum Black volunteering in England, in der Befragte aus ethnischen Minderheiten angeben, dass das Engagement in englischen Organisationen wie Arbeit sei, Engagement in ihren eigenen Strukturen hingegen wie in einer großen Familie.

unterschiedlichen Stellen lokalisiert. In liberalen Ansätzen (u.a. Rawls 2016) wird Partizipation im Bereich der privaten Interessen und damit fern des öffentlichen Raums verortet (vgl. Fehren 2008). Zivilgesellschaft wird in diesem Kontext als ein Bereich verstanden, der vorpolitischen, individuellen und nicht-kollektiven Zwecken dient (ebd.). Auch informelle Unterstützungsleistungen sind in diesem Lichte zu verstehen als Tätigkeiten, die ausschließlich dem eigenen Wohl dienen und aufgrund des privaten Charakters nicht dem Allgemeinwohl zugutekommen.

Dem gegenüber stehen kommunitaristische Ansätze, die auf den Zusammenhalt der Gesellschaft durch eine gemeinsame Wertebasis fokussieren und der Zivilgesellschaft einen explizit politischen Charakter zuschreiben. Bezugnehmend auf Dewey (2011) wird hier die Demokratie nicht nur als Staatsform, sondern auch als eine Lebensform verstanden. Engagement und Teilhabe sind damit in der Alltagswelt verankert und es findet eine Ausweitung des Politischen auf verschiedene gesellschaftliche Bereiche statt (vgl. Barber 1994). Nach diesem Verständnis kann der Alltag im sozialen Nahraum zum Ort politischen Handelns werden und »der vom politischen Feld vielfach suggerierte [...] verkleinerte politische Handlungsspielraum der Bürger [...] wieder greifbar und als eben doch gestaltbar eingeordnet [werden]« (Trumann 2013: 59, Erg. d. Verf.).

Es zeigt sich somit, dass das häufig auch aus einer liberalen Theorietradition heraus formulierte Argument der Öffentlichkeit als zentrale Voraussetzung dafür, den Zugang zu Engagement und Partizipation allen Gruppen zu ermöglichen, nicht haltbar ist, beleuchtet man nicht-intendierte Prozesse im Rahmen von Partizipation. Hier zeigt sich, dass vermeintlich allgemein zugängliche Öffentlichkeit ebenso zu einem Ausschluss von Menschen führen kann (Munsch 2011; 2005). Nach Munsch (2011) findet hier eine »Verdrängung in eine entpolitisierte Privatsphäre« (ebd.: 51) statt, so dass in Konsequenz Gruppen, die sich für *eigene* (statt *öffentliche*) Anliegen einsetzen, auch eher als Selbsthilfegruppen gelabelt werden.

Anknüpfend an die skizzierte Trennung des privaten und öffentlichen Raums stellt sich daher die zentrale Frage, wie im Kontext von Engagement der Übergang in den öffentlichen Raum ermöglicht werden kann. Eine Chance bestünde darin, den »privaten Raum als zunehmend bedeutende Quelle politischen Engagements« (Behringer 2016: 101) zu verstehen. Dafür ist jedoch als erster Schritt die öffentliche Wahrnehmung der im privaten Raum stattfindenden Engagementtätigkeiten notwendig, indem diese Tätigkeiten beispielsweise auch in wissenschaftlichen Arbeiten ihren Platz finden und darüber sichtbar und inwertgesetzt werden. Diesem Anliegen folgt die vorliegende Arbeit mit ihrem Fokus auf milieuspezifische Vergemeinschaftungen, welche hier als Ursprung von Engagementtätigkeiten aufgefasst werden. Da diese Vergemeinschaftungsformen im Alter häufig im sozialen Nahraum zu finden sind, wird im Weiteren auf die Rezeption des Konzepts der Sozialraumorientierung in der Gerontologie eingegangen.

1.1.4 Engagement im Stadtteil – Bedeutung des sozialen Nahraums

Im Zuge der Thematisierung von formellem sowie informellem Engagement findet zumeist eine Ausrichtung auf den sozialen Nahraum statt, da dieser als Ort für kollektives Handeln und damit als Ausgangspunkt für Engagement gesehen werden kann (Fehren

2008: 25).[22] Dies gilt insbesondere für die soziale Gerontologie, da bei zunehmendem Alter tendenziell der Mobilitätsradius kleiner wird und der Stadtteil oder das Wohnquartier an Bedeutung gewinnt.[23] Zum einen wird der unmittelbare Lebensraum als Anlass zur Reflexion über die eigenen Lebensbedingungen genutzt, aus der dann oftmals ein Engagement entsteht (Köster/Miesen 2013; Grymer et al. 2008). Die Teilhabe und das Engagement im Stadtteil ermöglichen damit älteren Menschen, ihre Interessen und konkreten Anliegen zur Gestaltung des direkten Wohnumfeldes einzubringen (vom Thema Barrierefreiheit bis hin zur Gestaltung von Veranstaltungen im Stadtteil). Zum anderen werden Kontakte zu Nachbar*innen, Freund*innen oder Familienmitgliedern von größerer Bedeutung, so dass diese Netzwerke gepflegt und auch gegenseitige Hilfeleistungen übernommen werden. Dies hat zur Folge, dass das Engagement am Wohnort im Alter zunimmt und neben den anerkannten Formen des Engagements auch die informellen Hilfeleistungen im Stadtteil immer mehr in den Blick genommen werden.[24] Aus diesen Gründen wurde in den letzten Jahren die Ausrichtung am Sozialraum verstärkt in der gerontologischen Forschung aufgegriffen (vgl. Leitner/Vukoman 2019; van Rießen et al. 2015; Rüßler et al. 2015).

Das Thema des Sozialraums ist jedoch durch unterschiedliche disziplinäre Zugänge gekennzeichnet (vgl. Kessl/Reutlinger 2019): Zum einen finden sich hier Arbeiten aus der Stadt- und Raumsoziologie (u.a. Löw/Sturm 2019; Hannemann 2019; siehe hierzu auch Kap. 4.1.1 zu den Arbeiten der Chicagoer School), in der unter anderem die »doppelte Konstituiertheit von Raum« (Löw/Sturm 2019: 16), je nach Strömung verstanden als Wechselspiel zwischen Subjekt und Objekt, diskutiert wird und beispielsweise Fragen zu Segregationsprozessen (Häußermann/Siebel 2004) beleuchtet werden. Zum anderen liegen Beiträge aus der Sozialen Arbeit vor, häufig verbunden mit dem handlungsleitenden Konzept der Sozialraumorientierung und erst in den letzten Jahren auch zu Ansätzen der Raumtheorie und -forschung (u.a. Kessl/Maurer 2019).[25] Zudem finden sich mit dem Fokus auf Lernprozesse im Engagement ebenso Beiträge aus der erwachsenenpädagogischen (Bremer/Trumann 2019; Mania 2018; Mörchen/Tolksdorf 2009) sowie geragogischen Perspektive (Bubolz-Lutz et al. 2010).

Geeint werden die in der Gerontologie zu findenden Bezüge dadurch, dass auch sie, wie die bereits dargestellte Debatte zur Förderung von Engagement (siehe Kap. 1.1.2),

---

22   Interessant ist, dass dieser Bezug zum lokalen Nahraum schon bei Tocqueville (1987) mit seiner Beleuchtung von Vereinigungen zu finden ist. Durch Engagement in der Kommune, der direkten Lebenswelt, soll ein grundsätzliches Interesse an Teilhabe und Mitbestimmung geweckt werden. Hier findet sich seiner Auffassung nach nicht nur ein geselliges Miteinander, sondern ein Zusammentreffen mit politischem Charakter.
23   Der Sozialraumbezug als handlungsleitendes Prinzip findet sich unter anderem auch im Siebten Altenbericht der Bundesregierung mit dem Titel »Sorge und Mitverantwortung in der Kommune – Aufbau und Sicherung zukunftsfähiger Gemeinschaften« (BMFSFJ 2015).
24   So gründete sich 2016 im BBE (Bundesnetzwerk Bürgerschaftliches Engagement) eine Arbeitsgruppe zum Themenfeld »Engagement und soziale Gerechtigkeit« mit dem Blick auf sozial benachteiligte Gruppen und »Mikro-Engagement« im direkten Wohnumfeld (vgl. Roth 2018).
25   Zur Differenzierung der in der Sozialen Arbeit zu findenden Begrifflichkeiten Gemeinwesenarbeit, Quartiersmanagement und Sozialraumarbeit siehe Knopp/van Rießen 2020.

im Kontext des aktivierenden Sozialstaates der Gefahr der Instrumentalisierung unterliegen. In der Sozialen Arbeit wird die Sozialraumorientierung bereits seit Jahrzehnten in einer zunehmend herrschaftsstabilisierenden Funktion wahrgenommen (vgl. Kessl/Otto 2007). Demnach wird nicht ohne Grund seitens der Politik und Medien auf die Vergemeinschaftungsformen im sozialen Nahraum geschaut, in der Hoffnung, damit gleich mehrfache gesellschaftliche Probleme zu lösen, wie beispielsweise die Folgen des demografischen Wandels (Fromm/Rosenkranz 2019). Die Entwicklung eines zunehmenden Rückzugs des Sozialstaates und dem Ansatz, dass soziale Probleme im Sozialraum gelöst werden sollen, von Kessl/Otto (2007) als »Territorialisierung des Sozialen« bezeichnet, hat für die Bürger*innen nicht nur fehlende Ressourcen und Infrastruktur zur Konsequenz, sondern ebenso ein Abdrängen in ein »lokalpolitisches bzw. zivilgesellschaftliches Reservat« (Wagner 2012: 26) und damit ein seitens der Politik stattfindendes zurückweisen »auf die Gefilde der ›kleinen Politik vor Ort‹, auf die Beteiligung in der Kommune und in sozialen Diensten« (ebd.). Die zentralen und wichtigen Fragen der *großen Politik* werden hingegen von anderen diskutiert und bestimmt und die Bürger*innen aus diesen Diskursen ferngehalten. Auch hier stellt sich damit die Frage des Übergangs von zwei getrennten Sphären, die an dem bereits skizzierten Übergang vom Privaten ins Öffentliche anknüpft und in diesem Zusammenhang die Vermittlung vom Nahraum in die *große Politik* beschreibt.

Leitner und Vukoman (2019) halten resümierend fest: »Sozialraumorientierung in der Altenarbeit meint also durchaus Differentes, knüpft an unterschiedliche Fachdiskussionen an und muss im Hinblick auf die jeweiligen Implikationen und Nebenwirkungen hin in den Blick genommen werden.« (Ebd.: 601; siehe hierzu auch van Dyk 2015a) Zu diesen angesprochenen Implikationen kann unter anderem die Frage nach im Sozialraum vorhandenen Ungleichheitsstrukturen gezählt werden und damit »die Frage der sozialen Ordnung und der Machtstrukturen« (Bremer/Trumann 2019: 594). Diese Machtstrukturen werden bisher teilweise nur am Rande beleuchtet. So gibt es Verweise auf die Herausforderung, dass in Stadtteilen häufig Bewohner*innen aus ähnlichen Milieus zusammentreffen und damit weniger privilegierte soziale Milieus sich mit ihren Bedürfnissen in den politischen Entscheidungen nicht wiederfinden. Es fehlt in den Stadtteilen damit an sogenanntem »bridging-Kapital«, einem Austausch zwischen den Milieus (Putnam 2001; siehe auch Munsch 2005: 146). Eine ausführliche Analyse des Sozialraums unter Aspekten der Machtstrukturen, Dynamiken und Ungleichheiten gibt es jedoch kaum. Bourdieu geht in seinem Beitrag »Ortseffekte« (1998b) unter dem Aspekt der Einschreibung des sozialen in den physischen Raum auf diese Prozesse ein: »In einer hierarchisierten Gesellschaft gibt es keinen Raum, der nicht hierarchisiert wäre und nicht Hierarchien und soziale Abstände zum Ausdruck brächte.« (Ebd.: 160) Das Quartier, nach Bourdieu der physische Raum, ist danach wesentlicher Teil der symbolischen Ordnung, in der die übergeordneten Klassen ihre Sichtweisen der sozialen Welt durchsetzen. Die Verteilung von Klassen, Akteur*innen und Gütern im Quartier ist daher als wichtiger Faktor der Reproduktion gesellschaftlicher Positionen zu sehen. Klassen differenzieren sich nicht nur anhand von ökonomischem, kulturellem und sozialem Kapital, sondern auch anhand des geografischen Raums: »Die Position eines Akteurs im Sozialraum spiegelt sich in dem von ihm eingenommenen Ort im physischen Raum wider.« (Ebd.) Die räumliche Verteilung der Bewohner*innen im Wohnviertel ist damit immer auch Ausdruck gesellschaftlicher Konflikte und Herrschaftsbeziehungen. Die unterschiedliche Verteilung von Lebenschancen, je nach Stadt und Quartier, ist somit eine Form sozialer Ungleichheit und daher auch als Rahmenbedingung bei der Gestaltung von Engagement älterer Menschen zu berücksichtigen.

Diese Verteilung der sozialen Milieus im Stadtteil oder auch auf unterschiedliche Stadtteile wird unter anderem in Studien beleuchtet, die sich mit dem Zusammenhang von sozialer Ungleichheit und sozialer Kohäsion beschäftigen (u.a. Allmendinger 2015). Ungleiche Gesellschaften werden als von starken Spannungen geprägt beschrieben und weisen daher nur eine geringe soziale Kohäsion auf (vgl. Wilkinson/Pickett 2010). Dies äußert sich auch entsprechend im Zusammenleben im Stadtteil. In benachteiligten Quartieren findet eine geringere Inanspruchnahme und Anfrage von Hilfe unter Nachbar*innen als in besser gestellten Wohnanlagen statt (Günther 2015). Dies hat häufigere Einsätze von Sozialarbeiter*innen zur Konsequenz, um die Herstellung von Kontakten und Gemeinschaft unter den Bürger*innen zu unterstützen. Positiven Einfluss auf die Kohäsion in einem Stadtteil hat hingegen unter anderem eine gewisse Wohnstabilität in Form einer längeren Wohndauer, die bewirkt, »dass sich Beziehungen in der Nachbarschaft entwickeln können, die Bindung an das Wohnumfeld stärker wird und damit der soziale Zusammenhalt in der Nachbarschaft wächst« (Nowossadeck/Mahne 2017: 316). Dieser als positiv wahrgenommene Zusammenhalt in der Wohnumgebung führt dann statistisch auch wiederum zu einem größeren Engagement (BMFSFJ 2017: 163).

Abschließend lässt sich festhalten: Der Annahme, dass sozialräumlich angelegtes Engagement ohne weiteres einen »Beitrag für das demokratische Gemeinwesen« (Klein et al. 2010: 27) leistet, kann nicht ohne Einschränkungen zugestimmt werden. Vor dem Hintergrund der skizzierten Macht- und Ungleichheitsstrukturen in Stadtteilen sowie der vorhandenen Segregationsprozesse bedarf es einer Berücksichtigung sowie Analyse der im Sozialraum vorzufindenden Strukturen und Ressourcen. Diese ermöglichen eine kritische Reflexion der Fragen danach, wem zum einen die Engagementtätigkeiten dienen und zum anderen, wer mit diesen Tätigkeiten erreicht wird.

Um dies stärker zu berücksichtigen, wird im folgenden Kapitel eine kurze Einführung in den theoretischen Zugang der Arbeit, die Habitus- und Milieutheorie und die bisherige Rezeption in der Alterssoziologie gegeben.

1.1.5 Habitus und Milieu – ein Perspektivwechsel auf Engagement

Die theoretischen Vorannahmen der vorliegenden Arbeit sowie der zugrundeliegende theoretische Zugang zum Engagementbegriff werden in Kapitel 3 zu den theoretischen Bezügen ausführlich dargestellt. Im Folgenden geht es daher zunächst um eine eskizzenhafte Darstellung der bisherigen Rezeption der Habitus- und Milieutheorie in der Alterssoziologie.

Nachfolgend werden zwei Aspekte beleuchtet, die aus der bisherigen alterssoziologischen Forschung für die weiteren Ausführungen von besonderer Relevanz sind.[26] Dazu gehört zum einen die aus der Alterssoziologie heraus formulierte Begründung

---

26 Für eine Einführung in aus der Alterssoziologie heraus entwickelte Theorieansätze siehe Dallinger/Schroeter 2002a.

für die Notwendigkeit einer Weiterentwicklung des Lebenslagenansatzes hin zum Habitus- und Milieuansatz und die damit verbundenen Chancen für die Erschließung von Engagementtätigkeiten. Zum anderen wird die Einbindung von Engagement im Alter in die Entwicklung eines neuen Vergesellschaftungsmodells Alters skizziert (u.a. Köster 2014, 2012).

Einführend wurde bereits auf die Verbindung des demografischen Wandels mit dem gesellschaftlichen Wandel und die damit einhergehende Bearbeitung dieser Thematik in der Alterssoziologie verwiesen. So wird davon ausgegangen, dass das Alter(n) »nur in konkreten sozialen und gesellschaftlichen Bezügen und Problemlagen angemessen zu analysieren« (Backes/Clemens 2002b: 12) ist. In gerontologischen Arbeiten wird insbesondere mit dem Konzept der Lebenslage gearbeitet (vgl. Clemens/Naegele 2004, siehe auch Kap. 2.2.1), sodass aus der Alterssoziologie heraus die Notwendigkeit eines Perspektivwechsels von der Lebenslage auf die »Konstellationen der Lebensführung« (Rosenmayr/Kolland 2002: 276) formuliert wird. Dies ermöglicht, die »Komplementarität von Struktur- und Handlungsebene in den theoretischen Griff zu bekommen« (Dallinger/Schroeter 2002b: 21) und nicht ausschließlich mit objektiven Kriterien, wie etwa Bildungsabschluss und Einkommen, zu arbeiten. Auch Amrhein verweist auf dieses Desiderat, denn nur selten werde »die Wechselwirkung von äußeren Lebenslagen, inneren Deutungs- und Wahrnehmungsprozessen und praktischen Handlungsweisen« (Amrhein 2008: 16) beleuchtet. Eben in diesem Kontext von Struktur- und Handlungsebene ist Bourdieus Habitusbegriff zu verorten. Bisher ist das Habituskonzept in theoretischen Arbeiten der Altersforschung zwar aufgegriffen (siehe hierzu unter anderem die Arbeiten Schroeters, die im Folgenden dargelegt werden), jedoch kaum in die empirische Forschungstätigkeit eingebunden worden (vgl. Amrhein 2008).

In der Alterssoziologie setzt sich Schroeter in zahlreichen Arbeiten (2008; 2007; 2006; 2002a; 2001) mit den Konzepten von Feld, Habitus, Kapitalsorten und sozialer Praxis im Sinne Bourdieus auseinander. Schroeter (2001) sieht für die genannte »Lücke« der Struktur- und Handlungsebene die Möglichkeit einer theoretischen Weiterführung des im Lebenslagenansatz angelegten Handlungsspielraums mit Hilfe von Bourdieus Habitus- und Milieuansatzes. Grundsätzlich kritisiert er jedoch hinsichtlich des Habituskonzeptes Bourdieus, dass dieser keinen »theoretischen Nachweis« über den Habitus als »offenes Dispositionssystem« (Bourdieu/Wacquant 1996: 67, zit.n. Schroeter 2001: 47) geliefert habe, um den häufig an ihn gerichteten Vorwurf eines deterministischen Systems zu entkräften. Hier ließe sich auf die Arbeiten der Forschungsgruppe um Vester verweisen, die zwar auch keine explizite theoretische Weiterentwicklung des Habituskonzeptes vorgenommen haben, jedoch empirisch durch die repräsentativ angelegte Milieustudie für Deutschland (Vester et al. 2001) aufzeigen können, wie im Generationenverlauf ein Aufstieg der jüngeren Generation im sozialen Raum möglich ist und damit Varianten des Habitus deutlich werden.[27]

Schroeter nutzt die Habitus- und Milieutheorie in unterschiedlichen gerontologischen Zusammenhängen: So bricht er die Feldtheorie Bourdieus auf konkrete Teilbe-

---

27 Zudem geht Bourdieu selbst in »Die Feinen Unterschiede« (1982) im Zusammenhang mit dem Lebenslaufeffekt auf die Variationen des Habitus ein und zeigt, dass der Habitus nicht derart deterministisch wirkt, wie teils angenommen.

reiche des Gesundheitssystems herunter, wie auf den Bereich der Altenpflege, in dem er die feldspezifischen »Spielregeln« (2008: 52) in den Blick nimmt (siehe auch Schroeter 2002b). Auch die Gerontologie wird als eigenständige Disziplin im Sinne Bourdieus als Feld beleuchtet, für welches Schroeter (2002a) festhält: »Das Ansinnen eines »erfolgreichen« und »produktiven« Alterns hat sich zwischenzeitlich zur grundlegenden *illusio* des (psycho-)gerontologischen Feldes entwickelt.« (Ebd.: 89) Damit weist er auf den von den Gerontolog*innen selbst hergestellten und unterstützten Aktivierungsdiskurs hin (wie in Kap. 1.1.1 ausgeführt), in dem Andersgläubige aus seiner Sicht schnell als »Häretiker« (2002a: 93) gesehen werden. Die für die Alter(n)ssoziologie vorgesehene »vordringliche ideologiekritische Funktion« (Backes/Clemens 2002b: 14) wird vor dieser verstärkten Beleuchtung des aktiven Alters eher vermisst.

Ebenso beschäftigt sich Schroeter (2007) mit der für das Alter bedeutsamen Frage nach der Dimension des Körpers in einer modernen, fitnessorientierten Gesellschaft und verbindet zudem Bourdieus Theorie mit weiteren theoretischen Ansätzen, wie Elias Figurationssoziologie (1987) (Schroeter 2002a).

Die vorliegende Arbeit greift auf die Habitus- und Klassentheorie als soziologische Perspektive zurück, um das Engagement älterer Menschen zu beleuchten. Anknüpfend an die von Dallinger und Schroeter (2002b) formulierte Möglichkeit der Nutzbarmachung einer Theorie als »Scheinwerfer, der Aspekte beleuchtet, die bisher im Dunkeln lagen« (ebd.: 10), verfolgt die Arbeit das Anliegen, den bisher unterbeleuchteten Aspekt der »typischen Sinnzusammenhänge, Selbstdeutungen und subjektiven Erlebniswelten« (Amrhein 2004: 57) älterer Menschen sichtbar zu machen. Dafür reicht es nicht aus, das Alter als alleiniges zentrales Merkmal in den Blick zu nehmen, sondern vielmehr die Lebenssituationen »älterer Menschen als sich fortwährend bewegende und verändernde und immer nur als Momentaufnahmen eines fortlaufenden Prozesses erscheinende Beziehungsgeflechte« (Dallinger/Schroeter 2002b: 17) zu verstehen. Der Habitus, verstanden als Wahrnehmungs-, Denk- und Handlungsschemata (Bourdieu 1987: 101), oder auch zu beschreiben als »allgemeine Grundhaltung gegenüber der Welt« (Bourdieu 2005: 31), bietet die Möglichkeit, diese Entwicklungen im Lebenslauf in den Blick zu nehmen und neben dem Alter weitere Einflüsse durch die Positionierung im sozialen Raum zu berücksichtigen. Mit Hilfe des Rückgriffs auf die Arbeiten von Vester et al. (2001) gelingt zudem eine weiterführende Perspektive auf Engagement, indem das bereits in Kap. 1.1.3 dargestellte Geselligungsverhalten als Ausgangspunkt für Engagement zentral gesetzt wird (siehe hierzu Kap. 3.2.2 und 3.2.3).

Die bereits angedeutete Verbindung von demografischem und sozialem Wandel berührt auch die Frage nach einem neuen Vergesellschaftungsmodell Alter, welches Köster (2002) anhand von drei Kriterien skizziert (siehe auch Aner/Köster 2016: 467–468): Zentrale Grundlage und Notwendigkeit für dieses Modell ist eine finanzielle Absicherung im Alter, für die unter anderem eine Stärkung der gesetzlichen Rentenversicherung notwendig erscheint. Aufgrund geringer Renten und einer zunehmenden Altersarmut wird künftig »das Recht auf Muße« (ebd.: 468) noch stärker ungleich verteilt werden. Diese Muße schließt nicht die selbstbestimmte Wahl von neuen Tätigkeiten im Ruhestand aus, zeigt jedoch vor dem Hintergrund sozialer Ungleichheit auf, dass sie zu einem Privileg einer kleinen Gruppe von Älteren wird. Als dritten und zentralen Aspekt eines Vergesellschaftungsmodells skizziert Köster, bezugnehmend auf das Konzept des

Tätigseins, »die zielgerichtete und bewusste und soziale Selbsttätigkeit« (ebd.). Hier steht insbesondere die Entpflichtung als Möglichkeit der Selbstbestimmung im Zentrum. Dabei sind die skizzierten drei Elemente zusammenzudenken, sie

> »greifen ineinander. Keines ist ohne das andere zu haben. So wie die materielle Absicherung im Alter die Basis für Muße und Kontemplation ist, so können Muße und Kontemplation nur als Genuss erfahren werden, wie ihr dialektischer Gegenpart, die Tätigkeit als voranschreitende Selbstverwirklichung, realisiert wird.« (Ebd.: 202)

Dieses neue Vergesellschaftungsmodell Alter ist als Rahmung des in der vorliegenden Arbeit beleuchteten Engagements zu verstehen, welches ganz bewusst auch informelles Engagement einbezieht. Anknüpfend an Kohli und Künemund (1996) wird in diesen Tätigkeitsfeldern eine sozialintegrative Funktion (ebd.: 2) gesehen und dazu auch Aktivitäten im Rahmen sozialer Netzwerke oder familiale Dienstleistungen, beispielsweise zwischen (Ehe-)Partner*innen, gezählt. Es geht in diesen Vergemeinschaftungsformen daher nicht ausschließlich um das formelle Engagement, sondern ebenso um Netzwerke und informelle Kontakte, die eine gesellschaftliche Integrationsfunktion aufweisen (siehe auch Rosenmayr/Kolland 2002: 270).

Die ausgeführten konzeptionellen Eckpfeiler der vorliegenden Arbeit (Rahmung der Arbeit, Hinführung zum Forschungsgegenstand sowie zum theoretischen Zugang) bieten eine erste Annäherung an das Thema »Engagement im Alter«. Vor diesem Hintergrund werden im Weiteren die zugrundeliegenden leitenden Forschungsfragen sowie der Aufbau der Arbeit vorgestellt.

1.2 Zur Anlage und Perspektive der Arbeit

Die in der vorliegenden Arbeit gewählte Zusammenführung des Engagements (als Forschungsgegenstand) mit der Habitus- und Klassentheorie Bourdieus (als theoretischer Perspektive) eröffnet neue Möglichkeiten der Analyse von Engagementtätigkeiten älterer Menschen:

Mit Hilfe der Habitustheorie können, erstens, Beweggründe für Engagement in die Praxis der sozialen Akteur*innen eingebettet und neben der Alterskategorie weitere Merkmale in den Blick genommen werden. Dieser theoretische Zugang hat zur Folge, dass die Sinnstrukturen und Eigenlogiken der Engagierten für ihr Handeln in den Blick geraten und damit das informelle Engagement eine Aufwertung im Diskurs erhält.

Zweitens, ermöglicht diese theoretische Anbindung eine Beleuchtung der Effekte sozialer Ungleichheit im Engagement. Wenn nach Bourdieu (1987) »die Praxis der Ort der Dialektik von opus operatum und modus operandi, von objektivierten und einverleibten Ergebnissen der historischen Praxis, von Strukturen und Habitusformen ist« (ebd.: 98), sind auch Engagementtätigkeiten im Sinne einer Handlungspraxis an der Schnittstelle von Individuum und Struktur zu deuten. Die Arbeit knüpft damit an einen Forschungsstrang an, welcher sich mit Fragen nach Zugangsbarrieren zu Engagement sowie bestehender Ungleichheit im Engagement beschäftigt (vgl. Rameder 2015; Klatt/Walter 2011; Munsch 2005). Entgegen der Engagementstudien, welche auf die Sinus-Milieus als theoretische Fundierung zurückgreifen (u.a. Ueltzhöffer 2000) und damit stärker an der Lebensstilforschung anknüpfen, bietet die Habitus- und Klassentheorie die Möglichkeit, die Handlungspraxis der Akteur*innen im sozialen Raum zu verorten und darin auch Relationen unterschiedlicher Positionen zueinander zu verdeutlichen.

1.2.1 Problemstellung und zentrale Forschungsfragen

Mit Rückgriff auf die soziologische Habitus- und Klassentheorie Bourdieus beleuchtet die vorliegende Arbeit das Engagement älterer Menschen, welches als Handlungsfeld Gegenstand verschiedener Disziplinen ist. Daher werden gerontologische, sozialarbeitswissenschaftliche, erziehungswissenschaftliche und soziologische Perspektiven integriert, wie sie sich auch im breit angelegten Engagementdiskurs wiederfinden.

Im Fokus der Arbeit stehen Engagementtätigkeiten im sozialen Nahraum (siehe Kap. 1.1.4) und das bisher in der Engagementforschung nicht ausreichend beleuchtete informelle Engagement (siehe Kap. 1.1.3). Zentral für die Beleuchtung der Beweggründe für Engagement ist dabei das Ansetzen an der subjektiven Logik der Engagierten und ihrer Lebenswelt, losgelöst von den in der Engagementdebatte dominanten Kriterien (siehe Kap. 1.1.2). Mit Hilfe der Habitustheorie (siehe Kap. 1.1.5) wird dabei der Blick auf Aspekte sozialer Ungleichheit und Machtstrukturen im Engagement gerichtet.

Anschlussfähig ist die Arbeit damit eher an Studien zu Hilfeleistungen und Solidarität innerhalb der Nachbarschaft und des Freundes- und Familienkreises (vgl. Fromm/Rosenkranz 2019; Klatt/Walter 2011; Munsch 2005; Barloschky 2003). Weniger relevant für die Fragestellungen der vorliegenden Arbeit ist hingegen der im Engagementdiskurs zu findende politikwissenschaftliche Diskurs, welcher Engagement stärker im Hinblick auf formelles Engagement beleuchtet und dieses einbettet in Demokratietheorien sowie Konzepte zur Bürger- und Zivilgesellschaft (u.a. Roß/Roth 2018; Münkler 2003).

Vor dem skizzierten Hintergrund beleuchtet die vorliegende Arbeit die Frage, wie es zu Engagement kommt und inwiefern Engagement vom Habitus als handlungsleitendem Prinzip hervorgebracht wird. Damit verknüpft werden in der Arbeit folgende Fragen bearbeitet:

a) Welche Verbindung besteht zwischen der Engagementtätigkeit älterer Menschen (im formellen oder informellen Engagementkontext) und den habitusspezifischen Dispositionen? Welche milieuspezifischen Zugänge zu Engagement lassen sich erkennen?
b) Welche Bedeutung hat der soziale Nahraum für diese milieuspezifischen Zugänge zu Engagement älterer Menschen?

Aufgrund der Beleuchtung von formellem sowie informellem Engagement wählt die Arbeit einen entsprechenden Engagementbegriff, indem nicht von bürgerschaftlichem oder freiwilligem Engagement gesprochen wird, sondern Engagement ohne ein entsprechendes Adjektiv genutzt wird. Engagement wird damit »als Dachbegriff« (Evers et al. 2015: 4) verstanden, in dem alle Formen organisierten sowie institutionell angebundenen Engagements bis hin zu Engagement im Freundes- und Familienkreis oder auch der Nachbarschaft vereint werden.

Um die Bedeutung des sozialen Nahraums beleuchten zu können wurde die Studie in einem ausgewählten Stadtteil einer Großstadt Nordrhein-Westfalens durchgeführt, der im Folgenden hinsichtlich seiner Geschichte sowie Sozialstruktur knapp skizziert wird.

1.2.2 Forschungsfeld der Studie[28]

Der für die vorliegende Studie ausgewählte Stadtteil liegt am Rande einer Großstadt und wurde ab den 1960er Jahren als Großsiedlung geplant und 1970 fertiggestellt. Notwendig war die Entwicklung dieses Stadtteils insbesondere aufgrund von fehlendem Wohnraum für Industrie- und Verwaltungsmitarbeitende, weshalb er auch als reine Wohnsiedlung konzipiert wurde.

Aktuell stellt er flächenmäßig einen der kleinsten Stadtteile dar, weist jedoch knapp 9.000 Einwohner*innen auf. Gekennzeichnet ist der Stadtteil durch eine Mischbebauung aus Ein- und Mehrfamilienhäusern, wozu neben Terrassenhäusern ebenso Flachdachhäuser sowie mehrgeschossige Mehrfamilienhäuser zählen. Neben dieser Mischbebauung gab es zur Gründung des Stadtteils auch unterschiedliche Finanzierungsmodelle (Sozialwohnungen, freifinanzierte Mietwohnungen, Eigentumswohnungen), so dass der geschaffene Wohnraum für verschiedene Einkommensschichten und Haushaltsgrößen zugeschnitten sein sollte. Zu Beginn zog jedoch ein großer Anteil von Beamt*innen und Soldat*innen mit ihren Familien in den Stadtteil, die teilweise dort alt geworden sind, so dass der Stadtteil aktuell einen hohen Altersdurchschnitt aufweist. Durch den nur geringen Zuzug sinkt damit kontinuierlich die Einwohner*innenzahl, auch wenn in den letzten Jahren die Zahl der im Stadtteil lebenden Kinder steigt. Die älteren Bürger*innen weisen durch die lange Wohndauer eine hohe Identifikation mit dem Stadtteil auf, was sich auch auf unterschiedliche Art und Weise in den Interviews zeigt. Teilweise findet sich bei den Interviewten eine Abgrenzung zu *Hinzugezogenen*, teilweise der Wunsch, den Stadtteil nicht zu verlassen und dort alt zu werden oder aber auch der Anspruch, die über Jahrzehnte aufgebauten Kontakte weiterhin aufrecht zu erhalten. Wie dies je nach Position im sozialen Raum variiert wird in den Ergebnissen der empirischen Studie deutlich (siehe Fallporträts in Kapitel 5).

Im Stadtteil befindet sich eine kleine Fußgängerzone mit einem Supermarkt, einer Bäckerei, einer Sparkassenfiliale, einem Drogeriemarkt und verschiedenen kleinen Einzelhandelsgeschäften (Optiker, Friseur, Kiosk etc.). Zudem gibt es eine Außenstelle der Stadtbibliothek. Lange Tradition im Stadtteil hat der Wochenmarkt, der auf dem zentral gelegenen Marktplatz nicht nur für die Versorgung mit Lebensmitteln bedeutsam ist (da es nur einen Supermarkt im Stadtteil gibt), sondern auch von den Bewohner*innen als zentraler Ort der Kommunikation und des Austauschs genutzt wird.

Die vor Ort ansässigen Kirchengemeinden (katholische sowie evangelische Kirche) brachten sich insbesondere zur Zeit der Neugründung des Stadtteils aktiv in die Gestaltung des Stadtteils ein. Die ökumenische Zusammenarbeit ist bereits seit Jahrzehnten wegweisend auch für anderen Stadtteile. Die Gründungsgeschichte des Stadtteils

---

28 Informationen in diesem Kapitel sind einer Schrift zum 50-jährigen Bestehen des Stadtteils sowie öffentlich zugänglichen Informationen im Internet entnommen.

macht umso deutlicher, dass das Zusammenleben in einem *nicht-gewachsenen Stadtteil* entsprechende Möglichkeiten der Begegnung und des Kennenlernens benötigt. So organisierten die Kirchengemeinden gemeinsam mit Ehrenamtlichen beispielsweise jährliche Stadtteilfeste, bei dem der Erlös den sozialen Einrichtungen im Stadtteil zugutekam. Ebenso aktiv sind die Kindertageseinrichtungen, der Sportverein, das Bildungswerk sowie der ansässige Bürgerverein mit einer hohen Mitgliederanzahl. Daher entstanden in Zusammenarbeit der verschiedenen Institutionen bereits viele Aktivitäten, wie beispielsweise Sportangebote, Treffen für Senior*innen zur Freizeitgestaltung oder intergenerationelle Projekte.

Der Großteil der Wohnungen, die zur Gründung des Stadtteils dem Bund gehörten, wurden im Laufe der Jahre an große Wohnungsunternehmen verkauft. Aktuell gehört der Stadtteil zu einem der Stadtteile Großstadts mit den geringsten Mieten, so dass sich diese Entwicklungen auch in einer veränderten Bewohner*innenstruktur niederschlagen. Knapp 62 Prozent der Menschen haben einen Migrationshintergrund. Dieser Wandel wird auch in einigen Interviews thematisiert und als ein seit einigen Jahren stattfindendes Phänomen beschrieben, welches zu verschiedenen Problemen im Stadtteil geführt habe. Anhand der Schrift zum fünfzigjährigen Bestehen des Stadtteils wird jedoch deutlich, dass bereits einige Jahre nach Gründung des Stadtteils Beschwerden beim Bürgerverein über zu wenig Rücksicht der Jugendlichen auf Ältere oder zu hohen Lärm eingingen. Auch die Verwahrlosung und Vermüllung der Fußgängerzone war schon damals Thema. Dies unterstreicht damit nochmals die lange *Leidenszeit* mancher Bürger*innen, die dort seit Beginn an leben. Deutlich wird dadurch ebenso, dass die in einigen Interviews stattfindende *Überhöhung* des früheren Zusammenlebens im Stadtteil als harmonisch und konfliktfrei relativiert werden muss.

Der Zugang zum Feld wird in Kap. 4.1 näher beschrieben.

1.2.3 Aufbau der Arbeit

Die Arbeit gliedert sich in sieben Kapitel. Nach dieser ersten inhaltlichen Einführung (Kap. 1) folgt die Aufarbeitung des Forschungsstandes der Arbeit (Kap. 2). Die Darstellung orientiert sich dabei an der Engagementdebatte, die zumeist eine gesellschaftliche von einer individuellen Perspektive auf Engagement unterscheidet. Dieser Trennung zunächst folgend greift Kapitel 2.1 die gesellschaftliche Relevanz des Themas auf: hierfür wird neben aktuellen statistischen Daten zum Engagement älterer Menschen auf die Vielfalt des Engagements hingewiesen, indem verschiedene Engagementbereiche und -aufgaben skizziert werden (2.1.1). Anschließend folgt in Kapitel 2.1.2 die Beschreibung eines Wandels im Engagement, häufig überschrieben mit dem Schlagwort *Strukturwandel des Ehrenamtes*. Dieser Wandel wird im Engagementdiskurs in Verbindung gebracht mit der Chance zur Öffnung des Engagementbereichs für bisher nicht erreichte Zielgruppen. Nach einer kritischen Beleuchtung dieser Annahme wird daran anschließend auf die Bedeutung sozialer Ungleichheit im Engagement eingegangen und die Frage beantwortet, wer sich bisher in formellen Engagementstrukturen einbringt und wer eher nicht (2.1.3). Das anschließende Kapitel 2.2 nimmt einen Perspektivwechsel vor, indem hier die nähere Betrachtung des Individuums mit den jeweiligen Beweggründen für Engagement dargelegt wird. Die vorliegenden Studien zu Engagementmotiven und

-anlässen werden anhand ihrer Erklärungsansätze und ihren disziplinären Zugängen geordnet: Neben biografietheoretischen Ansätzen (2.2.1) liegen Ansätze aus der Rational-Choice-Forschung (2.2.2) sowie Studien vor, die mit Sozialkapitalansätzen arbeiten (2.2.3). Ein weiterer Forschungsstrang erweitert die ausschließliche Fokussierung auf Kapitalsorten und nutzt Habitus- und Milieuansätze für Engagement (2.2.4). Diese Studien sind für die vorliegende Arbeit von besonderem Interesse. In einem abschließenden Kapitel werden Studien vorgestellt, die sich aus unterschiedlichen disziplinären Zugängen gezielt dem Engagement sozial benachteiligter Personengruppen widmen und damit häufig auch informelles Engagement in den Blick nehmen (2.2.5). In Kapitel 2.3 erfolgt dann eine Zusammenführung von gesellschaftlicher und individueller Perspektive in Form eines abschließenden Fazits, um durch die verschränkte Perspektive struktureller und individueller Bedingungen eine Basis für die theoretischen Ausführungen der vorliegenden Arbeit zu legen.

Das sich anschließende Theoriekapitel (Kap. 3) gliedert sich in zwei Unterkapitel. Zunächst erfolgt eine Hinführung zu Bourdieus Theorie und seinen Ausführungen zum Alter und Altern (3.1.1). Nach der Einbettung von Engagementtätigkeiten in Bourdieus Ausführungen zur Ökonomie des symbolischen Tauschs (3.1.2) folgt eine knappe Darstellung seiner zentralen Konzepte Habitus (3.1.3) sowie Feld und Illusio (3.1.4). Abschließend wird seine Theorie nach einer kurzen Zusammenfassung auf die vorliegende Arbeit übertragen (3.1.5). Im anschließenden Kapitel 3.2 wird das Milieukonzept der Hannoveraner Forschungsgruppe um Vester vorgestellt und nach einer einführenden Darstellung der Milieutypologie (3.2.1) die für den Zugang zum Engagement zentrale Begrifflichkeit des Kohäsionsverständnisses (3.2.2) skizziert. Daran anschließend bieten die empirisch entwickelten Gesellungsstile und das milieuspezifische Freizeitverhalten zentrale Anknüpfungspunkte für die empirische Studie (3.2.3) und können als Ausgangspunkt insbesondere für das informelle Engagement gesehen werden. In einem abschließenden Kapitel 3.2.4 folgt als Überleitung zur empirischen Erhebung eine resümierende Zusammenfassung der theoretischen Annahmen.

Das Kapitel 4 bietet einen Überblick über die Anlage der empirischen Studie und geht zunächst auf den Feldzugang ein (4.1). Die Ansätze der community studies aus der Chicagoer School bieten für die vorliegende Arbeit Anknüpfungspunkte hinsichtlich der Erschließung des Stadtteils (4.1.1). Daran anschließend wird auf das Vorgehen zur exemplarischen Auswahl des Stadtteils eingegangen sowie die Kontaktaufnahme in den Stadtteil skizziert, um das Sampling der Interviewpersonen transparent zu machen (4.1.2). Im zweiten Unterkapitel (4.2) werden anschließend die methodologische Anlage der Studie anhand der zentralen Prinzipien der Habitushermeneutik (4.2.1) sowie daran anschließend die Erhebungs- und Auswertungsmethoden vorgestellt (4.2.2). Die vor der Durchführung der themenzentrierten Interviews vorgeschalteten strukturierten Sozialraumtagebücher dienten dazu, im Interview bereits Anknüpfungspunkte für mögliche Gesellungsorte und Hilfstrukturen zu erschließen (4.2.2.1). Die daraufhin geführten zehn leitfadengestützten themenzentrierten Interviews (4.2.2.2) wurden mit Hilfe der Habitushermeneutik ausgewertet (4.2.2.3).

Die Darstellung der empirischen Ergebnisse der Arbeit gliedert sich in die Skizzierung von vier Engagementmustern (5.1, 5.2, 5.3, 5.4), die aus der Auswertung der Einzelfälle entwickelt wurden. Die Darstellung der Muster ist jeweils in ihren jeweiligen Unterkapiteln identisch aufgebaut. Zu Beginn jedes Kapitels erfolgt einführend die Darstellung eines exemplarischen Fallportraits, worauf anschließend weitere Vergleichsfälle hinzugezogen werden, um die Breite und Vielfalt der Engagementmuster zu verdeutlichen. Resümierend wird am Ende jedes Musters, losgelöst von den Fällen, die Charakteristik des Musters beschrieben und eine Einordnung in den sozialen Raum nach Vester et al. (2001) vorgenommen.

In Kapitel 6 folgt eine Zusammenführung der Ergebnisse. Nach einer Kurzdarstellung der Engagementmuster (6.1) folgt eine synoptische Zusammenfassung der zentralen Merkmale der Muster. Im anschließenden Ergebniskapitel (6.2) werden die bis dahin getrennt dargestellten Engagementmuster anhand zentraler, aus dem empirischen Material sowie der Theorie gewonnener Dimensionen in Form von Engagementpolen in Beziehung zueinander gesetzt und damit verdeutlicht, wie diese Engagementmuster im Stadtteil aufeinandertreffen.

Im resümierenden Fazit (Kap. 7) folgt eine zusammenfassende Beantwortung der forschungsleitenden Fragen der Arbeit (7.2) sowie eine Einbettung der Ergebnisse in den Engagementdiskurs und eine Skizzierung von Forschungsdesideraten (7.2). Abschließend werden Perspektiven für das Praxisfeld aufgezeigt (7.3).

2 Einordung der Studie in die Engagementforschung

Der im folgenden Kapitel skizzierte Forschungsstand zum Engagementdiskurs orientiert sich in seiner Darstellung an der »doppelten Funktion« des Engagements (Backes/ Höltge 2008: 279). Diese auch als zwei Seiten einer Medaille zu bezeichnenden Ebenen beziehen sich zum einen auf die *gesellschaftliche Relevanz* von Engagement (siehe Kap. 2.1) sowie zum anderen auf die *individuelle Bedeutung*, die Engagement für jede*n Einzelne*n hat und die Frage nach Beweggründen für Engagement (siehe Kap. 2.2). Das erste Unterkapitel bietet damit eine Einführung in aktuelle Engagementzahlen, den Wandel der Ehrenamtsstrukturen sowie Aspekte sozialer Ungleichheit in Engagementstrukturen, während das zweite Unterkapitel den Blick auf die Engagierten selbst lenkt, indem die Individuen mit ihren Gründen für die Aufnahme einer Engagementtätigkeit oder aber auch dem Fernbleiben aus Engagementstrukturen beleuchtet werden.

Der Aufbau der folgenden beiden Unterkapitel greift damit eine in der wissenschaftlichen Debatte zunächst analytische Differenzierung zweier Perspektiven auf Engagement auf. Damit gehen jedoch Konsequenzen einher: die Trennung der gesellschaftlichen Relevanz von der individuellen Bedeutung des Engagements hat zur Folge, dass in den jeweiligen Argumentationssträngen auf unterschiedliche empirische Studien zurückgegriffen wird. Die gesellschaftliche Bedeutsamkeit von Engagement wird zumeist anhand von Engagementzahlen und überwiegend quantitativen Studien aufgezeigt (siehe Kap. 2.1). Werden hingegen Beweggründe für Engagement und damit die individuelle Bedeutung des Engagements für jede*n Einzelne*n fokussiert, werden zur Beantwortung insbesondere qualitative Forschungsdesigns herangezogen (siehe Kap. 2.2). Für die in der vorliegenden Arbeit eingenommene habitus- und milieutheoretische Perspektive wird hingegen davon ausgegangen, dass beide Perspektiven zusammengebracht werden müssen, da sie nicht voneinander zu trennen sind. Beispielhaft kann hierfür auf Milieu- und Lebensstilansätze verwiesen werden (Kap. 2.2.4), die aufzeigen, dass eine alleinige Ausrichtung auf das Individuum nicht ausreicht, um Zugänge zu Engagement angemessen zu verstehen, sondern ebenso gesellschaftliche Einflüsse einzubinden sind. Aus diesem Grund folgt in Kapitel 2.3 eine Zusammenführung beider Perspektiven im Rahmen einer abschließenden Konklusion der Ansätze, welche zu den anschließenden theoretischen Ausführungen Bourdieus überleitet.

2.1 Zur gesellschaftlichen Bedeutung von Engagement im Alter – Wer engagiert sich und wer (vermeintlich) nicht?

Die bereits in Kapitel 1.1.2 dargestellte Vielfalt an Engagementdefinitionen hat zur Folge, dass quantitativen Studien unterschiedliche Kriterien zur Erfassung des Engagements in Deutschland zugrunde liegen. Das bis heute anhaltende Defizit an Kategorien zur Erhebung differenzierter Engagementzahlen führt daher zu unterschiedlichen Ergebnissen hinsichtlich der Engagementtätigkeit der Bevölkerung (vgl. Schulz-Nieswandt/Köstler 2011; Alscher et al. 2009), wie Abbildung 4 anschaulich verdeutlicht.[1]

Abbildung 4: Engagementquoten in Deutschland nach unterschiedlichen Erhebungen, in %

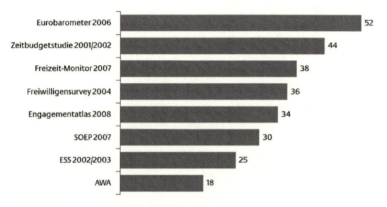

Datenbasis: Freiwilligensurvey 2004; SOEP 24; ESS 2002/2003; eigene Berechnungen.
Quellen: Eurobarometer (European Commission 2007); Zeitbudgetstudie (BMFSFJ/Statistisches Bundesamt 2003); Freizeit-Monitor (BAT Stiftung für Zukunftsfragen 2008); AWA – Institut für Demoskopie Allensbach 2008; Engagementatlas (Prognos/Generali 2009)

(Alscher et al. 2009: 23)

Festhalten lässt sich somit, dass »für das Gesamtphänomen des ehrenamtlichen Engagements kaum eindeutige und verallgemeinerbare Rückschlüsse« (Beher et al. 1999: 22) möglich sind.

Diese Differenzen zwischen den Engagementzahlen zeigen Schwierigkeiten in der empirischen Erfassung von Engagementtätigkeiten auf, wozu nach Künemund (2006b) nicht nur Faktoren auf Seite der Forschenden (durch beispielsweise Frage- und Antwortformulierungen, Reihenfolge der Fragen etc.) sowie auf Seite der Befragten (Interpretation der Fragen durch die Befragten etc.) beitragen, sondern ebenso »kulturelle Normen, öffentliche und wissenschaftliche Diskurse und begriffliche bzw. konzeptionelle Konjunkturen« (ebd.: 116).

---

1   Für eine Übersicht über die in den jeweiligen Studien gewählten Fragestellungen zur Erfassung des Engagements findet sich eine tabellarische Auflistung im zweiten Engagementbericht, BMFSFJ 2017: 129.

Hierzu zählen die bereits in Kapitel 1 skizzierten Herausforderungen bei dem Versuch einer Eingrenzung des Feldes, indem beispielsweise einerseits *nur* Ämter oder Funktionen erhoben werden und andererseits auch die aktive Beteiligung, zum Beispiel in der Kirchengemeinde, als Engagement erfasst wird (siehe hierfür beispielsweise die Fragen des Speyerer Wertesurveys, Klages/Gensicke 2002).

Aus diesem Grund wird sich im Weiteren zum einen auf ausgewählte zentrale Engagementstudien gestützt, welche Aussagen für die Gesamtbevölkerung treffen können. Zum anderen werden Studien herangezogen, die Aussagen zur älteren Bevölkerung zulassen. Dazu zählen neben dem Freiwilligensurvey (Simonson et al. 2021) ebenso der Alterssurvey (Engstler et al. 2017) sowie Daten des Sozioökonomischen Panels (Kantar Public 2019). Zusätzlich werden die Zeitverwendungsstudie (Statistisches Bundesamt 2017) sowie der zweite Bericht über die Entwicklung des bürgerschaftlichen Engagements in Deutschland hinzugezogen, der seinen Schwerpunkt auf den demografischen Wandel legt und hier zudem die Frage nach der Stärkung des Zusammenlebens vor Ort in den Blick nimmt (BMFSFJ 2017).

In Kapitel 2.1.1 erfolgt zunächst ein Einblick in die aktuellen Engagementzahlen der Menschen ab dem 65. Lebensjahr[2], indem der Umfang der von Älteren geleisteten Engagementtätigkeiten dargestellt wird, skizziert anhand ausgewählter bundesweit angelegter quantitativer Engagementstudien. Diese ermöglichen neben Aussagen zu Engagementzahlen ebenso Einsichten zu Engagementbereichen und -tätigkeiten sowie dem Verhältnis zwischen formellen sowie informellen Engagementtätigkeiten. Anschließend wird auf den sogenannten *Strukturwandel des Ehrenamtes* (Kap. 2.1.2) eingegangen, der ebenfalls auf zwei Ebenen, der individuellen sowie gesellschaftlichen Ebene, Veränderungen in der Engagementlandschaft beschreibt. Dieser Wandel wird in der Literatur häufig mit einer Chance der Ansprache neuer Zielgruppen für den Engagementbereich in Verbindung gebracht. Aktuell zeigt sich anhand der sozioökonomischen Faktoren der Engagierten, dass sich im formellen Engagement insbesondere Menschen mit einem höheren Bildungsabschluss finden lassen und sich damit soziale Ungleichheit im Engagement widerspiegelt. Die in der Literatur zu findenden Argumentationsmuster für diese Effekte sozialer Ungleichheit werden abschließend in Kapitel 2.1.3 skizziert.

2.1.1 Engagementzahlen und Engagementbereiche

Der Anteil der über 65-jährigen Personen in Deutschland macht knapp ein Viertel der Gesamtbevölkerung aus (Statista 2021). Nicht allein die quantitative Dimension führt jedoch zu einer gesellschaftlichen Relevanz dieser Gruppe für Engagementtätigkeiten, sondern zusätzlich der sogenannte »Ruhestandseffekt« (BMFSFJ 2017: 151), der sich darin äußert, dass immer mehr ältere Menschen in den ersten Jahren nach ihrem Renteneintritt ein Engagement aufnehmen. 1999 engagierte sich die Gruppe der über 65-Jährigen noch zu 18,0 Prozent freiwillig; 2019 stieg die Zahl bereits auf 31,2 Prozent

---

2   Aufgrund der Orientierung am Eintritt in die nachberufliche Lebensphase zur Beschreibung der Lebensphase Alter (siehe Kap. 1.1.1) wird diese Grenzziehung auch in der vorliegenden Arbeit aufgegriffen.

(Simonson et al. 2021: 4).[3] Erst ab dem 75. Lebensjahr geht das Engagement im Vergleich zu anderen Altersgruppen zurück, doch auch in dieser Gruppe ist immer noch ein Viertel engagiert (Vogel et al. 2017b).

Als Begründung für die Zunahme des Engagements nach dem Renteneintritt wird die in dieser Lebensphase zur Verfügung stehende frei Zeit angeführt. Die scheinbar vorhandenen zeitlichen Ressourcen im Alter sind jedoch mit Blick in die Zeitverwendungsstudie zu relativieren, denn im Alter wird für manche Alltagsaktivitäten beispielsweise mehr Zeit benötigt, gleichzeitig aber auch seitens der Älteren bewusst mehr Zeit eingeplant (Blinkert/Klie 2017), wie beispielsweise für das morgendliche Zeitunglesen. Die im Alter scheinbar umfangreiche freie Zeit führt daher nicht automatisch zu mehr Freiraum als zur Zeit der Berufstätigkeit. Zudem sind ebenfalls die im Alter fortbestehenden Verpflichtungen zu berücksichtigen, die sich nicht alleine durch den Wegfall der Erwerbsarbeit erübrigen, wie beispielsweise organisatorische und administrative Tätigkeiten (ebd.). Resümierend ist daher festzuhalten: trotz der Tatsache, im Alter nicht automatisch von einem subjektiv wahrgenommenem *Mehr* an freier Zeit ausgehen zu können, investieren Ältere aktuell bereits mehr Zeit in Engagement als jüngere Menschen (Blinkert/Klie 2017: 201). So ist die Gruppe der über 65-Jährigen mit 22 Prozent die Gruppe, die »den höchsten Anteil an denjenigen aufweist, die sechs und mehr Wochenstunden freiwillig tätig [ist]« (Simonson et al. 2021: 29, Erg. d. Verf.). Menschen mit niedrigerem sozialem Status engagieren sich, wenn sie sich engagieren, zudem zeitlich nicht weniger als Menschen mit höherem Status (Blinkert/Klie 2017: 208). Es scheint daher nicht alleine der Zeitfaktor relevant dafür zu sein, im Alter eine Engagementtätigkeit zu wählen. Vielmehr sind hier weitere Gründe aus Sicht der Älteren zu eruieren, die im Rahmen quantitativer Studien kaum sichtbar werden und vielmehr mit Hilfe qualitativer Forschungsdesigns aufgezeigt werden können (siehe Kap. 2.2).

Zudem ist für das Engagement älterer Menschen von Bedeutung, dass dieses eine Konstanz im Lebenslauf aufweist, indem das im Alter gewählte Engagement auch im hohen Alter fortgeführt wird. Wird ein Engagement nicht fortgeführt, ist dies am häufigsten auf einen sich verschlechternden Gesundheitszustand zurückzuführen (BMFSFJ 2017; Alscher et al. 2009: 44). Der für das Engagement im Alter zentrale Einfluss durch den Gesundheitszustand wird zudem begleitet durch sozioökonomische Faktoren, die sich im Engagement niederschlagen (ausführlich dazu Kap. 2.1.3). Dieser Effekt zeigt sich auch hinsichtlich des bereits genannten Ruhestandseffekts und der wachsenden Zahl älterer Menschen im Engagement. Nimmt zwar insgesamt die Gruppe der engagierten Älteren zu, sind es jedoch insbesondere Personen mit hohem Bildungsabschluss, die zu einem Anwachsen der Gruppe beitragen (zum allgemeinen Einfluss des Bildungsstandes auf Engagement Naumann/Romeu Gordo 2010). Ältere Menschen mit niedrigem Bildungsstand sind hingegen seltener in der Gruppe der Engagierten vertreten. Belege hierzu finden sich in der Tatsache, dass die Schichtzugehörigkeit bei Personen im Ruhestand einen noch größeren Einfluss auf Engagement hat als bei Er-

---

3 Hinsichtlich des Zuwachses an Engagierten liegen im Diskurs auch kritische Anmerkungen vor, welche sich auf den im Laufe der Erhebungswellen veränderten Fragenkatalog des Freiwilligensurveys beziehen (kritisch hierzu u.a. Roth 2016).

werbstätigen (BMFSFJ 2017: 153). Damit zeigt sich die hervorgehobene Bedeutung des Einflusses sozialer Ungleichheit auf Engagement im Alter im Besonderen.

Bereits diese Einblicke in die übernommenen Engagementtätigkeiten Älterer verdeutlichen, dass nicht ausschließlich das Argument der zur Verfügung stehenden Zeit im Alter dazu führt, ein Engagement aufzunehmen, sondern vielmehr die Suche nach neuen sinnstiftenden Aufgaben. Festzuhalten ist daher, dass es weniger darum gehen kann, Ältere zu mehr Engagement zu mobilisieren (wie teilweise seitens der Engagementpolitik formuliert), als vielmehr das bereits umfangreich geleistete Engagement von Älteren in den Blick zu nehmen und sichtbar zu machen. Zudem ist innerhalb dieser Gruppe auch künftig die Zusammensetzung in Bezug auf soziökonomische Faktoren zu analysieren, da sich deutliche Effekte sozialer Ungleichheit im Engagement zeigen.

Der bereits angedeutete Einfluss sozialer Ungleichheitsfaktoren spiegelt sich neben den Zugängen zu Engagement ebenso in den übernommenen Engagementaufgaben wider. Grundsätzlich finden sich ältere Menschen am stärksten in den folgenden vier Tätigkeitsbereichen: sozialer Bereich, Sport und Bewegung, Kultur und Musik sowie Kirche und Religion (Simonson et al. 2021: 24). Hier zeigen sich jedoch deutliche Geschlechterhierarchien, welche den Einfluss sozialer Ungleichheitsstrukturen beispielhaft aufzeigen können. Frauen übernehmen eher Aufgaben im sozialen Bereich; Männer hingegen im Sport- und Kulturbereich (ebd.: 25). Die von Frauen nicht nur in der Erwerbsarbeit gewählten Care- und Sorgetätigkeiten finden sich dementsprechend auch im Engagement: »Das Engagement der Männer ist also deutlich stärker durch Eigeninteressen geprägt als das der Frauen« (Alscher et al. 2009: 140), indem es häufig keiner bestimmten Zielgruppe zugutekommt. Alscher et al. (2009) sprechen daher auch von einer »engagementspezifischen Arbeitsteilung« (ebd.: 140), welche sich nicht nur in der Erwerbsarbeit, sondern ebenso im Engagement niederschlägt. Diese Geschlechtsspezifika finden sich neben den Engagementbereichen ebenso in den übernommenen Engagementaufgaben.

Hinsichtlich der in Abbildung 5 zu findenden Aufgabenbereiche, die in einer Matrix anhand der Merkmale »interner und externer Fokus« sowie »Hands-on-Tätigkeiten sowie administrative Tätigkeiten« systematisiert werden[4], dominiert die Gruppe der über 65-jährigen Engagierten insbesondere im Bereich der administrativen Tätigkeiten mit einem internen Fokus (Tätigkeiten innerhalb der Institution). Doch auch hier sind es eher die Männer, die Leitungs- und Vorstandstätigkeiten wählen und damit nach außen sichtbare Rollen übernehmen, Frauen hingegen eher sorgende Aufgaben im Hintergrund (Vogel et al. 2017a). Zudem zeigt sich in den Engagementaufgaben ebenso eine Differenzierung anhand von Bildungsabschlüssen: Personen mit niedrigeren Bildungsabschlüssen wählen im Durchschnitt eher praktisch-organisatorische Tätigkeiten in Institutionen. Somit ist die Frage nach Effekten sozialer Ungleichheit im Engagement nicht ausschließlich bezogen auf Zugänge zu Engagement, sondern ebenso auf

---

4   Eine ähnliche Unterteilung von sogenannten »Arbeitslogiken« findet sich bei Oesch (2007). Er unterscheidet zwischen einer interpersonellen Arbeitslogik (persönliche oder soziale Dienstleistungen), einer technischen Arbeitslogik (Handhabung technischen Fachwissens) sowie einer administrativen Arbeitslogik (Administration betrieblicher Macht) (ebd.: 60–61).

die innerhalb der Engagementstrukturen zu findende Aufgabenverteilung. Eine Milieuspezifik in der Wahl der Engagementtätigkeiten findet sich ebenso in den empirischen Ergebnissen der vorliegenden Studie (siehe resümierend dazu Kap. 6).

Abbildung 5: Übersicht des Freiwilligensurveys zu den Inhalten der freiwilligen Tätigkeit

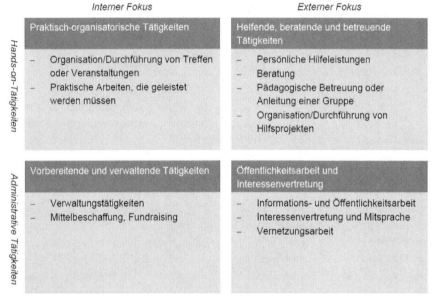

(Simonson et al. 2017: 304)

Die bisher dargestellten Zahlen zum formellen Engagement älterer Menschen können trotz der hohen Bedeutung des informellen Engagements im Alter nicht durch korrespondierende Angaben für dieses Engagement ergänzt werden, da entsprechende Daten erst seit ein paar Jahren erfasst werden. Es zeigt sich jedoch, dass im Alter neben den Vergesellschaftungsformen Familie/Verwandtschaft sowie »intermediären Institutionen« wie Vereinen und Kirchen ebenso soziale Netzwerke außerhalb der Familie (Nachbarschaft, Freundeskreis etc.) eine zentrale Bedeutung haben (u.a. Künemund/ Kohli 2020; Backes/Clemens 2008). Die Einbindung Älterer in diese Netzwerke ist daher auch für das Engagement zu berücksichtigen, da davon auszugehen ist, dass in diesen informell bestehenden Gruppen Netzwerke mit entsprechenden Unterstützungs- und Reziprozitätsbeziehungen aufgebaut wurden, die zum informellen Engagement (siehe Kap. 1.1.3) gezählt werden können. Die Einbindung in persönliche Netzwerke und ein entsprechendes Sozialkapital schafft damit nicht nur einen Zugang zum formellen Engagement, sondern ist auch Ausgangspunkt für informelles Engagement.

Seit 2014 erhebt der Freiwilligensurvey diese sogenannten »informellen Unterstützungsleistungen« (Vogel/Tesch-Römer 2017: 252), wozu insgesamt drei Formen zählen, von denen zwei für die vorliegende Arbeit von Relevanz sind[5]: Zum einen zählen dazu »instrumentelle Hilfen« außerhalb des eigenen Haushalts, wozu »konkrete Hilfestellungen und praktische Unterstützung im Alltag, zum Beispiel bei Besorgungen« (ebd.: 254) gehören. Diese Form der Unterstützung wird bei den über 65-Jährigen von 23 Prozent geleistet (ebd.: 261). Zudem ist hier, vergleichbar mit dem formellen Engagement, der wöchentliche Zeitaufwand der Älteren im Vergleich zu anderen Generationen am höchsten. Grundsätzlich lässt sich ferner festhalten, dass diejenigen, die sich formal engagieren, tendenziell auch eher informelle Hilfe für andere leisten (BMFSFJ 2017: 131). Es liegt somit keine »Konkurrenz« der Engagementbereiche zugrunde, sondern bei den über 65-Jährigen zeigt sich wie auch bei anderen Altersgruppen ein positiver Zusammenhang zwischen formellem Engagement und informeller Unterstützung. So engagieren sich Personen, die sich in informellen Engagementstrukturen betätigen, zusätzlich auch noch freiwillig (ebd.).

Zum anderen erfasst der Freiwilligensurvey im Bereich des informellen Engagements Pflege- und Betreuungstätigkeiten außerhalb des eigenen Haushaltes, zu denen unter anderem »grundpflegerische Hilfestellungen, wie beispielsweise Duschen, Baden, Inkontinenzversorgung« (Vogel/Tesch-Römer 2017: 256) zählen, »aber auch Betreuungsleistungen wie regelmäßige Besuche, Spazierengehen oder Begleitung zu Arztbesuchen« (ebd.). Hier zeigt sich ebenso, dass informelle Pflegetätigkeiten von älteren Menschen häufiger geleistet werden als von Jüngeren. Zudem ist der Frauenanteil in diesem Bereich sehr hoch, korrespondierend zu der Care-Arbeit im formellen Engagement. Ältere pflegen dabei häufiger Verwandte als nicht-verwandte Personen. Nichtsdestotrotz betreuen von den 70- bis 85-jährigen Pflegenden immer noch 32 Prozent eine Person, mit der sie nicht verwandt sind (Alscher et al. 2009: 130).

Es zeigt sich damit, dass der Bereich der Pflege innerhalb der Familie eine hohe gesellschaftliche Bedeutung hat, berücksichtigt man die Zahl, dass 38 Prozent der Pflegebedürftigen nicht in eine stationäre Einrichtung, sondern in ihrer eigenen Häuslichkeit alt werden möchten (vgl. Infratest 2003: 34). Die aktuell bereits engagierten älteren Familienangehörigen sind damit bereits als fester Bestandteil der Unterstützungsstrukturen zu verstehen.[6] Gepflegt wird insbesondere in Familienkonstellationen, die in ein stabiles Unterstützungsnetzwerk eingebunden sind, eher einen niedrigen Sozialstatus aufweisen sowie einen Wohnsitz im ländlichen Raum haben (Alscher et al. 2009: 129).[7]

Resümierend lässt sich festhalten, dass anhand der insbesondere quantitativen Studien zu Engagementzahlen und -bereichen deutlich wird, dass ältere Menschen im Vergleich zu jüngeren Generationen bereits überdurchschnittlich engagiert sind und sich

---

5   Die als dritte Form der informellen Unterstützungsleistungen genannte Betreuung von Kindern wird eher von jüngeren Personengruppen übernommen (Simonson et al. 2017).

6   Diese Unterstützungsstrukturen benötigen auch entsprechende politische Unterstützung. So verweist Bubolz-Lutz (2020) auf die alarmierende Situation der häuslichen Pflege seit Beginn der Corona-Pandemie und die notwendige Unterstützung nicht nur des professionellen Systems, sondern ebenso der häuslichen Pflege von Angehörigen.

7   Der Bereich der Pflege und Betreuung wird zudem nicht nur durch Familienangehörige, sondern auch durch freiwillig Engagierte bedient, was zu »Spannungs- und Konfliktlinien zwischen engagierten Bürger/innen auf der einen und beruflich tätigen Fachkräften auf der anderen Seite« (Roß/Roth 2019: 27) führt.

zudem zeitintensiv in das Engagement einbringen. Ebenso zeigen sich im formellen Engagement jedoch auch deutliche Effekte sozialer Ungleichheit, beispielhaft verdeutlicht an den Dimensionen des Bildungsstandes und Geschlechts. Diese dürfen nicht zu der Schlussfolgerung führen, sozial- und bildungsbenachteiligte Ältere engagierten sich nicht und müssten in die bestehenden Strukturen integriert werden. Vielmehr sind diese bereits in großem Umfang im informellen Engagement zu finden und übernehmen dort beispielsweise Unterstützungsleistungen in der Familie oder unter Freund*innen.

Neben den skizzierten formellen und informellen Engagementtätigkeiten ist in den letzten Jahren eine Diskussion über eine Ausdifferenzierung von Engagement entstanden, welche unter dem Stichwort *Strukturwandel des Ehrenamtes* geführt und im Folgenden dargestellt wird.

2.1.2 Strukturwandel des Ehrenamtes – Chancen oder Risiken?

Die bereits seit den 1980er Jahren stattfindende Debatte über eine zunehmende Individualisierung (u.a. Beck 2003; Schulze 2000) sowie ein damit verbundener Wertewandel haben sich auch auf den Engagementdiskurs übertragen und finden dort Ausdruck auf unterschiedlichen Ebenen: Neben einem Motivwandel von »selbstlosen Motiven« zu »selbstbezogenen Motiven« (aufgegriffen insbesondere in den Rational-Choice-Ansätzen, siehe hierzu auch Kap. 2.2.2) wird in dieser Diskussion zudem eine Lockerung von Milieubindungen an Institutionen wie beispielsweise Kirchen und Gewerkschaften wahrgenommen (Künemund/Schupp 2008).[8] Es wird davon ausgegangen, dass ausgehend vom Motivwandel der Individuen Herausforderungen für die Institutionen entstehen, indem diese sich dementsprechend auf neue Inhalte und Rahmenbedingungen einstellen müssen.

Die empirische Fundierung dieser beiden Argumentationsstränge, des Motivwandels der Individuen selbst sowie der nachlassenden Milieubindung an Institutionen, sind jedoch kritisch zu beleuchten. Bisher liegen keine eindeutigen empirischen Ergebnisse für den sogenannten Motivwandel im Engagement vor, sondern viel eher ist festzuhalten, dass »[e]ine Mischung von altruistischen bzw. Verpflichtungsmotiven und Selbstentfaltungsmotiven [...] schon länger existieren« dürfte (Künemund/Vogel 2020: 205). Dies würde bedeuten, dass auch heute noch Aspekte der Vergemeinschaftung und nicht ausschließlich Aspekte der Vereinzelung für Engagierte bedeutsam sind. Ebenso kann durch die Ablösung des Begriffs Ehrenamt nicht von einem grundsätzlichen Bedeutungsverlust der *Ehre* im Rahmen von Engagementtätigkeiten ausgegangen werden, sondern der durch Engagement erreichte Statusgewinn auch aktuell noch als relevantes Motiv erachtet werden. So hält der zweite Engagementbericht zur Modernisierung des Engagements fest, dass gesellschaftliche Entwicklungen nicht immer linear verlaufen, sondern auch neue Formen des Engagements mit älteren Formen »koexisitieren«

---

8   Für die Darstellung dieser Zweiteilung der Diskussion in einen Motivwandel und die Konsequenzen hinsichtlich der Institutionen im Engagement siehe Hacket/Mutz 2002.

können (BMFSFJ 2017: 68). Es geht daher vielmehr um ein Nebeneinander und weniger um eine völlige Ablösung von Motiven.⁹

Neben dem Motivwandel ist zudem die Annahme der Loslösung der Individuen aus bestehenden Milieukontexten, das damit verbundene Auseinanderfallen in »individualmenschliche Einzelatome« (Klages 2002: 2) und die nachlassende Bindung an Institutionen kritisch zu betrachten, da es auch hierfür keine empirischen Belege gibt. So gibt es keinen Hinweis darauf, dass die Bindungskraft von Institutionen für Engagement grundsätzlich schwindet, wie beispielhaft an Ergebnissen des Freiwilligensurveys aufgeführt werden kann: Der Verein als wichtigste Organisationsform des Engagements ist weiterhin für die Engagierten von Bedeutung, wenn auch mit nachlassenden Mitgliederzahlen (Hübner 2010: 42).

Mit Verweisen auf beispielsweise eine abnehmende Kinderzahl oder eine grundsätzlich stärkere Orientierung an Autonomie und Freiheit (Klages 2002: 3) liegen zwar Hinweise auf Individualisierungstendenzen vor, demgegenüber stehen jedoch auch weiterhin Entwicklungen, die die Gemeinschaft in den Fokus stellen (beispielhaft kann hier auf zunehmendes Interesse an gemeinschaftlichen Wohnformen verwiesen werden): »Selbst wenn vieles dafür sprechen mag, dass sich herkömmliche Gemeinschaftsbezüge und Milieus auflösen, heißt das nicht, dass sich nicht andere neu bilden.« (Evers 2002: 118) (siehe als empirischen Beleg hierzu auch die Milieutypologie Vesters, Kap. 3.2) Dies hat zur Folge, dass auch keine grundsätzliche Abnahme von Engagementtätigkeiten festzustellen ist, sondern eher ein Gestalt- und Formenwandel (Vogt 2005), der sich in einer starken Differenzierung von Engagementformen niederschlägt, wozu beispielsweise neue Formen des sozialen Ehrenamtes und der gemeinschaftsorientierten Eigenarbeit zählen (Roth 2000).¹⁰ Nach Clemens (2002) ist diese Ausdifferenzierung von neuen Engagementformen zugleich nicht alleinig durch eine stattfindende Individualisierung, sondern ebenso durch Erfahrungen der Arbeitswelt zu erklären. Die neuen Formen von Engagement sind aus seiner Sicht »als Absage bzw. Kompensation von Erfahrungen mit Erwerbsarbeit zu werten« (ebd.: 195).

Die skizzierte Debatte über den Strukturwandel des Ehrenamtes wird zudem verbunden mit der Vorstellung, mit den neuen Engagementtätigkeiten sozialer Ungleichheit entgegenwirken zu können und dementsprechend verstärkt auch bildungsungewohnte Gruppen anzusprechen, die bisher seltener im formellen Engagement zu finden sind. Aktuell kann jedoch festgehalten werden, dass sich bei unkonventionellen Formen der Beteiligung sogar soziale Ungleichheit verschärft (u.a. Wagner 2012; Brömme/ Strasser 2001). Als Grund dafür kann unter anderem die stärker vorhandene Selbstorganisation in Formen des neuen Engagements gesehen werden, wozu sich entsprechende

---

9   Eine ähnliche Annahme liegt hinsichtlich des Wandels der Familie vor. Auch hier kann nicht von einem *Zerfall* der Familie als vielmehr von einem Wechsel einer Lebensform gesprochen werden, der nicht als »Beleg für eine Erosion der klassischen Familie« (Alscher et al. 2009: 97) gelesen werden sollte, sondern vielmehr als ein »Formenwandel« (vgl. Nave-Herz 2007)« (Alscher et al. 2009: 97).

10 Eine Gegenüberstellung der Engagementformen des sogenannten alten und neuen Ehrenamtes zu finden in Klie 2003: 113.

Hinweise in diversen Formaten der Erwachsenenbildung finden lassen (für eine kritische Reflexion der Selbstorganisation siehe Bremer 2010).

Brömme und Strasser (2001) untersuchten den Strukturwandel des Ehrenamtes anhand von ALLBUS-Daten, indem sie Vereinsmitgliedschaften über Jahre analysiert haben. Anhand der Daten zeigt sich eine Verlagerung des Engagements von großen Institutionen in kleine Selbsthilfe- und Vereinsgruppen. Zudem wird in den Ergebnissen der frühere Einfluss von Milieuzugehörigkeiten deutlich, indem beispielsweise Netzwerke in Arbeitermilieus zur Teilhabe in »›traditionellen‹ Vereinigungen« (ebd.: 11) führten:

> »Vor allem die Kultur der Arbeiterbewegung in Form von Bildungs-, Gesangs-, Sport- aber auch Pfarrvereinen und Genossenschaften und Jugendbewegungen brachte in enger Verflechtung mit familialer und betrieblicher Sozialisation verschiedene Formen der Geselligkeit hervor. Diese durch ›Klasseninteressen‹ und traditionelle Milieus geprägten Assoziationsmuster boten für einen Teil der sozioökonomisch schlechter gestellten Bevölkerungskreise gleichsam ›niedrigschwellige‹ Partizipationschancen.« (Ebd.)

Diese von Brömme und Strasser auch als »vororganisatorische Integrationsmechanismen« (ebd.: 14) bezeichneten Prozesse fallen aus ihrer Sicht aufgrund eines Wandels der Milieulandschaft vermehrt weg und damit auch die früher bestehenden Übergänge in »traditionelle Vereinigungen« (ebd.: 11). Trotz dessen lässt sich keine grundsätzliche Freisetzung der Individuen aus Milieukontexten feststellen, sondern ein Fortbestehen der informellen Netzwerke, so dass eine »Verlagerung der Aktivitäten hin zu informellen Beziehungsnetzen im sozialen Nahraum und damit eine Distanzierung zu Mitgliedschaften in formalen Organisationen« (ebd.:13) stattfindet. Diese Distanz zu Organisationen findet sich insbesondere bei Arbeiter*innen. Abgehängte Milieus finden damit weniger den Weg in formelle Engagementstrukturen und greifen eher auf informelle Netzwerke zurück, womit die bereits beschriebene Bedeutung des informellen Engagements insbesondere für diese Milieus unterstrichen wird.

Kubisch und Störkle (2016), die ebenfalls eine Studie zu selbstorganisierten Gruppen als Beispiel für neue Ehrenamtsstrukturen durchgeführt haben (siehe hierzu Kap. 2.2.4), verweisen resümierend darauf, dass neue Engagementformen nicht zu einem Abbau sozialer Ungleichheit im Engagement beitragen können und mahnen an, das diesbezüglich »zum Teil idealistisch überhöhte Bild der ›Zivilgesellschaft‹« (ebd.: 208) zu korrigieren.

Zusammenfassend kann festgehalten werden: die für den Strukturwandel des Ehrenamtes angeführte Lösung der Individuen aus Milieukontexten kann in diesem Umfang empirisch nicht bestätigt werden. Vielmehr findet ein Generationenwandel innerhalb der Milieus statt (siehe die Milieutypologie Vesters, Kap. 3.2), welcher zu einer Ausdifferenzierung an Wünschen und Anliegen für Engagement führt und damit auch eine Vielfalt unterschiedlicher Engagementformate zur Konsequenz hat. Diese neuen Formate führen jedoch nicht zu einer vermehrten Ansprache bisher nicht erreichter, sozial benachteiligter Zielgruppen, sondern verschärfen, unter anderem aufgrund von Formen der Selbstorganisation, soziale Ungleichheit im Engagement. Anstatt einer Ablösung von bestimmten Engagementformaten ist damit vielmehr ein Nebeneinander verschiedener Engagementtätigkeiten zu finden.

Im Weiteren wird nochmals detaillierter auf den Einfluss sozialer Ungleichheit im Kontext von Engagement und die damit verbundenen wissenschaftlichen Diskurse eingegangen.

2.1.3 Engagement und soziale Ungleichheit

Nach der vorangegangenen Darstellung zu Engagementzahlen, dem angedeuteten Einfluss sozialer Ungleichheit und dem Wandel des Engagements beleuchtet das folgende Kapitel die Frage, welche sozialen Gruppen und Milieus bisher in formellen Engagemenstrukturen zu finden sind und welche Argumentationslinien für die ungleiche Beteiligung im Engagementdiskurs vorliegen.

Zahlreiche Studien belegen den ungleichen Zugang zu Engagementtätigkeiten bezüglich sozialer, ökonomischer und kultureller Merkmale (u.a. Simonson et al. 2021; Rameder 2015; Musick/Wilson 2007; Alscher et al. 2009, zu Freizeitaktivitäten insgesamt Isengard 2005) und stellen fest, dass sich manche Gruppen häufiger engagieren als andere: Westdeutsche eher als Ostdeutsche, Männer eher als Frauen[11], Personen aus höheren Bildungsschichten eher als aus niedrigeren Schichten, Mitglieder von Glaubensgemeinschaften eher als andere, Bewohner*innen ländlicher Regionen eher als aus städtischen Regionen (BMFSFJ 2014: 9). Ebenso bei den über 65-jährigen Engagierten sind (wie auch in anderen Altersgruppen) vermehrt Vertreter*innen mit einem höheren Bildungsabschluss und einer guten finanziellen Ausstattung zu finden. Die Daten weisen damit auf einen deutlichen Einfluss sozioökonomischer Faktoren auf Engagement hin, oder anders: »Die Wahrscheinlichkeit sich freiwillig zu engagieren sinkt, wenn ungünstige Ressourcenausstattungen wie beispielsweise ein niedriger Bildungsstatus und Arbeitslosigkeit zusammentreffen, und sie steigt, wenn förderliche Ressourcen aufeinandertreffen.« (Simonson et al. 2017: 439) Die individuelle Ressourcenausstattung ist wesentlicher Bestimmungsfaktor für Beteiligung (Erlinghagen/Hank 2008). Zudem weisen Studien darauf hin, dass auch Faktoren der Erwerbsarbeit einen Einfluss auf die Aufnahme einer Engagementtätigkeit haben, wie sich beispielsweise an einem Zusammenhang zwischen beruflicher Autonomie und der Aufnahme eines Engagements zeigen lässt (Maurer 2018), so dass anzunehmen ist, dass diese Faktoren auch in der Zeit der nachberuflichen Lebensphase wirken (siehe zum Einfluss der Erwerbsarbeit auf Engagement im Alter auch Kap. 2.2.1). Im Rahmen dieser Argumentation und der Beleuchtung des Einflusses von sozioökonomischen Faktoren auf Engagement wird verstärkt auf *objektive* Ressourcen verwiesen. Bremer und Pape (2019) merken für den Bereich der Weiterbildungsforschung diesbezüglich kritisch an, »inwiefern ›objektive‹ Ressourcen anschlussfähig sind an ›subjektive‹ Relevanzstrukturen, [...] und wie Ressourcen dann letztlich handlungs-[relevant]« (ebd.: 366, Erg. d. Verf.) werden, um Adressat*innen an

---

11   Dieser Trend wird erstmalig 2019 durchbrochen: »Während sich in der Vergangenheit seit 1999 stets Männer zu größeren Anteilen freiwillig engagierten, ist im Jahr 2019 erstmals kein statistisch signifikanter Unterschied zwischen den Engagementquoten von Frauen und Männern festzustellen: 39,2 % der Frauen und 40,2 % der Männer sind freiwillig engagiert.« (Simonson et al. 2021: 15)

Weiterbildungsformaten teilnehmen zu lassen. Die alleinige Ausrichtung und Beleuchtung von Ressourcen reicht aus ihrer Sicht kaum aus, wird die Frage nach der Handlungsrelevanz dieser außer Acht gelassen. Hier lassen sich deutliche Parallelen zur Engagementdebatte und zur Beteiligung in formellem Engagement erkennen. Mit dieser Argumentation wird es zudem möglich, eine begründete Nicht-Teilnahme an formellem Engagement zu beleuchten, denn Nicht-Engagierte sehen eventuell »den Einsatz ökonomischer, sozialer, zeitlicher und anderer Ressourcen« (ebd.: 374) als nicht sinnvoll für das Engagement an (siehe auch Ausführungen zum informellen Engagement, Kap. 1.1.3).

Neben dem Einfluss dieser sozioökonomischen Faktoren wird in Studien ebenso auf Werthaltungen verwiesen, indem beispielsweise angenommen wird, Engagierte wiesen stärker altruistische Neigungen auf als Nicht-Engagierte und verfügten zudem über die Eigenschaft, stärker »über den Tellerrand« des Alltagslebens zu schauen (BMFSFJ 2014: 10). Diese Zuschreibungen von Altruismus und einer Weitsicht von engagierten Personen implizieren Aussagen über die Personen, die bisher nicht in formellen Engagementstrukturen zu finden sind, indem diesen unterstellt wird, aufgrund ihrer begrenzten Sicht auf die Welt weniger unterstützend auf ihre Mitmenschen zu schauen. Doch berücksichtigen diese Aussagen nicht das informelle Engagement: denn eben hier, in Hilfe- und Unterstützungsnetzwerken in der Familie, der Nachbarschaft und dem Freundeskreis, finden sich viele der Menschen, die sich nicht in formellen Engagementstrukturen engagieren, jedoch weniger aus einer fehlenden Weitsicht als vielmehr aufgrund des Wunsches, ihnen bekannten Personen wie Familienangehörigen oder Freund*innen zu helfen (siehe hierzu Kap. 1.1.3).

Diese beispielhaft angeführte Zuschreibung durch den Wissenschaftsdiskurs sowie die angeführten Gründe dafür, warum sich Menschen nicht in anerkannten Formen des Engagements finden lassen, leiten über zu zwei unterschiedlich begründeten Diskursen für soziale Ungleichheit im Engagement.

Dabei hebt ein Argumentationsstrang insbesondere auf fehlende Ressourcen der sozial benachteiligten Personen ab. Der Grund für die Nicht-Beteiligung wird in der Gruppe selbst gesehen (beispielsweise durch fehlendes Interesse, geringes Informationsverhalten etc.). Die Gefahr dieser Argumentation liegt in einer defizitären Perspektive, wie sie in der Betonung der *nicht* vorhandenen Fähigkeiten in folgendem Zitat deutlich wird:

»Gerade die Menschen in den sozialbenachteiligenden Gebieten haben oft *keine* Erfahrung damit, wie Engagementprozesse ablaufen, sie haben Erwartungen und Ideen, sind es aber *nicht* gewohnt sich in der Form zu engagieren, die üblich ist. Sie verfügen *nicht* über die rhetorischen Fähigkeiten, der Ablauf einer formalen Vereinssitzung ist ihnen *nicht* vertraut usw.« (Meyer und Klemm 2004: 5, Herv. d. Verf.)

Folgt man ausschließlich dieser Logik, liegt die Antwort für eine Ansprache sozial benachteiligter Gruppen nicht in der Veränderung struktureller Rahmenbedingungen des Engagements, sondern in entsprechender Motivierung und Schulung dieser Milieus. Durch passende Angebote soll das unausgeschöpfte Engagementpotenzial gehoben werden (kritisch hierzu Wagner 2012). Eher ist prüfend zu fragen, ob ein Blick auf fehlende Kompetenzen zur Beantwortung der Frage nach der ungleichen

Beteiligung ausreicht oder nicht eher danach gefragt werden sollte, warum sie sich nicht in formellem Engagement finden lassen und in welchen anderen Bereichen sie ihre Zeit und Ressourcen einbringen.

So sind beispielsweise Einbindungen in Netzwerke wie Nachbarschaften, aber auch die wechselseitige Unterstützung in der Familie nicht an finanzielle Voraussetzungen und den Bildungsstand gebunden, sondern stark von der familiären Sozialisation abhängig (Alscher 2009). Die mäßigen Engagementquoten von Menschen mit geringem Einkommen und niedrigen Bildungsabschlüssen und die damit verbundene Stigmatisierung als »beteiligungsunwillige Bürger*innen« (Heite 2012) sind daher zu hinterfragen. Qualitative Studien belegen bereits, dass sich auch Vertreter*innen aus sogenannten bildungsfernen Milieus engagieren, hingegen vermehrt in familialen und freundschaftlichen Netzwerken und im sozialen Nahraum (u.a. Munsch 2003; Heite 2012, siehe auch Kap. 2.2.5). Daher ist es wichtig, diejenigen, die sich nicht formal anerkannt engagieren, »vom Generalverdacht des ›Nicht-Wollens‹ freizusprechen und statt dessen Bedingungen und Strukturen in den Blick zu nehmen, die ein ›Wollen‹ und ›Können‹ ermöglichen« (Rameder 2015: 212). Demzufolge fokussiert die zweite Argumentationslinie die Rahmenbedingungen für formelles Engagement und setzt sich kritisch mit diesen auseinander. Im Rahmen dieses Diskurses wird unter anderem darauf verwiesen, dass die Debatte um formelles Engagement eine wissenschaftlich geführte Debatte ist, die an den Haltungen und Lebensprinzipien der Mittelschicht anknüpft. Dies äußert sich folglich in Spielregeln des Engagements, die sich an der Mittelschicht orientieren (u.a. Munsch 2005). Somit rücken die in Partizipationsräume eingeschriebenen informellen Machtstrukturen sowie offensichtliche Hierarchien (Klatt 2012) in den Fokus. Engagement ist daher nicht nur ein Ort der Integration, sondern auch ein Ort des Ausschlusses und der Reproduktion sozialer Ausgrenzung (Munsch 2005).

Diese Reproduktion sozialer Ungleichheit spiegelt sich nicht nur in einem Ausschluss bestimmter Gruppen wider, sondern zeigt sich auch in der Aufgabenverteilung von Engagement, was unter anderem an den Geschlechtern deutlich wird (wie bereits in Kap. 2.1.1 angedeutet): »Männer zeigen sehr viel häufiger als Frauen eine Präferenz für öffentliche und mit Zugang zu Macht ausgestattete Bereiche (Politik und politische Interessenvertretung [...]). Frauen dagegen sind häufiger in den sozialen Tätigkeitsfeldern engagiert (Sozialer Bereich, Schule und Kindergarten [...]).« (Blinkert/Klie 2017: 202) Backes bezeichnet daher das soziale Ehrenamt als typisches Frauenengagement (Backes/Höltge 2008: 288).

Diese *soziale Arbeitsteilung*, je nach sozialem Status, findet sich entsprechend auch im informellen Engagement. Anhand der Daten der Zeitverwendungsstudie zeigt sich, dass mit steigendem sozialem Status die Übernahme von *einfachen* Tätigkeiten wie »Putzen, Aufräumen, Waschen« oder »Zubereitung von Mahlzeiten« sinkt. Sie steigt hingegen bei der »Übernahme von Behördenangelegenheiten« und dem Bereich »Reparieren und Bauen«. Insgesamt investieren Menschen mit höherem sozialem Status zudem weniger Zeit in informelle Unterstützungsleistungen als Menschen mit geringerem sozialem Status (Blinkert/Klie 2017: 219). Diese Zahlen zeigen umso deutlicher, dass die Frage danach, wie ein größerer Anteil sozial- und bildungsbenachteiligter Menschen in formelle Engagementstrukturen eingebunden werden kann, nicht an den Tätigkeiten im informellen Engagementbereich anknüpft und diese bisher teilweise ausblendet.

Abschließend wird auf zwei Studien verwiesen, welche diese Argumentationslinie der kritischen Beleuchtung von Engagementstrukturen aufgreifen und mit Hilfe von Bourdieus Habitus- und Feldtheorie beleuchten: hierzu zählen die soziologische Studie von Rameder (2015) sowie die sozialarbeitswissenschaftliche Arbeit von Fischer (2012).

Wie auch Munsch in ihren Arbeiten konstruiert Rameder (2015) Freiwilligenarbeit »nicht als neue Ungleichheitsdimension« (ebd.: 80), sondern versteht vielmehr »die Felder, in denen Freiwilligenarbeit geleistet wird, [...] als Orte der Reproduktion bzw. Genese sozialer Ungleichheit« (ebd.: 80). Dies begründet er unter anderem auch damit, dass das Engagement »im theoretischen wie im praktischen Sinn selbst kein eigenes gesellschaftliches Feld, bzw. System« (ebd.: 59) darstellt, sondern vielmehr in unterschiedlichen Feldern, wie dem Feld der Politik oder der Bildung, aufgeht. Dementsprechend beleuchtet Rameder in seiner empirischen Studie die Engagierten in exemplarisch ausgewählten Engagementfeldern (»Soziales und Gesundheit«, »Kirche und Religion«, »Sport und Bewegung« und »Katastrophenhilfs- und Rettungsdienste«). In den Ergebnissen seiner quantitativ angelegten Studie zeigt sich in allen Bereichen: je höher der Bildungsabschluss, desto höher der Beteiligungsgrad an formeller Freiwilligenarbeit. In den jeweiligen Feldern untersucht Rameder zudem den Zugang zu Leitungsfunktionen und hält diesbezüglich Unterschiede fest: so selektiere das Feld »Soziales und Gesundheit« insbesondere über kulturelles Kapital, während im Feld »Kirche und Religion« neben dem Bildungsgrad auch der Familienstatus (bspw. verheiratet) bedeutsam sei. Deutlich werden in den jeweiligen Feldern zudem auch Geschlechterhierarchien, indem Frauen in Führungspositionen selten zu finden sind. Gewinnbringend sind Rameders Ergebnisse daher hinsichtlich der feldspezifischen Anlage seiner Studie und der Betonung der Kapitalsorten als Einfluss auf Engagement. Das von ihm formulierte Desiderat in der Engagementforschung nach der Frage, »ob, wo und wie Freiwilligenarbeit als Form alltäglicher Praxis die Klassenstruktur verschleiert, oder aber auch reproduziert« (ebd.: 69) kann jedoch auch diese Arbeit nicht in Gänze beantworten, da aufgrund des quantitativen Forschungsdesign kaum die alltägliche Praxis der Freiwilligenarbeit in den Blick genommen wird und zudem weniger mit dem Habituskonzept als vielmehr mit den Kapitalsorten Bourdieus gearbeitet wird.

Fischers Studie (2012) beleuchtet das Engagement aus einem »sozialarbeitswissenschaftlich ausgerichteten Blickwinkel« (ebd.: 19) und bearbeitet mit Rückgriff auf Bourdieus sowie Vesters Milieustudien die Frage, ob Engagement als ein Beitrag zum sozialen Kapital der Engagierten oder aber als ein Distinktionsinstrument für bestimmte Milieus zu deuten ist. Das Ziel der Arbeit ist die Entwicklung eines Erklärungsmodells für Zugänge und Barrieren zu Engagement, welches mit Hilfe einer Sichtung vorliegender Studien entwickelt wird. Hier zeigt sich in seinen Ausführungen, dass insbesondere für »Milieus aus den höheren Segmenten des sozialen Raums [...] das Freiwilligenengagement von besonderem [...] Nutzen« (ebd.: 248) ist und bringt dies unter anderem mit Bourdieus symbolischem Kapital in Verbindung. Als »mehrdimensionale Engagementbarrieren« (ebd.: 231) werden vier Aspekte herausgearbeitet: Habitus, Kompetenzen, Mittel sowie Zeit. Da diese Ergebnisse nicht mit einer eigenen empirischen Studie untermauert werden, zeigt Fischers Studie zwar eine Möglichkeit auf, wie das Habitus-

und Milieukonzept Bourdieus sowie die Milieustudie von Vester et al. (2001) für die Beleuchtung von Engagementstrukturen konzeptionell nutzbar gemacht werden können, lässt jedoch ebenso weiterführende Fragen offen. Als Konsequenz seiner Studie fordert Fischer daher entsprechende Studien zur empirischen Überprüfung seines Erklärungsansatzes, denn so gebe es aus seiner Sicht »bislang keine empirisch ausgerichtete Untersuchung, in der gemeinsam die verschiedenen Aspekte der sozialen Ungleichheit [...] und das Freiwilligenengagement zueinander in Beziehung gesetzt sowie deren Interdependenzen erforscht werden« (ebd.: 253).

2.2 Zur individuellen Bedeutung von Engagement im Alter – Warum engagieren sich Ältere (und warum auch nicht)?

Nach der im vorangegangenen Kapitel dargestellten gesellschaftlichen Relevanz des Engagements älterer Menschen anhand aktueller Engagementzahlen und -bereiche und dem Einfluss sozialer Ungleichheit im Engagement wird im Folgenden der Blick auf die sogenannte *zweite Seite der Engagementmedaille* gerichtet: die Engagierten selbst und deren Beweggründe für ihr Tätigsein. Studien, die das *Warum* der Aufnahme eines Engagements in den Blick nehmen, werden in der Literatur häufig mit dem Begriff der »Motivforschung« überschrieben. Im Weiteren sollen dagegen vielmehr Beweggründe oder Zugänge zu Engagement beleuchtet und damit ein weiterer Blick eingenommen werden als in der (sozial)psychologischen Forschung. An der (sozial)psychologisch geprägten Motivforschung kann nicht nur die starke Fokussierung auf die *innere Motivlage* und damit der Wegfall sozialstruktureller Faktoren kritisch gesehen werden, sondern auch die starke Nutzung quantitativ standardisierter Messinstrumente (siehe u.a. BMFSFJ 2014), die Motive in Form von vorgegebenen Antwortmöglichkeiten operationalisieren und diese dann wiederum zu passenden Motiven zusammenfassen, beispielsweise bei Anheier/Toepler (2003) zu »instrumentellen Motiven« oder »moralisch-obligatorischen Motiven« (siehe auch Bierhoff et al. 1995).[12] Diese stark durch wissenschaftlich definierte Kriterien geprägte Erhebung von Motiven findet sich dann teilweise auch in der Interpretation der Daten. Die Folgerung, dass die Angabe der Befragten, mit dem Engagement etwas bewegen zu wollen oder das Engagement auf eine besondere Gruppe/ein besonderes Anliegen ausgerichtet sei, auf ein selbstlos und weniger subjektiv geprägtes Engagement hinweisen (BMFSFJ 2014: 17), erschließt sich nicht zwangsläufig.[13]

Für die Darstellung einer differenzierten Sicht auf Engagementzugänge verstehen die im Weiteren ausgewählten Studien die Wahl eines Engagements eher als ein Zusammenspiel »subjektiver Prioritätensetzung, biographischer Aspekte und situativer

---

12 Ebenso im Freiwilligensurvey findet sich die Abfrage von Motiven und die Entwicklung von drei Erwartungstypen: gemeinwohlorientierte, geselligkeitsorientierte und interessensorientierte Engagierte (Gensicke/Geiss 2010: 122).

13 So kann das Anliegen, etwas bewegen zu wollen, in einem Engagement in einer Stadtteilinitiative münden, in der es um die Aufrechterhaltung von Lebensqualität vor der eigenen Haustür geht. Dies wäre ein subjektiv geprägtes Motiv und damit weniger selbstlos als im Bericht angenommen.

Gelegenheitsstrukturen« (Kolland/Oberbauer 2006: 168), wenn auch mit einer unterschiedlichen Gewichtung der genannten Dimensionen. Damit ist das Anliegen verbunden, die Vielfältigkeit und Bandbreite der Entscheidungen für Engagement widerzuspiegeln und eine kontrastierende Gegenüberstellung altruistischer und egoistischer Motive zu überwinden.[14]

Die nachfolgend dargestellten Arbeiten wurden unter den folgenden zwei Fragestellungen gesichtet:

a) Wie lässt sich die Aufnahme eines Engagements aus Sicht der Engagierten erklären und aus Sicht der Forschung darstellen?
b) Welche Anschlussmöglichkeiten bieten diese Studien für einen habitus- und milieuspezifischen Zugang zu Engagementtätigkeiten?

Die Engagementforschung wird nicht nur mit unterschiedlichen disziplinären Zugängen bearbeitet, sondern weist auch verschiedene Schwerpunkte auf. So liegen Studien zu ausgewählten Personengruppen vor (zum Engagement von Erwerbslosen siehe Voigtländer 2015; zum Engagement älterer Menschen Heite 2012; Aner 2005). Ebenso finden sich Arbeiten zu exemplarischen Engagementfeldern (z.B. zum Engagement in der Wohlfahrtspflege Backhaus-Maul et al. 2015) oder aber zu vertiefenden Fragestellungen zu Schwerpunktthemen (Benedetti 2015; Hübner 2010; Hansen 2008 beispielsweise zum Zusammenhang von Lernen und Engagement). An dieser Stelle werden daher ausgewählte Studien vorgestellt, die einen direkten Bezug zur Zielgruppe der Älteren aufweisen oder aber anschlussfähig an die Milieu- und Habitusforschung erscheinen. Die Systematisierung der Arbeiten erfolgt anhand eines inhaltlich-konzeptionellen Zugangs. Es werden jeweils die Studien zusammenfassend dargestellt, die einen ähnlichen Zugang zur Erklärung von Engagementtätigkeiten wählen: hierzu zählen der Einfluss von biografischen Lebensereignissen (Kap. 2.2.1), der persönliche Nutzen durch Engagement im Kontext eines Motivwandels des Ehrenamtes (Kap. 2.2.2), die Nutzung und Erweiterung des sozialen Netzwerks oder weiterer Kapitalsorten ausgehend von Kapitaltheorien (Kap. 2.2.3) sowie der symbolische Ausdruck eines Lebensstils oder der Zugehörigkeit zu einem Milieu über das Engagement (Kap. 2.2.4). Kapitel 2.2.5 geht nochmals gesondert auf Studien ein, die Engagementzugänge sozial benachteiligter Personengruppen beleuchten, dafür aber auf unterschiedliche methodische und inhaltliche Zugänge zurückgreifen.

2.2.1 Engagement als Ausdruck biografischer Lebensereignisse

Studien, die Engagement im Kontext der Biografie und des Lebenslaufs beleuchten, finden sich insbesondere in erziehungswissenschaftlichen und sozialpädagogischen Arbeiten (u.a. Steinfort 2010; Aner 2005; Künemund 2001; Kohli 1993; Jakob 1993). Neben

---

14 Wie beharrlich sich diese Perspektive in der Engagementforschung hält, zeigen jedoch die weiteren Studien, in denen sich teilweise dieser Dualismus von altruistischen sowie nutzenorientierten Motiven ebenfalls finden lässt (siehe Kap. 2.2.2 zu den nutzenorientierten Ansätzen).

einschneiden Erlebnissen wie Krankheit, Trennung oder Tod wird ebenso die familiale Sozialisation (Engagement der Eltern, kirchliche Bindung etc.) als relevant für die Engagementbiografie erachtet.

Exemplarisch steht dafür die vielfach rezipierte Studie von Jakob (1993), die mit Hilfe eines qualitativ-rekonstruktiven Verfahrens fünf Engagementtypen herausgearbeitet hat. Auf Grundlage von 16 autobiografisch-narrativen Interviews mit Ehrenamtlichen zeigt sie verschiedene Funktionen auf, die das Engagement in der Biografie übernimmt: Engagement kann demnach eine biografische Kontinuität schaffen (dies zeigt sich beispielsweise in einer lebenslangen Bindung an die Kirchengemeinde oder den Wohlfahrtsverband und das dortige Engagement), einen sozialen Aufstieg ermöglichen oder zur Suche nach der eigenen Identität genutzt werden. Zentral ist nach Jakob die »biografische Passung« (ebd.: 281) des Engagements, da das Engagement Teil des biografischen Prozesses ist und den Einzelnen eine Sinnhaftigkeit des eigenen Handelns vermittelt. Wie der Titel der Studie »Zwischen Dienst und Selbstbezug« verdeutlicht, greift Jakob in der Darstellung der Engagementtypen auf den angesprochenen Dualismus zwischen selbstlosen altruistischen Motiven und einem Nutzenaspekt für das Individuum zurück.

Im Weiteren kann insbesondere an Jakobs Erkenntnissen zu einer familialen und milieuspezifischen Prägung des Engagements angeknüpft werden: Trotz der Einbettung ihrer Ergebnisse in den Kontext der Individualisierungsthese Becks (2003) und der damit verbundenen Freisetzung der Individuen aus milieuspezifischen Kontexten (Jakob 1993: 79, siehe hierzu auch die Ausführungen in Kap. 2.1.2 zum Strukturwandel des Ehrenamtes) finden sich generationenspezifische Hinweise in ihren Ergebnissen. Jakobs Interviews deuten auf »milieubestimmte Zugänge und familiäre Engagementtraditionen« (ebd.: 91) in den älteren Generationen hin, wohingegen sich in den jüngeren Generationen eher eine Freisetzung aus den Milieus zeigt, indem biografischen Ereignissen eine stärkere Bedeutung zuteilwird. Beispielhaft verweist sie auf einen Engagementtyp mit einem hohen Anteil älterer Menschen, in dem eine deutliche Prägung durch das Elternhaus erkennbar wird. Das Engagement, beispielsweise in Ortsvereinen, wird in diesem Typus von den Eltern vorgelebt und von den Kindern entsprechend fortgeführt, was sich bei den jüngeren Generationen seltener findet.

Jakob leistet mit ihrer qualitativ angelegten Arbeit eine wichtige Grundlage für anschließende Studien, die anknüpfend an ihren Ergebnissen weiterführende Aspekte beleuchten, so beispielsweise die Arbeit von Mösken (2016). Weniger anhand von biografischen Verläufen, sondern vielmehr entlang »individueller Alltagskonstruktionen« (ebd.: 229) eruiert Mösken in ihrer Studie subjektive Sinndimensionen im Engagement, bezugnehmend auf die Arbeiten von u.a. Schütz (1971) und Bohnsack et al. (2011). Ihre empirischen Ergebnisse stellt sie in Form von sechs Sinnstrukturen vor: »Zugehörigkeit«, »Grenzgänger«, »Glück«, »Statuspassage Engagement«, »Engagement als Tätigsein an sich« und »Instrumentelles Engagement« (ebd.). Auch wenn Möskens Sinnstrukturen Parallelen zu Jakobs Engagementtypen aufweisen, bietet ihre Arbeit eine noch differenziertere Sicht auf das Aufgreifen von Engagementtätigkeiten. Mösken durchbricht die in der Engagementforschung häufig zu findende Ausrichtung auf bestimmte Engagementbereiche, indem die 14 Fälle der jeweiligen Sinnstrukturen in ganz unterschiedlichen Funktionen und Feldern tätig sind. Weniger die Tätigkeit an sich, sondern vielmehr Orientierungsmuster, die hinter dem gewählten Engagement erkennbar sind, sind von Bedeutung, wie beispielsweise die Dimensionen Sicherheit, Ordnung und Zusammenhalt. Mit Hilfe detaillierter Falldarstellungen gelingt es Mösken daher, einen tiefgehenden Einblick in Beweggründe für Engagement zu geben. Kritisch ist anzumerken, dass sie aufgrund der von ihr entwickelten Sinnorientierung »Selbstbezug« ihre Ergebnisse (wie auch Jakob) mit Hilfe der Individualisierungsthese Becks (2003) sowie der Theorie Rosas zu modernen Subjekten und ihrem »Zwang zur Selbstthematisierung« (Rosa 2013: 240, zit.n. Mösken 2016: 230) rahmt und damit der Einfluss des Sozialen aus dem Blick gerät (für eine kritische Beleuchtung der Einbettung von Engagementstudien in die Individualisierungsthese siehe auch Kap. 2.1.2).

Engagement im Alter ist immer auch verbunden mit der Frage nach neuen sinnstiftenden Tätigkeiten zur Erhaltung von Lebenssinn und Identität (u.a. Kohli 1993). Hier setzt Steinforts Studie (2010) an, in der sie mit der Frage nach identitätsrelevanten Aspekten im Kontext freiwilliger Tätigkeiten älterer Menschen über die reine Erforschung von Engagementmotiven hinausgeht. In den 36 Interviews mit pflegenden Angehörigen zeigt sich, dass mit dem Ergreifen des Engagements nicht nur der Wunsch verbunden ist, die Zeit nach der Erwerbsarbeit neu zu strukturieren. Bei den Interviewten, die in einem Projektkontext zur Pflege von Angehörigen gescoutet wurden, zeigt sich ebenso das Bedürfnis nach Austausch und neuen Kontakten, was auf die starke zeitliche Eingebundenheit in den Pflegekontext und die damit verbundene Isolation hinweist (ebd.: 162–163). Die Studie arbeitet ebenfalls heraus, dass das Engagement vor dem Hintergrund von »persönlichen Themen der aktuellen Lebenssituation und individuellen Beweggründen« (ebd.: 195) gewählt wurde. Darüber hinaus hebt das von Steinfort entwickelte Modell zur Identitätsentwicklung im Dritten Alter im Kontext freiwilligen Engagements hervor, dass durch freiwillige Tätigkeiten im Alter » eine aktive Phase der Identitätsauseinandersetzung stattfindet« (ebd.: 209). Damit kann die bereits bei Jakob sowie Mösken angedeutete sinn- und identitätsstiftende Funktion von Engagement empirisch erhärtet werden.

Für das Engagement älterer Menschen ist zudem auf Studien zu verweisen, welche auf die Berufsbiografie abheben und diese als prägende Lebensphase für Engagement in den Blick nehmen.[15] Hier zeigt sich zum einen, dass im Beruf erlernte Schlüsselkompetenzen (Flexibilität, Selbstständigkeit etc.) relevant für die Aufnahme einer Engagementtätigkeit im Alter sein können (Aner 2007). Zum anderen ist für die Lebensphase Alter der Wegfall der Erwerbsarbeit bedeutsam, was nicht nur Auswirkungen auf die wirtschaftliche Produktivität hat, sondern auch auf Fragen der Vergesellschaftung, welche in einem eigenen Forschungsstrang bearbeitet werden: Bei der Beleuchtung der Frage, welche Vergesellschaftungsformen in der nachberuflichen Lebensphase tragfähig sein können, wird neben der Bedeutung familialer und privater Netzwerke auch auf bürgerschaftliches Engagement verwiesen (u.a. Tesch-Römer et al. 2006b; zum Vergesellschaftungsmodell Alter siehe auch Köster/Schramek 2005; siehe hierzu auch Kap. 1.1.5).

---

15   Zur Rückbindung von Engagement an Freizeittätigkeiten (weniger der Erwerbsarbeit) und der damit verbundenen Schnittstelle zur Freizeitsoziologie siehe Prahl 2010; Künemund 2007.

Den Einfluss der Berufsbiografie auf das Engagement im Alter beleuchtet Aner (2005) in ihrer Arbeit, in der sie mit Hilfe von problemzentrierten Interviews zu drei Zeitpunkten (vorberufliche Lebensphase, Erwerbsleben sowie außer- und nachberufliches Leben) zeigt »wie (Berufs-)Biografien in zivilgesellschaftliche Handlungsressourcen münden« (ebd.: 12) oder aber aus welchen Gründen auch nicht. Die Studie geht damit einen Schritt weiter, indem neben der Frage nach der Entstehung zivilgesellschaftlichen Handelns auch Gründe für Passivität Älterer beleuchtet werden (ebd.: 93). Aner knüpft an der bereits skizzierten Wirkmächtigkeit des Erwerbslebens an (»Instanz der Vergesellschaftung«, ebd.: 11) und sieht in dieser Phase auch eine mögliche Begründung für eine Verneinung zivilgesellschaftlichen Handelns. Erfahrungen mit einer fehlenden »Kultur der Partizipation« (ebd.: 269) in der Arbeitswelt sowie weitere Einflüsse durch die frühere (familiale) Sozialisation können zu einem Fernbleiben aus Engagementstrukturen führen. In Abgrenzung zu den vorangegangenen Studien weitet Aner mit Rückgriff auf das Lebenslagenkonzept und der Integration des Konstrukts der »übersituativen Handlungslogiken« (ebd.: 105) die ausschließlich biografische Perspektive. Durch die im Lebenslagenansatz implizierte Verbindung zwischen objektiven Strukturen und subjektiven Deutungen und Sinnzuschreibungen bewegt sich die Arbeit an einer relevanten Schnittstelle für die Erklärung von Engagementzugängen. Die zentrale Herausforderung liegt nach Aner in der empirischen Erfassung der »Spielräume auf der Mikroebene« (ebd.: 210), so dass sie die Frage stellt, wie die Entscheidung für oder gegen ein Engagement von Menschen »mit annähernd gleichen Zugangschancen zu ökonomischem, kulturellem und sozialem Kapital« (ebd.: 98) erklärt werden kann.[16]

Die vorliegende Arbeit greift diese Fragestellung auf, indem weiterführend auf das Habituskonzept zurückgegriffen wird. Der Habitus als »das generative und vereinheitlichende Prinzip, das die intrinsischen und relationalen Merkmale einer Position in einen einheitlichen Lebensstil rückübersetzt, das heißt in das einheitliche Ensemble der von einem Akteur für sich ausgewählten Personen, Güter und Praktiken« (Bourdieu 1998a: 21) bietet die Möglichkeit, auch Engagement als Schnittstelle zwischen individuellen Dispositionen und gesellschaftlichen Strukturen zu verstehen.

Resümierend lässt sich festhalten, dass die Biografie als Erklärungsmuster für die Aufnahme eines Engagements Hinweise auf familiale Einflüsse sowie weitere Sozialisationskontexte geben kann, die auch für die vorliegende Arbeit von Bedeutung sind. Die »biografische Passung« und subjektive Sinnsetzung des Engagements kann als Ausgangspunkt genutzt und um eine habitus- und milieuspezifische Passung erweitert werden, um die in den genannten Studien deutlich werdende Leerstelle zu füllen: diese kommt dann zum Tragen, wenn es um die Frage der Verbindung zwischen individueller Lebenswelt und sozialstrukturellen Einflüssen kommt. Auch der Lebenslagenansatz erklärt nicht ausreichend die empirische Erhebung und Verbindung der subjektiven

---

16 Bezugnehmend auf Bourdieu (1998a) wäre die Einschätzung annähernd gleicher Zugangschancen zu den Kapitalsorten abhängig von den drei Grunddimensionen des sozialen Raum: neben dem Gesamtumfang aller Kapitalsorten ist die »Struktur des Kapitals« (ebd.: 29), das heißt, das relative Gewicht des ökonomischen sowie kulturellen Kapitals, zu berücksichtigen sowie als dritte Grunddimension die Entwicklung von Umfang und Struktur des Kapitals über ihre Zeit (ebd.).

und objektiven Dimensionen und deren Einfluss auf Engagement (siehe auch die Forderung von Vertreter*innen der Alterssoziologie nach einer Weiterentwicklung dieses Ansatzes, Kap. 1.1.5).

2.2.2 Engagement als individuelle Nutzenabwägung

Messen die biografieorientierten Studien den individuellen Lebensereignissen eine besondere Bedeutung für die Aufnahme eines Engagements bei, sind die folgenden Studien in den bereits skizzierten Strukturwandel des Ehrenamtes (siehe Kap. 2.1.2) und der in diesem Kontext prognostizierten nachlassenden Milieubindung an Institutionen einzubetten. Vor dem Hintergrund der hier angenommenen Freisetzung der Individuen aus Milieukontexten werden in dieser Diskussion eine Individualisierung hinsichtlich der Motive für Engagement und ein stärkerer Wunsch nach Eigennutz und Selbstverwirklichung thematisiert. Klages (2001) bezeichnet dies auch als einen Wandel »von Pflicht- und Akzeptanzwerten zu Selbstentfaltungswerten« (ebd.: 727). Kritisch anzumerken ist, dass dieser diskutierte Motivwandel im Engagement empirisch nicht grundsätzlich bestätigt worden ist, sondern sich eher innerhalb der Generationen Veränderungen abzeichnen: So steigt in der älteren Bevölkerung die Bedeutung von Selbstverwirklichung im Engagement im Vergleich zu früheren Kohorten, was dazu führt, dass auch neue Themen- und Arbeitsfelder von Interesse werden, die nicht unbedingt über Institutionen abgedeckt werden, sondern im Rahmen zeitlich befristeter Projekte verfolgt werden.[17] Kolland (2002) beschreibt dieses neue Ehrenamt als »modernes, schwach institutionalisiertes, kaum wertgebundenes und eher milieuunabhängiges Engagement individualisierter, freier, spontaner Menschen« (ebd.: 80).

Verbunden mit dieser Debatte um einen Strukturwandel des Ehrenamts und neuer Erwartungen der Engagierten an ihr Engagement sind vermehrt Studien aufgekommen, die den subjektiven Nutzen des Engagements für die*den Engagierte*n in den Blick nehmen. Mit einem Rückgriff auf ökonomische Theorien soll in diesen Arbeiten nachgewiesen werden, dass Engagementtätigkeiten auch *nicht-altruistische* Anteile haben und damit stärker der persönliche Nutzen in den Blick genommen werden. Ohne an dieser Stelle auf die diversen theoretischen Ansätze eingehen zu können, bietet eine von Weemaes und Schokkaert (2009) vorgenommene Kategorisierung der unterschiedlichen Verständnisse von »Nutzen« in drei Bereiche einen guten Überblick (nach Hollstein 2015: 74): Als erste Kategorie beschreiben die Autoren den Nutzen, einen Beitrag für eine gute Sache zu leisten und damit das eigene schlechte Gewissen zu beruhigen, was dazu führt, dass der*dem Engagierten »warm ums Herz« wird, das sogenannte »Warm glow«. Dem gegenüber steht der instrumentelle individuelle Nutzen, der das Verfolgen eigener Zwecke meint, wie beispielsweise die Erhöhung des persönlichen Humankapitals. Als dritter Nutzen wird der Wunsch nach der Realisierung eines kollektiven Guts beschrieben. So wird beispielsweise im Vereinswesen durch das Engagement der Vereinsmitglieder zur Produktion von Gütern beigetragen, die allen Mitgliedern zur

---

17 Siehe hierzu auch Kap. 2.1.2 sowie die Darstellung der Ergebnisse der Studie von Vester et al. (2001) zur Modernisierung der Milieus (Kap. 3.2).

Verfügung stehen. Dies birgt nach Weemaes und Schokkaert (ebd.) jedoch auch die Gefahr der sogenannten »Trittbrettfahrer«, welche von dem gemeinsamen Gut profitieren möchten, selber jedoch keinen Beitrag dazu leisten. Hinsichtlich dieser verschiedenen Formen des Nutzens liegen im Kontext der Rational-Choice-Ansätze diverse Studien vor. Exemplarisch wird an dieser Stelle auf Erlinghagen (2003) als Vertreter einer nutzenorientierten Perspektive verwiesen, der ausgehend vom soziologischen Modell der ökonomischen Handlungstheorie nach Lindberg Motive für Engagement folgendermaßen beschreibt: »Als Akteur bemüht sich das Individuum, diejenige Handlungsoption auszuwählen, die (subjektiv) das Erreichen eines größtmöglichen Nutzens verspricht.« (ebd.: 738) In Abgrenzung zu den biografischen Studien findet sich damit eine deutliche Einschränkung der Perspektive auf den »produktiven Nutzen«, der nach Erlinghagen über die Produktion von Zwischengütern, beispielsweise Geldeinkommen oder das Erlangen von Reputation, erreicht werden kann (ebd.: 738). Er beleuchtet in seiner Arbeit ebenfalls den Bereich, den Weemaes und Schokkaert als Produktion eines »kollektiven Guts« bezeichnet haben, und führt hier als Beispiel den Sportverein an. Diesen Bereich bezeichnet er als »Ehrenamtliche Selbsthilfe« (ebd.: 742). Dem gegenüber sieht er die sogenannten »Altruistischen Ehrenämter«, in denen »inklusive Kollektivgüter« produziert werden, welche möglichst vielen Nutzer*innen zur Verfügung stehen sollen (und nicht ausschließlich Vereinsmitgliedern) und damit das Ehrenamt noch erfolgreicher machen (beispielsweise zählt er dazu die Mitarbeit in der Tafel).

Gewinnbringend an Erlinghagens Argumentation ist eine Weitung der stark auf Altruismus ausgerichteten Engagementdiskussion, indem er hervorhebt, dass Engagementtätigkeiten auf dem Gedanken des Tauschs basieren. In diesem Kontext führt er einen zweiten Begriff ein, den Begriff der Investition, den er beschreibt »als eine spezielle Form des langfristigen und daher mehr oder weniger unsicheren Tausches« (ebd.: 744). Damit betont er, dass durch Engagement auch zukünftige Erträge und Gewinne fokussiert werden können und Engagement nicht mit einem direkten Tauschgedanken verbunden sein muss.[18]

Trotz dieser Perspektive kann kritisch in Frage gestellt werden, ob Handeln stets rational und reflexiv stattfindet, insbesondere für den Bereich der Engagementforschung. Hollstein (2015) verweist in diesem Zusammenhang auf die für die Engagementforschung interessante Weiterführung dieses rationalistisch-kalkulierten, frei von Emotionen ablaufenden Prozesses: den von Etzioni entwickelten Ansatz der Sozio-Ökonomik. Etzioni stärkt in seinem Ansatz die Emotionen, da aus seiner Sicht insbesondere Emotionen für die Erklärung von wertbezogenem ehrenamtlichem Handeln relevant seien. So sei beispielsweise die Empörung über nicht hinnehmbare Zustände teilweise Auslöser für Engagement (was sich auch in den empirischen Ergebnissen der vorliegenden Studie zeigt, siehe beispielsweise Engagementmuster I, Kap. 5.1).

---

18 Hinweise dazu finden sich im empirischen Material der vorliegenden Arbeit: So ist beispielsweise Engagement in der Nachbarschaft mit dem Wunsch verbunden, bei perspektivisch eintretenden Alterseinschränkungen Unterstützung von Nachbar*innen zu erfahren. Die Idee des langfristigen Gabentauschs findet sich zudem auch in Bourdieus Ausführungen (zur Abgrenzung gegenüber der Rational-Choice-Theorie, siehe Kap. 3.1.2).

Aufgrund dieser starken Ausrichtung der Rational-Choice-Ansätze an einem nutzenorientierten Egoismus kann ebenso die von Vogt veröffentlichte Studie »Das Kapital der Bürger. Theorie und Praxis zivilgesellschaftlichen Engagements« (2005) kritisch gesehen werden.[19] Auch Vogt sieht es in der Tradition der Rational-Choice-Ansätze vor dem Hintergrund des stattfindenden Wertewandels für die Engagementforschung als bedeutsam an, empirisch stärker den Nutzenaspekt der Engagierten in den Blick zu nehmen. Daher beleuchtet sie in ihrer Arbeit die von ihr sogenannten »Phänomene des Alltagsutilitarismus« (ebd.: 109) mit Hilfe von drei soziologischen kapitaltheoretischen Ansätzen: Bourdieus »Strukturutilitarismus« (ebd.: 110), dem Rational-Choice-Paradigma (Coleman, Esser) sowie der Sozialkapitaltheorie (Putnam). Eine deutliche Nähe von Bourdieus Kapitaltheorie zu utilitaristischen Ansätzen sieht Vogt in seinem Verständnis von »ökonomisch«: Alle Prozesse, die einer »Logik des Eigennutzes« (ebd.: 117) unterliegen, seien aus seiner Sicht ökonomisch. Damit reduziert sie den Habitus auf einen nutzenorientierten Egoismus (Hollstein 2015: 240).[20] Diese in der Rezeption Bourdieus zu findenden »Reduktionsformen« (Bourdieu 1998a: 144) seiner Theorie und die daraus entwickelten Fehlschlüsse beschreibt Bourdieu folgendermaßen: Zum einen werde aus seinen theoretischen Ansätzen die Annahme gefolgert, soziale Akteur*innen handelten nach dem Prinzip »größter Nutzen« gegen »geringste Kosten«. Zum anderen finde eine Reduzierung der Akteur*innen auf ihr ökonomisches Interesse statt. Genau hier setzt aus seiner Sicht jedoch der Habitus an, der aufgrund der inkorporierten Denk-, Wahrnehmungs- und Handlungsschemata dazu führt, dass die Subjekte, die den Sinn für das Spiel besitzen, »die Ziele ihrer Praxis nicht als Zwecke setzen« (ebd.) müssen. Es geht nach Bourdieu daher um die Gegenwart des Spiels und nicht den rationalen Zweck (siehe hierzu auch Kap. 3.1). Hier wird jedoch die Leerstelle von Vogts Arbeit deutlich, da Vogt sich nicht auf die Feldtheorie mit den entsprechenden Spielregeln stützt (aufgrund der Einbettung ihrer Arbeit in die Individualisierungsthese Becks) und auch den Habitus nicht näher in ihre Analysen einbezieht. Die von ihr formulierte Kritik der »mechanistischen« Sicht Bourdieus (Vogt 2005: 122) kann abgeschwächt werden, bezieht man ebenso Bourdieus Ausführungen zu Habitus und Feld in die Überlegungen ein.

Neben den kritischen Anmerkungen zur starken Ausrichtung Vogts Arbeit an den Kapitalsorten bieten jedoch die empirischen Ergebnisse, die durch problemzentrierte Interviews mit Engagierten und Nicht-Engagierten einer Bürgerstiftung generiert wurden, interessante Hinweise zu Exklusionsprozessen im Engagement. Die von Vogt in ihrer Arbeit exemplarisch beleuchtete Bürgerstiftung wird von anderen Bürger*innen als elitär wahrgenommen und nicht als Ort gesehen, in dem man sich mit seinen eigenen Interessen einbringen kann. An dieser Stelle wäre eine Einbettung in Bourdieus

---

19 Trotz der theoretischen Fundierung mit dem Kapitalansatz erfolgt die Erläuterung der Studie von Vogt nicht im folgenden Kapitel zu den Kapitalansätzen, da sie insbesondere auf der Rational-Choice-Debatte fußt und die Kapitaltheorie hier einbettet.
20 Hintergrund für diese starke Lesart Bourdieus hinsichtlich einer Nutzenorientierung ist sicherlich sein Anliegen, das von der Wirtschaftstheorie den verschiedenen kulturellen, sozialen und symbolischen Praxisformen unterstellte Postulat der Uneigennützigkeit zu entkräften und die Einsätze und Profitmöglichkeiten in den jeweiligen Feldern zu verdeutlichen (Schwingel 2011).

Feldbegriff weiterführend gewesen, wie Corsten et al. (2008) dies anhand verschiedener Engagementbereiche mit den jeweiligen Handlungslogiken ausgearbeitet haben (siehe Kap. 2.2.4).

Resümierend lässt sich festhalten, dass die exemplarisch angeführten Studien, die insbesondere den Nutzenaspekt des Engagements für jede*n Einzelne*n thematisieren, eine Erweiterung der lange Zeit im Engagementdiskurs zu findenden normativ geleiteten Debatte um altruistische und selbstlose Motive bieten. Das Handeln jedoch stets als reflexiv und rational einzustufen, erscheint im Kontext von freiwilligem Engagement zu kurz gegriffen. Zudem scheint in der Debatte um Rational-Choice-Ansätze der Rückgriff auf Bourdieus Kapitaltheorie nicht kompatibel, da nach Bourdieu eine scheinbar vernünftige Verhaltensweise von Akteur*innen nicht auch ein rationales Handeln impliziert:

> »[s]ie [die sozialen Akteur*innen] können vernünftige Verhaltensweisen an den Tag legen, die vernunftgemäß sein können, [...], ohne daß die Vernunft das Prinzip dieser Verhaltensweisen sein muß. Sie können sich so verhalten, dass es scheint, als hätten sie aufgrund einer rationalen Berechnung ihrer Erfolgschancen recht gehabt zu tun, was sie getan haben, ohne dass man sagen könnte, die von ihnen getroffenen Entscheidungen beruhen auf einem rationalen Kalkül dieser Chancen.« (Bourdieu 1998a: 139–140, Erg. d. Verf.)

In den nachfolgend dargestellten Studien zu Kapitalansätzen finden sich ebenso Verweise auf Bourdieus Theorie, jedoch eher mit dem Fokus auf die Kapitalsorten als Ansatz zur Identifizierung vorhandener Ressourcen für Engagement und weniger im Hinblick auf den Eigennutz der Engagierten.

2.2.3 Engagement als Ergebnis von vorhandenem (Sozial-)Kapital

Wird in Engagementstudien auf die Bedeutung der Einbindung der Individuen in soziale Netzwerke verwiesen, geschieht dies meist mit Rückgriff auf den theoretischen Ansatz des sozialen Kapitals (u.a. Ostrom 2003; Enquete-Kommission 2002b; Brömme/Strasser 2001). In den meisten soziologischen Studien wird dabei der Bezug zu Putnam (2001) hergestellt, da dieser soziales Kapital insbesondere auf kollektiver Ebene betrachtet und weniger als privates Gut. Soziales Kapital hat nach Putnam nicht nur positive Effekte für jede*n Einzelne*n, sondern auch für die Demokratie, womit er Netzwerken wie Familie, Freund*innen und Bekannten einen besonderen Wert beimisst. Soziales Kapital kann daher in dieser Forschungstradition auch als zentrales Mittel gegen Formen des Gemeinschaftsverlustes verstanden werden und wird insbesondere in kommunitaristischen Ansätzen aufgerufen. Nur am Rande thematisiert Putnam (ebd.) auch die Grenzen des Sozialkapitals, indem er auf die Differenzierung von bridging- und bonding-Kapital eingeht.[21] Backes (2006) kritisiert im Kontext der gerontologischen Debatte die starke Ausrichtung von Engagementstudien an Putnams Theorie, da

---

21 Als »Schattenseite« des sozialen Kapitals führt Ortega (2010) im Kontext von Engagementtätigkeiten beispielsweise Charity Events an, welche ein Sinnbild für soziale Grenzziehungen seien und damit Herrschaftsverhältnisse noch weiter stabilisieren würden (ebd.: 93).

hier Handeln insbesondere auf Gemeinschaft und gesellschaftliche Verantwortung ausgerichtet werde (ebd.: 73). Putnam sehe in sozialem Kapital »eine Lösung für Probleme des kollektiven Handelns durch Gemeinschaft und Vertrauen« (ebd.: 83). Weniger als bei Bourdieu stehen Fragen nach Exklusion und sozialer Ungleichheit im Rahmen von Netzwerken und Beziehungen im Fokus als vielmehr Fragen nach der Generierung von Gemeinschaft.

Auch Hollstein (2015) betont, dass Bourdieu in Abgrenzung zu Putnam stärker das Individuum in den Blick nehme und beleuchte, wie durch Engagement Sozialkapital entstehen kann und zudem auch Distinktionsgewinne erzielt werden können (ebd.: 238). Diese von Hollstein hervorgehobene Akquirierung von Distinktionsgewinnen im Kontext von Bourdieus Ansatz verdeutlicht sie in einer konkreten Übertragung von Bourdieus Kapitaltheorie auf das Engagement:

> »Versteht man mit Bourdieu Sozialkapital als individuelle Ressource, so kann man sich ehrenamtliches Engagement so vorstellen, dass ein Geschäftsmann Arbeitszeit und Büroinfrastruktur (ökonomisches Kapital) einsetzt, um als Schatzmeister eines Sportvereins tätig zu sein, in dem er potenziellen Geschäftsmännern begegnet. Auf diese Weise knüpft er zu ihnen Kontakte (Sozialkapital), die sich später in Geschäfte (ökonomisches Kapital) umwandeln lassen.« (Ebd.: 226)

An dieser Stelle grenzt sie, wie bereits im vorangegangenen Kapitel angedeutet, Bourdieus Theorie von ökonomischen Handlungstheorien ab, da nicht immer ein bewusstes Kalkül hinter den Entscheidungen für ein Engagement stehe. So ist nach Bourdieu ein sozialer Aufstieg mit Hilfe von ehrenamtlichem Engagement möglich, dieser jedoch nicht rational planbar. Zudem verweist sie in Abgrenzung zu Vogts Studie (siehe Kap. 2.2.2) stärker auf den Habitus: Das Engagement im Verein sei durch den gemeinsamen Habitus der Vereinsmitglieder geprägt, auf deren Grundlage sich dann »automatisch die Geschäftsbeziehungen« (Hollstein 2015: 226) entwickeln. Wie dieser als automatische Entwicklung bezeichnete Prozess von statten geht, wird im Weiteren jedoch nicht näher beleuchtet, da auch Hollsteins Fokus auf Bourdieus Kapitalsorten liegt.

Empirisch umfangreicher setzt sich Nadai in ihrer Studie »Gemeinsinn und Eigennutz« (1996) mit den Kapitalsorten auseinander.[22] Mit Hilfe von 25 problemzentrierten Interviews mit Engagierten im sozialen Bereich sowie zusätzlichen Expert*inneninterviews und einer standardisierten schriftlichen Befragung Engagierter liegt ein umfangreiches empirisches Material vor, welches den persönlichen Nutzen des Engagements aus Sicht der Engagierten skizziert, unter der besonderen Berücksichtigung des Geschlechts, der sozialen Lage und des Milieus. Nadai kritisiert die in der Forschung stattfindende direkte kausale Verbindung von soziodemografischen Merkmalen der Personen mit dem Ausmaß und der inhaltlichen Ausrichtung der ehrenamtlichen Arbeit. Die Berücksichtigung struktureller Faktoren falle zu kurz aus, indem beispielsweise aus einer biografischen Perspektive (wie in der Studie Jakobs 1993) gesellschaftliche Strukturen »nicht wirklich reflektiert, sondern letztlich einseitig ›biografi-

---

22 Auch wenn Nadai (1996) von dem Anliegen spricht, den »persönlichen Nutzen« (ebd.: 36) des Engagements zu identifizieren, ist die Studie in ihrer Perspektive nicht verengt auf diese Dimension und wird aus diesem Grund nicht den Studien der Rational-Choice-Theorie, Kap. 2.2.2, zugeordnet.

siert‹ und psychologisiert« (Nadai 1996: 25) würden. Damit würden Motive ausschließlich als »innere Antriebskraft« (ebd.) dargestellt, ohne sozialstrukturelle Rückbindung. Daher arbeitet Nadai mit dem Konzept der sozialen Milieus, weist aber darauf hin, dass die Frage nach der Milieuzugehörigkeit in ihrer Studie ausschließlich über das Engagement in der Familientradition beantwortet werde und nicht über eine umfangreiche Milieuanalyse. Auch sie arbeitet stärker mit den Kapitalsorten Bourdieus, welche für ihre empirische Erhebung in kulturelle, soziale und materielle Ressourcen operationalisiert werden. Auf dieser empirischen Grundlage entwickelt Nadai drei Motivationstypen sowie entsprechende Handlungsmuster: neben den drei Motivationstypen »Soziale Integration«, »Kompensation« und »Gesellschaftsethos« liegen quer dazu die drei Handlungsmuster »Helfer*in«, »Engagierte«, »Elite«. Der Typ »Soziale Integration« korreliert insbesondere mit dem Handlungsmuster »Helfer*in« und umfasst einen hohen Anteil von Rentner*innen und Hausfrauen. Das Engagement dient hier insbesondere dazu, soziale Isolation zu überwinden und weiterhin Teil der Öffentlichkeit zu sein. Dabei kann nicht von einer grundsätzlichen Einsamkeit gesprochen werden, denn auf ein privates Netzwerk an Freund*innen und Bekannten kann in diesem Muster vereinzelt zurückgegriffen werden, jedoch sind Kontakte aus der Arbeitswelt weggefallen. Damit verbunden ist auch der Wunsch, wieder gesellschaftliche Anerkennung zu erfahren, die durch den Wegfall der Erwerbsarbeit weniger geworden ist (ebd.: 141). Die Fälle, die diesem Typ angehören, leisten nach Nadai insbesondere »Basisarbeit« (ebd.: 143), welche Tätigkeiten in einem vorgegebenen Rahmen ohne zu große Verantwortung umfasst. Mit diesem Engagementtyp und dem entsprechenden Handlungsmuster weist Nadai auf die Bedeutung des Wegfalls der Erwerbstätigkeit für ein Engagement hin (wie bereits im Rahmen der biografieorientierten Ansätze erläutert, siehe Kap. 2.2.1). Ältere Menschen können demnach in den Engagementtätigkeiten an beruflichen Erfahrungen anknüpfen und neue sinnstiftende Aufgaben mit der Möglichkeit der Kontaktaufnahme finden.

Abschließend lässt sich festhalten, dass Studien, die Engagement mit sozialem Kapital in Verbindung bringen und damit die Einbindung der Engagierten in soziale Netzwerke beleuchten, wichtige Anknüpfungspunkte für die vorliegende Arbeit bieten. Insbesondere im Alter werden soziale Beziehungen nicht nur innerhalb der Familie und des Freundeskreises, sondern auch in der Nachbarschaft immer bedeutsamer (siehe auch Kap. 1.1.3 zum informellen Engagement) und gelten als zentrale Voraussetzung für das Aufgreifen eines Engagements. Zur empirischen Erfassung dieser Gemeinschafts- und Netzwerksstrukturen greift die vorliegende Arbeit hingegen nicht auf die Sozialkapitaltheorie zurück, sondern nutzt die empirischen Ergebnisse von Vester et al. (2001) zu Formen der Vergemeinschaftung und beleuchtet davon ausgehend, wie aus diesen Vergemeinschaftungsformen heraus Engagementtätigkeiten gewählt werden (siehe Kap. 3.2.3). Aufgrund dieses theoretischen Zugangs ist es möglich, eine Rückbindung an gesellschaftliche Strukturen vorzunehmen und damit ein vorhandenes soziales Netzwerk nicht nur als individuelle Ausstattung (soziales Kapital) zu verstehen, sondern ebenfalls die Bedeutung und Ausgestaltung der Netzwerke für die persönliche Lebensführung zu beleuchten.

2.2.4 Engagement im Kontext von Lebensstil und Milieu

Neben dem Einfluss von Sozialkapital auf Engagement wird zudem bereits seit Jahrzehnten auf die Milieuzugehörigkeit verwiesen (siehe u.a. Hradil 2006) und damit auf den Einfluss des Lebensstils auf Engagement. Ausgehend von der Annahme, dass Interesse und Bereitschaft, sich zu engagieren, in gesellschaftliche Entwicklungen einzubetten ist, die wiederum Einfluss auf die Lebensführung der Menschen haben, gelangen damit nicht nur sozioökonomischen Faktoren wie Bildung, Einkommen etc. in den Blick, sondern ebenfalls ideelle Faktoren.

Im Weiteren werden anhand exemplarischer Studien zwei Forschungsstränge getrennt voneinander skizziert: Zunächst werden gerontologische Lebensstil- und Milieustudien dargestellt, um damit die Rezeption des Milieuansatzes in der Gerontologie zu verdeutlichen, ohne einen direkten Bezug zur Engagementforschung. Anschließend folgt der Einblick in Studien, die den Zusammenhang von Engagement und Milieu aufzeigen, dies aber nicht ausschließlich bezogen auf die Zielgruppe der Älteren.

Gerontologische Milieu- und Lebensstilsstudien
Nach Künemund (2006b) liegt für die gerontologische Milieu- und Lebensstilforschung bis heute ein empirisches Defizit vor, so dass die »Existenz neuer Lebens- und Freizeitstile im Alter schlicht unterstellt« (ebd.: 293) werde und die empirische (quantitative) Datenbasis dafür fehle.[23] Groß angelegte quantitative Studien liegen kaum vor (siehe hierzu Amrhein 2008). Eine der wenigen Studien ist die durch die Forschungsinstitute Horst Becker, Infratest Sozialforschung und dem Sinus Institut durchgeführte Lebensstil-Studie »Die Älteren« (Becker 1993). Die Friedrich-Ebert-Stiftung gab diese Studie mit dem Ziel in Auftrag, eine bessere Ansprache der älteren Bevölkerung für ihre Bildungsarbeit zu ermöglichen. Zielgruppe der Untersuchung war die Altersgruppe der 55- bis 70-Jährigen. Die Studie hat verschiedene Schwerpunkte aufzuweisen: Zum einen eine Literaturanalyse über vorhandene statistische Daten zu den Themenfeldern Haushalt, Berufsbildung, Wohnsituation etc. sowie zum anderen eine repräsentative Befragung von 1500 Älteren zu den Themen soziale Lage, Aktivitäten und soziale Integration. Im Rahmen der vorliegenden Arbeit ist die qualitativ-psychologische Studie über die Lebenswelt und die Lebensstile der Älteren von Bedeutung. Diese vom Heidelberger Sinus-Institut durchgeführte Studie bestätigt, dass das Lebensgefühl älterer Menschen abhängig ist von der sozialen Lage, der Lebenssituation und Grundeinstellungen und Wertprioritäten (ebd.: 81). Durch eine Clusteranalyse wurden vier Lebensstiltypen entwickelt, welche verschiedene Lebensorientierungen und Einstellungen verdeutlichen und in vier verschiedenen Milieus verortet sind (ebd.: 82):

a) Die pflichtbewusst-häuslichen Alten (31 Prozent), welche zum größten Teil im »kleinbürgerlich-konservativen Milieu« zu finden sind.

---

23 In der Alterssoziologie hat insbesondere Tokarski (1993) das Lebensstilkonzept aufgegriffen: »Allgemeiner sozialer Wandel ist Auslöser für den Strukturwandel des Alters, neue oder veränderte Lebensstile der älteren Menschen sind das Resultat.« (Ebd.: 116) Eine empirische Studie zur Untermauerung dieser These liegt jedoch nicht vor.

b) Die sicherheits- und gemeinschaftsorientierten Alten (29 Prozent), die aus dem »traditionellen Handwerker- und Arbeitermilieu« stammen.
c) Die aktiven »neuen Alten« (25 Prozent), die zum größten Teil aus den gehobenen sozialen Milieus stammen.
d) Die resignierten Alten (15 Prozent), die zu den unteren Milieus zählen.

Die ausführlichere Beschreibung der vier Lebensstiltypen weist zwar einige Parallelen zu dem noch später skizzierten Milieus von Vester et al. (2001) auf (siehe Kap. 3.2), jedoch fehlt es hier an einer theoretischen Fundierung der Typen, so dass die Lebensstile weniger den Eindruck einer Beschreibung der Lebensrealität der Älteren erwecken als vielmehr als Produkt der Wissenschaft erscheinen. Zudem findet die Dimension sozialer Ungleichheit in diesen Lebensstilen keine Berücksichtigung, so dass die Typen unabhängig voneinander skizziert und diese nicht in Relation zueinander gesetzt werden.

Vereinzelte Arbeiten der gerontologischen Forschung nehmen Bezug auf Bourdieus Theorie, wie im Pflege- und Gesundheitssektor (siehe hierzu beispielsweise die Studie von Eylmann (2015) für das Feld der Altenpflege und den Sammelband von Bauer und Büscher (2008) zum Thema Pflege und soziale Ungleichheit).[24] Im Bereich der Pflegewissenschaften liegen beispielsweise Milieustudien vor, welche die jeweilige Positionierung der Milieus zur Bereitschaft der Übernahme von Pflegeaufgaben skizzieren (u.a. Blinkert/Klie 2008; 2000; Heusinger/Klünder 2005; Heusinger 2008; zu Milieus aus prekären Lebenslagen siehe Zander/Heusinger 2013). Die Studien von Heusinger (Zander/ Heusinger 2013; Heusinger/Klünder 2005) sind in diesem Kontext im Besonderen hervorzuheben, da der Einfluss des Habitus und der Milieuzugehörigkeit auf die Organisation von häuslichen Pflegearrangements untersucht wird und hier nicht nur auf das Habituskonzept, sondern zudem auf die Milieutypologie Vesters zurückgegriffen wird. Heusinger und Klünder (2005) werten 27 von insgesamt 60 beleuchteten Pflegearrangements aus und halten neben der Tatsache, dass die Einbindung in soziale Netzwerke für alle Milieus von Bedeutung ist, fest, dass in den gehobenen Milieus insbesondere auf kulturelles und ökonomisches Kapital zur Bewältigung der Pflegesituation zurückgegriffen werde. Die kleinbürgerlichen Milieus sehen hingegen insbesondere die Familie in der Verantwortung für die Pflege, da u.a. die Kosten für professionelle Pflege eher hoch eingeschätzt werden und somit nur teilweise auf die Inanspruchnahme dieser Dienstleitung zurückgegriffen wird. Im Traditionellen Arbeitermilieu werde zudem mit einem zugrundeliegenden Solidaritätsgedanken auf die Familie geblickt, selbst bei schwierigen Familienverhältnissen. Daher werde auch die Bezahlung von professioneller Pflege als überflüssig erachtet. Für die vorliegende Studie lässt sich an diesen Ergebnissen eines spezifischen Solidaritätsverständnisses des Traditionellen Arbeitermilieus anknüpfen, denn auch das informelle Engagement älterer Menschen im familialen und freundschaftlichen Kontext ist insbesondere in den traditionellen Milieus, unten im sozialen Raum, verortet.

An die für die vorliegende Arbeit bedeutsame Schnittstelle von Milieu und Habitus sowie Engagement Älterer knüpft die Studie von Kubisch und Störkle (2016) an, die

---

24 Siehe zur Rezeption der Habitus- und Milieutheorie in der Alterssoziologie Kap. 1.1.5.

den Bereich von selbstorganisierten Netzwerken Älterer und dort das »Erfahrungswissen freiwillig engagierter älterer Menschen«, das »implizite Wissen« (ebd.: 55), beleuchtet. Dabei orientiert sich die Studie methodologisch an der dokumentarischen Methode und untersucht, »welche grundlegenden Orientierungen und Werthaltungen« (ebd.: 85) die Handlungspraxis der Engagierten anleitet und weist damit einige Parallelen zur vorliegenden Studie auf. Die von Kubisch und Störkle untersuchten »konjunktiven Erfahrungsräume« (ebd.: 71) ermöglichen Aussagen zu den sogenannten »Netzwerkmilieus« und weniger zu den gesellschaftlichen Milieus, was dann auch als abschließendes Forschungsdesiderat benannt wird (ebd.: 216). Die Studie zeigt nichtsdestotrotz anhand der geführten Interviews mit den Engagierten sehr anschaulich, dass es »Erfahrung von Differenz auf habitueller und milieubezogener Ebene« (ebd.: 178) gebe. Diese Differenzerfahrungen basieren insbesondere auf Äußerungen der Interviewten: so hätte sich beispielsweise eine Interviewpartnerin eine*n andere*n Engagierte*n gewünscht (im Sinne: »wir geigen ähnlich«). Neben diesen offensichtlich geäußerten Fremdheitsgefühlen werden in der Studie jedoch weniger die latenten Inhalte berücksichtigt, wodurch sicherlich weitere Milieuhinweise hätten identifiziert werden können.

Im Weiteren wird ein Einblick in Engagementstudien gegeben, die auf Grundlage der SINUS-Milieus Engagementzugänge beleuchten. Daran schließt ein kurzer Einblick in die Lebensstilforschung an. Das Kapitel endet mit einem Einblick in die Forschungsarbeiten von Corsten et al. (2008), welche Bezüge zu Bourdieus Theorie erkennen lassen.

Studien zur Beleuchtung des Zusammenhangs von Milieu/Lebensstil und Engagement
Hinsichtlich der Verbindung von Engagement und Milieu ist die sogenannte SIGMA-Studie »Lebenswelt und Bürgerschaftliches Engagement. Soziale Milieus in der Bürgergesellschaft« (Ueltzhöffer 2000) die am meisten rezipierte Studie in der Engagementforschung.[25] Auf Basis des SINUS-Milieumodells wird bürgerschaftliches Engagement in gesellschaftliche Zusammenhänge eingebettet und die Frage beleuchtet, wie sich »soziokulturelle Grunddispositionen, [...], Alltagsbewusstsein, Wertorientierungen, Lebensziele und Lebensstil von Menschen« (ebd.: 11) auf das Engagement auswirken. Auf Basis einer repräsentativen Stichprobe von 1.500 Personen ab dem 15. Lebensjahr wurden auf Grundlage der Sinus-Milieus (siehe Abb. 6) unterschiedliche Einstellungen zu Engagement anhand von 21 Engagementfeldern erhoben.

Diese Felder nehmen die verschiedenen »Zweckbestimmungen« des Engagements (z.B. soziale oder wirtschaftliche Zwecke) sowie die Kontexte (von formalisierten bis informellen Kontexten) in den Blick (ebd.: 37). Aufgrund der Aufnahme auch informeller Engagementkontexte ist die Engagementquote in dieser Studie höher als in anderen Studien. Hier engagieren sich 37,7 Prozent.

---

25 In Baden-Württemberg wurden insgesamt fünf Studien zum bürgerschaftlichen Engagement durchgeführt, begonnen mit der sogenannten Geislingen Studie (1995). Es folgten 1997 die »Landesstudie 1997«, ebenfalls für Baden-Württemberg, sowie basierend auf der Geislingen-Studie vergleichbare Untersuchungen auf internationaler Ebene. 1999 folgte die erste bundesweite Studie zum Verhältnis der Generationen in der Bürgergesellschaft (Ueltzhöffer 2000).

2 Einordung der Studie in die Engagementforschung   69

Abbildung 6: Sinus-Milieus aus der Studie »Lebenswelt und bürgerschaftliches Engagement. Soziale Milieus in der Bürgergesellschaft«

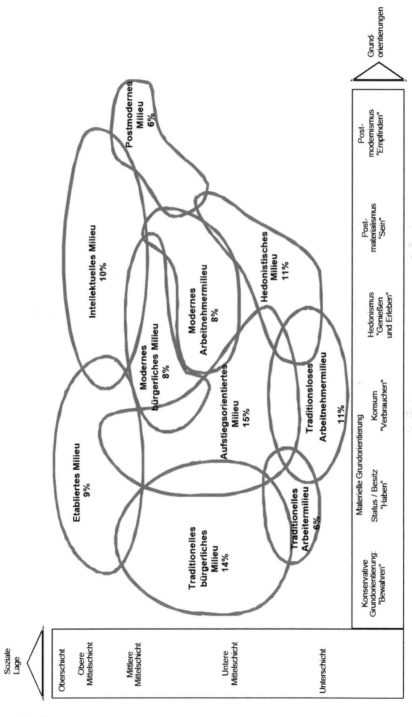

(Ueltzhöffer 2000: 26)

Die Befragungsergebnisse liefern zudem Hinweise zum Umfang der Engagementtätigkeiten der jeweiligen Milieus. Ein eindeutiger Engagementschwerpunkt lässt sich für die traditionellen Milieus (Traditionelles Arbeitermilieu und Traditionelles bürgerliches Milieu) ausmachen, eine geringere Engagementtätigkeit findet sich hingegen beim Postmodernen Milieu (ebd.: 42). Der Autor unterscheidet von diesen Engagementtätigkeiten nochmals das in den Milieus zu findende politische Interesse. Dieses ist eher beim Intellektuellen und Etablierten Milieu zu finden, was durch die »subjektiv wahrgenommenen Kompetenzdefizite« (ebd.: 44) der Traditionell bürgerlichen Milieus erklärt wird. Als Beleg wird dafür auf das Ergebnis hingewiesen, dass mit 27 Prozent des Traditionellen bürgerlichen Milieus fast jede*r Vierte dem folgenden Item zustimmt: »überfordert, bei öffentlichen Angelegenheiten mitzureden«. An dieser Stelle ist anzumerken, dass diese Selbstzuschreibung des »nicht mitreden könnens« in Dingen der öffentlichen Angelegenheit jedoch nicht nur für das politische Feld relevant ist, sondern auch für die Wahl eines Engagements. Auch die Entscheidung für ein Ehrenamt, welches mit öffentlichkeitswirksamen Aufgaben verbunden ist oder aber hingegen die Entscheidung für eine anpackende Tätigkeit im Hintergrund lassen diese Frage nach den eigenen Kompetenzen auch im Engagementkontext bedeutsam erscheinen.

Die SIGMA-Studie unterstreicht zudem die Erkenntnis, die auch durch vorliegende qualitative Studien bestätigt wird (u.a. Munsch 2005): Die traditionellen Milieus (Traditionelles bürgerliches Milieu, Traditionelles Arbeitermilieu, Traditionsloses Arbeitermilieu) engagieren sich intensiv im privaten Familien-, Freundes- und Bekanntenkreis sowie der Nachbarschaft oder zeigen ein großes Interesse an diesem Engagement (Ueltzhöffer 2000: 47–48). Für den Bereich der Nachbarschaftshilfe zeigt sich zudem bei allen Milieus eine hohe Engagementbereitschaft; das geringste Interesse für Nachbarschaftshilfe ist im Traditionslosen Arbeitermilieu zu finden, was durch die »Auflösung der traditionellen Bindungen« und der nachlassenden »Kohäsionskraft des örtlichen Umfeldes« (ebd.: 51) erklärt wird. Anhand der empirischen Ergebnisse der vorliegenden Studie sowie bezugnehmend auf Erkenntnisse von Vester et al. (2001) lässt sich dieses Erklärungsmuster durch einen weiteren Aspekt ergänzen: Insbesondere im Traditionellen Arbeitermilieu steht die Aufrechterhaltung und Pflege von Kontakten im engen Kreis von Bezugspersonen im Fokus und weniger die Dimensionen *Nachbarschaft* sowie *Stadtteil*. Auch wenn der Stadtteil faktisch mitgestaltet wird, bedeutet dies nicht, dass die Befragten selbst ihr Engagement diesem Bereich zuordnen und dieses als Nachbarschaftshilfe bezeichnen. Die größten Barrieren für die Aufnahme eines Engagements finden sich im Hedonistischen Milieu sowie dem Traditionslosen Arbeitermilieu; u.a. finden sich hier die Befürchtungen, ausgenutzt zu werden, etwas tun zu müssen, was nicht zu einem passt oder die Angst, nicht ernst genommen zu werden (ebd.: 80) .

Im Gegensatz zu der in den nutzenorientierten Studien (siehe Kap. 2.2.2) starken Fokussierung auf die Selbstverwirklichung der Engagierten kann die SIGMA-Studie eine differenzierte Sicht auf Engagementzugänge anhand der Milieus bieten. Es besteht eine Mischung aus altruistischen Motiven sowie Motiven, die sich auf den Wunsch nach Mitgestaltung und der eigenen Verwirklichung beziehen (ebd.: 66). Diese sind je nach Milieu unterschiedlich ausgeprägt: Es verwundert nicht, dass im Postmodernen Milieu stärker die Selbstverwirklichung im Fokus steht, das Motiv, der Bürgerpflicht nachzukommen, hingegen eher von traditionellen Milieus (Traditionelles bürgerliches Milieu und Traditionelles Arbeitermilieu) favorisiert wird (ebd.: 77).

Für die Ausrichtung des Engagements auf den sozialen Nahraum lohnt der Blick in die Ergebnisse einer Studie vom Bundesverband für Wohneigentum und Stadtentwicklung, die ebenfalls mit den Sinus-Milieus arbeitet (Jost 2007). Für eine differenzierte Perspektive auf den sozialen Nahraum wurden hier vier Interessensebenen für Teilhabe erhoben: Haus-, Straßen-, Ortsteil- und Gesamtstadtebene (ebd.: 6). Die Ergebnisse zeigen ein nachlassendes Interesse an der Mitgestaltung und Teilhabe auf, je weiter der Radius vom eigenen Wohnraum entfernt wird. Auch hier decken sich die Ergebnisse zu den Ergebnissen der SIGMA-Studie, indem das Interesse, sich in die Nachbarschaft einzubringen, bei den Traditionsverwurzelten, Konsummaterialisten und Hedonisten am geringsten ist (ebd.: 7). Resümierend wird hier festgehalten, dass zwar die Wohnumgebung eine bedeutsame Rolle für die Engagementbereitschaft einnimmt, sich dabei jedoch nicht an stadtplanerischen Prioritäten orientiert wird, sondern an der eigenen Lebenswelt.[26]

In der Studie finden sich zudem resümierende Aussagen über Beteiligungsneigungen der jeweiligen Milieus (Jost 2007: 11–12). Für die vorliegende Arbeit sind die Erkenntnisse zu den Traditionsverwurzelten interessant, in der sich insbesondere Vertreter*innen der Kriegs- und Nachkriegsgeneration befinden. Hier fühlt man sich aufgrund der Modernisierung an den Rand gedrängt und neigt daher zu einem Rückzug. Das größte Interesse dient der direkten Wohnumgebung (eher den direkten Nachbar*innen als dem Quartier). Nichtsdestotrotz findet sich ein relativ hoher Anteil von Engagierten in Vereinen (insbesondere Taubenzüchterverein, Kleingärtner, Kegelverein).

In der bürgerlichen Mitte gibt es eine große Hoffnung hinsichtlich der Potenziale des bürgerschaftlichen Engagements. Auch hier liegt der Fokus auf dem Nahbereich, aber ebenso hat man das soziale Umfeld im Blick, so dass sich ein hohes Beteiligungsinteresse auf Quartiersebene zeigt. Thematisch geht es insbesondere um Sicherheit, eine ordentliche Infrastruktur und wirtschaftliche Prosperität. Die sogenannten »Konservativen«, Vertreter*innen des alten deutschen Bildungsbürgertums, weisen ein starkes ehrenamtliches Engagement aufgrund einer humanistisch geprägten Pflichtauffassung auf. Ebenso findet sich hier eine hohe Spendenbereitschaft.

Neben der theoretischen Rahmung von Engagementtätigkeiten durch die Milieus finden sich zudem Studien, die Werte und Lebensstile mit Engagement Älterer in Verbindung bringen. Beispielhaft wird an dieser Stelle auf die von Braun und Bischoff (1999) entwickelte Wertetypen verwiesen, die in einem quantitativ standardisierten Verfahren mit vorgegebenen Items zu Werteinstellungen erhoben wurden. Daraus entstanden folgende fünf Personengruppen:

Die Konventionalisten, deren Lebensstil eher geprägt von Sparsamkeit, Bescheidenheit und Harmonie ist, zeigen im Engagement traditionelle Pflicht- und Akzeptanzwer-

---

26 Dieses Interesse an der Mitgestaltung der direkten Wohnumgebung ist erst in den letzten Jahren gestiegen. Die Zahlen der Internationalen Wertestudie weisen für die Jahre 1989/1990 darauf hin, dass im internationalen Vergleich die Engagierten in Deutschland ein vergleichsweise geringes Interesse an der Mitgestaltung der eigenen Gemeinde hatten (BMFSFJ 2014: 12).

te. Dies äußert sich in einem eher angepassten Verhalten, einem nur geringen Kontaktbedürfnis sowie einer passiven Grundhaltung. Resignierte, die zu den sozial und materiell benachteiligten Bevölkerungsgruppen gezählt werden, haben sich mit ihrer benachteiligten Situation abgefunden. Sie sind insbesondere auf ihr privates Umfeld ausgerichtet und kaum für Engagementkontexte ansprechbar. Die Idealisten mit einem Wunsch nach Veränderung und Selbstverwirklichung verstehen sich als konfliktorientierte und kritische Bürger*innen und sind interessiert an sozialem und politischem Engagement. Laut der Studie gehören sie wie die aktiven Realisten zu den »Trendsettern unter den Engagierten« (ebd.: 65). Die aktiven Realisten weisen jedoch nicht so starke Autonomiebestrebungen auf wie die Idealisten, sondern sind im Ruhestand neben Engagementkontexten auch interessiert an »traditionellen Formen der Geselligkeit« (ebd.: 65). Die Hedo-Mats weisen dagegen eine geringe Engagementbereitschaft auf und sind insbesondere an der Befriedigung ihrer persönlichen Bedürfnisse interessiert.

Hinsichtlich der genannten Typen finden sich Parallelen zu den in der vorliegenden Arbeit genannten Fällen. Es findet sich jedoch hier eine stärkere Orientierung an Werten und Lebensstilen, die in Abgrenzung zum Habitus als schneller veränderbar erscheinen. Zudem werden die Gruppen nicht in Beziehung zueinander gesetzt, da sie nicht im sozialen Raum verortet und damit auch keine Hierarchieverhältnisse deutlich werden. Eben diese Relationierung führt jedoch erst zur Möglichkeit der Beleuchtung von Macht- und Ungleichheitsstrukturen.

Das Kapitel schließt mit einem Einblick in die Studie von Corsten et al. (2008), eine empirisch sowie theoretisch umfangreiche Arbeit mit dem Titel »Quellen bürgerschaftlichen Engagements. Die biografische Entwicklung von Wir-Sinn und fokussierten Motiven«, welche weiterführende Hinweise dazu gibt, aus welchen Gründen bestimmte Engagementfelder gewählt und andere gemieden werden (siehe auch Krug/Corsten 2010). Dabei nimmt die Studie die Biografie, in der »individuelle Dispositionen, soziale Milieus und historische Umstände zu einer lebendigen Einheit« (Corsten et al. 2008: 10) zusammenfließen, als Ausgangspunkt und versteht diese nicht nur als individuelle Prägung, sondern auch als beeinflussbare Größe durch gesellschaftliche Strukturen. Zentrale Eckpfeiler der Studie sind die Begriffe Eigen-Sinn, Wir-Sinn und fokussierte Motive. Das fokussierte Motiv beschreiben die Autoren als das des »impliziten Wissens und Wollens« (ebd.: 10). Es ist dabei immer ausgerichtet auf ein bestimmtes Praxisfeld, in dem es verwirklicht werden kann und geht daher über beispielsweise das Motiv des Spaßhabens, welches in standardisierten Befragungen erhoben wird, hinaus (ebd.: 37). Corsten et al. bezeichnen das fokussierte Motiv daher auch als »modus operandi der Lebenspraxis« (ebd.: 37), womit sie deutliche Bezüge zu Bourdieus Habitus-Begriff herstellen. Der Wir-Sinn ist demgegenüber »eine Affinität des Akteurs für eine spezifische Praxis« (ebd.: 33), womit zu erklären ist, warum manche Akteur*innen sich von bestimmten Engagementfeldern angezogen oder nicht angezogen fühlen. Die Autoren nennen hier als Beispiel das Selbstverständnis einer Person als »Familienmensch« und der damit verbundenen Bedeutung von Intimität und Vertrauen. Demgegenüber sehen sie eine größere Bedeutung von Anonymität, wenn sich jemand als »Vereinsmensch« versteht (ebd.: 33).[27] Neben dem Wir-Sinn betonen sie aber auch noch eine weitere Voraussetzung für Engagement: dazu gehört die »Lebenspraxis« (ebd.: 36), die nicht nur situativ zu verstehen ist, sondern auf »Sedimente eigener Erfahrungen, gesellschaftliche Erwartungen, soziohistorisch bedingte Lagerungen« (ebd.: 36) basiert.

Die umfangreiche theoretische Herleitung wird anschließend durch Interviews mit einem »fallrekonstruktiven Zugang« nach Oevermann (1999) empirisch untermauert (Corsten et al. 2008: 41). Anhand dieser Fälle, die in ausgewählten Engagementbereichen tätig sind (Jugendarbeit, Initiativen globaler Solidarität, traditionelle lokale Kulturpflege[28], Soziokultur, Schöffentätigkeit in Gerichten) wird aufgezeigt, wie das Engagement von den fokussierten Motiven und passend zu den »sozialen Regeln des Engagementfeldes« (ebd.: 42) getragen wird. Daher wird auch jedes Feld zu Beginn mit einer Rekonstruktion der Feldlogik erschlossen, was für die Engagementforschung neue Perspektiven eröffnet: Die Erfassung von Interessen der Engagierten wird hier erweitert um eine Analyse der jeweils mit dem Engagementfeld verbundenen Spezifika. Anhand der vier Felder und der Darstellung der Fälle gelingt ein umfangreicher Einblick in die Mikroebene und die Beleuchtung von Entscheidungen für Engagement.

Zentrale Ergebnisse zu den Engagementfeldern werden abschließend in einer grafischen Darstellung gebündelt (siehe Abb. 7). Anhand der Grafik zeigt sich die in der Arbeit beschriebene Feldlogik. Für das Engagementfeld der Schöffentätigkeit werden hier beispielsweise »Ordnung« und »Recht« (Corsten et al. 2008: 218) als leitende Prinzipien benannt.

Die geleistete Analyse der Feldbedingungen des Engagements prägt auch den Blick auf die sogenannten »Nicht-Engagierten«, die im Diskurs um bürgerschaftliches Engagement häufig als »unsozial und egoistisch« (Krug/Corsten 2010: 42) wahrgenommen würden. Auch diese weisen nach Corsten et al. (2008) einen Wir-Sinn auf, der aber meist auf die Familie, Freund*innen oder Vereine ausgerichtet ist (ebd.: 229).

Am Beispiel von »Nicht-Engagierten«, die hinsichtlich sozioökonomischer Merkmale teilweise Ähnlichkeiten zu Engagierten aufweisen, erläutern sie die Gründe für diese »sozial-defensiven Formen«. Beispielhaft kann hier auf eine nach Krug und Corsten (2010) sogenannte »Lebenskonstruktion der Geselligkeit« (ebd.: 52) verwiesen werden, die sich dadurch auszeichnet, dass Kontakte im Bekannten- und Familienkreis ausreichen und darüber hinausgehende »Kollektivbezüge« (ebd.: 52) eher nicht fokussiert werden. Diese Ausrichtung auf den privaten Kreis findet sich auch in Vesters Gesellungsstilen (Kap. 3.2.3) sowie im empirischen Material der vorliegenden Arbeit (Kap. 5). Zudem verweisen die Autor*innen darauf, dass die Wahl eines Engagements durch die gesellschaftliche Position eines Akteurs erklärt wird, indem das Engagement

---

27   Ortega (2010) verweist in diesem Kontext mit Rückgriff auf Alheits soziohistorisch »gewachsene Orientierungsmuster« (ebd.: 90) auf die Bedeutung der sozialhistorischen Ebene, die mit berücksichtigt werden sollte. Hier geht es nicht wie bei Bourdieus Habitusverständnis um eine Rückbindung der Akteur*innen an den sozialen Raum, sondern die Verankerung in die »tiefer liegende sozio-historische und sozio-kulturelle Schicht der Figuration« (ebd.: 89).

28   Im Bereich der Kulturpflege ist der Anteil älterer Person am höchsten. Auch hier stoßen die Autoren auf die Bedeutung beruflicher Kompetenzen, die im Engagement weiter fortgeführt werden (siehe hierzu unter anderem Kap. 2.2.1).

»in Abhängigkeit von der Platzierung als Etablierte oder Außenseiter« (ebd.: 58) verstanden wird. Resümierend wird festgehalten, dass Nicht-Engagierte »ein Gespür für die Instrumentalisierbarkeit ihrer Handlungen« (ebd.: 60) aufweisen und sich daher auf private Belange zurückziehen.

Abbildung 7: Gesellschaftliche Bezugsprobleme, Feldlogik und Varianten des Wir-Sinns

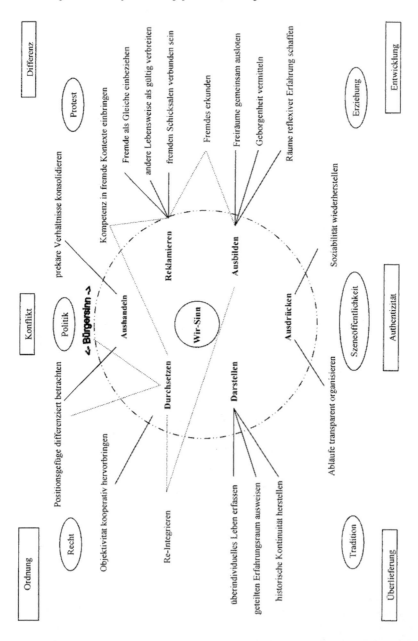

(Corsten et al. 2008: 218)

Zudem widerlegt die Studie die im Engagementkontext immer wieder aufgegriffene Individualisierungsthese, indem es keine Hinweise im empirischen Material dafür gebe, »dass Programmierer zu Heimatpflegern werden oder Bauarbeiter das Schöffenamt übernehmen« (Corsten et al. 2008: 230). Es zeigt sich damit in den Ergebnissen eine milieuspezifische Prägung der Engagementtätigkeiten, an der die vorliegende Arbeit anknüpfen kann.

Die skizzierten Studien verdeutlichen, dass bisher in der gerontologischen Forschung nur vereinzelte habitus- und milieuspezifische Arbeiten vorliegen. Ein Rückgriff auf Bourdieus Theorie findet eher im Gesundheits- und Pflegebereich statt und weniger in der gerontologischen Engagementforschung. Wird die Perspektive auf die allgemeine Engagementforschung geweitet und nicht ausschließlich der gerontologische Zuschnitt in den Blick genommen, liegen einige größer angelegte Milieustudien vor, die bereits Hinweise auf die milieuspezifischen Zugänge zu Engagement herausstellen. Insbesondere die qualitativ angelegten Studien von Corsten et al. (2008) bieten weiterführende Erkenntnisse aufgrund des Rückgriffs auf feldtheoretische Ansätze, die damit stärker als in den SINUS-Milieustudien Fragen von Exklusionsprozessen in den Blick nehmen.[29] Zudem weisen die in den Feldern aufgemachten Prinzipien (wie Ordnung und Recht) auf eine Milieuspezifik hin, die sich auch in den empirisch entwickelten Engagementmustern der vorliegenden Studie finden lassen.

2.2.5 Studien zu Engagement sozial benachteiligter Personengruppen

Neben den unterschiedlichen inhaltlichen Zugängen zu Engagement wird im folgenden Kapitel nochmals gesondert auf Studien eingegangen, die zum einen gezielt Engagementspezifika sozial benachteiligter Personengruppen identifizieren und zum anderen Erklärungsmuster bieten, warum sich diese Personengruppen nicht in anerkannten Engagementtätigkeiten, sondern eher in informellen Engagementstrukturen einbringen. Trotz der unterschiedlichen disziplinären sowie inhaltlichen Zugänge eint die Studien, dass die Lebenswelt der Engagierten als Ausgangspunkt für Engagement in den Blick genommen wird. Teilweise wird dafür beispielsweise auf rekonstruktiv ethnografische Forschungszugänge zurückgegriffen.[30]

Wegweisend für die Beleuchtung von Engagement sozial benachteiligter Personengruppen aus sozialpädagogischer Perspektive ist die Arbeit Munschs (2005). Mit Hilfe eines ethnografischen Forschungszugangs untersucht sie in ihrer Studie die Dominanzkultur der Mittelschicht im Kontext von bürgerschaftlichem Engagement. Anschlussfähig ist diese Arbeit insbesondere hinsichtlich der herausgearbeiteten Motive

---

29 Die Arbeiten Geilings (2014; Geiling et al. 2001) bieten hinsichtlich der Beleuchtung des Zusammenhangs von Machtstrukturen im Stadtteil zentrale weiterführende Hinweise für die vorliegende Arbeit und werden daher für die Überleitung zur empirischen Studie in Kap. 3.2.4 skizziert und nicht an dieser Stelle.

30 Die nachfolgenden Studien stellen Engagement sozial benachteiligter Personengruppen dar. Auf Arbeiten zu weiteren Zielgruppen wird im Weiteren nicht näher eingegangen (Engagement von Arbeitslosen siehe Voigtländer 2015, Barloschky 2003; für Engagement psychisch Kranker u.a. Stecklum 2017).

sozial- und bildungsbenachteiligter Personengruppen: im Gegensatz zu Vertreter*innen der Mittelschicht, für die Effektivität ein zentrales Kriterium für die Zusammenarbeit in Engagementkontexten ist (ebd.: 69), spielt bei sozial benachteiligten Personen hingegen das »unter die Leute kommen« und sich zusammentun eine wichtige Rolle (ebd.: 97).

Auch in ihren weiteren Arbeiten beleuchtet Munsch (2011) die in verschiedenen Engagementfeldern zu findenden »Spielregeln«, die unausgesprochen gelten: »Ob Kirchengemeinde, Antifa, Lyonsclub [sic!] oder informelle Unterstützungsnetzwerke: Alle diese verschiedenen Zusammenhänge sind von einem eigenen Umgang mit Sprache, spezifischen Interaktionsmustern und Ritualen geprägt.« (Ebd.: 52) Munsch arbeitet jedoch nicht mit einem milieuspezifischen Forschungsansatz, sondern beschreibt die Gruppe der sozial- und bildungsbenachteiligten Engagierten ausschließlich anhand sozialstatistischer Merkmale. Die Identifizierung eines milieuspezifischen Habitus wird nicht vorgenommen.

Auch Meusel (2016) wählt in ihrer Studie zur Beschreibung des Engagements sozial benachteiligter Personen keinen milieu- oder habitusspezifischen Zugang, sondern arbeitet mit dem Lebenslagenansatz sowie der Intersektionalitätstheorie. Beide Konzepte werden aus ihrer Sicht geeint durch die Beleuchtung unterschiedlicher Kategorien sozialer Ungleichheit und deren Wechselwirkungen (ebd.: 55). Dabei bezieht sie sich hinsichtlich der Intersektionalitätstheorie auf die Arbeit von Winker und Degele (2009) und beim Lebenslagenansatz auf Leßmann (2009).[31] Die Ergebnisse der elf biografisch-narrativen Interviews sowie entsprechender Familiengenogramme werden zunächst anhand von drei Fallportraits näher beleuchtet. Die Einflüsse auf die Engagementtätigkeiten werden anhand der Fallportraits sowie der anschließenden Gesamtschau über die Fälle hinsichtlich der Bereiche »individuelle Phänomene«, »familiäre Disposition« und »sozialräumliche und gesellschaftliche Einflüsse« vorgestellt. Die Fälle weisen dabei unterschiedliche Grade eines Aktivitätspotenzials auf, die Meusel zwischen Handlungsorientierung und Lageorientierung beschreibt. Auch wenn bei einzelnen Fällen eine »abwartende Haltung« (Meusel 2016: 181) identifiziert wird, findet doch fast immer ein Engagement im Lebensverlauf statt, wofür eine Ansprache durch Institutionen von besonderer Bedeutung ist. Neben diesen unterschiedlichen Aktivitätspotenzialen liegt zudem ein Spektrum zwischen Autonomiebestreben und Anpassungsfähigkeit vor. Meusel unterstreicht darüber hinaus die Bedeutung der familialen Disposition für die Aufnahme eines Engagements (anknüpfend an die Erkenntnisse von Jakob und Mösken, Kap. 2.2.1). Da jedoch nur formelles Engagement in den Blick genommen wird, werden keine Hinweise für informelle Engagementtätigkeiten gegeben, was für die untersuchte Personengruppe sicherlich interessant gewesen wäre.[32] Hinsichtlich der gesellschaftlichen Dimension ist insbesondere die Tatsache relevant, dass »bei allen Interviewteil-

---

31   Bourdieus theoretischer Rahmen biete sich nach Meusel (2016) nicht für die Erklärung von Beweggründen für Engagement an, da das soziale Kapital, welches hilfreich für die Erklärung des Zugangs zu Engagement sei, bei Bourdieu unterbeleuchtet sei (ebd.: 50). Möglichkeiten der Habitustheorie werden von ihr nicht in den Blick genommen.

32   Es finden sich Hinweise zu informellen Tätigkeiten am Rande des Materials, die jedoch nicht näher analysiert werden (Meusel 2016: 197).

nehmerInnen [...] das freiwillige Engagement zur gesellschaftlichen Anerkennung der Akteure« (ebd.: 204) führt und damit ein Statusgewinn verbunden ist, was sich auch, je nach Milieu, in der vorliegenden Arbeit findet. Abschließend fasst Meusel ihre Fälle zu drei Typen zusammen: »Engagement zur Bewältigung von Lebenserfahrungen«, »Engagement zur sozialen Integration« sowie »Engagement zur flankierenden Stabilisierung des Lebens«. Hier finden sich ebenfalls Parallelen zu den Engagementtypen Jakobs (siehe Kap. 2.2.1). Darüber hinaus stellt Meusel anhand ihrer Ergebnisse nochmals die Besonderheit von Engagement sozial benachteiligter Personengruppen heraus, indem Engagement eine Form der Bewältigung der spezifischen Lebenssituation sei und macht an dieser Stelle Parallelen zu den Arbeiten Munschs (2005) und Böhnischs (2008) auf (ebd.: 216).

Ein milieuspezifischer Zugang zu Engagementformen sozial benachteiligter Personen findet sich bei der Studie »Entbehrliche der Bürgergesellschaft? Sozial Benachteiligte und Engagement« vom Göttinger Institut für Demokratieforschung (Klatt/Walter 2011). Mit insgesamt 74 Personen, die in Gruppen- und Einzelinterviews in ausgewählten Stadtteilen befragt wurden, liegt eine breite Datengrundlage vor. In den Ergebnissen zeigt sich, dass der soziale Nahraum eine bedeutende Rolle für das Engagement spielt. Ebenso wird deutlich, dass dieses Engagement nicht als Engagement wahrgenommen wird und »auch kaum nach außen kommuniziert [wird], da der Zusammenhalt, häufig durch familiäre Bande verstärkt, als selbstverständlich gilt« (ebd.: 106, Erg. d. Verf.). Dies führt dazu, dass sich Klatt und Walter (2011) für eine Weitung des Engagemenbegriffs aussprechen: »Die Zivilgesellschaftsforschung sollte an dieser Stelle etwas elastischer agieren und sich für den Bereich des Privaten öffnen, um die Aktivitäten von Unterschichten und Migranten, [...], den Alltagsrealitäten entsprechend nachvollziehen zu können.« (Ebd.: 32)

So wird als Konsequenz in den abschließenden Handlungsempfehlungen eine notwendige Anbindung und Integration der identifizierten Engagementformen an die normativ gesetzten Formen des Engagements der Bürgergesellschaft empfohlen. Die Forscher*innengruppe um Walter unterstützt diesen Eindruck zusätzlich mit der anschließenden Veröffentlichung zu den sogenannten »Viertelgestaltern« (Hoeft et al. 2014). Hier wird die Bedeutung der *Viertelgestalter*innen*, einer der erarbeiteten Typen der Studie, hervorgehoben, die einen hohen Bekanntheitsgrad innerhalb der sozialen Netzwerke besitzen und als lokale Ansprechpartner*innen dienen. Ergebnis der Studie ist die Identifizierung der Viertelgestalter*innen als bedeutsamer Akteur zur Vermittlung zwischen informellen Engagementstrukturen und Engagement in der Bürgergesellschaft. Trotz des Anspruchs der Studie, die Handlungslogiken der Engagierten zu identifizieren, findet sich jedoch »der Eigensinn milieuspezifischer Aneignungsformen, wie sie z.B. Michael Vester und andere in ihren Untersuchungen vergleichbarer Milieus herausgearbeitet haben, [...] hier nicht« (Kunstreich 2011: 780). Dies liegt unter anderem daran, dass nach Angaben der Autor*innen »der Begriff [Schicht] vor allem aus forschungspragmatischer Sicht nicht ungeeignet [erscheint], da er Zugänge ermöglicht und Strukturen zur Interpretation anbietet« (Klatt/Walter 2011: 48, Erg. d. Verf.). Aus diesem Grund arbeitet die Forschungsgruppe mit den Schichtkriterien Einkommen, Bildungsstand und Wohnort (ebd.: 49). Dementsprechend erscheinen auch die Bezeichnungen der aus dem empirischen Material entwickelten Typen nicht einheitlich, indem teilweise auf sozioökonomische Kriterien (»Junge Männer«, »Jüngere Frauen und Mütter«) zurückgegriffen wird, teilweise der Nahraum einen hohen Stellenwert hat (»Viertelkinder«, »Viertelgestalter«), aber auch »Lebensweisen« benannt werden (»Aufstiegsorientierte«, »Isolierte«). Ebenso erscheinen die Fallportraits der *Viertelgestalter*innen* in ihrer Darstellung insbesondere auf einschneidende Erlebnisse im Lebenslauf (beispielsweise »Bindung an Kirche« oder »Alkoholsucht«), weniger jedoch auf die Darstellung milieuspezifischer Einflüsse fokussiert.

Die ausgewählten Studien zu sozial benachteiligten Personengruppen zeigen auf, dass die im Engagementdiskurs als *nicht-Engagiert* bezeichneten Personen, die es zu aktivieren gilt, durchaus aktiv und engagiert sind, häufig jedoch nicht in den Bereichen, die dem bürgerschaftlichen Engagement zuzuordnen sind. Eher bringen sich sozial benachteiligte Personen in der direkten Wohnumgebung ein, in familialen oder freundschaftlichen Netzwerken, weshalb es lohnt, auch diese Strukturen bei der Frage nach Engagementtätigkeiten in den Blick zu nehmen. Zudem kann ein Fernbleiben aus anerkannten Formen des Engagements nicht als reines Desinteresse interpretiert werden, sondern muss vielmehr aus einer Ungleichheitsperspektive mit dem Zusammenkommen unterschiedlicher Anliegen und der Machtverteilung innerhalb des Engagementfeldes in Zusammenhang gebracht werden.

2.3 Zwischenfazit: Zusammenführung gesellschaftlicher und individueller Bedeutung von Engagement

Die in den vorangegangenen Kapiteln 2.1 und 2.2 beschriebenen Diskurse sowie Studien zum Engagement älterer Menschen orientieren sich in ihren Ausführungen an der im Forschungsdiskurs zu findenden Unterteilung in eine gesellschaftliche Dimension des Engagements (die Metaebene betreffend) sowie eine individuelle Perspektive auf Engagement (die Mikroebene betreffend). Im Folgenden wird nach einer kurzen resümierenden Darstellung der Gewinn einer Zusammenführung beider Perspektiven verdeutlicht. Damit gelingt zudem die Überleitung zur theoretischen Einbettung der Arbeit in die Habitus- und Klassentheorie Bourdieus (1982; 1987), da diese eben an der Schnittstelle von Struktur und Individuum ansetzt und eine neue Perspektive auf Engagement ermöglicht.

Die zumeist bundesweit angelegten quantitativen Studien zu Engagementzahlen und -bereichen zeigen anhand konkreter Zahlen das Engagementvolumen in der Bundesrepublik auf und machen dabei Aussagen zu jeweils spezifischen Gruppen, definiert anhand sozioökonomischer Faktoren. Trotz der nicht einheitlichen Engagementzahlen der Studien, aufgrund unterschiedlicher Erfassungskriterien, werden auf Grundlage des bereits vorhandenen und geleisteten Engagements ebenso noch vorhandene, nicht genutzte Potenziale formuliert und dabei unter anderem die Gruppe der Älteren (aufgrund ihrer quantitativen Dimension) als zu mobilisierendes Engagementpotenzial gesehen. Insbesondere Verweise auf die (scheinbar) frei verfügbare Zeit in dieser Lebensphase sowie der bessere Gesundheitszustand und die höheren Bildungsabschlüsse der kommenden älteren Generationen untermauern diese Schlussfolgerungen. Die aufgrund der größer werdenden Gruppe von Älteren ebenso stattfindende Ausdifferenzierung dieser Lebensphase und eine zunehmende Heterogenität hinsichtlich der Lebenslagen werden in diesem Kontext weniger beleuchtet.

Parallel dazu findet sich in der quantitativ angelegten Engagementforschung eine starke Fokussierung auf formelles Engagement, indem insbesondere diese Engagementtätigkeiten in den Studien erfasst werden und das informelle Engagement erst in den letzten Jahren in größer angelegten Studien in den Blick genommen wird (wie beispielsweise seit 2014 im Freiwilligensurvey). Diese formellen Engagementstrukturen werden überdurchschnittlich von sozial höher gestellten Personen der Gesellschaft genutzt. Gründe dafür sind nicht ausschließlich bessere Kompetenzen dieser Personengruppen, sondern ebenso das stärkere Interesse an öffentlichkeitswirksamen und prestigeträchtigen Engagementtätigkeiten.

Neben Schwierigkeiten bei der Erfassung informeller Engagementtätigkeiten in quantitativen Studien ist eine Fokussierung auf das formelle Engagement zudem durch eine vorhandene Höherbewertung dieser Engagementformen zu erklären, welches als legitimes Engagement verstanden wird, da es im öffentlichen Raum verortet ist und damit nicht nur nahestehenden Menschen, sondern allen zugänglich gemacht wird. Die Grenzziehung des formellen sowie informellen Engagements ist damit an den Kriterien öffentlich vs. privat sowie freiwillig vs. verpflichtend festzumachen.

Vor dem Hintergrund der Ausführungen Bourdieus zum politischen Feld (1982) und der dort wirkenden Mechanismen bei der »Erzeugung politischer Meinungen« (ebd.: 623) können entsprechende Parallelen zum Engagementdiskurs gezogen werden. Auch in der Engagementforschung wird ein »begriffliches Instrumentarium zur Erkenntnis der sozialen Welt« (ebd.: 623) entwickelt, »worin zugleich das *Universum des politisch Denkbaren* oder, wenn man will, die *legitime Problemstellung* ihre nähere Bestimmung erfährt« (ebd.). Die Inhalte, die begrifflich gefasst und messbar gemacht werden, führen damit zu einer Setzung einer »legitimen Problemstellung«, im Engagementkontext damit eines legitimen Verständnisses von Engagementtätigkeiten. Diese seitens der Engagementpolitik entwickelten Kriterien werden anschließend in entsprechende Erhebungsmethoden transferiert, auf die die Befragten vor dem Hintergrund ihrer jeweiligen Milieuzugehörigkeit jedoch unterschiedlich reagieren. Bourdieu führt aus, dass beispielsweise auf Fragen zur Privatsphäre oder zu Problemen des Alltaglebens weniger Gebildete genauso häufig antworten wie Gebildete. Werden hingegen explizite Fragen zu Bereichen der Politik gestellt, nimmt der Anteil der höher Gebildeten zu (ebd.: 629–631): »Die Neigung, das Wort zu ergreifen, und sei es in einer rudimentärsten Form – ein Ja oder ein Nein zu formulieren oder eine vorgegebene Antwort anzukreuzen – steht in direktem Zusammenhang mit dem Gefühl, ein Recht auf Meinungsäußerung zu besitzen.« (Ebd.: 642)

Dieses Gefühl des *mitreden könnens* liegt nicht in allen Milieus in gleichem Umfang vor und hat dementsprechend einen bedeutenden Einfluss auf die Beantwortung und auch Nicht-Beantwortung von Fragen. Daraus lässt sich eine Distanz gewisser Milieus zu abgefragten Inhalten und die Bedeutung eines persönlichen Bezugs zu den Fragestellungen erkennen. So kann davon ausgegangen werden, dass auch Menschen unterer Milieus konkrete Fragen nach Engagement nicht beantworten, da sie keine Berührungspunkte zu diesem Thema sehen (im Sinne von »ich mache doch gar nichts«). Werden diese Personen hingegen nach der Gestaltung ihres Alltags sowie dem Zusammenleben im Stadtteil gefragt, haben diese sicherlich etwas zu sagen. Hier finden sich dann ebenso Hinweise auf kleine Unterstützungsleistungen im privaten Umfeld, welche so häufig »keiner Rede wert sind« und daher nicht als Engagement verstanden werden. Diese Erkenntnis nahm die vorliegende Arbeit in ihr empirisches Vorgehen auf, indem der Terminus *Engagement* ganz bewusst nicht in den Interviews aufgegriffen wurde, sondern ausgehend vom Zusammenleben im Stadtteil Hilfe- und Unterstützungsstrukturen thematisiert wurden (siehe auch Klatt/Walter 2011).

Der hier beschriebene Fokus auf die Lebenswelt der Engagierten findet sich eher in den skizzierten qualitativ angelegten Studien zu Beweggründen der Individuen für ein Engagement (siehe Kap. 2.2). Diese ermöglichen eine differenzierte und weiterführende Perspektive auf Engagement, indem die Sicht der jeweils Engagierten empirisch aufgegriffen wird. Zudem leisten einige Studien eine Weiterentwicklung der Tradition der Ehrenamtsforschung, indem Motive nicht nur kontrastierend zwischen Altruismus und hedonistischen Einstellungen, sondern eher als komplexer Prozess dargestellt werden, denn es zeigt sich, dass »die übliche Gegenüberstellung von Freiwilligkeit und Zwang doch ebenso als Sackgasse wie das [...] Gegensatzpaar Selbstverwirklichung und Ausbeutung« (van Dyk 2009: 608) dient. Diese Komplexität in der Beschreibung von Beweggründen für ein Engagement bewegt sich damit zwischen gesellschaftlichen Einflüsse sowie individuellen Dispositionen.[33] Die Zusammenführung dieser Faktoren bleibt jedoch in vielen Studien eine Leerstelle, so dass die Habitustheorie Bourdieus eben hier eine Möglichkeit bietet, das Aufgreifen einer Engagementtätigkeit an dieser Schnittstelle zu beschreiben. Im Gegensatz zum Lebenslagen- und Lebensqualitätkonzept scheint der Habitus jedoch empirisch schwieriger greifbar zu sein. Dies erklärt, warum insbesondere mit Bourdieus Kapitalsorten gearbeitet wird oder verstärkt auf das Lebenslagenkonzept zurückgegriffen wird, da diese sich am ehesten für eine Operationalisierung anbieten und entsprechend als Zugangsressourcen für Engagement genutzt werden können. Zudem wurde in der Engagementforschung bisher eher mit den SINUS-Milieus gearbeitet, welche jedoch verstärkt auf den sich wandelnden Lebensstil abheben. Mit dem Aufgreifen von Bourdieus Theorie des Habitus und sozialen Raums werden hingegen »die beständigeren sozialmoralischen Werte und Prinzipien der Lebensführung betont« (Bremer 2007b: 29), die »teilweise zu anderen Einschätzungen, Milieubenennungen und Ergebnissen« (ebd.) führen.

Resümierend lässt sich somit festhalten: Die quantitativen Studien zum Engagement älterer Menschen fokussieren insbesondere auf das formelle Engagement, weniger auf Unterstützungsstrukturen im Privaten. Die aufgrund der Engagementzahlen formulierte Forderung nach einer Mobilisierung von mehr älteren Menschen knüpft dabei jedoch nicht an der Lebenswelt der Menschen an. Wird diese in den Blick genommen, zeigt sich, dass bereits zeitintensive Hilfe- und Unterstützungsleistungen in der Familie, der Nachbarschaft oder unter Freund*innen geleistet werden. Diese gilt es in der Engagementdiskussion ebenso in den Blick zu nehmen und damit zu würdigen.

---

33 So skizzieren auch Künemund/Hollstein (2005) hinsichtlich der Entscheidung, jemandem zu helfen oder eine andere Person um Hilfe zu bitten eine gegenseitige Beeinflussung der Aspekte (1) kultureller Normen der Zuständigkeit, (2) Reziprozität und (3) Intimität. Auch dies verweist auf ein Wechselspiel zwischen gesellschaftlichen Einflüssen sowie individuellen Dispositionen.

Zudem kann eine *Mobilisierung* nur dann erfolgreich stattfinden, wenn sie an der subjektiven Perspektive der Individuen anknüpft und die Relevanz der Engagementtätigkeiten im Kontext der Lebenswelt eruiert. Auf dieser Grundlage könnten dann entsprechende Rahmenbedingungen für die Förderung von Engagement geschaffen werden.

Insbesondere das Habituskonzept bietet die Möglichkeit, die *Passung* von individuellen Bedürfnissen und gesellschaftlichen Strukturen im Kontext von Engagementprozessen zu erklären. Bourdieus Konzepte bieten hier die Verbindung von gesellschaftlichen Strukturen, Klasse und dem individuellen der Lebenspraxis (Krais/Gebauer 2013). Diese verbindende Ebene zwischen der Sozialstruktur und der subjektiven Handlungsperspektive (Clemens 1993: 67), die »milieuspezifische Lebenswelt« (Hradil/Schiener 2001), kann somit nochmals neue Erklärungsansätze für das Aufgreifen eines Engagements, aber auch das Fernbleiben aus Engagementstrukturen bieten. Mit Bourdieus Habitusverständnis ist daher die Möglichkeit gegeben, Tätigkeiten im bürgerschaftlichen Engagement nicht nur als individuelles Handeln zu verstehen, sondern auch den »überindividuellen Charakter« (Bremer 2007a: 15) herauszuarbeiten.

Im folgenden Kapitel werden daher Bourdieus Habitus- und Klassentheorie sowie Vesters Milieutypologie vorgestellt.

3 Theoretische Bezüge

Die in den vorangegangenen Kapiteln aufgeführten Hinweise zur Theorieperspektive der vorliegenden Arbeit werden im Folgenden systematisch und detaillierter dargestellt, indem die zentralen theoretischen Bezugspunkte, Bourdieus Habitus- und Feldtheorie (1998a; 1987; 1982; Bourdieu/Wacquant 1996) sowie die auf seinen Arbeiten rekurrierenden Milieustudien der Forschungsgruppe um Vester (2015; Vester et al. 2001), vorgestellt werden. Anknüpfend an den skizzierten Forschungsstand zu Fragen nach Zugängen zu Engagementtätigkeiten bietet die Habitus- und Feldtheorie die Möglichkeit, den Blick sowohl auf das Individuum und seine innere Antriebskraft als auch auf den Einfluss gesellschaftlicher Strukturen zu richten, indem das »Doppelverhältnis« (Bourdieu/Wacquant 1996: 160) zwischen Habitus und dem jeweiligen Feld (für den Feldbegriff siehe Kap. 3.1.4) beleuchtet wird. Dieser für Bourdieus Arbeiten charakteristische relationale Ansatz ermöglicht nicht nur einen speziellen Blick auf Engagementtätigkeiten, sondern zudem auch eine erweiterte Perspektive auf das Alter und wird daher bezugnehmend auf beide Aspekte im Weiteren umrissen.

Bourdieu (1982) plädiert dafür, nicht nur das biologische Alter, sondern ebenso weitere Dimensionen zur Erklärung des Handelns älterer Menschen heranzuziehen (siehe hierzu Kap. 3.1.1), anknüpfend an sein praxeologisches Klassenverständnis. Die Klasse kann nach Bourdieu nicht allein als Summe oder Kette von Merkmalen beschrieben werden, sondern steht vielmehr für »die Struktur der Beziehungen zwischen allen relevanten Merkmalen« (ebd.: 182). Gekennzeichnet ist die Klasse durch eine spezifische Klassenpraxis, die Bourdieu auch als Lebensstil bezeichnet, damit jedoch nicht wie »manche Soziologen die Klassenunterschiede folkloristisch verniedlich[t]« (Vester 2019: 49), sondern vielmehr die »Gliederung der sozialen Klassen und ihre Statuskämpfe« (ebd.) beschreibt. Auf dieses Klassenverständnis greifen Vester et al. in ihren Studien zurück (Kap. 3.2), verwenden in diesem Kontext jedoch die Bezeichnung der sozialen Milieus (für die historische Entwicklung des Klassenbegriffs siehe Vester 2019).

Im Weiteren erfolgt zum einen eine Darstellung von Bourdieus Ausführungen zur Ökonomie des symbolischen Tauschs, die er abgrenzt von der ökonomischen Ökonomie. Hier beschreibt Bourdieu Tauschakte im Rahmen eines Gabentauschs, die für die vorliegende Arbeit auf den Engagementkontext übertragen werden (Kap. 3.1.2). Daran anschließend folgt eine Skizzierung der zentralen Konzepte Habitus, Feld und Klasse (siehe hierzu Kap. 3.1.3 und Kap. 3.1.4).

Kapitel 3.2 fokussiert auf die Arbeiten der Hannoveraner Forschungsgruppe um Vester, welche Bourdieus Ansätze aufgegriffen und weiterentwickelt haben. Neben einer für die Bundesrepublik Deutschland entwickelten Milieutypologie und der damit verbundenen Darstellung des sozialen Raums (der auch zur Einordnung der empirischen Ergebnisse dient) (Kap. 3.2.1) erfolgt eine Skizzierung des Kohäsionsverständnisses der Milieus (Kap. 3.2.2). Ausgehend von diesem sozialen Zusammenhalt der Milieus wurden verschiedene Gesellungsstile sowie ein entsprechendes milieuspezifisches Freizeitverhalten empirisch identifiziert, welche für die vorliegende Arbeit als Zugang zu Engagementtätigkeiten genutzt und dargestellt werden (Kap. 3.2.3). Kapitel 3.2.4 leitet nach einer Beleuchtung des sozialen sowie physischen Raums abschließend über zur empirischen Erhebung der Studie.

3.1 Bezüge zu Pierre Bourdieus Habitus- und Feldtheorie

Als Kernstück seiner Theorie bezeichnet Bourdieu selbst die »doppelsinnige Relation zwischen den objektiven Strukturen (den Strukturen der sozialen Felder) und den inkorporierten Strukturen (den Strukturen des Habitus)« (Bourdieu 1998a: 7). Diese im Zentrum seiner Arbeit stehende Beleuchtung des Zusammenhangs zwischen Gesellschaftsstruktur einerseits und mentalen Strukturen der Individuen andererseits (Bourdieu/Wacquant 1996: 31) wird im Weiteren anhand zentraler Begrifflichkeiten vorgestellt, um anhand dieser »doppelsinnigen Relation« einen Erklärungsansatz für und Zugang zu Engagementtätigkeiten zu ermöglichen.

Im Gegensatz zur Kategorie *Geschlecht* hat sich Bourdieu demgegenüber kaum vertiefend mit der Kategorie *Alter* beschäftigt. Am Rande seiner allgemeinen soziologischen Analysen (Bourdieu 1982) lassen sich jedoch durchgehend Hinweise finden, die eine bestimmte Perspektive auf das Alter und Altern eröffnen.

3.1.1 Alter als Klassifikations- und Teilungsprinzip

In »Die Feinen Unterschiede« (1982) setzt sich Bourdieu mit der Frage auseinander, wie soziale Klassen zu definieren sind und macht deutlich, dass neben »offiziellen Kriterien« (ebd.: 177), wie beispielsweise Beruf, Einkommen, Bildungsniveau, auch »verborgene Kriterien« (ebd.) zu berücksichtigen seien, wozu er beispielsweise neben dem Geschlecht auch das Alter zählt. Grundsätzlich versteht er diese Kriterien als sozial konstruierte Klassifikations- und Teilungsprinzipien, was ihn auch zu der Aussage führt, »daß Altersaufteilungen willkürlich sind« (Bourdieu 1993: 136): »Klassifizierungen nach dem Alter (aber auch nach dem Geschlecht und natürlich nach der Klasse...) laufen immer darauf hinaus, Grenzen zu setzen und eine Ordnung zu produzieren, an die sich jeder zu halten hat, in der jeder seinen Platz zu behalten hat.« (Ebd.: 136–137)[1] Diese vorgenommenen »formalsten Grenzziehungen« (Bourdieu 1982: 743), die Bourdieu auch

---

1 Für das Alter als Klassifikationsprinzip in der Gerontologie siehe u.a. Amrhein 2013b.

auf die Konstruktion von Altersklassen bezieht, implizieren damit »einen bestimmten Stand der Verteilung von Vorrechten und Pflichten« (ebd.). Dazu gehört dann beispielsweise für die Gruppe der Alten das Recht auf, oder auch die Pflicht zur Pensionierung, je nach sozialer Position im sozialen Raum. Diese Grenzen sind nach Bourdieu »regelrechte Schranken« (ebd.: 744) für die einzelnen Akteur*innen, »die es zu attackieren oder zu verteidigen gilt« (ebd.). Diese künstlich geschaffenen Teilungsprinzipien gestalten die Welt und werden damit zur »strukturierten Struktur«.

Kurzum: Gesellschaftlich geschaffene Konstruktionen von Gliederungsprinzipien wirken in die Gesellschaft hinein und erzeugen wiederum Klassifikationen in der realen Welt. Für Bourdieu hat die Forschung sich der Aufgabe zu stellen, das Zusammenspiel der genannten Kriterien, auch der »verborgenen Kriterien« wie dem Alter, für die Analyse der Entwicklung von sozialen Positionen entsprechend zu berücksichtigen, da diese verborgenen Kriterien als »reale und doch nie förmlich genannte Auslese- und Ausschließungsprinzipien funktionieren« (Bourdieu 1982: 176–177). Die Beleuchtung der »Wirkung der Variablen in ihrer Gesamtheit« (ebd.: 181) stellt sich jedoch häufig als problematisch dar. So kann ebenso das Alter für sich allein stehend nicht alle Praxisformen erklären, weshalb Bourdieu es als »Naivität« (ebd.: 182) bezeichnet, »etwa altersspezifische Unterschiede auf eine allgemeine Wirkung biologischen Alterns zurückzuführen« (ebd.). Dieses Ineinanderfließen unterschiedlicher Merkmale erläutert er beispielhaft anhand politischer Einstellungen Älterer. Diese variieren bei zunehmendem Alter je nach Position im sozialen Raum, so dass »die Angehörigen der privilegierten Klassen sich politisch nach rechts entwickeln, die Arbeiter dagegen nach links« (ebd.). Hier lässt sich bereits erkennen, dass aus seiner Sicht das Alter als alleiniges Kriterium nicht ausreicht, um Spezifika der Gruppe der Älteren zu beschreiben. Die Aussage Bourdieus hinsichtlich der Untrennbarkeit der geschlechtsspezifischen Merkmale von den klassenspezifischen Merkmalen, die so wenig voneinander zu isolieren seien »wie das Gelbe der Zitrone von ihrem sauren Geschmack« (ebd.: 185), lässt sich daher auch auf die Variable Alter übertragen.

Die Komplexität in der Beschreibung gesellschaftlicher Gruppen entsteht nach Bourdieu jedoch nicht nur aufgrund der verschiedenen Kriterien, die sich gegenseitig beeinflussen, sondern ebenso durch die unterschiedliche Wirkung dieser in den Feldern. Auch das Handeln älterer Menschen beschreibt er als nicht losgelöst vom jeweiligen Feld.

> »Jedes Feld hat [...] seine eigenen Gesetze des Alterns: Will man wissen, wie in einem Feld der Schnitt zwischen den Generationen verläuft, muß man die spezifischen Gesetze kennen, nach denen dieses Feld funktioniert, die Objekte, um die der Kampf geht, und die Aufteilungen, die durch diesen Kampf entstehen.« (Bourdieu 1993: 137)

Dies verweist auf die Bedeutung der Feldeffekte, die in Kapitel 3.1.4 näher skizziert werden.

Neben den in Bourdieus Arbeiten zu findenden Hinweisen zum Kriterium *Alter*, zu verstehen als Klassifikations- und Teilungsprinzip, finden sich auch vereinzelte Aussagen zum Altern, dem Prozess des Altwerdens. Altwerden ist seinem Verständnis nach einzubetten in die Entwicklung der sozialen Position eines Akteurs im Gefüge des sozialen Raums: Hier sind Mechanismen am Werk, »die Individuen auf Positionen hinlenken, für die sie von vornherein zugeschnitten sind« (Bourdieu 1982: 189). Diese »Dialektik zwischen Angestrebtem und Erreichtem« (ebd.) weist auf einen begrenzten Raum des Möglichen hin, den die Akteur*innen kaum verlassen: »Soziales Altern stellt nichts anderes dar als [...] die (gesellschaftlich unterstützte und ermutigte) Verzichtleistung, welche die Individuen dazu bringt, ihre Wünsche und Erwartungen den jeweils objektiven Chancen anzugleichen und sich in ihre Lage zu fügen.« (Ebd.)

Durch die »Inkorporierung der objektiven Strukturen des sozialen Raums« (Bourdieu 1985: 17) kommt es dazu, dass Individuen die Welt so hinnehmen, wie sie ist. Damit entsteht »eine Art gesellschaftlicher Orientierungssinn« (Bourdieu 1982: 728), der dazu dient, »zu spüren oder zu erahnen, was auf ein bestimmtes Individuum mit einer bestimmten sozialen Position voraussichtlich zukommt und was nicht, und untrennbar damit verbunden, was ihm entspricht und was nicht« (ebd.). Diese Möglichkeit bietet den Individuen, im Sinne eines Kompasses, eine unterstützende Orientierung, um sich in der sozialen Welt zurechtzufinden, weist jedoch auch auf Schranken hin. Diese Begrenzungen führen dennoch nicht zu einer grundsätzlichen Starrheit hinsichtlich der Entwicklung von sozialen Positionen, sondern werden beeinflusst durch die Position der Akteur*innen im sozialen Raum, denn »[d]er Sinn für die eigene soziale Stellung als Gespür dafür, was man ›sich erlauben‹ darf und was nicht« (ebd.: 18) ist nach Bourdieu »um so stärker, je rigider die Lebensbedingungen sind« (ebd.). Deutlicher äußern sich Grenzen daher bei den Beherrschten, weniger hingegen bei den Herrschenden.

Diese möglichen Entwicklungen im Lebensverlauf und die vorhandene Flexibilität lassen sich anhand des Laufbahn-Effekts verdeutlichen. Mit diesem Effekt beschreibt Bourdieu unterschiedliche Verläufe der individuellen Lebenswege über die Lebensspanne hinweg. So können sich Individuen mit zu einem festen Zeitpunkt vergleichbaren Positionen im Laufe der Zeit aufgrund der Entwicklung von Umfang und Struktur des Kapitals voneinander entfernen (Bourdieu 1982: 190), so dass sich aufgrund des Einflusses von Feldeffekten unterschiedliche Verläufe in den Lebenswegen aufzeigen lassen. Diese Entwicklung wird nicht nur durch die Familie (nach Bourdieu »Prägungseffekt«, ebd.) beeinflusst, sondern ebenso durch die individuelle Erfahrung mit dem gesellschaftlichen Auf- oder Abstieg und dem Einfluss auf die Einstellungen und Meinungen (»Effekt der sozialen Laufbahn«, ebd.). Als Beispiel führt er an, dass Mitglieder aus einer Familie so zu abweichenden religiösen oder politischen Standpunkten kommen können. Das Dispositionssystem ist damit »dauerhaft, aber nicht unveränderlich« (Bourdieu/Wacquant 1996: 167–168), da der Habitus erst in konkreten Situationen manifest wird, »und der gleiche Habitus kann je nach Stimulus und Feldstruktur ganz unterschiedliche, ja, gegensätzliche Praktiken hervorbringen« (ebd.: 168).[2]

Für die vorliegende Arbeit stellt (neben der kritischen Beleuchtung des Alters als Klassifikations- und Teilungsprinzip) der Hinweis auf die Bedeutung des Zusammen-

---

2 Diese Flexibilität und Veränderbarkeit des Habitus spiegelt sich auch in seiner Beschreibung der Entwicklung des Klassen-Habitus wider. Aus seiner Perspektive ist es wenig überraschend, »daß die in ihrem Altersaufbau ältesten Klassen [...] zugleich sozial absteigende Klassen sind« (Bourdieu 1982: 185). Dies zwingt die nachfolgenden Generationen dazu, sich auf neue expandierende Berufe einzustellen, so dass sich auch dort übertragen auf eine ganze Klasse Entwicklungen hinsichtlich der Position im sozialen Raum zeigen.

spiels verschiedener Kriterien bei der Entwicklung der Position im sozialen Raum eine bedeutsame Perspektive dar. Ein Verständnis dafür, warum sich Personen für die einen und gegen andere Engagementtätigkeiten entscheiden, kann nicht ausschließlich über die Zugehörigkeit zu einer Altersgruppe, einer Generation, erklärt werden. Daher verfolgt die vorliegende Arbeit auch weniger das Anliegen der Erarbeitung *alters*spezifischer Engagementtätigkeiten als vielmehr die Beleuchtung des Einflusses der sozialen Herkunft (auch wenn davon ausgegangen wird, diese Effekte nicht voneinander trennen zu können). Hier gilt es, die über den Lebenslauf hinweg entstandenen Dispositionen zu berücksichtigen und in die Analyse einfließen zu lassen. Der Habitus als Generierungsprinzip impliziert damit neben familiären Einflüssen, die im gerontologischen Forschungskontext umfassend beleuchtet werden (siehe dafür Kap. 2.2.1) ebenso weitere Prägungen durch die Umwelt. Zudem wird der Blick nicht nur auf das Individuum, sondern ebenso auf Strukturen des Engagements gerichtet, bei Bourdieu durch das Feld beschrieben. Damit ist die Chance verbunden, die Passung oder auch Nicht-Passung hinsichtlich des gewählten Engagements aufzeigen zu können.

Korrespondierend zu den Hinweisen zum Alter(n) finden sich ebenfalls Aussagen zu Engagementkontexten in Bourdieus Arbeiten, unter anderem im Rahmen seiner Ausführungen zur Ökonomie des symbolischen Tauschs, auf die im Weiteren eingegangen wird.

3.1.2 Engagement als Teil der Ökonomie des symbolischen Tauschs

In der Auseinandersetzung mit dem Thema »Engagement« erscheint der Begriff der Ökonomie zunächst befremdlich und unpassend, da es sich bei Engagementtätigkeiten eben nicht um monetäre Dienstleistungen im Sinne einer ökonomischen Logik handelt. Bourdieu (1998a) hingegen verwendet den Begriff der Ökonomie nicht ausschließlich im wirtschaftswissenschaftlichen Sinne, sondern kritisiert vielmehr die seitens des ökonomischen Feldes vorgenommene Inanspruchnahme bestimmter Begrifflichkeiten. Aus seiner Sicht ist der Warenaustausch nur eine Form des sozialen Austausches neben anderen Formen des Tausches, wohingegen aus den Wirtschaftswissenschaften heraus den verschiedenen sozialen und kulturellen Praxisformen eine grundsätzliche Uneigennützigkeit unterstellt werde. Bourdieu jedoch sieht in allen Feldern »polymorphe [...] Interessen, Einsätze und Profitmöglichkeiten« (Schwingel 2011: 87). Daher geht er in den Ausführungen zur allgemeinen Ökonomie der Praxis auf die verschiedenen Interessen ein und bindet hier beispielsweise auch symbolische Güter (wie Anerkennung, Prestige) ein. Diese symbolischen Güter haben aus seiner Sicht eine Bedeutung für die »Entstehung und Reproduktion von Praktiken und Praxisformen« (Fröhlich/Rehbein 2014: 186) und sind im Gegensatz zu einem Warentausch im Sinne der Wirtschaftswissenschaften eng mit den jeweils beteiligten Personen verbunden. In diesen Kontexten stehen die Personen häufig bereits in Beziehung zueinander, kennen sich, und erzeugen mit ihren Praktiken nicht nur soziales Kapital, sondern zudem durch »[d]ie durch Gabe und Gegengabe entstehende Zirkulation von Gütern« (ebd.: 187) ebenso symbolisches Kapital. Der Logik Bourdieus folgend kann daher dem Akt des Schenkens oder auch der Ausübung ehrenamtlicher Tätigkeiten keine reine Uneigennützigkeit, wie von den Wirtschaftswissenschaften unterstellt, zugeschrieben werden.

Die Ökonomie des symbolischen Tauschs charakterisiert Bourdieu unter anderem in »Praktische Vernunft« (1998a: 163–169). Im Rahmen dieser Ökonomie des symbolischen Tauschs spricht er von einem Gaben*tausch*, der immer von der Logik einer Gegenseitigkeit geprägt ist, da »der Gabentausch sozial in den Dispositionen und in den Glaubensvorstellungen angelegt ist« (ebd.: 165). Dieser Tausch wird jedoch nicht bewusst wahrgenommen und auch nicht explizit formuliert, was Bourdieu als »Tabu der expliziten Formulierung« bezeichnet (ebd.: 196). Dies hat zur Konsequenz, dass beispielsweise der Preis beim Gabentausch immer implizit bleibt und nicht thematisiert und ausgesprochen wird, was durch den Habitus, die erworbenen Dispositionen, zu erklären ist: »Der Spieler, der die Regeln eines Spiels zutiefst verinnerlicht hat, tut, was er muss, zu dem Zeitpunkt, zu dem er muss, ohne sich das, was zu tun ist, explizit als Zweck setzen zu müssen.« (Ebd.: 168) Der symbolische Tausch ist damit von Regeln bestimmt, die in jedem Individuum verinnerlicht sind, ohne dass es sich diese immer wieder ins Bewusstsein rufen muss oder sie überhaupt bewusst wären (siehe hierzu auch die Ausführungen zum Feld, Kap. 3.1.4). Die Ökonomie des symbolischen Tauschs basiert folglich auf einer gemeinsamen Verkennung und eben nicht auf der Logik des rationalen Handelns (ebd.: 196).

In diesen Kontext Engagement einzubetten und damit die Ökonomie des symbolischen Tauschs auf Engagementpraktiken zu übertragen, welche im wissenschaftlichen Diskurs eben nicht in Zusammenhang mit einer Gegengabe und einer damit verbundenen Reziprozität stehen, erscheint zunächst unpassend, erklärt sich jedoch in den weiteren Ausführungen Bourdieus zum Impliziten des symbolischen Tauschs. So sind den Akteur*innen auch bei der Entscheidung für ein Engagement die damit verbundenen »Regeln des Spiels« bekannt. Zu diesen Regeln zählt neben der Freiwilligkeit zudem die fehlende Gegenleistung. Diese fehlende Gegenleistung bedeutet jedoch nicht automatisch, dass der*die Akteur*in keine Erwartungen (nach Bourdieu wäre dieser Begriff schon zu explizit konnotiert) oder implizite Hoffnungen in seine*ihre übernommenen Tätigkeiten hegt. Diese impliziten Erwartungen sind dabei nicht als Nutzenaspekt zu verstehen (siehe Bourdieus Abgrenzungen zur Rational-Choice-Theorie, Kap. 2.2.2), da für das Individuum zum einen nicht planbar und absehbar ist, wie diese Gegengabe aussieht und zum anderen auch nicht, wann sie eintritt. Viel eher bedeutsam für den gegenseitigen Tausch ist die jeweilige Rückbindung der Individuen an die Dispositionen: Ein symbolischer Tausch kann nur dann erfolgreich funktionieren, wenn »beide Parteien über die gleichen Wahrnehmungs- und Bewertungskategorien verfügen« (Bourdieu 1998a: 171). Ein Gabentausch ist somit gebunden an die jeweilige Position und erfolgt (zumindest zufriedenstellend) nur zwischen Akteur*innen, die im sozialen Raum eine Nähe aufweisen. Aufgrund der impliziten Regeln und der damit verbundenen Unausgesprochenheit muss ein einvernehmliches Einverständnis über diese gelten. Dies hat zur Konsequenz, dass sich die Individuuen in ihrem Verständnis hinsichtlich der Engagementregeln ähneln, die sich im sozialen Raum nahe stehen. Bei im sozialen Raum weiter entfernt stehenden Akteur*innen besteht die Gefahr, dass Handlungen der anderen Person missverstanden oder fehlinterpretiert werden. Eine besondere Bedeutung in diesem Gabentausch hat die Zeit, genauer der Zeitpunkt der Gegengabe, denn erst die Zeit ermöglicht nach Bourdieu (1987) »den von der Gemeinschaft geförderten und gebilligten Selbstbetrug […], der Voraussetzung dafür ist, daß der Austausch klappt« (ebd.: 194). Die Pause zwischen dem Gabentausch aufzuheben »heißt die Strategie aufheben« (ebd.), so dass übertragen auf Engagementtätigkeiten nicht von einer fehlenden Reziprozität als vielmehr von einer zeitlich verzögerten Gegengabe gesprochen werden kann. Diese fällt je nach Position im sozialen Raum unterschiedlich aus und kann in Form der verschiedenen Kapitalsorten erfolgen (beispielsweise durch entsprechendes symbolisches Kapital oder ein sich eröffnendes Netzwerk und somit sozialem Kapital).

In »Praktische Vernunft« (1998a) geht Bourdieu auch konkret auf die Logik des Ehrenamtes ein. Er beschreibt das Ehrenamt als eine »unentgeltliche Gabe von Arbeit und Dienstleistungen« (ebd.: 190) und bezeichnet dieses aufgrund der fehlenden monetären Gegenleistung auch als »anti-ökonomisches Sub-Universum« (ebd.: 187). Diese Anti-Ökonomie ist im Kontext seines Verständnisses einer ökonomischen Ökonomie und der dort geltenden Regeln zu verstehen. Beispielhaft verdeutlicht er seine Ausführungen anhand von kirchlichen Ehrenämtern, welche aus seiner Sicht die Gefahr der Ausbeutung der Engagierten charakterisieren. Diese Ausbeutung erklärt er dadurch, dass religiöse Institutionen »praktisch wie symbolisch ständig an der Euphemisierung der sozialen Beziehungen einschließlich der Ausbeutungsbeziehungen« (ebd.: 191) arbeiten. Die Logik des Ehrenamtes führe dazu, »Beziehungen [zu] verklären, die auf Geistesverwandtschaft oder religiösem Tausch beruhen« (ebd., Erg. d. Verf.). Er verdeutlicht dies an einem konkreten Beispiel ehrenamtlicher Tätigkeit in der Kirche: »Auf einer Wallfahrt die Rollstühle der Kranken zu schieben ist ein Akt der Barmherzigkeit, der ein Selbstzweck ist und seinen Lohn im Jenseits hat, und zugleich ein sachlicher Vorgang, der auch von einer bezahlten Krankenschwester ausgeführt werden könnte.« (Bourdieu 1998a: 191)

Dieses Beispiel konkretisiert nochmals deutlich Bourdieus Idee einer Gegenseitigkeit: Im religiösen Ehrenamt stellt das Jenseits den *Zweck* des Engagements dar, die Erwartungen und Hoffnungen der Ehrenamtlichen. Diese Logik mache sich die Kirche zu Nutze, indem Tätigkeiten, die auch entlohnt werden könnten, an Ehrenamtliche übertragen werden, welche durch ihr Tätigsein die Hoffnung auf ein gutes Jenseits stärken. Zudem spiegeln sich nach Bourdieu in der kirchlichen Ehrenamtsarbeit »die herkömmlichen Formen der Arbeitsteilung zwischen den Geschlechtern« (ebd.: 192) wider, so dass insbesondere Frauen diese *einfachen* Arbeiten übernehmen.

Diese Geschlechtsspezifika im Engagement leiten über zu Bourdieus Ausführungen zum Familiensinn, denn nicht nur in kirchlichen Ehrenamtsstrukturen sind aus seiner Sicht die Frauen die tragenden Größen, sondern ebenso im Familiensystem, wozu er Tauschakte des Alltagslebens wie Dienst- und Hilfeleistungen sowie Aufmerksamkeiten zählt (Bourdieu 1998a: 131). Nur durch diese Praxisformen (er bezeichnet diese als »affektives Prinzip der Kohäsion«) kann die Familie als eigene Gruppe fortbestehen (ebd.).[3] Sie gilt als eigener Kosmos, »eine gesonderte soziale Welt« (ebd.: 127), »mit einem gemeinschaftlichen Leben und Geist und einer besonderen Weltsicht« (ebd.). Wie

---

3   Wie auch das *Alter* bei Bourdieu als Klassifikationsprinzip gilt, so ist bei ihm auch »die Familie als objektive soziale Kategorie (strukturierende Struktur) die Grundlage der Familie als subjektiver sozialer Kategorie (strukturierte Struktur)« (Bourdieu 1998a: 129), die dadurch immer wieder die objektive soziale Kategorie reproduziert.

beim bereits beschriebenen Gabentausch findet sich auch in der Familie eine Gegenseitigkeit. Diese Gegenseitigkeit ist unter anderem in den Generationenbeziehungen angelegt und wird von ihm beschrieben als eine »Logik von Schuld als Dankesschuld« (ebd.: 182), wozu er beispielsweise die Dankesschuld der jüngeren Generation zählt, bei einer eintretenden Pflegesituation der Eltern Pflegetätigkeiten zu übernehmen. Bourdieu weist aber auch auf einen zunehmenden Eingriff des Staates in diese Familienlogik hin, indem dieser die *Senior*innen* als eine kollektive Erfindung geschaffen habe (ebd.). Diese als Intervention in das Familiensystem zu verstehenden Handlungen erscheinen Bourdieu als Gefahr, indem eine »Einziehung und Umverteilung der für die Alten bestimmten Ressourcen« (ebd.) stattfindet. Damit verbunden ist auch die Konsequenz, dass die Familie zweierlei Kräften ausgesetzt ist: »einerseits den Kräften der Ökonomie, […], und andererseits den Kräften der Kohäsion« (ebd.: 180).[4]

Resümierend lässt sich an dieser Stelle festhalten: Ausgehend von Bourdieus Logik der Ökonomie des symbolischen Tauschs können neben formellen Engagementtätigkeiten (wie am Beispiel des Engagements im kirchlichen Kontext skizziert) ebenso informelle Hilfeleistungen in der Familie zum Feld des Engagements gezählt werden. Im Gegensatz zu der im Engagementdiskurs zu findenden Trennung des formellen sowie informellen Engagements lässt sich dieser Logik folgend eher ein gemeinsamer Kern der Engagementtätigkeiten ausmachen, indem diese (im formellen sowie informellen Bereich) gekennzeichnet sind durch geleistete Gaben (in Form von Dienstleistungen an andere), bei denen unausgesprochen und implizit eine Form der Gegenseitigkeit besteht. In der Familie kann diese beispielsweise im Falle einer eintretenden Pflegebedürftigkeit von einer gefühlten Verpflichtung der Kinder gegenüber ihren Eltern (implizit und nicht bewusst) geleitet werden. In religiösen Ehrenämtern ist aus seiner Sicht die Hoffnung auf das Jenseits die leitende Perspektive für die übernommenen Engagementtätigkeiten.

So lässt sich das Engagement, bestehend aus formellen (nach Bourdieu das Ehrenamt) sowie informellen Engagementkontexten (nach Bourdieu unter anderem im Familiensystem) als ein Ort beschreiben, in dem zwar die Gesetze der ökonomischen Ökonomie und damit auch das »Streben nach Äquivalenz im Tauschverkehr« (Bourdieu 1998a: 127) aufgehoben sind, nichts desto trotz auch hier unausgesprochene implizite Regeln einer Gegenseitigkeit vorliegen, die jedoch nicht mit dem Feld der ökonomischen Ökonomie zu vergleichen sind.

Wie bereits angedeutet sind diese impliziten Regeln an den Habitus und die jeweilige Position im sozialen Raum gebunden, so dass im Folgenden nochmals ausführlicher auf das Habituskonzept eingegangen wird.

---

4 Für den Transfer von Bourdieus Ideen zum Gabentausch auf die Generationenbeziehungen siehe den Beitrag von Dallinger (2002), in dem sie auf die »unbewussten und habituell geleiteten Strategien und Praktiken des Umgangs mit moralischen Regeln für den intergenerationellen Austausch« (ebd.: 228–229) eingeht.

3.1.3 Altern – eine im »Habitus wirkende Präsenz der gesamten Vergangenheit«

Anknüpfend an Bourdieus Erläuterungen zum sozialen Altern (Kap. 3.1.1) und der dort bereits angeführten Einverleibung sozialer Strukturen wird im Weiteren auf den Habitus als Kernstück seiner Theorie eingegangen, der »[a]ls einverleibte, zur Natur gewordene und damit als solche vergessene Geschichte« (Bourdieu 1987: 105) der Erzeugungsmodus der Praxisformen der Akteur*innen ist. Der Habitus als im Laufe der Jahre angesammelter einverleibter Erfahrungshorizont weist damit eine deutliche Stabilität auf und bringt auch eine Stabilität hinsichtlich der Position im sozialen Raum mit sich. Krais und Gebauer (2013) beschreiben den Habitus in Bezug auf das Altwerden, indem sie einerseits auf Merkmale der fortschreitenden Lebensjahre hinweisen, andererseits jedoch auch auf die Prägung durch das gelebte Leben abheben:

> »Man sieht mit vierzig Jahren […] nicht mehr so aus wie mit zwanzig, man ist körperlich verändert, hat einen anderen Tagesablauf und zugleich umfassendere, differenziertere und enger eingegrenzte Handlungsmöglichkeiten, dennoch spricht man rückblickend von der Zwanzigjährigen, die man einmal war, als ›Ich‹, man erkennt sich darin wieder, begreift sich als eine Person mit Vergangenheit, die untrennbar zu einem gehört.« (Ebd.: 71)

Das Zitat verdeutlicht, dass nicht nur das gestern und heute, sondern auch das morgen den Habitus mitprägt, indem das Individuum »mit Plänen, Vorstellungen, wahrscheinlichen und gewünschten Entwicklungen die Person, die man in der Gegenwart ist, in die Zukunft« (ebd.: 71) projiziert.

Für die Gerontologie ist diese Perspektive gewinnbringend, da sie die zeitliche Dimension des Älterwerdens fokussiert, die im Habitus Ausdruck findet. Sich im Alter losgelöst von beruflichen Erfahrungen und den dort erworbenen Kompetenzen, den familialen Prägungen, den Vorlieben und dem Geschmack neu zu erfinden und damit auch im nachberuflichen Leben neue Tätigkeiten im Engagement zu erproben, ist nicht auszuschließen, jedoch nur in einem vorgegebenen Rahmen möglich. Der Habitus bringt »Orientierungen, Haltungen, Handlungsweisen hervor, die die Individuen an den ihrer Klasse vorgegebenen sozialen Ort zurückführen – sie bleiben ihrer Klasse verhaftet und reproduzieren sie in ihren Praxen« (ebd.: 43). Der Habitus ist damit nicht nur »strukturierende Struktur«, indem er sich als Erzeugungsprinzip handlungsleitend zeigt, sondern auch »strukturierte Struktur«, also durch die gesellschaftlichen Strukturen vorhandenes Strukturierungsprinzip, das im Individuum einverleibt ist (Bourdieu 1982: 279). Dadurch entsteht auch die sogenannte »doxa«, die »symbolische Anerkennung der Habitusstrukturen« (Fröhlich/Rehbein 2014: 79). Durch die beschriebene Wechselseitigkeit kann von einer »realen wie gedachten Welt« (ebd.) gesprochen werden, die dazu führt, dass »Ordnungsbeziehungen […] als selbstverständlich und fraglos hingenommen werden« (ebd.). Dass dies nicht zu einem Determinismus und Strukturalismus führt, wie Bourdieus Ausführungen häufig unterstellt wird, wurde bereits in Kap. 3.1.1 im Kontext des prozesshaften Alterns beschrieben.

Der Habitus ist damit ein »logisches Zwischenglied« (Krais/Gebauer 2013: 43), eine »Vermittlungsinstanz« (Barlösius 2011: 47) zwischen den objektiven Lebensverhältnissen und der klassenspezifischen Lebensführung; Wahrnehmungs-, Denk- und Handlungsschemata, die über Sozialisationsprozesse erworben wurden: »Der Habitus ist die sozialisierte Subjektivität« (Bourdieu/Wacquant 1996: 159). Diese spezielle Subjektivität äußert sich nicht nur in einer entsprechenden Wahrnehmung, mit der Bourdieu insbesondere den sensuellen Aspekt der Wahrnehmung der sozialen Welt (Schwingel 2011: 62) meint, sondern auch in speziellen Denkschemata: zum einen gehören dazu die Klassifikationsmuster, mit denen die Akteur*innen die soziale Welt kognitiv ordnen. Implizit gehören dazu die ethischen Normen, die zur Beurteilung gesellschaftlicher Handlungen beitragen (Ethos), sowie der Geschmack, der zur ästhetischen Bewertung kultureller Objekte und Praktiken beiträgt. Diese Wahrnehmungs- und Denkschemata fließen dann ein in die Handlungsschemata, die die individuellen und kollektiven Praktiken der Akteur*innen hervorbringen (Bourdieu 1987: 101). Die von jeder*m Einzelnen hervorgebrachten Praxisformen sind aufgrund der inkorporierten sozialen Strukturen daher nicht nur als rein individuell zu verstehen, sondern führen, trotz kleiner Abwandlungen, zu einem Klassenhabitus:

> »Als Klasse von identischen oder ähnlichen Existenzbedingungen und Konditionierungen ist die gesellschaftliche Klasse (an sich) untrennbar zugleich eine Klasse von biologischen Individuen mit demselben Habitus als einem System von Dispositionen, das alle miteinander gemein haben, die dieselben Konditionierungen durchgemacht haben.« (Bourdieu 1987:111-112)

Soziale Akteur*innen, die einen ähnlichen Habitus aufweisen, stehen sich im sozialen Raum damit nahe und bilden eine Klasse mit einem »gemeinsame[n] Code« (Bourdieu 1987: 111), da die Klasse eine Klasse ist »von identischen oder ähnlichen Existenzbedingungen und Konditionierungen« (ebd.: 111–112). Dies hat zur Folge, dass jede Habitusform durch klassenspezifische Merkmale geprägt ist (Schwingel 2011: 66), jedoch immer noch einen »eigenen Stil« (Bourdieu 1987: 113) aufweist.

Diese Rückbindung des Habitus an jeweils unterschiedliche Klassen leitet über zu Bourdieus Verständnis eines sozialen Raums. Die vom Habitus hervorgebrachte Praxis findet nicht in einem »neutralen Raum« (Schwingel 2011: 82) statt, sondern in einem »strukturierten Rahmen« (ebd.), den Bourdieu als sozialen Raum beschreibt. Diesem mehrdimensionalen Raum liegen bestimmte »Unterscheidungs- bzw. Verteilungsprinzipien« (Bourdieu 1985: 9) zugrunde, so dass Bourdieu auch von einem »Kräftefeld« (ebd.: 10) spricht. Der soziale Raum, verstanden als Gesamtfeld, ist dann wiederum in weitere Felder zu unterteilen, die Bourdieu mit ihren jeweiligen Spezifika ausführlich beschreibt. Diese korrespondieren mit dem Habitusbegriff, weshalb Bourdieu auch von einer »Komplizenschaft« zwischen dem Habitus und dem jeweiligen Feld spricht (Barlösius 2011: 63). Im Weiteren wird ausführlicher auf das Feldkonzept und die Relevanz des Feldgedankens für Engagementtätigkeiten eingegangen.

3.1.4 Der Glaube an das Spiel des Engagements – das Feld und die illusio

In seinen Arbeiten geht Bourdieu auf einige Felder ausführlicher ein, wie beispielsweise das Feld der Politik (2001) oder das Feld der Religion (2000). Um davon losgelöst Charakteristika eines Feldes beschreiben zu können und damit eine Annäherung an den Feldgedanken Bourdieus zu ermöglichen, haben Krais und Gebauer (2013) aus seinen

Ausführungen Merkmale eines Feldes zusammengestellt, auf die im Weiteren Bezug genommen wird. So weist jedes Feld unter anderem eine feldspezifische Logik auf, die festlegt, »was auf diesem Markt Kurs hat, was im betreffenden Spiel relevant und effizient ist, was in Beziehung auf dieses Feld als spezifisches Kapital und daher als Erklärungsfaktor der Formen von Praxis fungiert« (Bourdieu 1982: 194). Entscheidender Faktor für das erfolgreiche Mitspielen im Feld sind die jedem*r Akteur*in zustehenden Ressourcen, die Bourdieu als Kapital bezeichnet und in verschiedene Kapitalsorten ausdifferenziert (ökonomisches, kulturelles, soziales, symbolisches Kapital): »Gleich Trümpfen in einem Kartenspiel, determiniert eine bestimmte Kapitalsorte die Profitchancen im entsprechenden Feld (faktisch korrespondiert jedem Feld oder Teilfeld die Kapitalsorte, die in ihm als Machtmittel und Einsatz im Spiel ist).« (Bourdieu 1985: 10)

Dabei ist aufgrund der Dominanz des ökonomischen Feldes das ökonomische Kapitel in den meisten Feldern von besonderer Bedeutung und auch, wie bereits im Forschungsstand skizziert, für Engagement in der nachberuflichen Lebensphase zentrale Voraussetzung dafür, unentgeltlich einer ehrenamtlichen Tätigkeit nachzugehen. Unter dem Aspekt zunehmender Altersarmut wird künftig Engagement im Alter ein besonderes Privileg werden und damit nur finanziell gut ausgestatteten Milieus überhaupt möglich sein (siehe auch Kap. 1). Das ökonomische Kapital kann damit als Bedingung verstanden werden, um einem Engagement im Alter nachgehen zu können und führt daher zu einem Ausschluss der Milieus, die nicht über das entsprechende ökonomische Kapital verfügen.

Soziales Kapital beschreibt Bourdieu als ein »dauerhaftes Netz [...] von mehr oder weniger institutionalisierten Beziehungen gegenseitigen Kennens oder Anerkennens« (Schwingel 2011: 92). Je größer dieses Netzwerk ist, umso größer ist auch die Chance, das ökonomische und kulturelle Kapital zu vermehren. Die Bedeutung dieser sozialen Eingebundenheit für Engagementtätigkeiten wurde ebenfalls im Forschungsstand skizziert (siehe u.a. Kap. 1.1.3) und stellt daher, wie das ökonomische Kapital, eine bedeutsame Ressource für Engagement dar.

Hinweise zum Einfluss des kulturellen Kapitals auf Engagement, beispielsweise durch entsprechende Bildungstitel, finden sich in Rameders Studie (2015). Im Rahmen der Grenzziehung von formellen sowie informellen Engagementtätigkeiten wurde zudem bereits auf die Bedeutung der Öffentlichkeit hingewiesen, die zentrale Notwendigkeit zur Erlangung symbolischen Kapitals ist (siehe Kap. 1.1.2).

Ein Feld ist des Weiteren dadurch gekennzeichnet, dass keine innere Homogenität vorliegt, da unterstellt wird, dass die Spieler*innen in relevanten Merkmalen verschieden sind. Dies hat zur Konsequenz, dass es keinen Konsens und keine einheitliche Sicht der Akteur*innen gibt. Viel eher wird um Sichtweisen sowie Praxen gerungen und gekämpft sowie »um den Erhalt oder die Veränderung der Konfiguration dieser Kräfte« (Bourdieu/Wacquant 1996: 132). Trotz der unterschiedlichen Positionen der Spieler*innen können in den Feldern jeweils zwei sich gegenüberstehende Positionen identifiziert werden, die in einem fortwährenden Kampf miteinander stehen: die Herrschenden und die »Anwärter auf die Herrschaft« (Schwingel 2011: 98). Die Herrschenden folgen einer Erhaltungsstrategie und arbeiten daran, die Regeln des Spiels aufrechtzuerhalten. Die Anwärter*innen verfolgen eine »Strategie der Häresie« (Bourdieu 1993: 109) und stellen die bestehende Ordnung und damit auch die Rollen der Herrschenden und Beherrschten in Frage. So haben nach Bourdieu die Neulinge im Feld »Umsturzstrategien auf ihre Fahnen geschrieben, doch sind diesen, bei Strafe des Ausschlusses, bestimmte Grenzen gesetzt« (ebd.). Diese Tatsache führt dazu, dass die Kräfteverhältnisse der Felder beharrlich sind und keine schnelle Veränderung möglich ist, da ein Mitspielen im Feld nur denkbar ist, wenn die bestehenden Regeln eingehalten werden. Damit tragen alle Akteur*innen, die Teil des Spiels sind, zur Reproduktion dieses Spiels und seinen spezifischen Regeln bei, »indem er [jede*r Akteur*in] dazu beiträgt, den Glauben an den Wert dessen, was in diesem Feld auf dem Spiel steht, je nach Feld mehr oder weniger vollständig zu reproduzieren« (ebd., Erg. d. Verf.). Was passiert, wenn ein*e Akteur*in nicht an die Spielregeln des Feldes glaubt oder diese für sich selbst annimmt? Der*Die Akteur*in, »der [die] vollständig mit dem Zauber, der illusio bricht und damit auf alles verzichtet, um das es bei diesem Spiel geht, d.h. auf jedes Setzen auf die Zukunft« (Bourdieu 1987: 150, Erg. d. Verf.), schließt sich damit selbst aus und sieht dort für sich keine Perspektive.

Deutlich wurde bereits, dass Bourdieu jedem Feld eine spezifische Logik zuschreibt, die auch als Spielregeln des Feldes bezeichnet werden können. Besonders ist dabei, dass diese Spielregeln nicht explizit formuliert oder niedergeschrieben sein müssen, sondern diese durch die Praxis ausgeführt und gelernt werden. Dieser Prozess wird innerhalb eines Feldes getragen von dem gemeinsamen Glauben der so unterschiedlichen Akteur*innen an das Spiel, was Bourdieu als illusio bezeichnet (Bourdieu 1998a).

Die bereits im Forschungsstand angedeutete Abgrenzung Bourdieus zu den Rational-Choice-Theorien (Kap. 2.2.2) ist auch im Zusammenhang mit dem Begriff illusio von Bedeutung: Der in Bourdieus frühen Arbeiten verwendete Begriff des Interesses wurde von ihm später durch die Begriffe illusio, Investition oder libido ersetzt (Bourdieu 1998a: 139–140), da der häufig missverstandene Begriff des Interesses ihm den Vorwurf des Ökonomismus brachte. In seinen Ausführungen wurde eine utilitaristische Sichtweise gelesen, indem Individuen Entscheidungen basierend auf einem rationalen Kalkül treffen würden. Von dieser »Zweck-Mittel-Rationalität« (Krais/Gebauer 2013: 79) grenzt er sich jedoch deutlich ab, indem er soziales Handeln als etwas beschreibt, das »auf die Zukunft ausgerichtet ist, ohne doch Resultat eines Entwurfs oder Plans zu sein« (ebd.). Nach Bourdieu ist somit das Verhältnis zwischen Akteur*innen und Feldern nicht unter rein utilitaristischen Aspekten zu betrachten, denn sie »brauchen die Ziele ihrer Praxis nicht als Zwecke zu setzen« (Bourdieu 1998a: 144). Auch in der bereits umrissenen Ökonomie des symbolischen Tauschs finden sich im Rahmen des Gabentauschs ebenso wenig planbare Momente, so dass eine konkrete Zielsetzung nicht möglich und nötig ist. In der Praxis, dem Handeln der Individuen, ist eine implizite Erwartung angelegt, die als Gespür für das Feld zu beschreiben ist:

> »Während der schlechte Spieler immer aus dem Takt ist, immer zu früh oder zu spät kommt, ist der gute Spieler einer, der *antizipiert*, der dem Spiel vorgreift. Warum kann er dem Verlauf des Spiels voraus sein? Weil er die immanenten Tendenzen des Spiels im Körper hat, in inkorporiertem Zustand: Er ist Körper gewordenes Spiel.« (Ebd.: 145, Her. i.O.)

Die vorliegende Arbeit geht bei der Übertragung der Feldtheorie Bourdieus auf den Forschungsgegenstand des Engagements nicht davon aus, dass dieses ein Feld mit einer eigenen illusio darstellt (siehe auch Rameder 2015, Kap. 2.1.3), sondern vielmehr Engagementbereiche den jeweiligen Feldern (Bildung, Politik etc.) zugeordnet werden können. Ausführlicher wird darauf im folgenden resümierenden Kapitel zu Bourdieus Theorie und der Möglichkeiten der Übertragung auf das Engagement eingegangen.

3.1.5 Schlussfolgerungen für die vorliegende Studie

Die theoretischen Arbeiten Bourdieus sind für die vorliegende Studie auf verschiedenen Ebenen von Relevanz. Mit seinen Ausführungen zum Alter als Klassifikationsprinzip sowie dem Altern als Entwicklungsprozess der Position im sozialen Raum relativiert Bourdieu das biologische Alter und rückt zur Beschreibung des Handelns älterer Menschen stärker den Einfluss weiterer Dispositionen in den Fokus. So geht die vorliegende Arbeit davon aus, dass die soziale Herkunft sich auch in der Wahl einer Engagementtätigkeit niederschlägt und damit eine Differenzierung innerhalb einer Generation möglich wird. Mit dem Rückgriff auf die Habitustheorie kann auf die Herausforderung der zunehmenden Heterogenität der Gruppe von Älteren reagiert werden.

Neben dieser Perspektive auf das Alter bietet die Habitustheorie zudem eine neue Perspektive auf Engagement und der Frage danach, warum sich ältere Menschen in der nachberuflichen Lebensphase engagieren. Der in der Engagementdiskussion zu findenden Debatte um ausschließlich altruistisches Handeln werden in der Motivforschung zunehmend Rational-Choice-Ansätze gegenübergestellt, die stärker die Interessen der Engagierten in den Blick nehmen (siehe hierzu den skizzierten Forschungsstand, Kap. 2.2). Bourdieu bietet mit seinen Ansätzen zur Ökonomie des symbolischen Tauschs eine Verbindung der beiden genannten Pole, indem jedem Gabentausch eine Gegenseitigkeit zugrundeliegt, die jedoch nicht thematisiert und ausgesprochen wird und damit auch nicht *bewusst* vorliegt. Vielmehr finden sich, geleitet durch den Habitus, Erwartungen an das gegenüber im Rahmen von Engagementtätigkeiten. Da diese Erwartungen abhängig von der Position im sozialen Raum sind, kommt es zu einem *blinden Verstehen* zwischen den Akteur*innen, die sich im sozialen Raum nahe stehen; demgegenüber führt eine Distanz hingegen zu einem Missverstehen. Daher geht die vorliegende Arbeit davon aus, dass Engagementtätigkeiten geprägt sind durch die Position im sozialen Raum und den damit verbundenen klassenspezifischen Habitus (und einer damit verbundenen Vergemeinschaftung in einem Milieu, siehe hierfür Kap. 3.2).

Bezugnehmend auf die Habitustheorie reiht sich die vorliegende Arbeit damit in die vorhandenen Studien zur Beleuchtung des Engagementfeldes als Ort des Ausschlusses und der Exklusion ein (u.a. Rameder 2015; Klatt/Walter 2011; Munsch 2005). Engagementtätigkeiten im Kontext des Habitus zu verstehen, bedeutet damit auch, nicht nur Differenzierungen von Engagementformen von *oben und unten* sichtbar zu machen, denn neben dieser vertikalen Herrschaftsebene, unter anderem am Bildungsstand und dem ökonomischen Kapital festzumachen, kann die Habitus- und Milieutheorie ebenso die Unterschiedlichkeit der Engagementtägigkeiten jeweils rechts und links im sozialen Raum verdeutlichen und damit eine weitere Differenzierung vornehmen (im Sinne einer stärkeren Autonomie oder aber einer Orientierung an hierarchischen Strukturen, siehe hierzu die Erläuterungen zur Milieutypologie, Kap. 3.2.1).

Nach Bourdieu ist der Habitus zudem nicht ohne das Feld zu denken, in dem er agiert. Es stellt sich jedoch die Frage nach der Übertragbarkeit des Feldes auf das Engagement. Aufgrund der Vielfältigkeit dieser Tätigkeiten und den möglichen Bereichen, in denen ein Engagement übernommen werden kann, ist dieses jeweils in unterschiedlichen Feldern zu verorten, wie beispielsweise dem Feld der Politik, dem Feld der Bildung etc. Es erscheint nicht vollständig plausibel, das Engagement als ein geschlossenes Feld im Sinne Bourdieus zu verstehen (vgl. hier auch Rameder 2015). Vielmehr wird in der vorliegenden Arbeit davon ausgegangen, dass es zwar Spezifika des Engagements gibt, welche im Sinne Bourdieus als feldspezifische illusio verstanden werden können, diese jedoch je nach Engagementbereich (im Feld der Politik, dem Feld der Bildung etc.) unterschiedliche Relevanz haben und von feldspezifischen Dimensionen beeinflusst werden können.

Nichts desto trotz lassen sich anhand der bisherigen Ausführungen zum Forschungsstand grobe Spezifika des Engagements ableiten, die insbesondere von der Engagementpolitik und der Wissenschaft definiert werden. Hierfür kann an die zu Beginn der Arbeit skizzierten wissenschaftlichen Kategorien und die damit verbundenen normativen Setzungen, in denen Engagement gedacht wird (Kap. 1.1.2 und 1.1.3), angeknüpft werden. Die damit verbundene Grenzziehung zwischen formellem sowie informellem Engagement führt zu einer inhaltlichen Fassung des Engagementfeldes, in dem das informelle Engagement keinen Platz hat. Das Feld des formellen Engagements scheint jedoch weniger durch die konkrete Engagementpraxis und die dort Engagierten selbst als vielmehr durch Politik und Wissenschaft bestimmt und in dieser Folge eine deutliche Ausrichtung an der Mittelschicht und ihren spezifischen Werten vorgenommen zu werden (siehe hierzu die Ausführungen in Kap. 2.1.3). Zu den von der Engagementpolitik produzierten Spielregeln, nach Bourdieu der illusio (1987; 1998a), zählt beispielsweise die beschriebene Freiwilligkeit des Engagements. Als Kriterium schließt sie damit nicht nur Unterstützung im privaten Kontext aus, sondern fordert ebenso eine grundsätzliche altruistische Haltung mit dem Wissen darum, für das Engagement keine Gegenleistung zu erhalten. Das von Bourdieu (1998a) beschriebene implizite Wissen darüber, einen Gabentausch zu vollziehen, der damit auch das eigene Interesse stillt, ist in dieser illusio des Engagements hingegen nicht zu finden. Ebenso kann das in der Studie von Munsch (2005) identifizierte Kriterium der Effektivität als Teil dieser illusio gesehen werden, welches einen effizienten und lösungsorientierten Austausch im Engagement beschreibt. Rameder (2015) verweist in seiner Studie unter anderem auf die zentrale Bedeutung von kulturellem Kapital im Bereich »Soziales und Gesundheit« (Kap. 2.1.3). Es lassen sich damit in Studien erste Ansätze einer illusio des Engagements erkennen. Eine Konkretisierung und Ausdifferenzierung dieser erscheint jedoch erst durch die Beleuchtung der jeweiligen Teilbereiche des Engagements (etwas im Feld der Bildung, der Politik etc.) möglich.

3.2 Bezüge zu den »Sozialen Milieus« nach Vester

Die von Bourdieu entwickelten Arbeiten zum Habitus und sozialen Raum wurden von der Hannoveraner Forschungsgruppe um Michael Vester für die deutsche Sozialstruktur zugänglich gemacht und ihm Rahmen einer repräsentativ angelegten empirischen Studie aufgegriffen (Vester et al. 2001), in der neben einer quantitativen Befragung zudem qualitative Interviews geführt wurden.[5] Einzubetten ist diese Erhebung in die grundsätzliche, seit den 1980er Jahren zunehmende Berücksichtigung horizontaler Dimensionen sozialer Ungleichheit und einer verstärkten Analyse sozialer Milieus (siehe Hradil 1992b).

In der von Vester et al. (2001) durchgeführten repräsentativen Befragung auf Grundlage von Bourdieus theoretischem Ansatz können für die Bundesrepublik Deutschland »Typologien und Feldstrukturen« (ebd.: 12) dargestellt werden, wozu unter anderem »die Formen der Lebensführung, der Mentalitäten, des sozialen Zusammenhalts und der politischen Beteiligung« (ebd.) zählen. Entgegen der in der Individualisierungsthese postulierten Freisetzung der Individuen aus Milieus (siehe Kap. 2.1.2) kann die Studie empirisch nachweisen, dass die Individualisierung nur *einen* Zug von Einstellungen darstellt, »der mit vielen anderen Zügen der Mentalität eines Typus verbunden ist« (ebd.: 16). Kurzum: Fast alle Milieus weisen eine Modernisierung und ein damit verbundenes Streben nach Autonomie auf, jedoch lässt sich nicht von einem grundsätzlichen Zerfall der Milieus sprechen. Was sich hingegen auflöst sind auf der Ebene der Politik die »Hegemonien bestimmter Parteien« (ebd.: 13), was zur Konsequenz hat, dass es »*keine Krise der Milieus* (als Folge des Wertewandels), sondern *eine Krise der politischen Repräsentation* (als Folge einer zunehmenden Distanz zwischen Eliten und Milieus)« (ebd.: 13, Herv. i.O.) gibt.[6] Die Ergebnisse zeigen damit auf, dass statt einer Freisetzung der Individuen aus Milieus vielmehr eine soziale Spaltung und ein Vertrauensverlust in die politische Vertretung durch entsprechende Repräsentant*innen festzustellen ist.

Im Fokus des folgenden Kapitels steht die von Vester et al. entwickelte Milieutypologie. Im Folgenden wird dieser soziale Raum, aufgespannt durch zwei Achsen, in seinem Aufbau dargestellt. Es werden nicht alle, sondern ausschließlich die für die vorliegende Arbeit relevanten Milieus skizziert (Kap. 3.2.1). Anschließend wird auf dieser Grundlage der theoretische Zugang zu Engagement erläutert, indem das Zusammengehörigkeitsgefühl der Milieus als Ursprung für Engagement verstanden und somit die bisherige in der Engagementforschung vorhandene Fokussierung auf gemeinsame Interessen als Engagementanlass durch eine weitere Perspektive ergänzt wird (Kap. 3.2.2). Daher werden in Kap. 3.2.3 empirische Ergebnisse zum Freizeitverhalten der jeweiligen Milieus vorgestellt, die für die vorliegende Arbeit weiterführende Hinweise zur Einordung von habitus- und milieuspezifischem Engagement bieten.

---

5 Ausführliche Informationen zur Studie finden sich in Vester et al. 2001: 211–244.
6 Bedeutsam ist diese Studie zudem aufgrund der verlässlichen Daten zu den Volksklassen im mittleren und unteren Teil des sozialen Raums (siehe hierzu Vester 2015: 183), die auch für die vorliegende Arbeit von Interesse sind.

3.2.1 Milieutypologie

Milieus weisen eine historische Dimension auf, indem sie »geschichtlich geworden« (Vester 2015: 181) sind und nur zu verstehen sind »vor dem Hintergrund der jeweiligen Lebens-, Familien-, Milieu- und Gesellschaftsgeschichte, also früherer gesellschaftlicher Praxis« (ebd.). Diese historische Dimension knüpft damit an Bourdieus Habitusbegriff an und schlägt sich dementsprechend auch in der von Vester et al. entwickelten Milieutypologie, dem sozialen Raum nieder (siehe Abbildung 8), in der die Entwicklungen der Generationen anhand von sogenannten fünf Traditionslinien dargestellt werden: der Traditionslinie von Macht und Besitz (oben rechts), der akademischen Intelligenz (oben halb-links), der Facharbeit und praktischen Intelligenz (mitte-links), der ständisch-kleinbürgerlichen Traditionslinie (mitte-rechts) sowie der unterprivilegierten Traditionslinie (unten) (Vester et al. 2001).

Grundlage für die Darstellung dieser Traditionslinien sind die jeweils vorhandenen horizontalen und vertikalen Differenzierungen. Auf der Herrschaftsachse, der Vertikalen, findet sich die Unterteilung in drei Bereiche: die oberen Milieus werden mit der Trennlinie der Distinktion zu den Milieus der Mitte abgegrenzt. Diese Abgrenzung nach unten geschieht meist implizit, außer bei den Milieus rechts oben im sozialen Raum. Hier wird durch die Wahl eines exklusiven Lebensstils sowie bewusst gewähltem geringen Kontakt zu anderen Milieus eher explizit eine Abgrenzung zu den weiter untenstehenden Milieus vorgenommen (Vester et al. 2001: 26).

Die Milieus der Mitte grenzen sich ebenso nach unten ab, durch die Grenze der Respektabilität. Bei diesen Milieus steht stärker als bei den oberen Milieus eine Statussicherheit im Fokus, die sich darin äußert, »eine beständige, gesicherte und anerkannte soziale Stellung einzunehmen, die durch Leistung oder durch Loyalität ›verdient‹ ist« (ebd.: 27). Die Milieus unterhalb der Trennlinie der Respektabilität versuchen dagegen durch eine Anlehnung an die sozial weiter oben stehenden Milieus entsprechende Anerkennung zu erfahren (ebd.: 28). Neben dieser Teilung des sozialen Raums anhand der vertikalen Linien findet sich zusätzlich eine horizontale Differenzierung »von Kultur und Lebensführung« (ebd.: 29). Trotz ähnlichen Einkommens und eines ähnlichen Ansehens können sich Milieus hinsichtlich ihres Lebensstils und ihrer Mentalität deutlich unterscheiden, was sich an der Einstellung zur Autorität verdeutlichen lässt: »Für die einen ist eher *Hierarchiebindung*, für die anderen eher *Eigenverantwortung* der leitende Wert.« (Ebd., Herv. i.O.) Diese Unterscheidung bezieht sich dabei nicht nur auf die Individuen, sondern auf gesamte Milieus, da diese Prägungen innerhalb der Familie über Generationen hinweg weitergegeben werden.

Die Differenzierung auf der Horizontalen, die sich entsprechend durch den Habitus vermittelt in der Praxis zeigt, erweist sich insbesondere in Abgrenzung zu rein vertikalen Schichttheorien als weiterführend und spiegelt sich auch deutlich in den empirischen Ergebnissen wider, indem sich auch im ausgeübten Engagement eine stärkere Orientierung an Autonomie oder aber an Hierarchie finden lässt.

Abbildung 8: Milieutypologie nach Vester et al.

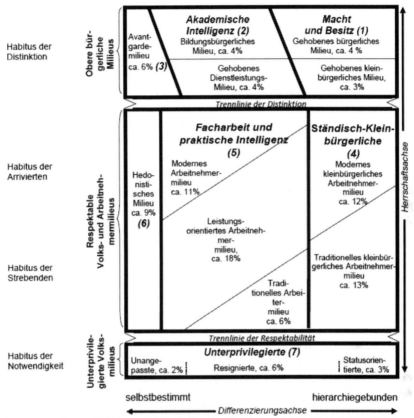

(Vester et al. 2001: 49; Vester 2015: 149)

Vester et al. (2001) konnten in ihrer Studie eine Tradierung des milieuspezifischen Habitus von Generation zu Generation feststellen, so dass sich sogenannte Traditionslinien aufzeigen lassen, die sich voneinander abgrenzen lassen und so zu einer Unterteilung des sozialen Raums führen. Oben im sozialen Raum unterscheiden sich die weiter rechts stehenden »Leitmilieus von *Besitz und hoheitlicher Macht*« (ebd.: 29, Herv. i.O.), in denen es aufgrund der deutlichen Abgrenzung kaum Aufsteiger von unten gibt, von den weiter links stehenden Milieus »von Geist und Macht«, der Traditionslinie der Akademischen Intelligenz (ebd.: 30). Hier wird die Exklusivität weniger offen praktiziert, sondern vielmehr durch den Habitus der hochkulturellen Bildung subtiler geäußert.

Dennoch wird sich von unten stehenden Milieus distinktiv abgegrenzt; im Gegensatz zu den weiter rechts stehenden Milieus soll jedoch eher ein Aufstieg durch Leistung, und nicht ausschließlich als vererbte Position, möglich sein. Ganz links steht die Traditionslinie der kulturellen Avantgarde, die im Vergleich zu den weiter rechts stehenden Milieus einen jüngeren Altersdurchschnitt und für die vorliegende Arbeit daher keine hervorgehobene Bedeutung hat (ebd.).

In den mittleren Milieus, den »respektablen Volksmilieus«, liegen zwei historische Traditionslinien vor, die im Weiteren erläutert werden, sowie eine davon weiter links stehende Jugendkultur, auf die im Weiteren nicht näher eingegangen wird. Zu den zwei historischen Traditionslinien zählen in der Mitte links die Milieus der Facharbeit und der praktischen Intelligenz, die sich nicht gerne nach Autoritäten richten, sondern eigenverantwortlich und gleichberechtigt handeln wollen. Hier besteht zudem ein besonderes *soziales Gewissen*, welches sich in einem Solidaritätsverständnis äußert, das dem Grundsatz »Leistung gegen Teilhabe« folgt (Vester 2012: 3). Weiter rechts stehend finden sich die Milieus der ständisch-kleinbürgerlichen Traditionslinie, denen Hierarchien und Obrigkeiten von Bedeutung sind. Politiker*innen, Chefs oder Väter dienen als Vorbilder, die auch eine Fürsorgepflicht gegenüber ihren Untergebenen haben.

Die unter der Trennlinie der Respektabilität stehenden unterprivilegierten Volksmilieus nehmen die soziale Welt hingegen über die Gegensätze Macht und Ohnmacht wahr und versuchen, sich an die weiter oben stehenden Milieus anzulehnen (Vester et al. 2001).

Deutlich wird bereits an dieser knappen Darstellung der Aufteilung des sozialen Raums, dass es innerhalb der Traditionslinien innere Differenzierungen gibt, die aufgrund einer Herausbildung jüngerer Teilmilieus (unter anderem aufgrund des Wertewandels) zustande kommen (Vester 2015: 184). Somit kann die Studie Entwicklungen einer Individualisierung aufgrund einer unter anderem stattfindenden Bildungsexpansion belegen, verdeutlicht jedoch ebenso, dass in den Milieus mit unterschiedlichen Strategien auf diese Entwicklungen reagiert wird (ebd.: 185). Die Traditionslinien sind sozusagen als »Familienstammbäume« (Vester et al. 2001: 16) zu verstehen, die sich anhand stärker individualisierter Züge aufgefächert haben. Beispielhaft kann hier auf die Entwicklung der großen Milieus der Arbeitnehmer*innen verwiesen werden, die mehr Autonomie und Mitbestimmung einfordern und sich damit weniger in Hierarchien einordnen (vgl. Vester 2001: 18). Dies führt dazu, dass jüngere Generationen durch neue Berufs- und Bildungswege »Strategien der Umstellung« aufweisen (Vester 2015: 185). Man kann auch von einer »horizontalen Pluralisierung der Klassenstile« (Bremer/Lange-Vester 2014b: 16) sprechen, die auf die einzelnen Akteur*innen bezogen eine Art »Habitus-Metamorphose« zur Folge hat. Diese neuen Mentalitäten sind »im Rahmen der elterlichen Traditionslinie geblieben, haben diese aber deutlich umgestaltet und ›modernisiert‹« (Vester et al. 2001: 33). Vester et al. haben sich diese Entwicklungen unter der Fragestellung angeschaut, welche Dispositionen sich ändern und welche konstant bleiben. Diesbezüglich halten sie fest, »daß Persistenzen eher die vertikalen Mentalitätsunterschiede (Distinktionsverhalten), Veränderungen eher die horizontalen Mentalitätsunterschiede (selbstbestimmtes Verhalten) betreffen« (ebd.: 324). Dies bedeutet, dass sich insbesondere geschmackliche Vorlieben und Abneigungen weitertragen, sich hingegen bei leistungs- und ordnungsorientierten Werten Wandlungsprozesse zeigen, indem diese nicht mehr im Fokus stehen und die jüngere Generation deutliche Autonomiebestrebungen aufweist (nicht nur im beruflichen Kontext, sondern in der grundsätzlichen Lebensführung) (ebd.).

Die von Vester et al. beschriebenen Mentalitätsunterschiede können damit empirisch untermauert werden und belegen, in Abgrenzung zu den skizzierten Individualisierungsdiskursen (vgl. Kap. 2.1.2 zum Strukturwandel des Ehrenamtes), dass es keine Erosion der Milieus gibt. Dies deutet für die Engagementlandschaft auf Veränderungen und Ausdifferenzierungen der Engagementformen hin, nicht jedoch auf eine komplette Ablösung bestimmter Engagementtätigkeiten. Vermutlich werden die kommenden Generationen Älterer andere Erwartungen an ihr Engagement haben als die aktuelle Generation. Trotz dieser stärkeren Forderung nach autonomen und selbstbestimmten Formen des Engagements wird aufgrund der unterschiedlichen Milieus jedoch ebenso ein Fortbestehen eher hierarchieorientierter Formate zu erwarten sein.

Nach der Darstellung der Traditionslinien wird im Weiteren auf ausgewählte Milieus näher eingegangen, welche im Sample der vorliegenden Studie vertreten sind, um somit auch die in Kapitel 5 dargestellten empirischen Ergebnisse in Form von Engagementmustern einordnen zu können. Aufgrund des Altersdurchschnitts der Interviewten werden die traditionellen Milieus der Familienstammbäume vorgestellt, aus denen heraus, wie von Vester et al. beschrieben, modernisierte jüngere Milieus entstanden sind. Die im Folgenden zu findende Darstellung der Milieus ist entnommen aus Vester et al. (2001) und Vester (2012).

In der empirischen Studie der vorliegenden Arbeit liegt kein Fall vor, der oberhalb der Trennlinie der Distinktion zu verorten ist. Dennoch werden im Weiteren auch die beiden oberen Milieus (das Gehobene Dienstleistungsmilieu in der Traditionslinie der akademischen Intelligenz sowie das weiter rechts stehende Gehobene kleinbürgerliche Milieu) skizziert, da sich knapp unterhalb der Distinktionslinie ebenso Anlehnungsstrategien an die oberen Milieus finden lassen und diese zum besseren Verständnis der empirischen Ergebnisse hilfreich sind.

Die weiter untenstehenden Milieus unterhalb der Trennlinie der Respektabilität, die sich an den Strategien der Mitte anlehnen, werden hingegen an dieser Stelle ausgespart, da sie nicht im Sample vertreten sind.

Milieus oberhalb der Trennlinie der Distinktion

Das Gehobene kleinbürgerliche Milieu lässt sich durch eine starke Abgrenzung nach unten charakterisieren (beruflich, aber auch in der Freizeit). Basierend auf einem Statusdenken und Machtbewusstsein ist beruflicher und materieller Erfolg von hoher Relevanz. Mit einer deutlichen Zielstrebigkeit werden höhere hierarchische Positionen angestrebt, um Besitz und finanzielle Unabhängigkeit zu erreichen. Sozialer Aufstieg ist eines der wichtigsten Themen dieses Milieus. Demzufolge gibt es in diesem Milieu im Verhältnis zu den anderen Elitemilieus eine große Konkurrenz um die gesellschaftliche Führung (Vester 2012).

Im weiter links stehenden Gehobenen Dienstleistungsmilieu erfolgt zum einen eine Abgrenzung gegenüber der beschriebenen Machtorientierung der weiter rechts stehenden Milieus sowie zum anderen eine Abgrenzung von dem vermeintlichen Materialismus der weiter untenstehenden Volksmilieus. Definiert wird sich in diesem Milieu insbesondere über sinnstiftende Tätigkeiten, im beruflichen sowie privaten Kontext, die dazu gleichzeitig entsprechende Herausforderungen bieten. Dazu gehört eine umwelt- und gesundheitsbewusste Lebensführung sowie eine rege Teilnahme am gesellschaftlichen und kulturellen Leben. Neben der Selbstverwirklichung steht dabei immer eine gewisse Individualität im Fokus (ebd.).

Milieus oberhalb der Trennlinie der Respektabilität

Aus den in der Mitte des sozialen Raums angesiedelten Milieus werden im Weiteren folgende Milieus dargestellt: In der Traditionslinie der Facharbeit und der praktischen Intelligenz sind die Milieus des Leistungsorientierten Arbeitnehmermilieus sowie das Traditionelle Arbeitermilieu von Relevanz; weiter rechts in der ständisch-kleinbürgerlichen Traditionslinie das Traditionelle Kleinbürgerliche Arbeitnehmermilieu.

Bei den Milieus der Mitte findet sich im Gegensatz zu den Milieus oberhalb der Trennlinie der Distinktion weniger die Orientierung an einem Aufstieg durch eine berufliche Karriere, als vielmehr der Wunsch nach einer gesicherten Lage, »in denen sie ihre Vorstellungen von einem ›guten Leben‹ verwirklichen können« (Vester 2012: 3). Eine vorzeigbare und gesicherte Lebensführung stehen im Zentrum, wohingegen sich die ständische Traditionslinie an einem Ethos von Hierarchie und Pflicht, die facharbeiterische Traditionslinie hingegen an einem Ethos von Eigenverantwortung und fachlicher Leistung orientiert (Vester et al. 2001: 94), was in den weiteren Ausführungen deutlich wird.

Das Traditionelle Kleinbürgerliche Arbeitnehmermilieu ist ein stark geschrumpftes Milieu und gekennzeichnet durch einen hohen Altersdurchschnitt. Hier finden sich viele Rentner*innen, die aufgrund ihrer geringen Verdienstes während ihrer Berufstätigkeit im Alter unter Altersarmut leiden (Vester et al. 2001). Das Milieu lässt sich nach Qualifikation und Status nochmals in zwei Gruppen unterteilen: So besteht die unterste Teilgruppe dieses Milieus aus kleinen und mittleren Angestellten sowie Frauen in subalternen Berufsgruppen. Etwas höher steht in diesem Milieu die Gruppe der kleinen Selbstständigen, Meister*innen, Vorarbeiter*innen und Techniker*innen aufgrund einer qualifizierteren beruflichen Ausbildung. Das vorhandene Fachkönnen in diesen Gruppen wird jedoch durch den Strukturwandel oft entwertet. Die in beiden Gruppen vorhandene Pflichttreue sehen sie nicht belohnt, so dass sie sich mit ihren unsicheren Lebensstandards von der Modernisierung abgehängt fühlen: »Sie verarbeiten dies vor allem in autoritären Ressentiments gegen alles Moderne und die Jugend, gegen die Ausländer und auch gegen die Politiker.« (Ebd.: 95) Festgehalten wird daher an traditionellen Werten wie Ordnung, Disziplin und Pflichterfüllung. Diese Werte werden auch auf die eigene Lebensgestaltung übertragen, indem es von hoher Bedeutung ist, in geordneten Verhältnissen zu leben. Dazu gehört eine sichere Position im Beruf, die wichtiger ist als eine Karriereorientierung. Somit wird auch gerne Verantwortung nach oben delegiert und sich gewissen Hierarchien untergeordnet, so dass sich kein starkes Aufstiegsstreben findet. Nichts desto trotz zeigt sich ein ausgeprägtes Statusdenken, welches sich darin äußert, soziales Ansehen zu genießen. Die Wirkung nach außen hat eine hervorgehobene Bedeutung. Im Traditionellen Kleinbürgerlichen Arbeitnehmermilieu findet sich somit durchgehend eine Sicherheitsorientierung, die sowohl in den Hierarchien der Familie, der Arbeit und der Politik gesucht wird.

Demgegenüber steht mittig links die facharbeiterische Traditionslinie, die stärker auf persönliche Autonomie abhebt, erworben durch eine qualifizierte Arbeitsleistung. In dieser Traditionslinie besteht das näher an der Trennlinie der Respektabilität stehende Traditionelle Arbeitermilieu insbesondere aus der älteren Generation und ist in den letzten Jahrzehnten enorm geschrumpft. Die Qualifikationen in diesem Milieus sind überholt und die Freundeskreise aufgrund des Alters kleiner geworden. Im Sinne einer traditionellen Arbeiterkultur spielt der Freundeskreis jedoch eine besondere Rolle für die Anerkennung und Gemeinschaft. Hier lautet die Devise »arm, aber ehrlich«, so dass die Alltagsmoral »auf die Bedingungen sozialer Not und Unsicherheit ausgerichtet ist« (Vester et al. 2001: 514). In diesen Kreisen ist es zentral, ehrlich und offen seine Meinung zu sagen und so aufzutreten »wie man ist«. Diese Authentizität wird damit auch von anderen gefordert. Der individuelle Aufstieg steht hinter dem Prinzip des Zusammenhalts und der Gemeinschaft in der Familie und der Nachbarschaft. Daher gibt es hier eine einfache Lebensweise ohne besondere Konsumansprüche (ebd.: 514). Die Freizeit wird gerne in der vertrauten Gemeinschaft verbracht und dient der Entspannung, weshalb auch eine strikte Trennung von der Arbeitswelt vorgenommen wird. Aufgrund der überholten Qualifikationen und dem Gefühl, von den modernen Entwicklungen abgehängt worden zu sein, finden sich hier teilweise auch »Ressentiments gegen die Jugend, die Ausländer und die Politik« (ebd.: 96).

Gegenüber dem Traditionellen Arbeitermilieu besteht das höherstehende Leistungsorientierte Arbeitnehmermilieu, das größte Einzelmilieu in Westdeutschland, aus gut qualifizierten Facharbeiter*innen und Fachangestellten der mittleren Generation. Für eine höhere Leistung auf der Arbeit wird auch mehr Teilhabe und Mitbestimmung verlangt. In Abgrenzung zum Traditionellen Arbeitermilieu gilt hier der berufliche Aufstieg als wichtiger Lebensinhalt, wozu sich auf »persönliche Leistungsfähigkeit, [...] Fachkönnen, [...] Selbstbewußtsein und [...] Bereitschaft zur Konkurrenz« (Vester et al. 2001: 515) gestützt wird. In Abgrenzung zum weiter rechts stehenden Kleinbürgerlichen Arbeitnehmermilieu wurde dadurch auch mehr kulturelles Kapital erworben. Für sich selbst und seine Familie einen guten bis gehobenen Lebensstandard zu erarbeiten ist von Bedeutung, so dass die berufliche Tätigkeit eine zentrale Rolle einnimmt und eine starke Identifizierung mit dem Beruf stattfindet. Dieser dient dazu, sich Konsum im Sinne einer verdienten Teilhabe zu ermöglichen. Das lange vorhandene Vertrauen in das asketische Leistungsethos »Leistung gegen Teilhabe« wurde jedoch erschüttert, so dass eine Hälfte des Milieus nicht mehr darauf vertraut, dass diese Leistung auch wirklich zum sozialen Aufstieg führt. Die andere Hälfte dieses Milieus sieht sich um den Ertrag ihrer Leistung geprellt (ebd.: 97). Dieser Frust und Ärger wird dabei weniger auf sozial Schwache gelenkt, sondern äußert sich eher in grundlegenden Zweifeln, dass sich Leistung noch lohnt. Dadurch entsteht eine tiefe Skepsis gegenüber Politiker*innen und den linken und konservativen Ideologien. Festgehalten wird sich an Formen der Solidarität in der direkten Umgebung wie der Nachbarschaft, Familie und unter Freund*innen und einer Form des »demokratischem Univeralismus« (Vester 2012: 3), der davon ausgeht, Menschen nach ihren praktischen Werken, unabhängig von Alter, Geschlecht etc., zu bewerten.

Die knapp skizzierten Charakteristika der Milieus lassen bereits erkennen, dass sie eine ähnliche Lebensführung aufweisen, die sich auch in einer entsprechenden Gestaltung von Alltagsaktivitäten niederschlägt. Milieus, »die durch Verwandtschaft oder Nachbarschaft, Arbeit oder Lernen zusammenkommen und eine ähnliche Alltagskultur entwickeln« (Vester et al. 2001: 24–25), bieten damit auch einen Ausgangspunkt für den vorliegenden Forschungsgegenstand, das Engagement. Ausgehend von der Verbundenheit der Milieus erfolgt ein Zugang zu Engagementtätigkeiten, die damit eine milieuspezifische Prägung aufweisen. Im Weiteren wird auf diese Verbundenheit im Kontext sozialer Kohäsion ausführlicher eingegangen.

3.2.2 Sozialer Zusammenhalt (Kohäsion) als Ursprung von Engagement

Anschließend an die Milieubeschreibungen wird die generelle Frage beleuchtet, was genau die Individuen eines Milieus verbindet und zusammenhält, da dies für die vorliegende Arbeit den Ausgangspunkt für das Engagementverständnis darstellt. Hierzu wird auf den Begriff der Kohäsion zurückgegriffen[7] und auf Durkheims Ausführungen in »Über soziale Arbeitsteilung« (1988) Bezug genommen, in denen er aus einer »soziologischen Perspektive die im Sinne von Gemeinschaften zu verstehenden ›Assoziationen‹ bzw. die ›sozialen Milieus‹ zu primären Akteuren gesellschaftlicher Entwicklung« (Geiling 2015: 212) macht. Er erklärt, wie vor dem Hintergrund einer modernen arbeitsteiligen Gesellschaft dennoch sozialer Zusammenhalt entstehen kann. In diesem Kontext entwickelt Durkheim (1988) den Begriff der »organischen Solidarität« (ebd.: 174–180), mit dem er davon ausgeht, »dass mit wachsender gesellschaftlicher Arbeitsteilung neue Formen der Solidarität und Moral« (Geiling 2015: 211) entstehen. Über diese soziale Arbeitsteilung sowie berufliche Differenzierung entwickelt sich nach Durkheim ein sozialer Zusammenhalt, den er anhand eines historischen Abrisses skizziert und festhält, »daß die Berufsgruppe keineswegs ungeeignet ist, eine moralische Wirkung hervorzurufen« (Durkheim 1988: 55). Die Entwicklung eines »moralischen Lebens« (ebd.) von gesellschaftlichen »Sondergruppen« (ebd.: 56) beschreibt er folgendermaßen:

> »Sobald im Schoß einer politischen Gesellschaft eine bestimmte Anzahl von Individuen Ideen, Interessen, Gefühle und Beschäftigungen gemeinsam haben, die der Rest der Bevölkerungen nicht mit ihnen teilt, ist es unvermeidlich, dass sie sich unter dem Einfluß dieser Gleichartigkeit wechselseitig angezogen fühlen, daß sie sich suchen, in Verbindung treten, sich vereinen und auf diese Weise nach und nach eine engere Gruppe bilden, die ihre eigene Physiognomie innerhalb der allgemeinen Gesellschaft besitzt.« (Ebd.: 55)

Hierin deutet sich an, dass Milieus durch »ein[en] Korpus moralischer Regeln« (ebd.: 56) zusammengehalten werden und der Begriff der Arbeitsteilung insofern geweitet wird, als dass beispielsweise auch Freundschaften oder nachbarschaftliche Beziehungen darin aufgehen. Die *wahre Funktion der Arbeitsteilung* bestehe darin »zwischen zwei oder

---

7   Kohäsion wird an dieser Stelle in die Milieutheorie eingebunden, sodass nicht näher auf allgemeine Erklärungsansätze zum Zusammenhalt der Gesellschaft eingegangen wird (siehe hierzu u.a. Schiefer et al. 2012; Fromm/Rosenkranz 2019).

mehreren Personen ein Gefühl der Solidarität herzustellen« (ebd.: 102). Diese Gruppen erfüllen nach Durkheim nicht nur einen gesellschaftlichen Zweck, indem sie Tätigkeiten der Individuen zusammenführen und verhindern, dass sie »anarchisch« (ebd.) werden, sondern dienen ebenso dem Individuum, das hier eine »Quelle der Freude« (ebd.) findet, »um sich zu assoziieren, um sich nicht länger inmitten von Gegnern verloren zu fühlen, um das Vergnügen zu haben, zu kommunizieren, um eins zu sein mit anderen« (ebd.: 57). In diesem Kontext verweist er zudem darauf, dass die Familie, die Blutsverwandtschaft, »keineswegs diese außerordentliche Wirksamkeit hat, die man ihr zuschreibt« (ebd.), sondern die »sogenannte künstliche Verwandtschaft« (ebd.) ebenso ein einheitliches Bewusstsein aufweisen kann (ebd.: 58–59). Die Familie habe den Zusammenschluss erleichtert, was aber auch durch andere Effekte herbeigeführt werden könne, wie beispielsweise »die materielle Nachbarschaft« (ebd.: 57) oder die »Solidarität der Interessen« (ebd.). Die von Durkheim beschriebenen »moralischen Regeln« (ebd.: 56) eines Milieus bieten für das in der vorliegenden Arbeit beleuchtete Engagement einen zentralen Ausgangspunkt. Unabhängig von Beziehungen unter Dritten, in der Familie, der Nachbarschaft oder unter Freund*innen, wird damit ein Kohäsionsgedanke beschrieben, der – bezogen auf den Kontext der vorliegenden Arbeit – auch als Ursprung von Engagementtätigkeiten verstanden werden kann.

Die von Durkheim beschriebenen »moralischen Regeln« (ebd.) leiten im Grunde über zu einem moralischen Habitus, welcher von Bourdieu ausdifferenziert wurde und verschiedene Dimensionen umfasst, die von Vester et al. (2001) folgendermaßen beschrieben werden: »den Geschmack und den Lebensstil, das Verhältnis zum Körper und zu den Gefühlen, die Handlungs- und Beziehungsmuster, die Mentalitäten und Weltdeutungen« (ebd.: 169). Trotz dieser Komplexität und zahlreichen Formen des Ausdrucks des Habitus erkennt das Individuum relativ schnell und intuitiv, »ob die andere Person ›unsere Wellenlänge hat‹, ›unser Typ‹ ist oder, bei Differenzen, wenigstens ›die gleiche Sprache spricht‹« (ebd.). Aufgrund dieses Gespürs dafür, ob mein gegenüber die gleiche Sprache spricht, entsteht ein Gefühl der Verbundenheit oder aber auch der Distanz. Ausdruck findet diese Verbundenheit in den verschiedensten Formen des Miteinanders und so »treffen sich Angehörige eines sozialen Milieus in Berufen, Familien, Wohnquartieren, Vereinen, Kneipen, Kulturveranstaltungen usw. – oder auch in Bildungsveranstaltungen oder der Kirche« (Bremer 2001: 39). Dieses Zusammentreffen ist jedoch nicht als bewusst gewählter Akt der Entscheidung, sondern »vor dem Hintergrund von nichtbewußten und -reflektierten Prinzipien« (ebd.: 42) zu verstehen.[8]

Diese Formen der Vergemeinschaftung werden in der vorliegenden Arbeit für die Beleuchtung von Engagement in den Blick genommen und damit unter anderem an die stadtsoziologischen Arbeiten Geilings (2001; Geiling et al. 2011; siehe auch Kap. 3.2.4) angeschlossen: »›Soziale Milieus‹ als Ausdruck sozialer Kohäsion gestalten sich über Beziehungsstrukturen und Interaktionen in Familien, Lebensgemeinschaften, Nachbarschaften, Vereinen, religiösen Vereinigungen, Gemeinden und beruflichen Kooperationen.« (Geiling et al. 2011: 17)

---

8   Daher ist es auch Ziel der empirischen Erhebung, diese latenten und nichtbewussten Prinzipien hermeneutisch zu erfassen (siehe hierfür Kap. 4.2.2.3 zur Habitushermeneutik).

Kohäsion als Ausgangspunkt für Engagement zu verstehen, hat daher zur Folge, Tätigkeit und Bereich des Engagements zu vernachlässigen und vielmehr den Fokus auf die Verbundenheit eines Milieus zu legen und damit den Dualismus zwischen formellem und informellem Engagement zu weiten. Diese Verbundenheit kann dann in unterschiedlichen Engagementformen Ausdruck finden. Ob dieses Engagement institutionell organisiert wird oder aber auch im Privaten geschieht ist für den Fokus der vorliegenden Arbeit eher zweitrangig. Mit dem Blick auf den Stadtteil gerichtet, wird somit davon ausgegangen, dass das Milieu »das Medium der Vergesellschaftung darstellt, über das und in dem sich Nachbarschaften lebensweltlich konkretisieren können« (Böhnisch 2015: 161).

Davon ausgehend, dass soziales Kapital und die Einbindung in persönliche Netzwerke zentrale Voraussetzungen für ein Engagement sind (siehe Kap. 1.1.3 und Kap. 2.2.3) und als Ausgangspunkt hierfür Formen der Vergemeinschaftung verstanden werden, können Engagementtätigkeiten damit auch an milieuspezifisches Freizeitverhalten rückgebunden werden. Der vorliegenden Arbeit geht es somit um einen verstehenden Zugang zu Engagement aus einer milieuspezifischen Perspektive.

Die bereits dargestellten erhobenen Daten im Rahmen der Milieutypologie (Vester et al. 2001) wurden einer ausführlichen Analyse hinsichtlich des Freizeitverhaltens unterzogen (Wiebke 2002: 275–409; Vester 2015) und bieten damit weiterführende Hinweise, die auch für Engagementtätigkeiten von Relevanz sind. Diese Ergebnisse werden im Folgenden dargestellt und dabei das Freizeitverhalten der Milieus skizziert, die für die vorliegende Arbeit Bezugsgrundlage sind (Gehobenes Dienstleistungsmilieu, Gehobenes kleinbürgerliches Milieu, Leistungsorientiertes Arbeitnehmermilieu, Traditionelles Arbeitermilieu, Traditionelles kleinbürgerliches Arbeitnehmermilieu).

3.2.3 Engagement als Teil des Freizeitverhaltens und der Gesellungspraktiken

Im folgenden Kapitel werden zunächst die Auswertungsergebnisse von Wiebke zum Freizeitverhalten der Milieus erläutert (Vester 2015). Daran anschließend folgt eine knappe Skizzierung der Gesellungsstile von Vester et al. (2001: 472ff). Diese Gesellungsstile liegen quer zu den Milieus, indem die Stile mehrere Milieus umfassen und damit eine abstraktere Form der Darstellung des Freizeit- und Gesellungsverhaltens bieten.

Das im Folgenden skizzierte milieuspezifische Freizeitverhalten ist entnommen aus Vester (2015).

Milieus oberhalb der Trennlinie der Distinktion

Die Milieus von Macht und Besitz (rechts oben im sozialen Raum), unter anderem das Gehobene kleinbürgerliche Milieu, weisen ausgeprägte Exklusivitätsbedürfnisse auf, was sich unter anderem auch in der entsprechenden Wahl von Aktivitäten im gesellschaftlichen und kulturellen Leben zeigt, beispielsweise im Besuch von Konzerten, Opern und Theatervorstellungen. Im Freundeskreis werden gerne anregende und anspruchsvolle Unterhaltungen geführt und zudem regelmäßig der Gottesdienst besucht. Politisch ist dieses Milieu interessiert, jedoch ist das politische Engagement nur leicht überdurchschnittlich ausgeprägt, so dass keine eigenen Tätigkeiten aus diesem Interesse heraus entstehen. Grundsätzlich wird die gesellschaftliche Teilung in ein Oben und Unten legitimiert und nicht in Frage gestellt. Daher haben in diesem Milieu auch die Tugenden der Disziplin und Pflichterfüllung sowie ein hohes soziales Verantwortungsgefühl eine besondere Bedeutung. Diese Haltungen münden teilweise in der Übernahme eines sozialen und karitativen Engagements. Hier gilt jedoch: »Soziale Verantwortung wird eher hierarchisch und gönnerhaft verstanden.« (Vester et al. 2001: 505)

Die ebenso oben im sozialen Raum, jedoch weiter links stehenden Milieus der akademischen Intelligenz, dazu gehörend das Gehobene Dienstleistungsmilieu, zeigen eine rege Teilnahme am gesellschaftlichen und kulturellen Leben und weisen von allen Milieus die höchste Aktivität im Freizeitbereich auf. Dabei stehen unter anderem Selbsterfahrung und Selbstentfaltung im Fokus (durch beispielsweise die Teilnahme an Yogakursen oder Körpererfahrungsangeboten). Im Gegensatz zu den weiter rechts stehenden Milieus werden hier eher Formen des *anstrengenden* Kunstgenusses (Museen, Ausstellungen) gewählt. Leicht überdurchschnittlich engagieren sich diese Milieus in sozialen und politischen Aktivitäten und sind damit auch aktiver als das Gehobene kleinbürgerliche Milieu. Politisch findet sich hier eine kritische Haltung zu konventionellen Politikformen und ein Wunsch nach Mitgestaltung, so dass auch selbst politische Veranstaltungen besucht werden. Toleranz und Offenheit haben ebenso hohen Stellenwert.

Beim Gehobenen Dienstleistungsmilieu im speziellen findet sich eine Ausrichtung auf den engeren Bekannten- und Freundeskreis. In der Freizeit werden Fortbildungs- und Volkshochschulkurse besucht und daher etwas weniger hochkultureller Freizeitgenuss als im höherstehenden Bildungsbürgerlichen Milieu gewählt. Im sozialen Bereich findet sich ein leicht überdurchschnittliches Engagement, politisch hingegen eher eine skeptische Haltung gegenüber Politiker*innen und etablierten politischen Institutionen, oft verbunden mit einer Kritik an der Selbstdarstellung dieser Akteur*innen. Demzufolge ist hier auch eher selten eine eigene politische Beteiligung und Mitgestaltung vorzufinden. Diese Skepsis findet sich jedoch nicht gegenüber sozial Schwachen, so dass in diesem Milieu tendenziell weniger Ressentiments gegenüber Ausländer*innen, Frauen und sozial Schwächeren vorliegen.

Milieus oberhalb der Trennlinie der Respektabilität

Für die gesamte Traditionslinie der Facharbeit und der praktischen Intelligenz fasst Vester (2015) bezugnehmen auf die Ergebnisse von Wiebke zusammen: »Solidarität bedeutet nicht Kollektivismus als Selbstzweck, sondern folgt der alten Volkstradition der gegenseitigen Nachbarschaftshilfe und der Nothilfe von ansonsten unabhängigen Zusammenlebensgemeinschaften.« (Ebd.: 159–160)

Geeint werden die Milieus dieser Traditionslinie durch eine deutliche informelle Hilfe in Bezugsgruppen wie der Nachbarschaft oder unter Freund*innen und damit einer vorhandenen Sensibilität hinsichtlich notwendiger Unterstützung in Notsituationen. Die zwischen dem Traditionellen Arbeitermilieu sowie dem Leistungsorientierten Arbeitnehmermilieu vorhandenen Differenzen werden im Weiteren ausgeführt.

Das Traditionelle Arbeitermilieu lässt sich hinsichtlich des Geselligsverhaltens in zwei Untergruppen aufteilen. Hier findet sich unter anderem eine Gruppe von sogenannten »Misstrauisch-Resignierten«. Diese Gruppe ist gekennzeichnet durch ein ausgeprägtes Gemeinschaftsverhalten unter Gleichartigen, so dass sich im Familien-, Freundes-, Kolleg*innen- und Nachbarschaftskreis geholfen und unterstützt wird, um damit die nötige Sicherheit und Geborgenheit aufrecht zu erhalten. Dazu gehört auch ein regelmäßiger Austausch und kurzer *ungezwungener Plausch* im Freundeskreis. Dieses Gefühl des Miteinanders bietet eine Stärke, nicht »denen da oben« ausgeliefert zu sein. Außerhalb der eigenen Gemeinschaft ist hingegen das Freizeitverhalten sehr zurückhaltend. Politisch herrscht ein großes Misstrauen gegenüber den Berufspolitiker*innen, da dort selten etwas umgesetzt werde, was den »kleinen Leuten« eine Hilfe sei. Aufgrund der eigenen Sorge vor der Zukunft findet sich daher weniger ein Mitgefühl für die Nöte von anderen.

Zum anderen findet sich im Traditionellen Arbeitermilieu die Gruppe der »Enttäuscht-Aktiven«, welche dadurch gekennzeichnet ist, eher Hilfe anzubieten und seltener um Hilfe zu bitten. Da eine autonome Lebensführung im Fokus steht wird weniger als bei den Misstrausch-Resignierten der ausschließliche Kontakt zu Freund*innen gesucht wird. Hier finden sich zudem seltener Ressentiments gegenüber Ausländer*innen.

Ebenso bei dem höher stehenden Leistungsorientierten Arbeitnehmermilieu findet sich eine Unterteilung in Untergruppen. Hier sind insbesondere die sogenannten »Geprellt Leistungsorientierten« von Interesse, da diese einen höheren Altersdurchschnitt aufweisen. Fokussiert wird sich in dieser Gruppe insbesondere auf ein festes Netz an Bekannten und Freund*innen, mit denen auch gemeinsam die Freizeit verbracht wird. Hier geht es beispielsweise um einen Austausch über gemeinsame Hobbys, weniger um eine lockere Erlebnisorientierung. Von der Politik fühlen sie sich geprellt, da das Versprechen, gegen gute Arbeitsleistung auch eine entsprechende Teilhabe zu erfahren, immer weniger eingelöst wird. Nichts desto trotz sind sie bereit, sich selbst politisch, sozial und gewerkschaftlich zu engagieren.

Bei der ständisch-kleinbürgerlichen Traditionslinie rechts im sozialen Raum ist insbesondere das Traditionelle Kleinbürgerliche Arbeitnehmermilieu mit einem hohen Altersdurchschnitt für die Arbeit interessant. Auch hier findet sich eine Unterteilung der Milieus: insbesondere die Gruppe der »Statusorientierten« ist für die vorliegende Arbeit von Interesse. In der Familie, dem Freundes- und Bekanntenkreis findet die Gruppe Sicherheit und Stabilität, die von Bedeutung für das grundsätzliche Harmoniebedürfnis ist. In der Freizeit wird sich daher auch insbesondere auf diesen engen Freundeskreis bezogen (bei den Männern bezogen auf Vereinsaktivitäten, bei Frauen auf die Pflege nachbarschaftlicher Beziehungen). Der regelmäßige Kirchgang wird in dieser Gruppe als wichtig angesehen. An der Politik besteht ein nur geringes Interesse, so dass vielmehr die eigenen Interessen durch eine Delegation an Berufspolitik*innen vertreten werden sollen, wodurch eine Entlastung für das eigene Leben wahrgenommen wird. Von der Politik verlangt diese Gruppe daher auch eine Aufrechterhaltung von Harmonie, Sicherheit und Stabilität. Sie sind zudem stolz darauf, sich eine sichere soziale Stellung erarbeitet zu haben. Sehen sie ihre eigene Stellung gefährdet, verstärken sich jedoch Ressentiments gegenüber sozial Schwächeren.

Parallelen zu dem beschriebenen Freizeitverhalten der jeweiligen Milieus liegen Vesters et al. (2001) Gesellungsstile vor, die sich auf »die Arten des Umgangs mit Verwandten, Freunden, Bekannten und Fremden« (ebd.: 472) beziehen. Insgesamt sind hier sechs Gesellungsstil-Typen zu finden, die sich wiederum in drei Gruppen einteilen lassen: »offen und modern«, »konventionell« sowie »eingeschränkt und traditionell« (ebd.: 473). Für die vorliegende Arbeit sind die »konventionellen« sowie »eingeschränkt und traditionellen« Gesellungsstile aufgrund der dort zu findenden Milieus von Bedeutung.

Bei den »eingeschränkt und traditionellen« Gesellungsstilen finden sich »vor allem ältere Menschen mit niedrigen sozialen Standards« (Vester et al. 2001: 474). Diese Gesellungsstile wurden nochmals in zwei Typen differenziert: »die Bodenständigen« sowie »die Resignierten«. »Die Bodenständigen« weisen einen deutlichen Zusammenhalt in der Familie und der Nachbarschaft auf, um damit Sicherheit im Kontext der Modernisierungsprozesse aufrechtzuerhalten (ebd.: 487): »Momente der Verunsicherung können sie durch ihren Rückhalt in traditionellen sozialen Beziehungsrahmen kompensieren.« (Ebd.) Das soziale und politische Engagement ist nur gering ausgeprägt, dafür werden aber Aktivitäten im Kreis der Familie sowie im engen Umkreis von Nachbarschaft, dem Freundeskreis und der Kirche gepflegt (ebd.).

»Die Resignierten« (zweiter Typ der »eingeschränkt und traditionellen« Gesellungsstile) ziehen sich aufgrund einer stärkeren Verunsicherung durch den sozialen Wandel noch stärker auf den engsten Familienkreis zurück. Daher lehnen sie auch verschiedene Freizeitmöglichkeiten sowie hedonistische Momente ab und leben eher isoliert und zurückgezogen, so dass auch nur ein geringer Kontakt zu Nachbar*innen oder Freund*innen besteht. Somit ist auch das soziale und politische Engagement kaum ausgeprägt (ebd.: 490).

Zu den Typen der konventionellen Gesellungsstile gehören »Die Zurückhaltenden« und »Die Unkomplizierten«. »Die Zurückhaltenden«, verortet in den Milieus »von einer konservativen Spitze bis zu Gruppen der unterprivilegierten Milieus« (Vester et al. 2001: 481), zeigen Werte der Zurückhaltung und Respektabilität, je nach Verortung mit einer unterschiedlichen Bedeutung – eher elitär-distinktive Züge weiter oben stehend und eine statussichernde Bedeutung für die Milieus der mittleren sozialen Lagen. In diesem Typ werden die sozialen Beziehungen bewusst ausgesucht, so dass auch Freundschaften anhand der eigenen Wertvorstellungen gezielt ausgewählt werden. Mit Freund*innen und der Familie wird sorgsam umgegangen und sich gekümmert. Das soziale Engagement wird, wenn es ausgeübt wird, regelmäßig praktiziert. »Leicht überdurchschnittlich ist ihr Zeitaufwand für Aktivitäten in Politik, Kirche, Gemeinde und Nachbarschaft.« (Ebd.: 483)

Demgegenüber weisen »die Unkomplizierten« ein deutlich ausgeprägteres Freizeitverhalten im Freundeskreis auf und finden dort auch hedonistische Momente der Abwechslung. Der Freundeskreis dient vor allem »der sozialen Anerkennung und dem gemeinsamen Erleben« (ebd.: 485), weniger einer tiefergehenden Kommunikation. Das soziale Engagement bleibt hier gering ausgeprägt. Eher wird sich in der Nachbarschaft und Vereinen im direkten Lebensumfeld engagiert.

Resümierend lässt sich festhalten: Die in den vorangegangen Kapiteln vorgestellten sozialen Milieus sowie die daran anschließenden Erläuterungen zu milieuspezifischem Freizeitverhalten und Formen der Geselligkeit bieten für die vorliegende Arbeit zentrale Anknüpfungspunkte. So werden im beschriebenen Gesellungsverhalten auch Haltungen zu Engagement sowie praktizierte Hilfe und Unterstützung im privaten Kreis, aber auch im Bereich des formellen Engagements deutlich. Der vorliegenden empirischen Studie dienen diese Ergebnisse als Rahmung sowie zentrale Möglichkeit der Einordnung der Ergebnisse.

Es zeigt sich damit aus einer milieuspezifischen Perspektive, dass »die Entscheidung, [...] in welchen Verein oder in welcher Kirchengemeinde jemand engagiert ist ziemlich genaue Hinweise auf die sozialen Orientierungen und Distinktionen der Betroffenen« (Geiling 2000: 22) gibt. Anknüpfend an dieses von Geiling ausschließlich auf institutionelle Strukturen des Engagementbereichs bezogene Zitat weitet die vorliegende Studie diesen Blick. Ausgehend vom skizzierten Ansatz der sozialen Kohäsion wird davon ausgegangen, dass sich der Habitus eines*r Akteurs*in nicht nur in der Wahl eines Engagements in einem entsprechenden Verein, sondern ebenso durch die Wahl einer Tätigkeit im informellen Engagement äußert. Der Logik Geilings folgend kann dementsprechend festgehalten werden: Auch gibt die Entscheidung, in welches informelle Engagement sich jemand einbringt, ob in der Pflege eines Familienmitglieds, der Übernahme von Einkäufen für Nachbar*innen oder der Säuberung der ans Haus grenzenden Grünfläche, Hinweise auf die sozialen Orientierungen und Distinktionen.

Nach Vester sind alle Formen von Freizeitaktivitäten eingebunden in die Alltagskultur der sozialen Milieus und somit gebunden an die jeweiligen Formen »sozialer Vergemeinschaftungen und Gesellungen« (Vester 2015: 143). Die Besonderheit der Milieuperspektive ist dabei, dass diese sehr unterschiedlichen Praktiken nicht willkürlich und individuell sind, sondern mit der Gliederung der Gesellschaft in unterschiedliche Milieus zusammenhängen und somit nicht nur der individuellen Selbstverwirklichung, sondern ebenso »der Selbstdarstellung sowie der Selbstentfaltung und damit auch der sozialen Distinktion« (Isengard 2005: 254) dienen. Sie sind immer als Positionierung im sozialen Raum einzuordnen und können auch dazu dienen, fehlende Kapitalien auszugleichen. So kann durch Engagementkontexte gewonnenes soziales Kapital ein Fehlen an ökonomischen oder kulturellen Kapital abschwächen und ausgleichen. Anders:

> »Wenn [...] das Einkommen [...] und die Bildungsabschlüsse [...] allein nicht ausreichen, um die eigene Lebensweise und Stellung in der Gesellschaft zu sichern, bzw. zu reproduzieren, dann wächst die Bedeutung der dritten Ressource einer ›angemessenen Lebensführung‹: des ›sozialen Kapitals‹ an emotional und praktisch unterstützenden Beziehungen.« (Vester 2015: 186)

Daran zeigt sich, dass nicht nur fehlendes soziales Kapital eine Barriere für den Zugang zu Engagementtätigkeiten sein kann, sondern andersherum auch vorhandenes soziales Kapital einen Ausgleich anderer Kapitaldefizite ermöglicht.

Als Überleitung zur empirischen Studie folgt im abschließenden Kapitel eine Skizzierung der von Bourdieu dargestellten Verbindung des sozialen und physischen Raums.

3.2.4 Überleitung zur empirischen Studie: sozialer Raum und physischer Raum

Aufgrund der dargestellten Bedeutung des Nahraums für das Engagement älterer Menschen (Kap. 1.1.4) greift auch die vorliegende Studie zur Erfassung formeller sowie informeller Engagementtätigkeiten im Alter auf den Ansatz der Sozialraumorientierung zurück, indem die Studie in einem ausgewählten Stadtteil durchgeführt wird. Damit liegt vor dem Hintergrund des Zugangs über die Milieutheorie die Besonderheit vor, dass die Bewohner*innen des Stadtteils, forschungsmethodisch verortet in einem sozialen Raum, in einem physischen Raum, dem Stadtteil, aufeinandertreffen. Nach Bourdieu ist dieser physische Raum so künstlich hergestellt wie der soziale Raum. Somit sind »der physische Raum und der soziale Raum homolog strukturiert« (Barlösius 2011: 121). Nicht nur die Lage der Wohnviertel, auch die Ausstattung, Größe der Grundstücke etc. sind Ausdruck dessen (siehe hierzu Bourdieus Beitrag »Ortseffekte«, siehe auch Kap. 1.1.4).

Die Verbindung des sozialen und physischen Raums hat Geiling in seinen Arbeiten aufgegriffen und damit den Milieu- und Habitusansatz für die Stadtsoziologie fruchtbar gemacht (2014; Geiling et al. 2001). Damit wird es möglich, »eine ›räumliche‹ Darstellung sozialer Lagen und Beziehungen« (Heinzelmann 2003: 106) aufzuzeigen. Bezugnehmend auf Simmel führt Geiling die Bedeutung der sozialen Beziehungen zur Gestaltung des sozialen Raums aus, indem nicht administrative Stadtteilzuordnungen die Grenzen des Raums beschreiben, sondern die Beziehungen der Einwohner*innen diese bestimmen (Geiling 2014: 349). Fortgeführt wird dies auch in den Arbeiten Parks, Schüler von Simmel, der auf den Zusammenhang zwischen sozialer Distanz und räumlicher Distanz hinweist, da »soziale Beziehungen häufig und unvermeidlich mit sozialen Beziehungen korrelieren« (Park 1983: 318, zit.n. Geiling 2014: 350). An diese Ansätze knüpfen auch Bourdieus Arbeiten zum physischen Raum an, in Abgrenzung zu seinem Verständnis des sozialen Raums: »Der soziale Raum ist somit zugleich in die Objektivität der räumlichen Strukturen eingeschrieben und in die subjektiven Strukturen, die zum Teil aus der Inkorporation dieser objektivierten Strukturen hervorgehen« (Bourdieu 1991: 28, zit.n. Geiling 2014: 351). So sind Stadtteile oder Quartiere immer schon klassifiziert, da sie mit Vor- und Nachteilen für die Bewohner*innen verbunden sind und diese damit auch innerhalb der Gesellschaft positionieren (ebd.). Dies führt zu der Etablierung eines eigenen Images eines Stadtteils, der teilweise auch in der vorliegenden Studie von den Interviewten erwähnt und als stigmatisierend wahrgenommen wird.

Mit Hilfe von Bourdieus theoretischen Arbeiten haben Geiling et al. (2001) in einer umfassenden empirischen Studie gesellschaftliche Herrschafts- und Konfliktlinien in einem exemplarischen Stadtteil identifiziert. Ausgehend von der These, dass Beziehungen sozialer Nähe und Distanz sich im Zugang zu den »intermediären Einrichtungen und Institutionen des Stadtteils« (ebd.) zeigen und sich soziale Milieus in diesen Orten der mittleren Vergesellschaftungsebene nicht nur repräsentiert sehen, sondern sich dort auch mit anderen Milieus auseinandersetzen, haben sie die Institutionen im sozialen Raum verortet. Ergebnis der Studie ist ein Modell des sozialen Raums, welches mit seinen Zonen sozialer Nähe und Distanz Auskunft über Machtkonstellationen im Stadtteil gibt (Geiling 2000).

Abschließend zur Theorieperspektive und überleitend zur empirischen Studie kann an dieser Stelle auf die Ausführungen Bourdieus in »Das Elend der Welt« (1998b) verwiesen werden, in denen er anschaulich beschreibt, dass das »Aufeinanderprallen der unterschiedlichen Interessen, Dispositionen und Lebensstile« (ebd.: 18) insbesondere auch am Wohnort zu finden ist. In verschiedenen Beiträgen werden anhand ausgewählter

Wohnviertel Beispiele für das Aufeinandertreffen unterschiedlicher Dispositionen im Stadtteil verdeutlicht. So nehmen einige Bewohner*innen einen Verdrängungsprozess durch Menschen mit Migrationshintergrund wahr und damit verbunden zudem eine aus ihrer Sicht ungerechte Zuteilung von Sozialwohnungen seitens der Stadt, wodurch wiederum neue Nachbarschaftskonflikte entstehen: »Alle bringen in diese Konflikte ihr gesamtes gesellschaftliches Sein ein, das heißt die Vorstellung, die sie sich von sich selbst machen.« (Ebd.: 43) Ebenso wird am Beispiel einer Arbeitersiedlung am Stadtrand von Paris ein »letzte[r] Widerstand« (ebd.) von der Bevölkerung beschrieben, denn der »Zugang zum zweifellos lang erträumten Einfamilien-Häuschen« (ebd.) wird als gefährdet angesehen. Ohne die Ergebnisse der vorliegenden Studie vorwegzugreifen, finden sich hier einige Parallelen in den Aussagen der Bewohner*innen. Geeint werden die Aussagen durch die Beschreibung eines Strukturwandels des Stadtteils und einer damit verbundenen wahrgenommenen Verdrängung und Stigmatisierung als dort lebende*r Bürger*in.

Das Kapitel endet daher an dieser Stelle zur entsprechenden Einstimmung in die empirische Erhebung mit ausgewählten Zitaten aus Bourdieus »Das Elend der Welt« (1998b):

> »Man zeigt uns deutlich, daß wir nicht zählen, daß wir überhaupt nicht zählen, wir sind eine vernachlässigbare Größe hier.« (Ebd.: 58)

> »Das ist nicht mehr das Wohnviertel wie es war, wie wir glauben, daß es ist, als wir kauften, und für den Preis, den wir bezahlten haben.« (Ebd.: 55)

> »Schauen Sie sich um, Sie haben sich doch umgesehen: Haben Sie eine Blume gesehen, haben Sie in dieser Straße eine Pflanze im Fenster gesehen? Das mach nur ich, nur in meinem Haus ist das so.« (Ebd.: 56)

4 Mehrstufiges Forschungsdesign

Entsprechend der dargestellten Vielfalt des Engagements, die anhand verschiedener Pole (institutionell vs. selbstorganisiert, Engagement im Sozialraum vs. Engagement außerhalb des Sozialraums etc.) aufgezeigt werden kann (siehe Kap. 1.1.2), wurde das Forschungsdesign mehrstufig angelegt, um dem Anspruch der Arbeit gerecht werden zu können, ein breites Engagementverständnis einzufangen und aus Vergemeinschaftungsformen heraus entstehendes Engagement in der Nachbarschaft, der Familie sowie unter Freund*innen im empirischen Material aufzeigen zu können. Da für das alltägliche Leben sowie für die Kontakte und Netzwerke älterer Menschen dem sozialen Nahraum, dem Stadtteil, eine besondere Relevanz zukommt (u.a. Grates et al. 2018) und davon ausgegangen wird, dass sich insbesondere hier informelles Engagement finden lässt (siehe hierzu Kap. 1.1.4), lag dem mehrstufigen Forschungsdesign ein sozialräumlicher Ansatz zugrunde (Abbildung 9).

Die Erhebung wurde in einem ausgewählten Stadtteil einer Großstadt Nordrhein-Westfalens durchgeführt. Im Weiteren wird ausführlicher auf die konkrete Umsetzung des Feldzugangs eingegangen, wozu unter anderem Bezüge zur soziologischen Feldforschung, den community studies (u.a. Brandstetter et al. 2012; Brauer 2005), hergestellt und zur transparenten Darstellung des Forschungsprozesses Ausschnitte aus den empirischen Mitschriften dargestellt werden (Kap. 4.1.1). Anschließend werden die Kriterien zur Auswahl des Stadtteils sowie das Vorgehen beim Kontaktaufbau in den Stadtteil erläutert (Kap. 4.1.2).

Die Darlegung der methodologischen Grundannahmen mit den entsprechenden Forschungsmethoden folgt in Kapitel 4.2. Nach einer methodologischen Einführung in die Habitushermeneutik und die daraus resultierenden Konsequenzen für den Zugang zum Forschungsgegenstand (Kap. 4.2.1) werden die Forschungsmethoden dargestellt. Um in den geplanten Interviews erste Anhaltspunkte zu alltäglichen Hilfeleistungen im Stadtteil vorliegen zu haben und an diesen im Interview anknüpfen zu können, wurde den Interviews die Methode der strukturierten Sozialraumtagebücher (Bleck et al. 2013) vorgeschaltet (Kap. 4.2.2.1). Auf Grundlage dieser Ergebnisse wurden anschließend themenzentrierte Interviews (Lamnek/Krell 2016) geführt, die den Kern der empirischen Studie darstellen (Kap. 4.2.2.2). In Kapitel 4.2.2.3 folgt die Darlegung der Auswertungsmethode der Interviews: Mit Hilfe der Habitushermeneutik (Bremer/Teiwes-

Kügler 2013; Lange-Vester/Teiwes-Kügler 2013a) kann der Habitus als handlungsleitendes Prinzip aus dem Material herausgelesen und damit aufgezeigt werden, wie sich dieser im Engagement niederschlägt.

Abbildung 9: Mehrstufiges Forschungsdesign

(eigene Darstellung)

4.1 Feldzugang

Um im Sinne eines qualitativen Vorgehens die Strukturen eines Stadtteils in die Tiefe betrachten zu können wurde für die Interviews ein exemplarischer Stadtteil einer Großstadt Nordrhein-Westfalens ausgewählt. Die Auswahl des Stadtteils erfolgte anhand einer Sichtung der sozialstatistischen Daten der Großstadt, daran anschließender Gespräche mit Sozialarbeiter*innen vor Ort sowie erster teilnehmender Beobachtungen an Veranstaltungen mit Senior*innen.

Dieses *sich hineinbegeben* in das Feld findet sich in den bereits in den 1920er Jahren aus der Chicagoer School heraus entwickelten community studies und wurde vom Mitbegründer dieser soziologischen Feldforschung, Robert E. Park, an seine Studierenden unter dem Motto: »›Get into the district‹, ›Get the Feeling‹, ›Become acquainted with people‹« (Löw et al. 2008: 185) mitgegeben. Die Arbeiten, die als Wegweiser der Gemeindesoziologie gelten, wurden im Laufe der Jahrzehnte hinsichtlich der theoretischen Fundierung weiterentwickelt, da unter anderem »[d]ie Rekonstruktion der theoretischen Konzeption der Chicagoer Schule [...] insofern schwierig [ist], als eine Vielzahl von Einzeltexten und Einleitungen vorliegen, die von den AutorInnen nie zu einem einheitlichen Entwurf zusammengefasst wurden« (Löw 2001: 112–113, Erg. d. Verf.). Ebenso findet sich bezogen auf die Chicagoer School eine Kritik an den methodischen Verfahren, indem die angewendeten Forschungsmethoden zur Ergebnisdokumentation als nicht ausreichend angesehen wurden. In diesem Kontext wird auf Bourdieus Weiterentwicklung und seine Ausdifferenzierung, insbesondere zu seinen Zeiten in Algerien, verwiesen:

> »Die Beobachtung verfeinerte er durch exakte Lagepläne, Karten, Fotografien und Zeichnungen. Die Kommunikation verfeinerte er zu verstehenden, strukturierten, lebensgeschichtlichen und offenen Interviews. Die Sammlung von Daten verfeinerte er zu statistischen Erhebungen, Sammlung von Sprichwörtern sowie Aufstellungen über Haushalts- und Zeitbudgets.« (Fröhlich/Rehbein 2014: 253)

Für die vorliegende Arbeit steht weniger die theoretische und methodische Weiterentwicklung der community studies als vielmehr ein punktueller Einblick in die empirischen Ansätze der Gemeindesoziologie im Fokus, die verdeutlichen können, wie bereits damals der Versuch eines Verstehens »milieuspezifische[r] Lebenswelten« (Löw 2001: 117) unternommen wurde.

4.1.1 »Get into the district« – Feldforschung der Gemeindesoziologie

Mit dem Ziel des Verstehens der Alltagswelt der Menschen wurde eine soziologische Feldforschung aus der amerikanischen Soziologie der Chicagoer School begründet, die davon ausging, dass nur »jene Aussagen über die Wirklichkeit als valide gelten könnten, die auf eigener Beobachtung basieren« (Neckel 1997: 76, zit.n. Löw 2001: 118). Im Fokus stand dabei die »Interpretation milieuspezifischer Wirklichkeitskonstruktionen« (Löw et al. 2008: 31), wenn auch noch zur damaligen Zeit mit begrenztem Wissen zu Erhebungsmöglichkeiten (ebd.). Insbesondere wurden dabei sozial benachteiligte Gruppen in den Blick genommen, um deren Perspektive auf die Welt nachvollziehbar machen zu können.

Für die vorliegende Arbeit ist insbesondere die in den Ansätzen der community studies inhärente Verknüpfung der Dimensionen Milieu und Stadtteil von Bedeutung (von Löw (2001) als Gruppen- und Ortsbezug bezeichnet). Diese hebt sie deutlich von den deutschen Gemeindestudien der Nachkriegsjahre ab, in denen insbesondere der Verwaltungsbezug dominierte. Aufgrund der im Chicago der 1920er Jahre vorzufindenden spezifischen Quartiere (italienisches Viertel, Chinatown etc.) wurde damit von einem Zusammenhang zwischen der Ansiedlung eines Milieus und einem Stadtteil ausgegangen, »so dass die Erforschung eines Milieus oft zugleich eine Stadtteilanalyse« (Löw et al. 2008: 32) war. Diese Annahme findet sich auch in Bourdieus Feststellung (1991), dass »der von einem Akteur eingenommene Ort und sein Platz im angeeigneten physischen Raum hervorragende Indikatoren für seine Stellung im sozialen Raum abgeben« (ebd.: 25, zit.n. Löw et al. 2008: 39) kann.

Wird bei der Betrachtung eines Stadtteils jedoch eine zeitliche Dimension berücksichtigt, ist diese Zuschreibung eines festen Platzes im Stadtteil und einer daraus abzuleitenden gesellschaftlichen Position zu erweitern: Stadtteile unterliegen ebenso über Jahrzehnte hinweg einem Wandel (beispielsweise hinsichtlich der Bewohner*innenstruktur), so dass sich die Positionen der Akteur*innen im Stadtteil auch verändern können. Dieser Wandel eines Stadtteils zeigt sich auch in der vorliegenden Studie (siehe hierzu Kap. 1.2.2), beispielsweise anhand einer heterogener werdenden Sozialstruktur im Laufe der Jahre (u.a. durch den Zuzug von Menschen mit Migrationshintergrund). Bei Löw (2001) findet sich diese prozesshafte Entwicklung von Räumen mit dem Begriff des »spacing« wieder, dem Prozess des Platzierens von Dingen oder Lebewesen. So verschwinden Orte nicht, »wenn Dinge/Lebewesen den Ort verlassen, sondern stehen dann für andere Besetzungen zur Verfügung« (ebd.: 124). Diese andere Besetzung führt im Weiteren dann auch zu einer neuen Verteilung von Privilegien und einem Wandel des Stadtteils, beispielsweise auch einem Imagewandel.

Ebenso bedeutsam wie die enge Verbindung von Ort und Milieu sind die aus den community studies heraus angewendeten Methoden der Felderkundung, wie beispielsweise das »nosing around«, das verstanden werden kann »als aufmerksames aber relativ zielunspezifisches Herumhängen, Mitfließen, Bummeln und Schnüffeln im Feld« (Breuer et al. 2010: 62).[1] Hierbei geht es weniger um eine zielgerichtete und standardisierte wissenschaftliche Methode als vielmehr um eine Form der Aneignung des Stadtteils, mit dem Ziel, ein *Gefühl* für den Stadtteil zu bekommen. Die Wahrnehmungen, Eindrücke, informell geführten Gespräche oder besonderen Erlebnisse dieser Aufenthalte im Stadtteil werden anschließend in Feldnotizen festgehalten. In der vorliegenden Studie wurde der Stadtteil über einen Zeitraum von knapp eineinhalb Jahren regelmäßig aufgesucht und auf verschiedenen Wegen Kontakte zu Hauptamtlichen sowie älteren Bürger*innen des Stadtteils geknüpft. Zur Übersicht über die während diesem Zeitraum des Forschungsprozesses absolvierten Arbeitsschritte sowie stattfindenden Kontakte wurde ein Forschungstagebuch geführt (für einen exemplarischen Auszug aus diesem Forschungstagebuch siehe Tab. 1).

Tabelle 1: Auszug aus dem geführten Forschungstagebuch

07.07.2016, 15 Uhr	Termin mit Frau Decker, um das Sozialraumtagebuch zu erläutern. Morgens versucht sie, mich telefonisch zu erreichen und spricht mir auf die Mailbox, dass sie aufgrund von einer Grippe den Termin verschieben muss. Wir schauen nach einem neuen Termin.
07.07.2016	Aufenthalt im Stadtteil zum Verteilen der Handzettel: Apotheke am Marktplatz (30 Stück) Apotheke in der Fußgängerzone (30 Stück) Eckkneipe (drinnen am Tresen und bei den Gästen draußen) (ca. 40 Stück)
14.07.2016, 10 Uhr	Interview mit Frau Laue bei ihr zu Hause.

---

1   Aus der ethnografischen Forschung heraus gibt es eine Bandbreite vergleichbarer Methoden, wie beispielsweise die Wahrnehmungsspaziergänge (Wildner 2003).

21.07.2016, 11 Uhr	Termin mit Frau Decker bei ihr zu Hause, um ihr das Sozialraumtagebuch vorbeizubringen und zu erläutern.
21.07.2016, 15 Uhr	Termin mit Frau Emil bei ihr zu Hause, um ihr das Sozialraumtagebuch vorbeizubringen und zu erläutern.
27.07.2016, 15 Uhr	Erste Teilnahme an der »selbstorganisierten Frauenrunde«. Der Kontakt wurde mir durch Frau Christian ermöglicht. Dort lerne ich sechs Frauen kennen. Die meisten von ihnen sind im Alter zwischen 70 und 80 Jahren.
04.08.2016, 11 Uhr	In der Kneipe hole ich das Sozialraumtagebuch von Herrn Albert ab. Er hat dieses nicht ausgefüllt, dafür aber einen Freitext über zwei DinA4-Seiten verfasst. Ich verteile ein weiteres Sozialraumtagebuch an eine Dame in der Kneipe, die sich interessiert daran zeigt.
10.08.2016, 15 Uhr	Zweite Teilnahme an der »selbstorganisierten Frauenrunde«. Morgens ruft mich Frau Christian an, um sicher zu gehen, ob sie mir beim letzten Treffen auch die Adresse für das heutige Treffen genannt hatte. Sie hat immer alle im Blick und kümmert sich.
11.08.2016	In der Kneipe hole ich das Sozialraumtagebuch von Herrn Nelles ab. Frau Robert erzählt mir, dass sie das Sozialraumtagebuch verloren habe. Im Gespräch mit ihr wird irgendwann deutlich, dass sie keine Lust hatte, es über 14 Tage auszufüllen und ihr der Zeitraum zu lang war. Auf dem Marktplatz treffe ich zufällig Frau Rudolf, die ich auf der Bank am Markt kennengelernt hatte. Da ich sie über ihre Telefonnummer, die sie mir genannt hatte, nicht erreichen konnte, frage ich nach, ob sich ihre Nummer geändert habe. Sie meinte, sie wäre nicht umgezogen und ich könnte mich nochmals bei ihr melden.

Als Ergänzung zu diesen kurzen Stichpunkten des Forschungstagebuchs wurden Notizen zu den einzelnen Treffen angefertigt. Es zeigte sich in dieser Felderkundungsphase, dass nicht nur beispielsweise Krankheiten bei den Senior*innen zur Verschiebung von Terminen führten, sondern auch aus anderen Gründen Zusagen nicht immer eingehalten werden konnten. So mündete beispielsweise das zunächst vorhandene Interesse am Sozialraumtagebuch nicht automatisch in einem Ausfüllen über den gesamten Zeitraum von 14 Tagen. Gründe hierfür waren nicht nur der zeitliche Aufwand, sondern ebenso private Ereignisse, wie beispielsweise der Tod der Mutter einer interviewten Person.

Neben den Mitschriften zu einzelnen Veranstaltungen oder Gesprächen wurden zudem Notizen zu Beobachtungen im Stadtteil angefertigt. Die folgenden Auszüge aus zwei Mitschriften geben einen Einblick in die Forschungsaufenthalte im Stadtteil.

Mitschrift »Morgendlicher Besuch beim Bäcker«
Ich fahre mit dem Bus von [Name eines angrenzenden Stadtteils] nach [Name des Stadtteils]. Eine Haltestelle, bevor ich aussteige, steigt Frau Schick ein. Sie sieht mich jedoch nicht und fährt weiter. Der Bus ist relativ voll, auch viele ältere Menschen mit Rollatoren nutzen den Bus. Ich besuche für eine Stunde die Bäckerei, trinke dort zwei Tee und esse ein Schokocroissant. Die Bäckerei ist während der Zeit sehr gut besucht und einige Leute trinken und essen dort etwas. Die sechs Tische sind jedoch nie alle gleichzeitig besetzt. Als

ich reinkomme, ist eine Frau, die im Rollstuhl sitzt, vermutlich mit ihrem Sohn und ihrer Mutter, dort. Alle lächeln mich an, als ich die Bäckerei betrete und sind sehr freundlich. Sie brechen jedoch auf, als ich mich setze. Während der Stunde meines Aufenthalts sitzen am Tisch neben mir jeweils zwei ältere Herren (geschätzt über 75 Jahre), die jedoch kein Gespräch suchen und auch nicht grüßen. Sie scheinen die Bäckerei häufiger zu besuchen, da sie kurz mit der Verkäuferin sprechen. Sie essen ihr Brötchen und machen sich dann wieder auf den Weg. Zudem besucht eine ältere Dame die Bäckerei; sie grüßt jedoch ebenfalls nicht. Da ich auf die Fußgängerzone schauen kann, sehe ich Herrn Grau an der Bäckerei vorbeilaufen. Er sieht mich jedoch nicht. Am Tisch hinter mir sitzt eine Frau, Mitte 30, mit einer Frau, Mitte 60, eventuell ihre Mutter. Beide gehen zum Rauchen vor die Tür und reden dort mit einem Bekannten (später hinzugefügte Anmerkung: Der Gesprächspartner war Herr Nelles, der mir zu diesem Zeitpunkt noch nicht bekannt war. Ich lernte ihn später in der Kneipe kennen. Ich erfahre von ihm, dass er sich in der Bäckerei regelmäßig die Bild-Zeitung kauft und dort auch seine Tochter arbeitet, während er auf den Enkelsohn aufpasst). Die beiden Frauen scheinen ebenfalls regelmäßig in die Bäckerei zu gehen. Sie kennen die Verkäuferinnen. Da sie hinter mir sitzen höre ich, dass sie sich ein Handyvideo anschauen und laut lachen. Ich drehe mich um und sage, dass mich das aber jetzt neugierig gemacht habe. Die jüngere Frau ist direkt offen und zeigt mir ein »Streich-Video«, bei dem Frauen im Supermarkt erschreckt werden. Die ältere Frau ist zurückhaltend und scheint überrascht, dass ich das Gespräch suche. Als ich die Bäckerei später verlasse verabschiede ich mich von beiden Frauen. Die Frauen erwecken den Eindruck, viel Zeit in der Bäckerei zu verbringen und sich dort häufiger aufzuhalten. Nach dem Bäckerei-Besuch spaziere ich die kleine Fußgängerzone entlang. Ich gehe in den Drogerieladen, anschließend in den 1-Euro-Laden und setze mich dann für ca. 30 Minuten auf eine Bank am Marktplatz. Da die Sonne scheint sitzen auf der Bank neben mir ein Mann und eine Frau – sie kennen sich nicht und reden nur kurz miteinander. Eine ältere Dame läuft an mir vorbei und fragt, ob es nicht zu kalt sei, draußen zu sitzen. Ich sage, es sei schön, die Sonne sei richtig warm. Dann geht sie weiter.

Mitschrift »Auf dem Wochenmarkt«
Ich besuche den Wochenmarkt bei schönem Wetter. Es sind sehr viele Leute unterwegs, fast ausschließlich ältere Leute, der Großteil vermutlich im Ruhestand – sehr viele sind mit Rollator unterwegs. Auf dem Markt komme ich am Brotstand kurz mit zwei älteren Frauen ins Gespräch, da der Hund der Frau zittert und krank zu sein scheint. Ansonsten ist es schwierig, mit älteren Personen ins Gespräch zu kommen, da alle beschäftigt oder eher skeptisch sind, wenn ich im öffentlichen Raum ein Gespräch mit ihnen suche. Auf dem Markt treffe ich Frau Schick, die derzeit das Sozialraumtagebuch zu Hause hat. Sie sagt, dass das Ausfüllen sehr viel Arbeit sei, da sie jetzt erst merke, wie viel sie unterwegs sei. Wir reden kurz und sie erzählt mir, dass sie am Dienstag mit einer Freundin im Theater gewesen sei. Der Gemeinwesenarbeiter des Stadtteils hat am Wochenmarkt immer einen Stand mit Flyern aufgebaut. Ich rede mit ihm über den aktuellen Stand meiner Arbeit und meine Eindrücke aus dem Stadtteil. Auch Herr Grau kommt vorbei. Er füllt ebenfalls wie Frau Schick derzeit das Sozialraumtagebuch aus. Er hat die Einwegkamera in der Tasche, die ich ihm gemeinsam mit dem Sozialraumtagebuch gegeben habe, und zeigt sie stolz. Er

erzählt kurz von seiner Frau, vom Markt und fragt, wann ich Zeit hätte, mal gemeinsam mit ihm durch den Stadtteil zu gehen. Er scheint mir verschiedene Orte zeigen zu wollen. Als ich kommende Woche vorschlage, sagt er, dass seine Frau zwei Arzttermine habe und daher nächste Woche schlecht sei. Wir verbleiben, dass wir telefonieren und dann einen Termin ausmachen. Am Stand des Gemeinwesenarbeiters stellt auch der Bürgerverein seine Arbeit vor. Ich komme mit einer Frau, Mitte 50, ins Gespräch, die sich erst seit kurzer Zeit im Bürgerverein engagiert und sehr aktiv in der evangelischen Kirche ist. Sie erzählt von vielen Gruppen, die es im Stadtteil gebe und möchte mir mehr dazu erzählen. Sie geht mit mir gemeinsam zur evangelischen Kirchengemeinde, wo verschiedene Flyer ausliegen (Ausflüge, Kulturveranstaltungen etc.). Anschließend gehen wir in der katholischen Kirche vorbei, wo sie mich der zuständigen Dame im Pfarrbüro vorstellt und ich entsprechende Unterlagen der katholischen Kirche erhalte. Der Stand des Gemeinwesenarbeiters steht vor der Bäckerei. Dort sitzen die beiden Frauen, mit denen ich kurz über das Handyvideo ins Gespräch gekommen bin. Sie scheinen sich nicht für den Stand und auch nicht für den Markt zu interessieren.

Die eineinhalbjährige Feldphase führte dazu, dass aufgrund des regelmäßigen Austauschs mit den Interviewten bei einigen Personen der Wunsch entstand, auch nach Beendigung der Forschungsphase den Kontakt aufrecht zu erhalten. Insbesondere für alleinlebende Interviewte bestand im Kontakt zur Forscherin zum einen die Möglichkeit des ungezwungenen Austauschs und zum anderen des *Gehörtwerdens* mit den eigenen Anliegen, Nöten und Wünschen. Hieran lassen sich zwei Aspekte verdeutlichen, die im Forschungsprozess zu reflektieren sind: Zum einen zeigt sich die Verantwortung, die mit der Durchführung einer solchen Forschung gegenüber den interviewten Personen entsteht, denn die geführten Interviews tragen nicht nur zu einem Erkenntnisgewinn für die Forscherin bei, sondern führen ebenso zu Reflexionsprozessen bei den Interviewten. Bourdieu (1998b) beschreibt dies folgendermaßen:

> »Nicht selten hatten wir das Gefühl, daß die befragte Person die gebotene Gelegenheit ergriff, sich Fragen über sich selbst zu stellen und die Angebote und Aufforderungen, die in unseren Fragen und (stets offenen, vielfältigen und häufig auf ein schweigsames Warten reduzierten) Anregungen enthalten waren, für ein klärendes und aufdeckendes Abarbeiten, gewinnbringend und schmerzhaft zugleich, zu nutzen.« (Ebd.: 792)

Diese Reflexionsprozesse entstanden in der vorliegenden Arbeit nicht nur aufgrund der Interviews, sondern zudem durch die verteilten Sozialraumtagebücher, die den Interviewten das eigene Mobilitätsverhalten vor Augen führte (siehe hierzu Kap. 4.2.2.1).

Zum anderen wurde aufgrund der langen Feldphase das von Breuer (2009) bezeichnete Phänomen des sogenannten »Doppelgängertums« (ebd.: 30) deutlich, welches beschrieben wird als »Eintauchen ins Feld, der einfühlenden Verbindung zu seinen Mitgliedern und deren Perspektiven einerseits sowie dem Heraustreten, dem Sich-Distanzieren davon, dem analytischen Blick darauf andererseits (vgl. Sutterlüty & Imbusch 2008)« (ebd.). In der vorliegenden Studie führte auch die Durchführung der Interviews in der eigenen Häuslichkeit der Interviewten sowie eine durch die interviewten Personen erlebte Gastfreundschaft zu einer emotionalen Verbindung, die im Forschungsprozess stetig zu reflektieren war.

Die skizzierte Feldphase ermöglichte nicht nur einen Überblick über die Aufenthaltsorte im Stadtteil, sondern ebenso durch informelle Gespräche die Sammlung weiterer Informationen zu den interviewten Personen. Die Anfertigung von Gesprächsnotizen war daher von besonderer Bedeutung. Im Sinne eines *Schneeballprinzips* konnten zudem wichtige weitere Ansprechpartner*innen in Erfahrung gebracht und das Feld auf diese Weise zirkulär erschlossen werden. Es war zudem bereits möglich, erste Aufenthaltsorte verschiedener Personenkreise zu identifizieren: So bestand beispielsweise zwischen den in der Bäckerei angetroffenen Frauen und dem Gemeinwesenarbeiter kein Kontakt. Auch bestand kein Interesse am Markt, der eventuell als zu hochpreisig wahrgenommen wurde. Die Bäckerei konnte jedoch ebenso wie die Kneipe als zentraler Ort des informellen Austauschs identifiziert werden. Hier zeigte sich zudem, dass Orte von jeweils ausgewählten Milieus aufgesucht wurden, so dass diese identifizierten Orte der Vergemeinschaftung auch als wichtige Hinweise für das Sampling dienten, welches im Weiteren ausführlicher dargestellt wird.

4.1.2 Auswahl des Stadtteils und Samplebildung

Die Durchführung der empirischen Erhebung fand in einem ausgewählten Stadtteil einer Großstadt Nordrhein-Westfalens statt. Auf Grundlage der Sichtung der von der Stadt zur Verfügung gestellten sozialstatistischen Daten[2] fiel die Entscheidung aus zwei Gründen auf diesen Stadtteil: zum einen aufgrund des Kriteriums des hohen Anteils von Senior*innenhaushalten[3] und zum anderen aufgrund eines relativ hohen Anteils geförderter Mietwohnungen sowie einem hohen Anteil arbeitssuchender Personen.[4] In den Jahrzehnten nach der Gründung des Stadtteils fand ein Wandel der Sozialstruktur statt (siehe Kap. 1.2.2), so dass nicht nur dieser Stadtteil, sondern auch angrenzende Stadtteile seit Mitte der 1980er Jahre in eine *soziale Schieflage* geraten sind, was zu einer Etablierung von Institutionen der Sozialarbeit im Stadtteil führte, wie beispielsweise einen durch die Kommune finanzierten Sozialarbeiter, der dort Gemeinwesenarbeit betreibt. Der Stadtteil kann damit als »monofunktionales Quartier« (Klatt/Walter 2011: 166) bezeichnet werden: Ein Stadtteil, der als Sozialwohnungssiedlung konzipiert wurde, durch den Wandel der Sozialstruktur (Arbeitslosigkeit, Zuzug von Migrant*innen) jedoch im Laufe der Zeit komplexe Problemlagen entwickelte.

Dadurch etablierte sich ein breites Netzwerk an sozialen Einrichtungen, welches bis heute durch funktionierende und tragfähige Kooperationen geprägt ist. So öffnet sich beispielsweise die im Stadtteil ansässige stationäre Pflegeeinrichtung in den Stadtteil (z.B. für Veranstaltungen anderer Institutionen).

---

2   Eine Quellenangabe ist aufgrund von Anforderungen der Anonymisierung der Großstadt sowie des Stadtteils nicht möglich.

3   Dazu zählen Ein- und Mehrpersonenhaushalte, in denen die jüngste Person mindestens 60 Jahre alt ist.

4   Angelehnt wurde sich bei der Wahl von Kriterien zur Identifizierung eines Stadtteils an Klatt und Walter (2011): »Den ausgesuchten Quartieren ist gemein, dass sie als ›Problembezirke‹ gelten, also sowohl in baulicher, infrastruktureller, ökonomischer und sozialer Hinsicht Defizite aufweisen.« (Ebd.: 59)

Der Kontakt zum Gemeinwesenarbeiter ermöglichte einen Zugang zum Stadtteil, indem nicht nur Informationen zur Entwicklung des Stadtteils sowie aktuellen Herausforderungen vermittelt wurden, sondern auch eine regelmäßige Teilnahme an einem Arbeitskreis mit Senior*innen möglich war. Dieser kann damit als Gatekeeper verstanden werden, »der das Feld kennt, dort Vertrauen genießt« (Müller 2018: 62) und dieses auf die Forscherin übertragen hat. Der Arbeitskreis traf sich alle zwei Monate und bearbeitete verschiedene Themen, die zu einem guten Altwerden im Stadtteil beitragen sollten (z.B. durch die Planung einer Stadtteilzeitung). Dieser Arbeitskreis diente als erster Kontakt zu Senior*innen des Stadtteils. Vier Personen, darunter ein Ehepaar, konnten aus dieser Gruppe heraus interviewt werden. Im Rahmen einer größeren, vom Gemeinwesenarbeiter organisierten Veranstaltung für Senior*innen, an der ca. 20 Personen teilnahmen, konnte das Promotionsvorhaben vorgestellt und hierüber ebenfalls eine Interviewperson gewonnen werden. Zudem fand durch eine ältere Dame, die an der Veranstaltung teilnahm, eine Kontaktvermittlung zu einer selbstorganisierten Frauengruppe im Stadtteil statt. Hierdurch konnten ebenfalls zwei weitere Interviewpartnerinnen gewonnen werden.

Aufgrund des Engagements des alteingesessenen Bürgervereins im Stadtteil war es zudem wichtig, auch die Arbeit des Vereins durch eine*n Vertreter*in im Sample aufzunehmen, was durch eine Kontaktvermittlung der Vorsitzenden des Vereins ermöglich wurde.

Neben dem Zugang über institutionelle Strukturen besuchte die Forscherin den Stadtteil in regelmäßigen Abständen (dazu gehörten insbesondere der Marktplatz und die kleine Fußgängerzone). Über eine Dauer von ca. eineinhalb Jahren konnten auf diesem Weg informelle Gespräche mit älteren Menschen im öffentlichen Raum (wie beispielsweise beim wöchentlich stattfindenden Markt) geführt und Treffpunkte ausgemacht werden, in Anlehnung an Robert E. Parks Methode des »nosing around« (Lindner 2007). Zu einem dieser Treffpunkte zählt auch die Kneipe, in der die Forscherin im Rahmen eines Männerstammtisches ebenfalls zwei Interviewpartner gewinnen konnte.

Aufgrund der Skepsis der Menschen bei einer Ansprache im öffentlichen Raum wurden zusätzlich Handzettel im Stadtteil verteilt (in Apotheken und Bäckereien), auf denen das Promotionsvorhaben vorgestellt wurde. Diese Handzettel dienten auch bei der öffentlichen Vorstellung der Studie im Stadtteil dazu, den Anwesenden die Kontaktdaten der Forscherin mitgeben zu können. Auf dem Zettel wurde der*die Leser*in mit kurzen Fragen direkt angesprochen:

> »Wie verbringen Sie Ihre Freizeit in [Name des Stadtteils]? Zu wem gehen Sie, wenn Sie Hilfe brauchen? Welche Angebote gibt es in [Name des Stadtteils]? Wie stellen Sie sich eine gute Nachbarschaft vor? Mich interessieren Ihre Erfahrungen!«

Bei der Entwicklung des Handzettels wurde der Begriff des bürgerschaftlichen Engagements vermieden (und auch in den Interviews nicht verwendet). Es sollte nicht das Gefühl beim Lesenden vermittelt werden, zu diesen Fragen nichts beitragen zu können, so dass die Formulierung bewusst niedrigschwellig gewählt wurde.[5]

---

5   Auch Klatt und Walter (2011) arbeiteten in ihrer Studie nicht mit dem Engagementbegriff.

Tabelle 2: Übersicht über die Stichprobe der interviewten Personen

Pseudonym	Alter	Letzte berufliche Tätigkeit	Wohndauer im Stadtteil	Kontaktaufnahme
Herr Albert	76 Jahre	Industriekaufmann bei der Bundeswehr	40 Jahre	Kneipe
Frau Christian	75 Jahre	Versicherungskauffrau	46 Jahre	Ansprache nach öffentlicher Vorstellung des Promotionsvorhabens
Frau Decker	62 Jahre	Krankenschwester	10 Jahre	Ansprache nach öffentlicher Vorstellung des Promotionsvorhabens
Frau Emil	75 Jahre	Hausfrau	47 Jahre	Ansprache nach öffentlicher Vorstellung des Promotionsvorhabens
Herr Grau	77 Jahre	Berufssoldat	41 Jahre	Arbeitskreis im Stadtteil
Frau Jakob	78 Jahre	Hausfrau	49 Jahre	Ansprache nach öffentlicher Vorstellung des Promotionsvorhabens
Herr Laue	65 Jahre	IT-Fachmann	20 Jahre	Arbeitskreis im Stadtteil
Herr Nelles	68 Jahre	Paketzusteller	43 Jahre	Kneipe
Frau Schick	75 Jahre	Sekretärin	48 Jahre	Arbeitskreis im Stadtteil
Frau Werner	76 Jahre	Sekretärin	35 Jahre	Bürgerverein

Bei der Auswahl der Interviewpersonen wurden somit gezielt unterschiedliche Wege der Kontaktaufnahme gewählt und neben institutionellen Settings ebenfalls Kontakte durch Gespräche im öffentlichen Raum oder der Kneipe des Stadtteils geknüpft. Aufgrund dieser langen Forschungsphase begann die Auswertung der ersten Interviews zeitlich parallel zu der Erhebung weiterer Daten, im Sinne des theoretical sampling (Lamnek/Krell 2016). Aufgrund der langen Feldphase wurden neben den ausgewerteten zehn Interviews viele weitere Kontakte geknüpft und auch von mehreren Personen die Sozialraumtagebücher ausgefüllt, diese aber nicht alle anschließend interviewt. Ausschlaggebend für ein anschließendes Interview waren insbesondere die im Sozialraumtagebuch zu erkennenden Netzwerke und Hilfeleistungen.[6]

---

6 Die verschiedenen Wege der Kontaktaufnahme zu den Interviewten waren nicht immer erfolgreich: Über den Kontakt zu einem ambulanten Pflegedienst war auch geplant, ältere Menschen in der eigenen Häuslichkeit zu erreichen und damit den Zugang nicht nur über den öffentlichen Raum zu wählen. Dies stellte sich jedoch als schwierig dar, da beispielsweise ein Wohnortwechsel oder ein sich verschlechternder Gesundheitszustand langfristigen Kontakt erschwerten.

Um nicht zwei Generationen im Sample zu haben und damit eventuell Generationeneffekte zu produzieren, wurde die Altersgruppe beschränkt auf 65- bis 75-jährige Bürger*innen eines Stadtteils.[7] Mit der Erkenntnis, dass das kalendarische Alter nicht als alleiniges Kriterium ausschlaggebend sein kann, wurden auch Personen ins Sample aufgenommen, die zwei oder drei Jahre älter oder jünger waren.

Insgesamt lagen am Ende des Forschungsprozesses 13 Sozialraumtagebücher vor sowie eine selbstverfasste schriftliche Form eines Tagesablaufes. Davon wurden 11 Personen interviewt und 10 Interviews ausgewertet. Eine Übersicht zu den interviewten Personen, die abschließend in die Auswertung aufgenommen wurden, findet sich in Tabelle 2.

An die Darstellung des Forschungszugangs über einen ausgewählten Stadtteil und das Sampling schließen im Weiteren die methodologischen Ausführungen zur Habitushermeneutik und die Vorstellung der Erhebungsmethoden an.

4.2 Methodologische und methodische Anlage der Studie

Die methodologische Anlage der Studie knüpft an die von der Enquete-Kommission (2002a) formulierte Erkenntnis an, dass das Engagement älterer Menschen »weniger mit dem Lebensabschnitt Alter, sondern mehr mit der Zugehörigkeit zu einem bestimmten sozialen und kulturellen Milieu [...] zu tun« (ebd.: 101) hat. Dies wird in der empirischen Anlage der vorliegenden Arbeit durch die im skizzierten Habituskonzept (siehe Kap. 3.1) angelegte Verbindung zwischen Engagementtätigkeiten älterer Menschen und den habitusspezifischen Dispositionen aufgegriffen. Die empirische Erhebung geht davon aus, dass der Habitus »als handlungsorganisierendes Prinzip (›modus operandi‹) [...] in den Praktiken eines Akteurs (›opus operatum‹) eine bestimmte Handschrift [hinterlässt]« (Bremer/Teiwes-Kügler 2013: 200, Erg. d. Verf.), und diese Handschrift somit auch in den Praktiken des Engagements wiederzufinden ist. In diesem Sinne ist das Lesen der »Handschrift« als spezifische Deutungsarbeit der sozialen Praxis zu verstehen und kann nicht etwa auf Grundlage der sozialen Position oder der vorhandenen Kapitalien der Individuen vorgenommen werden. In der vorliegenden Arbeit findet sich die soziale Praxis in den Erzählungen der themenzentrierten Interviews sowie den strukturierten Sozialraumtagebüchern wieder, welche die empirische Materialgrundlage bieten. Anhand dieses Materials wurde der Habitus, verstanden als ein Bündel von manifesten sowie latenten Vorstellungen, entschlüsselt. Es wird davon ausgegangen, dass sich im Material Hinweise auf Beweggründe für Engagement finden lassen, die den Interviewten nicht bewusst sind, und somit diese latenten Inhalte ebenfalls in Erfahrung gebracht werden. Daher wurde auf ein hermeneutisches Verfahren zurückgegriffen.

---

7   Da in der Gerontologie der Eintritt in die nachberufliche Lebensphase als signifikanter Umbruch bezeichnet wird, wurden Personen ab dem 65. Lebensjahr interviewt. Nicht nur aufgrund des Generationeneffekts, sondern auch aufgrund der Tatsache, dass ab dem 75. Lebensjahr ein Absinken des ausgeführten Engagements festzustellen ist (Schroeter 2006b: 10), wurde die Obergrenze auf das 75. Lebensjahr festgelegt.

Im Folgenden wird zunächst eine Einführung in die Methodologie der Habitushermeneutik gegeben und der sich daraus ergebende Zugang zu Engagement dargestellt, um hieran anschließend ausführlicher auf die Erhebungs- und Auswertungsmethoden einzugehen (Sozialraumtagebücher, themenzentrierte Interviews sowie die Habitushermeneutik als Auswertungsmethode).

4.2.1 Habitushermeneutik als »verstehender« Zugang zur Alltagswelt

Der Begriff der Hermeneutik weist darauf hin, »dass die Dinge nicht für sich sprechen, sondern ausgelegt werden müssen« (Lange-Vester/Teiwes-Kügler 2013a: 157). Im Hinblick auf den Habitus bezieht sich diese Auslegungs- und Deutungsarbeit auf die den Akteur*innen verinnerlichten Klassifikationsprinzipien, die ihnen eine Orientierung in der sozialen Welt ermöglichen (ebd.: 157) und besonders prägend am Ursprung und Ort ihrer Entstehung waren, indem sie über die gesamte Lebensspanne ergänzt, bestätigt und teils auch verändert wurden. Von zentraler Bedeutung für diese Deutungsarbeit ist die von Bourdieu aufgemachte Differenzierung einer »primären Sinnschicht« von einer »sekundären Sinnschicht« (Bremer/Teiwes-Kügler 2013: 97–98): Dabei steht die primäre Sinnschicht für die direkte und zugängliche Ebene der Erfahrungen, die damit offensichtlich erscheint, während sich in der sekundären Sinnschicht zum einen die hinter den explizit geäußerten Aussagen latente Inhalte finden lassen und diese zum anderen »die Wirksamkeit latenter gesellschaftlicher Strukturen verbirgt« (Lange-Vester/Teiwes-Kügler 2013a: 157). Daher bringt erst die Einbindung dieser sekundären Sinnschicht ein umfassendes Verständnis für den sozialen Sinn hervor, den die Handlungen der Akteur*innen beinhalten: »Erst im Lichte einer höheren Schicht [...] gewinnt die untere Schicht ihre volle Bedeutung.« (Bourdieu 1970: 129, zit.n. Bremer/Teiwes-Kügler 2013: 203) Dahinter steht die Annahme, dass »die Handelnden nie ganz genau wissen, was sie tun« (Bourdieu 1987: 127, zit.n. Bremer/Teiwes-Kügler 2013: 207), also dass »ihr Tun mehr Sinn hat, als sie selber wissen« (ebd.). Anspruch der forschenden Tätigkeit ist daher, diesen verborgenen Sinn freizulegen und dafür auf ein sozialwissenschaftliches Deuten und Verstehen zurückzugreifen, welches durch eine besondere Haltung hinsichtlich des Umgangs mit dem empirisch gewonnenen Material gekennzeichnet ist. Dafür bedeutsam ist die spezifische Situation, in der der*die Forschende sich befindet. Im Gegensatz zum Alltagsgeschehen kann wissenschaftliches Verstehen ohne Zeit- und Handlungsdruck erfolgen (Lange-Vester/Teiwes-Kügler 2013a). In Abgrenzung zu den sozialen Akteur*innen liegt somit eine Distanz zu den alltäglichen Interaktionen vor. Der hier gewählte forschende Zugang hinterfragt mit einem Abstand diese Alltagspraxis hinsichtlich ihrer gesellschaftlichen Herrschaftsstrukturen, was zu einer zusätzlichen Ebene der Erkenntnis führt (ebd.).

Bezogen auf die Analyse empirischen Materials fordert Bourdieu einen »doppelten Bruch« (Bourdieu 1987: 49–53), der zum einen dafür steht, die Perspektive der Akteur*innen zu rekonstruieren und zum anderen parallel dazu (eigene) Selbstverständlichkeiten zu hinterfragen (Lange-Vester/Teiwes-Kügler 2013a: 158), denn es reiche nicht aus, die subjektive Sicht der Interviewten wiederzugeben, da diese immer auch aufgrund ihrer Position und Eingebundenheit verzerrt ist. Umso wichtiger ist es, in der Analyse diese subjektiven Perspektiven mit den »gesellschaftlichen Bedingungen ihrer

Genese in Beziehung« (Lange-Vester/Teiwes-Kügler 2013a: 158) zu setzen. Zum anderen beschreibt Bourdieu mit dem doppelten Bruch, dass die Forschenden selbst ihre eigenen Wahrnehmungskriterien kritisch reflektieren müssen: »Sie müssen Distanz herstellen zu einer sozialen Welt, der sie selbst angehören.« (Lange-Vester/Teiwes-Kügler 2013a: 158) Der zweite Bruch besteht folglich darin, mit der Illusion zu brechen, mit Hilfe von wissenschaftlichem Vorgehen eine Objektivität herstellen zu können, von Bourdieu auch als »Objektivierung des Objektivierens« (Bourdieu et al. 1991) bezeichnet.

Für die vorliegende Arbeit war es daher von Bedeutung, die Beeinflussung des eigenen Standortes beispielsweise durch die Auswahl der Forschungsfragen und der Methodik zu reflektieren, von Bourdieu als »epistemologische Wachsamkeit« (Bourdieu et al. 1991: 85, zit.n. Lange-Vester/Teiwes-Kügler 2013a: 158) bezeichnet. Diese Reflexionsprozesse ermöglichen es, die Interviewten nicht mit defizitären Kriterien zu belegen, beispielsweise als unkritisch oder unpolitisch (Lange-Vester/Teiwes-Kügler 2013a: 159), und in der vorliegenden Arbeit etwa als nicht engagiert zu bezeichnen. Das Einnehmen des Standorts der Befragten sowie der daraus verstehende Zugang zu den Handlungen und dem Sinn bezeichnet Bourdieu (1997b) auch als »geistige Übung« (ebd.: 785), durch die jeweils der Standort der Befragten eingenommen werden soll und aus der heraus die Handlungen jeweils Sinn ergeben.

Diese von Bourdieu beschriebene »geistige Übung« ist für die in der Arbeit beleuchtete Engagementdebatte von besonderer Bedeutung, denn wie einführend dargestellt unterliegt der Engagementdiskurs deutlichen Vorannahmen und Grenzziehungen (siehe unter anderem Kap. 1.1.1 und Kap. 1.1.2). In der vorliegenden Arbeit hingegen steht der subjektive Sinn im Fokus, und damit verbunden die Frage, wie aus der Lebenswelt heraus ein Engagement in der nachberuflichen Lebensphase gewählt wird. Die im Wissenschaftsdiskurs aufgemachten Definitionen und Eingrenzungen erscheinen hierfür eher hinderlich in der Wahrnehmung der Alltagswelt, weil sie kaum Offenheit hinsichtlich der Eigenlogik der Individuen zulassen. Vielmehr geht es darum, diesen die Möglichkeit zu bieten,

> »ihre eigene Sichtweise von sich selbst und der Welt zu konstruieren, und jenen Punkt innerhalb dieser Welt festzulegen, von dem aus sie sich selbst und die Welt sehen, von dem aus ihr Handeln verständlich und gerechtfertigt ist, und zwar zuallererst für sie selbst« (Bourdieu 1998b, zit.n. Barlösius 2011: 138).

Gelingt es, Engagement als eine soziale Praxis zu verstehen, die für jede* Einzelne*n einen Sinn ergibt, sind die genannten Kriterien und Dimensionen zur Erfassung von Engagement zunächst zweitrangig. An erster Stelle stand daher im Forschungssetting, die Menschen selbst zu Wort kommen zu lassen, sie im Rahmen von Interviews ihre Perspektive und ihre Sicht auf die Welt entfalten zu lassen. Dabei war es von besonderer Bedeutung, durchgehend aufmerksam zu bleiben und bei Schilderungen der Alltagspraxis nicht davon auszugehen, »man habe das alles bereits gesehen und gehört« (Bourdieu 1998b: 788). Mit dieser Haltung wurde den Interviewten signalisiert, dass sie mit ihrer Lebensgeschichte im Zentrum stehen und sie damit die Möglichkeit hatten, selbst Schwerpunkte und thematische Anliegen zu formulieren. Diese Haltung des zugewandten aktiven Einlassens auf die Lebenswelt zeigte sich auch darin, nicht von Beginn an auf das zentrale Thema der Arbeit, das Engagement, abzuheben, sondern den interviewten Personen Raum für ihre Erzählungen zum Leben im Stadtteil zu geben und damit verbunden nicht in eine Frage-Antwort-Situation zu verfallen.

Im Weiteren wird die konkrete Umsetzung des Forschungsprozesses anhand der Erhebungsmethoden sowie der Habitushermeneutik als Auswertungsmethode vorgestellt.

4.2.2 Erhebungs- und Auswertungsmethoden

Die vorliegende Arbeit richtet den Blick gezielt auf sozialräumliches Engagement, da im Alter der soziale Nahraum grundsätzlich an Bedeutung gewinnt und für sozial- und bildungsbenachteiligte Ältere nochmals in zunehmendem Maße (siehe Kap. 2.2.5). Um zum Zeitpunkt der Durchführung der Interviews bereits Hinweise auf zum einen Alltagsroutinen und zum anderen Gesellungsorte im Stadtteil zu erhalten, wurde vorab mit strukturierten Sozialraumtagebüchern (Bleck et al. 2011) gearbeitet.

4.2.2.1 Strukturierte Sozialraumtagebücher

Nicht nur aufgrund eines sozialräumlichen Zugangs über einen exemplarisch ausgewählten Stadtteil, sondern auch aufgrund des Engagementverständnisses, welches Vergemeinschaftungsformen als Ausgangspunkt für Engagement nimmt, wurde eine Methode ausgewählt, die die Identifizierung von Gesellungsorten im Stadtteil ermöglichte. Hiermit konnte nicht nur in Erfahrung gebracht werden, ob und wie Hilfe beispielsweise in der Nachbarschaft übernommen wurde, sondern zudem auch die für das zugrundeliegende Engagementverständnis bedeutsamen Gesellungsstile und -orte (vgl. Vester et al. 2001) entschlüsselt werden. Um diese milieuspezifischen Kohäsionsmuster zu identifizieren, wurde als Alternative zu Geilings Studie (2000) in Hannover Vahrenheide, in der eine »systematische Bestandsaufnahme lokaler Orte der Geselligkeit sowie der alltäglichen Lebensabläufe mit Hilfe von Quartiersbegehungen, Dokumentationen« (ebd.: 22) vorgenommen wurde, auf die Methode der strukturierten Sozialraumtagebücher (Bleck et al. 2013) zurückgegriffen. Diese Methode wurde im gerontologischen Kontext von einem Forschungsteam der Fachhochschule Düsseldorf weiterentwickelt und dient zur Erfassung von Bewegungs- und Nutzungsräumen der Senior*innen in ihrem Wohnquartier.[8] In der vorliegenden Studie diente die Methode weniger zur Entschlüsselung der Infrastruktur und Mobilität, sondern vielmehr zur Identifizierung von Treffpunkten und Orten der Vergemeinschaftung. Daher wurden die Kategorien (Anlass, Ort/Ziel, Kontakte, Eindrücke, genutzte Verkehrsmittel) entsprechend angepasst und sich zudem zum besseren Verständnis dazu entschieden, die Kategorien als Fragen zu formulieren und nicht in kurzen Überschriften wie »Anlass«, »Zeitrahmen« etc. (siehe für einen Auszug aus der Tagebuchvorlage, Abb. 10).

Über vierzehn Tage wurden die Senior*innen gebeten, alle Aktivitäten dort einzutragen, sobald sie die Wohnung/das Haus verlassen. Der von Bleck et al. (2013) als

---

8 Die Entwicklung der strukturierten Sozialraumtagebücher wurde angelehnt an die Sozialraumtagebücher (May/Alisch 2013) und die vorstrukturierten Tagebücher (Saup 1993).

bedeutsam angesehene anschließende Austausch zu den ausgefüllten Sozialraumtagebüchern mit den Senior*innen wurde auch in der vorliegenden Studie berücksichtigt, indem nach dem Ausfüllen der Tagebücher immer ein Gesprächstermin vereinbart wurde. Deutlich wurde, dass Reflexionsprozesse zur eigenen Aktivität und Mobilität in Gang gesetzt wurden, denn teilweise wurden Gründe angeführt, warum der Stadtteil kaum verlassen wurde (Hinweise auf körperliche Beeinträchtigungen wie Knieprobleme oder den Hinweis, als Alleinstehende keine kulturellen Veranstaltungen in der Innenstadt zu besuchen), was den Eindruck einer Rechtfertigung gegenüber der Forscherin erweckte. Deutlich wird an diesen Äußerungen, dass das Ausfüllen des Tagebuchs zu Reflexionen der Interviewpersonen hinsichtlich der Tagesgestaltung führt und für diese Anstöße entsprechend ein Reflexionsrahmen bereitgestellt werden sollte.

Abbildung 10: Auszug aus der Vorlage des Sozialraumtagebuchs

Tag					
Datum:					
Besonderheiten des Tages:					
Warum habe ich die Wohnung verlassen?	Wann habe ich die Wohnung verlassen? Wann bin ich zurückgekehrt?	Wo bin ich hingegangen/ hingefahren?	Mit wem habe ich mich getroffen/ hatte ich Kontakt?	Was habe ich dort gemacht?	Was waren meine Eindrücke?

Die Personen erhielten neben der Vorlage des Tagebuchs, in dem die genannten Kategorien tabellarisch aufgelistet sind, eine Einwegkamera. Damit konnten die aufgesuchten Orte und der Weg dorthin festgehalten werden. Diese Kamera wurde jedoch nur von einer Person genutzt. Aufgrund der Rückmeldungen der Senior*innen lässt sich vermuten, dass die zurückgelegten Wege und Aufenthaltsorte nicht als spannend genug wahrgenommen wurden, als dass sie eine Fotografie wert seien.

Auf Grundlage der Ergebnisse der Sozialraumtagebücher konnten erste Hinweise auf Treffpunkte, häufig aufgesuchte Orte und Orte der Geselligkeit identifiziert werden (beispielsweise Kirchenbesuche, Kneipenbesuche oder Treffpunkte im Stadtteil, wo ein regelmäßiger Austausch im öffentlichen Raum stattfindet). Anhand der Ergebnisse der Sozialraumtagebücher wurde zudem erkennbar, ob sich die Senior*innen vermehrt in familialen Kontexten, in freundschaftlichen und/oder nachbarschaftlichen Netzwerken bewegten.

Mit Hilfe des Sozialraumtagesbuches war somit die Identifizierung sogenannter »Gesellungspraktiken« (Vester et al. 2001: 549) möglich, indem Häufigkeiten und Reichweite bestimmter geselliger und sozialer Aktivitäten festgehalten wurden. Grundeinstellungen zum Umgang mit Familie, Freund*innen und Bekannten, von Vester et al. als Gesellungsstile bezeichnet (Vester et al. 2001: 548f), konnten jedoch umfassend erst durch das anschließende themenzentrierte Interview mit den Senior*innen beleuchtet werden. Die Informationen aus dem Sozialraumtagebuch dienten daher insbesondere zur Vorbereitung der anschließenden Interviews, so dass die Sachebene im Fokus stand und eine inhaltsanalytische Auswertung vorgenommen wurde. Der Gesprächsleitfaden wurde vor jedem Interview auf Grundlage der Nachbesprechung zum Sozialraumtagebuch entsprechend angepasst und überarbeitet.

4.2.2.2 Themenzentrierte Interviews

Zur Beantwortung der Forschungsfragen (siehe Kap. 1.2.1) wurden leitfadengestützte themenzentrierte Interviews[9] (Lamnek/Krell 2016) geführt, die die Engagementerfahrungen der Befragten in den Blick nahmen und damit den Kern der empirischen Studie darstellen. Die Methode des themenzentrierten Interviews, in Anlehnung an das von Leithäuser und Volmberg entwickelte Verfahren der themenzentrierten Gruppendiskussion (Schorn 2000), geht nicht von einem*r neutralen Interviewer*in aus, sondern beschreibt vielmehr den Versuch einer Annäherung an die alltägliche Kommunikation. Diese Annahme scheint für die vorliegende Studie anschlussfähig an Bourdieus Ausführungen zum »soziologischen Beruf« (Bourdieu 1998b: 780), in der die »reflexive Reflexivität« (ebd.) betont wird, die es erlaubt »die Effekte der gesellschaftlichen Struktur, innerhalb derer sich dieses Interview vollzieht, wahrzunehmen und zu kontrollieren« (ebd.). Denn Bourdieu geht davon aus, dass es der*die Interviewer*in ist, »der [*die] das Spiel beginnt und die Spielregeln bestimmt« (ebd.: 781, Erg. d. Verf.). Diese von Bourdieu skizzierte Gefahr der Ausübung symbolischer Gewalt in der Interviewsituation gilt es zu reflektieren, »denn bereits in der Struktur der Befragungsbeziehung an sich sind alle möglichen Verzerrungen angelegt« (ebd.: 780).

Bei der Ansprache der interviewten Personen war es zudem von Bedeutung, nicht den Begriff des »Interviews« zu verwenden, sondern das Anliegen zu formulieren, ein »Gespräch« zu führen. Der Begriff des Interviews impliziert bei vielen Personen wenig narrative Anteile (Breuer et al. 2010: 63), so dass durch den Begriff des Gesprächs stärker ein dialogartiger Austausch beschrieben wird. Die Herausforderung in der Interviewdurchführung lag aufgrund der Thematik der Studie insbesondere darin, nicht nur über ausgeübtes bürgerschaftliches Engagement, sondern auch über *kleine Hilfeleistungen* im Alltag, die oft keiner Rede wert sind, ins Gespräch zu kommen. Aus diesem Grund wurde bereits bei der Anfrage nach einem Gespräch sowie auch in dem vor dem Interview erläuterten Thema des Gesprächs nicht mit dem Begriff »Engagement« gearbeitet. Hierbei hätte die Gefahr bestanden, dass die Interviewten frühzeitig den Eindruck erhielten, keinen Beitrag für die Studie leisten zu können. Daher wurden vielmehr im Interview die Erfahrungen des Zusammenlebens im Stadtteil sowie vorhandene Kontakte und Netzwerke in Familie, Freundschaften und Nachbarschaften thematisiert. Diese Bereiche wurden nicht alle systematisch im Interview besprochen, sondern insbesondere die Netzwerke thematisiert, in denen sich die Person schwerpunktmäßig bewegte (auf Grundlage der Kenntnisse aus den Sozialraumtagebüchern). Damit wurden auch niedrigschwellige Hilfs- und Unterstützungsstrukturen sichtbar.

---

9 Da nicht die Entwicklung des Engagements über den Lebensverlauf im Fokus der Erhebung stand, sondern das aktuelle Engagement, wurden keine lebensgeschichtlichen Interviews geführt. In den Interviews wurden jedoch biografische Passagen aufgenommen, die für die Entschlüsselung des Habitus aus dem Interviewmaterial von Bedeutung sind.

Diese Tätigkeiten, die so häufig unsichtbar bleiben und als Selbstverständlichkeit im Zusammenleben gelten, sollten damit Raum bekommen und gleichzeitig damit auch den Menschen die Möglichkeit der Sichtbarkeit zugesprochen werden, »deren Erfahrungen weder im politischen Diskurs noch durch standardisierte Sozialforschung ausreichend repräsentiert sind« (Neckel 1997: 81).

Im Rahmen der Auswertung der Interviews stand die Herausarbeitung des Habitus im Fokus und damit die Verdeutlichung, wie sich der Habitus im gewählten Engagement niederschlägt. Dementsprechend wurden in Anlehnung an Studien aus der Habitus- und Milieuforschung (u.a. Bremer et al. 2015; Lange-Vester/Teiwes-Kügler 2013b) auch entsprechende Fragen in den Leitfaden aufgenommen, die die Entschlüsselung des Habitus ermöglichten. Es wird zwar davon ausgegangen, dass in der Beschreibung einer Alltagspraxis immer die Entschlüsselung der Klassifikationsschemata des Habitus möglich ist, zudem jedoch durch gewisse *Standardfragen* an jede*n Interviewte*n zusätzliche hilfreiche Informationen gewonnen werden können: Dazu gehört beispielsweise neben der Einstiegsfrage nach einem typischen Tagesablauf auch die abschließende Frage, was der Interviewperson wichtig im Leben sei oder aber auch biografische Elemente, wie beispielsweise die Frage nach Mitgliedschaft in Vereinen in der Jugendzeit oder dem Engagement der Eltern.

Hinsichtlich des Ortes sowie der Zeit der Durchführung der Interviews orientierte sich die Forscherin an den Wünschen der Interviewten. Der Großteil der interviewten Personen lud die Forscherin zu sich nach Hause ein. Zwei Interviews fanden aber auch in der Altenpflegeeinrichtung des Stadtteils statt, da sich dort der Arbeitskreis traf und der Ort der Interviewerin sowie den Interviewten bekannt war. Zwei weitere Interviews wurden zudem in der Kneipe im Stadtteil geführt, in der auch der Kontakt zustande kam. Die Dauer der Interviews lag zwischen 30 Minuten und zweieinhalb Stunden.

Nach Einwilligung der Interviewten wurden die Interviews aufgenommen und anschließend transkribiert. Dabei wurde auf eine möglichst wortgetreue Transkription geachtet und auch Besonderheiten des Sprechens, wie Betonungen oder längere Pausen berücksichtigt, um eine habitushermeneutische Auswertung zu ermöglichen. Dialekte wurden sprachlich geglättet. Zudem wurden die wichtigsten Sozialstrukturdaten in einem nach dem Interview ausgeteilten Fragebogen eingeholt.

4.2.2.3 Habitushermeneutik als Auswertungsmethode

Bourdieu selbst hat keine konkrete Methode entwickelt, mit deren Hilfe der Habitus aus empirisch gewonnenem Material identifiziert werden kann (Bremer/Teiwes-Kügler 2013: 203), so dass seit den 1990er Jahren auf Grundlage von Bourdieus wissenschaftstheoretischen Positionen die Hannoveraner Forschungsgruppe um Vester et al. die Habitushermeneutik entwickelte (Bremer/Teiwes-Kügler 2013; Lange-Vester/Teiwes-Kügler 2013a). Die Habitushermeneutik ist ein »Verfahren zur Analyse gesellschaftlicher Gruppen sowie auch von Lebens- und Sichtweisen einzelner Personen« (Lange-Vester/Teiwes-Kügler 2013a: 149) und kann insofern als »Konstruktionsarbeit« (ebd.: 171) verstanden werden, als dass Handlungen oder auch der Umgang mit Konflikten »vorreflexiv« (Bremer/Teiwes-Kügler 2013: 203) geschehen und damit aus Erzählungen im Rahmen von Interviews die Muster der Alltagspraxis nur indirekt erschlossen werden können (ebd.). Als Methode der typenbildenden Mentalitäts- und Milieuanalyse ist das Ziel der Auswertung die Entschlüsselung der Struktur sozialen Handelns und die Identifizierung von habitusspezifischen Deutungsmustern im Rahmen des ausgeübten Engagements. Mit Hilfe der Auswertung sollen die manifesten sowie die latenten Sinngehalte identifiziert werden und diese miteinander in Beziehung gesetzt werden (im Sinne der bereits genannten primären und sekundären Sinnschicht Bourdieus, siehe Kap. 4.2.1). Die Auswertung orientierte sich an einem mehrstufigen Verfahren (vgl. Lange-Vester/Teiwes-Kügler 2013a; Bremer/Teiwes-Kügler 2010). Auf Grundlage der transkribierten Interviews wurde zunächst (1) eine jeweilige Rekonstruktion der subjektiven Perspektive der interviewten Person vorgenommen, indem nicht nur einzelne Praxisformen in den Blick genommen wurden, sondern ein umfassendes Bild und damit ein Gesamtkonstrukt des Falls geschaffen wurde (Bremer/Teiwes-Kügler 2010). Dafür wurden umfangreiche Fallanalysen angefertigt. In einem anschließenden Schritt ging es (2) um die Einbeziehung der Kontextbedingungen und der vorhandenen Möglichkeiten, die zum Erwerb bestimmter Handlungsweisen geführt haben (Lange-Vester/Teiwes-Kügler 2013a). Anliegen war es daher, »die habitustypische Verzerrung dieser Perspektive offenzulegen, die subjektive Konstruktion der Befragten also zu interpretieren und einzuordnen« (Bremer 2001: 54) (in Kap. 4.2.1 beschrieben als zweite Sinnschicht). Um diesen Schritt durchführen zu können und auch eine Auswertung in Richtung einer Habitusanalyse zu ermöglichen, wurde dafür auf analytische Elementarkategorien zurückgegriffen, die sich in zahlreichen Forschungskontexten relevant gezeigt haben (siehe Abb. 11).

Diese Kategorien orientieren sich an den sozialen »Teilungs- und Gliederungsprinzipien« der Akteur*innen, die nicht bewusst wahrgenommen werden, jedoch die Gesellschaft durchziehen: Mann-Frau, Alte-Junge, Stadt-Land, Herrschende-Beherrschte etc. (vgl. Bremer/Teiwes-Kügler 2010). Entwickelt wurden die Elementarkategorien aus Bourdieus theoretischen Ausführungen sowie aus dem empirischen Material diverser Studien, so dass es sich dabei »um abstrahierende und teilweise auch um idealtypisch gebildete Begriffe« (Lange-Vester/Teiwes-Kügler 2013a: 161) handelt, die als unterstützendes Instrument im Auswertungsprozess hinzugezogen, aber nicht schematisch an das Material angelegt wurden. Sie konnten dabei helfen, vertikale und horizontale Differenzierungen im Sozialraum vorzunehmen.

Diese gesellschaftlichen Verhältnisse, die soziale Ordnung, ist den Individuen nicht nur äußerlich, sondern sie »lernen, mit und in den gesellschaftlichen Teilungen zu denken und zu handeln« (ebd.: 252). Dabei bilden die Gegensatzpaare (hierarchisch – egalitär, individuell – gemeinschaftlich etc.) jeweils einen Zug des Habitus, also ein Denk- und Handlungsmuster, das in der sozialen Praxis erkennbar werden kann (ebd.). Angelehnt an die Typenbildung Adornos et al. (1973) wird damit ein Typus des Habitus verstanden als »Ensemble verschiedener Züge, die zusammen gehören und eine spezifische Figur, oder anders gesagt, einen spezifischen Sinnzusammenhang bilden« (ebd.). Die Gegensatzpaare sind dabei jeweils an Extreme angelehnt, die so kaum in der Realität vorkommen, sondern häufiger eine Tendenz zu einem der beiden Pole festzustellen ist. Zudem sind die Züge in der jeweiligen Verbindung mit den anderen Zügen zu verstehen, so dass unterschiedliche Zusammensetzungen zu finden sein können. Ferner sind die jeweiligen Züge nur vor dem Hintergrund des Zusammenhangs von Feld und

Habitus zu deuten, denn so können hinter den jeweiligen Polen (Askese, Individualität etc.) unterschiedliche Praxisformen stehen, je nach Milieu, in dem sie sich finden lassen. Der Auswertungsprozess kann daher als »hermeneutische Spirale« (ebd.: 163) bezeichnet werden, indem vom Material über den Rückgriff auf die Kategorien wieder zum Material zurückgekehrt wird, um so den Fall in sich schlüssig und stimmig darzustellen und Äußerungen in einen Zusammenhang zu bringen. Daraus ergab sich dann eine Struktur, die als Ensemble verschiedener Habituszüge verstanden werden kann.

Abbildung 11: Analytische Elementarkategorien zur Habitus-Hermeneutik

(heuristische Synopse aus den Projekten „Soziale Milieus im gesellschaftlichen Strukturwandel", „Kirche und Milieu", „Studierendenmilieus in den Sozialwissenschaften")

asketisch methodisch; planend; Pflicht; (Trieb-) Verzicht steht vor Lust und Genuss; Selbstbeherrschung;	**hedonistisch** spontan; ungeplant; ungeregelt; lustbetont; Spaß; Lust und Genuss statt Pflicht und Verzicht; Erlebnisorientierung;
ideel spirituell; metaphysisch; Neigung zur Abstrahierung von der dinglichen Realität; vergeistigt; intellektuell; idealistisch; Betonen des Anspruchs auf ‚Authentizität';	**materiell** körperbetont; ‚weiblich'; praktisch; Orientierung am konkret Fassbaren; verdinglicht; realistisch; Pragmatismus; Orientierung an Machbarkeit und Notwendigkeit;
hierarchisch autoritätsorientiert bis autoritär; Statusdenken; positive Bewertung von Ordnung und Unterordnung; häufig: Ressentiments;	**egalitär** partnerschaftlich; demokratisch; gleichberechtigt; Anspruch auf Partizipation und Mitgestaltung; integrativ; „leben und leben lassen";
individuell Vorrang des Selbst vor der Gemeinschaft; Autonomie: Anspruch auf Unabhängigkeit und Selbstbestimmung (‚jeder ist für sich selbst verantwortlich'); häufig Streben nach Selbstverwirklichung und Persönlichkeitsentfaltung; Neigung zu Egozentrik; abgrenzen von der ‚Masse'; Betonung von ‚Einzigartigkeit' und Unkonventionalität;	**gemeinschaftlich** Gemeinschaft steht vor individuellen Ansprüchen; Rücksichtnahme auf Konventionen; Bereitschaft zu Kompromissen; teilweise Anpassung und Konformismus; Geselligkeit, Sicherheit und Geborgenheit; bisweilen Anlehnung an bzw. Entlastung durch die Gemeinschaft;
ästhetisch Form steht vor Inhalt; Vorrang der Ästhetik vor Funktionalität; Distanzierung von unmittelbaren und direkten Ausdrucksformen; Stilisierung von Praktiken; Betonung des ‚Schönen' und Stilvollen gegenüber Nützlichkeit und Zweckmäßigkeit; Feingeschmack;	**funktional** Inhalt ist wichtiger als Form; Orientierung an Funktionalität; Zweckmäßigkeit und Nützlichkeit stehen im Vordergrund; unmittelbare und direkte Ausdrucksformen herrschen vor; Notwendigkeits- oder Grobgeschmack;
aufstiegsorientiert Streben nach ‚Höherem'; karriere- und Statusorientierung; konkurrenzorientiert, z.T. kalkülbetontes Verhalten und Ellenbogenmentalität; z.T. Auf- bzw. Abstiegsängste;	**sicherheitsorientiert** „Lieber den Spatz in der Hand als die Taube auf dem Dach"; realistischer Sinn für die eigenen Grenzen; geringe Risikobereitschaft; Festhalten an Vertrautem und Gewohntem; „Jeder sollte an seinem Platz bleiben und das Beste daraus machen";
Herrschaft Machtansprüche; Dominanz; sozialer Blick von oben nach unten; z.T. karitativ; z.T. offen ausgrenzend und elitär; symbolische Formen der Herrschaft über hochkulturelle Muster;	**Ohnmacht** Fatalismus; sich dem Schicksal ausgeliefert fühlen; dichotomes Weltbild; sozialer Blick von unten nach oben;
Selbstsicherheit selbstbewusst; Selbstgewissheit im Umgang mit Anforderungen; Anspruchshaltung; meist zielsicher; Zukunftsoptimismus;	**Unsicherheit** Selbstzweifel; wenig Selbstvertrauen; soziale Distanz zu Autoritäten; wenig Zuversicht, die gestellten Anforderungen bewältigen zu können; häufig Skepsis bis Pessimismus hinsichtlich der eigenen Zukunft

(Bremer/ Teiwes-Kügler 2013: 209)

Für diese Auswertungsschritte des Materials wurde auf die Sequenzanalyse (Oevermann et al. 1979) als regelgeleitetes Verfahren zurückgegriffen. Zu Beginn wurde dabei das Material einer kleinschrittigen, sequentiellen Analyse unterzogen, um einen Einstieg in das Material zu erhalten und »erste Spuren« (Bremer-Teiwes-Kügler 2013: 208) zu identifizieren, um diese im weiteren Verlauf der Auswertung zu ergänzen oder auch fallen zu lassen und einer neuen Spur nachzugehen. Aus zeitökonomischen Gründen war es jedoch nicht möglich, dieses kleinschrittige Verfahren beim gesamten Material anzuwenden, sondern eher ausgewählte Passagen (beispielsweise mit erscheinenden Widersprüchen oder inhaltlich relevanten Aspekten) einer ausführlicheren Analyse zu unterziehen (Lange-Vester/Teiwes-Kügler 2013a: 168). Dabei stand im Fokus, die im empirischen Material zu findenden Klassifizierungsschemata zu entschlüsseln (Lange-Vester/Teiwes-Kügler 2013a: 167). Für die Arbeit in der Interpretationsgruppe wurde sich dabei an »Regeln« orientiert, die beispielsweise festhielten, dass jede Lesart in der Diskussion zugelassen sein muss oder aber auch neu hinzugezogene Informationen vorherige Lesarten ablösen können (siehe Bremer 2004: 74).

Nach einer Auswertung aller Fälle entsprechend des dargestellten Vorgehens wurden (3) die einzelnen Fälle miteinander in Relation gesetzt und (4) abschließend die erarbeiteten Syndrome zu einem Typus zusammengefasst (Lange-Vester/Teiwes-Kügler 2013a: 168). Dieser Schritt führte dazu, über den Einzelfall hinaus zu gehen und damit nochmals eine Systematisierung sowie Reduzierung der Vielfalt vorzunehmen. Hierbei ging es nicht um eine statistische Repräsentativität, sondern um eine Aufdeckung »gesellschaftlicher Strukturzusammenhänge« (Lange-Vester/Teiwes-Kügler 2013a: 168). Für diese Zusammenfassung zu Typen wurden die Einzelfälle miteinander verglichen, in Beziehung zueinander gesetzt und anschließend im sozialen Raum verortet (ebd.). In dieser fallübergreifenden Analyse war es von Bedeutung, die Fälle zusammenzufassen, die eine große Ähnlichkeit aufweisen (im Sinne einer »*internen Homogenität*«, ebd.: 168) und die sich damit auch deutlich von anderen Fällen unterscheiden (im Sinne einer »*externen Heterogenität*«, ebd.). Im Verlauf dieser Arbeit an den Fällen wurden immer wieder Veränderungen vorgenommen, so dass dieser Auswertungsschritt prozesshaft zu verstehen ist. Die Abstrahierung und Zusammenführung der Fälle in Typen führt daher auch zu Abweichungen des Typus von den Einzelfällen. In der vorliegenden Arbeit werden diese Typen als Engagementmuster bezeichnet, da sie stärker die Praxis des Engagements in den Blick nehmen und damit der Begriff des *Musters* passend erscheint. Abschließend wurden die Muster vor dem Hintergrund der Einordnung in den sozialen Raum zueinander in Relation gesetzt. Mit Hilfe der Bildung eines Musters wird auch deutlich, wie sich bestimmte Muster voneinander abgrenzen, ob es dominierende Gruppen gibt oder aber auch Konfliktlinien (ebd.).

Die aus dem empirischen Material gewonnenen Engagementmuster werden im folgenden Kapitel dargestellt.

5 Ergebnisse der Studie: Vier milieuspezifische Engagementmuster mit entsprechenden Fallportraits

Das folgende Kapitel präsentiert die Ergebnisse der habitushermeneutischen Auswertung der zehn leitfadengestützten Interviews. Die neben den Interviewtranskripten vorliegenden Sozialraumtagebücher wurden im Rahmen der Auswertung für weiterführende Erklärungen herangezogen und dementsprechend in die Fallbeschreibungen eingebunden. Der gesamte Auswertungsprozess des empirischen Materials erfolgte in einem mehrschrittigen Verfahren: Zunächst entstanden für jedes Interview detaillierte Fallbeschreibungen, welche im Laufe der Auswertung in Bezug zueinander gesetzt wurden, so dass die Verortung der Fälle im sozialen Raum mit der Aufnahme weiterer Fälle zirkulär aktualisiert und angepasst werden konnte (zur Verortung der Fälle siehe Abb. 12).

Nach der Verortung der Fälle im sozialen Raum entstanden aus den Einzelfällen übergreifende Muster, zusammengefasst in Form von vier Engagementmustern, welche im Weiteren vorgestellt werden. Diese Engagementmuster sind als eine Zusammenführung der Fälle zu verstehen, die eine Nähe im sozialen Raum aufweisen und damit über einen ähnlichen habitusspezifischen Zugang zu Engagement verfügen (siehe Abb. 13).

Zur Veranschaulichung der Engagementmuster wird zu Beginn jedes Unterkapitels ein Fallportrait des Musters dargestellt (in Abbildung 13 jeweils fett umrandet), um am konkreten Einzelfall einen Einblick in Charakteristika des Musters zu geben. Dieser detaillierten Darstellung der jeweiligen Fallportraits liegt eine einheitliche Gliederung zugrunde, so dass beim Lesen eine bessere Vergleichbarkeit der Fälle herzustellen ist. Dementsprechend sind die detaillierten Fallbeschreibungen folgendermaßen aufgebaut: Nach einer Einführung in den Fall erfolgt die Darstellung der Engagementpraktiken. Hier werden die Tätigkeiten im Engagement sowie habitusspezifische Anliegen und Beweggründe für das Engagement erläutert. Darauf folgen die Skizzierung des wahrgenommenen Strukturwandels im Stadtteil sowie die Erläuterung zum Einfluss dieses Wandels auf die Engagementpraktiken. Anschließend wird die jeweilige Sicht auf das formelle Engagement erläutert, indem die Einschätzung der Arbeit von Vereinen und Initiativen dargestellt wird. In einem abschließenden Kapitel der Fallportraits erfolgt eine Zusammenführung der beschriebenen Aspekte mit dem Fokus auf die Habitus- und Milieuspezifik.

Abbildung 12: Verortung der 10 Fälle in der Milieutypologie nach Vester et al. (2001)

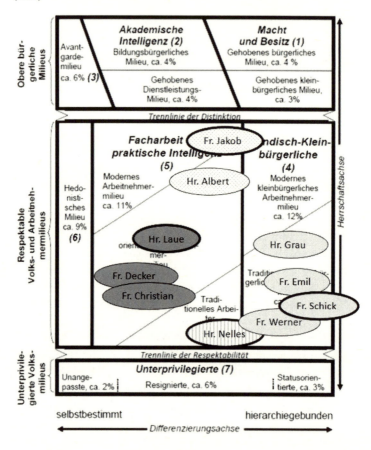

Nach der Skizzierung des jeweiligen Fallportraits folgt im zweiten Unterkapitel der Einbezug weiterer Fälle des Engagementmusters (in der Kapitelüberschrift als Vergleichsfälle bezeichnet), um damit die Varianz innerhalb des Musters und unterschiedliche Ausprägungen, je nach Verortung der Fälle, veranschaulichen zu können. Die Darstellung des Einbezugs der Vergleichsfälle erfolgt anhand von thematischen Unterüberschriften, die aus dem Material heraus entwickelt wurden und durch welche die Charakteristika des Engagements im jeweiligen Muster deutlich werden. Im dritten Unterkapitel wird abschließend auf einem weiterführenden Abstraktionsniveau das Engagementmuster, losgelöst von den Einzelfällen, vorgestellt und dieses in den sozialen Raum eingeordnet.

Abbildung 13: Verortung der Engagementmuster in der Milieutypologie nach Vester et al. (2001)

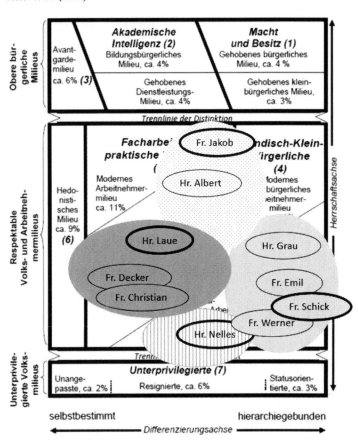

Die Reihenfolge der Darstellung der Engagementmuster orientiert sich am Auswertungsprozess: da die ersten Interviews mit Fällen des prätentiös-statusorientierten Engagements geführt wurden, begann mit diesen Fällen auch die Auswertung. Davon ausgehend wurden weitere Fälle erschlossen, indem eine mögliche Kontrastierung, aber auch vorhandene Parallelen zwischen Fällen leitend für die Auswahl der auszuwertenden Interviews war.

5.1 Engagementmuster I: Prätentiös-statusorientiertes Engagement

Das prätentiös-statusorientierte Engagementmuster beruht auf vier Fällen und lässt sich in der ständisch-kleinbürgerlichen Traditionslinie verorten, dort im Traditionellen Kleinbürgerlichen Arbeitnehmermilieu. Die folgende Darstellung des Fallportraits von Frau Schick gibt einen ersten Einblick in Charakteristika des Engagementmusters, welches anschließend weiter ausgeführt wird.

Abbildung 14: Prätentiös-statusorientiertes Engagement (Muster I) verortet in der Milieutypologie nach Vester et al. (2001)

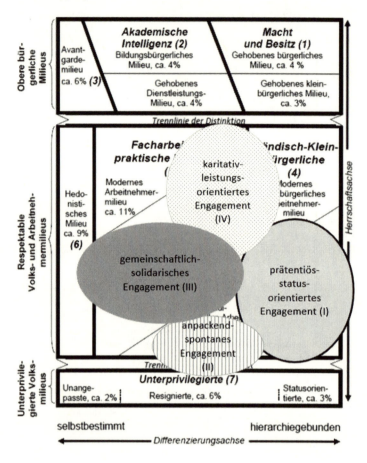

5.1.1 Fallportrait Frau Schick: »Man kann sagen, wir ham hier eine Ordnung und da halten wir dran fest.«

5.1.1.1 Einführung in den Fall

Frau Schick (Jg. 1941) ist zum Zeitpunkt des Interviews 75 Jahre alt und in Großstadt aufgewachsen. Vor 48 Jahren bezog sie gemeinsam mit ihrem Mann und ihren zwei Kindern eine Eigentumswohnung im Stadtteil, der zu diesem Zeitpunkt neu errichtet wurde. Frau Schicks Vater arbeitete nach einer Banklehre im Finanzwesen, hätte jedoch lieber ein Studium ergriffen, was aufgrund der finanziellen Situation der Familie allerdings nicht möglich war. Ihre Mutter, die sie selbst als »Top-Schülerin« und »weitaus

Klügste der drei Geschwister«[1] beschreibt, konnte aufgrund von finanziellen Engpässen der Familie das Gymnasium nicht mit einem Abschluss verlassen, sondern begann frühzeitig eine kaufmännische Lehre.

Wie ihre Eltern erlebte auch Frau Schick selbst eine Einschränkung in der Wahl des eigenen Bildungswegs. Sie berichtet, dass sie sich als Kind mit Rücksicht auf die ökonomische Situation ihrer Eltern gegen den Besuch eines Gymnasiums entschieden und dafür die nahegelegene Realschule besucht habe, für die sie kein Bahnticket bezahlen musste.

Nach dem Abschluss an der höheren Handelsschule arbeitete Frau Schick als Sekretärin in einem großen Unternehmen und bezeichnet ihre berufliche Laufbahn als »*Karriere*« (Z. 558), die sie bestritten habe und bei der sie »*immer ganz vorne gewesen*« (Z. 1164) sei. Als Sekretärin habe sie gelernt, sich anzupassen und selbst zurückzunehmen. Diese Züge der Bescheidenheit und das sich selbst zurücknehmen für die Möglichkeit der beruflichen Sicherheit zeigen sich auch später als alleinerziehende Mutter, als sie ihren Kindern trotz finanzieller Engpässe ein Studium und eine Wohnung finanziert, damit sie einen »*anständigen Beruf*« (Z. 1207) erlernen konnten.

Im Gegensatz zu ihrem beruflichen Werdegang, auf den Frau Schick stolz ist, sieht sie die Heirat mit ihrem damaligen Mann als einen »*Fehltritt*« (Z. 1167). Nach der Geburt ihres zweiten Kindes trennte sie sich von ihm und lebt seitdem alleine. Die damalige Trennung von ihrem Mann war für sie mit Unsicherheit und Ängsten verbunden, denn als alleinerziehende Mutter machte sie sich hinsichtlich ihres Status im Stadtteil Sorgen, was sie rückblickend jedoch als unbegründet ansieht, da sie nicht die einzige alleinerziehende Mutter im Stadtteil gewesen sei.

Ihren momentanen Alltag beschreibt Frau Schick als »*Luxus*« (Z. 34) und genießt es, keinen Wecker stellen zu müssen oder ausreichend Zeit zum Lesen der Zeitung zu haben. »Luxus« sind für sie somit keine großen finanziellen Anschaffungen, sondern insbesondere die zur Verfügung stehende Zeit, Dinge zu tun, die für sie wertvoll sind.

5.1.1.2 Engagementpraktiken

Frau Schick engagiert sich in Gremien und Arbeitskreisen und bezeichnet dieses Engagement selbst als Ehrenamt. Sie berichtet im Interview von ihrem Engagement im Verwaltungsbeirat der Wohnungseigentümergemeinschaft ihres Wohnhauses sowie in einem Arbeitskreis im Stadtteil, der eine jährlich stattfindende Seniorenwoche plant. Zudem organisiert sie als Leitung ein monatliches Mittagessen für alleinlebende Senior*innen in einer im Stadtteil ansässigen Pflegeeinrichtung. Diese an institutionelle Strukturen angebundenen Tätigkeiten finden an festen Terminen statt und werden von ihr in den Tagesablauf eingeplant. Tage, an denen sie einem Ehrenamt nachgehe, seien daher keine »*normalen Tage*«: »*der normale Tag ist eben dann ohne Termine*« (Z. 93). Im Gegensatz zu ihrer Zeit als alleinerziehende Mutter und Berufstätige achtet sie aktuell darauf, keinen Stress aufkommen zu lassen und vermeidet daher zu viele Termine.

---

1   Diese Aussagen traf Frau Schick in einem Telefonat, welches einige Tage nach dem Interview für Rückfragen seitens der Interviewerin mit ihr geführt wurde.

In den von ihr übernommenen Ehrenämtern ist sie insbesondere für organisatorische und administrative Tätigkeiten (z.B. Anfertigung von Protokollen, Abrechnungen) zuständig, die für sie als ehemalige Sekretärin zu ihrem »*Metier*« (Z. 207) gehören. In ihren Ehrenämtern lässt sich eine Fortführung ihrer beruflichen Tätigkeit erkennen: Im Verwaltungsbeirat ihres Wohnhauses kontaktiert sie beim Ausfall der Heizung den Elektriker, für den Einbau neuer Aufzüge holt sie Angebote ein und sie informiert die Mieter*innen per Aushang über Neuigkeiten im Haus. Neben den organisatorischen Aufgaben ist sie zudem für alle »*Schreibereien*« (Z. 159) zuständig: »*das Gegenlesen, Korrigieren, (.) ja (.) solche Sachen*« (Z. 159-160).

Auch im Rahmen des von ihr organisierten gemeinsamen Mittagessens für alleinlebende Senior*innen in einer Altenpflegeeinrichtung im Stadtteil übernimmt Frau Schick insbesondere die organisatorische Abwicklung. Sie koordiniert die An- und Abmeldung und sammelt das Geld der Teilnehmenden ein: »*Meine Aufgabe is dann, das Geld zu kassieren, da bin ich natürlich akribisch ((lacht)).*« (Z. 438-439) Früher hat Frau Schick auch das Essen an die anwesenden Senior*innen verteilt, doch mittlerweile werden sie gemeinsam durch Personal der Altenpflegeeinrichtung bedient: »*schöner find ich´s jetzt, die bedienen uns*« (Z. 419). Nicht nur das Bedienen der Teilnehmenden, sondern auch jahreszeitlich passende Dekoration sowie die Auswahlmöglichkeit zwischen zwei Mittagessen geben dem gemeinsamen Beisammensein eine festliche Atmosphäre und das Essen erhält den Charakter eines gemeinsamen Restaurantbesuchs statt des Essens in einer Pflegeeinrichtung. »*Sonderwünsche*« (Z. 430), wie beispielsweise das Bestellen eines zweiten Tellers Suppe eines älteren Herrn, passen aus Sicht von Frau Schick weniger zu diesem stilvollen Essen.

Am Beispiel des Anmeldeverfahrens betont sie ihre Leitungsposition in der Gruppe: »*Leitung ich, Anmeldung bitte im Pfarrbüro xy*« (Z. 457-458). Sie versteht sich insbesondere als Organisatorin des Mittagessens, wohingegen das gemeinsame Miteinander am Rande erwähnt wird, wie beispielsweise anhand folgender Situation: »*Und dann, wenn ich sie mal ärgern will, dann sag ich hier is die Quittung ich bin nich mit dem Geld durchgebrannt ((lacht)). Also es wird viel gelacht.*« (Z. 446-448) Hier hebt Frau Schick auf das gemeinsame Lachen in der Gruppe ab, jedoch haben Facetten von Spaß, Unterhaltung und Geselligkeit grundsätzlich wenig Raum in ihren Erzählungen über ihre Ehrenämter.

Auch im Arbeitskreis, der sich zur Vorbereitung einer Seniorenwoche im Stadtteil trifft und in dem Frau Schick seit zwölf Jahren mitarbeitet, wurde sie »*für's Schriftliche und für's Organisatorische verhaftet, was ja mein Metier is*« (Z. 206-207). Trotz dieser Aufforderung von Bekannten zur Mitarbeit ist es Frau Schick wichtig, über die von ihr übernommenen Aufgaben selbst zu entscheiden: »*ich hab direkt gesagt, das und das mach ich nich, das will ich nich*« (Z. 207-208). Sie ergreift Tätigkeiten, die ihr durch den damaligen Beruf der Sekretärin geläufig sind, was ihr eine gewisse Sicherheit in ihren Ehrenämtern bietet.

Die Wahl ihrer Ehrenämter erfolgt insbesondere durch eine direkte Ansprache von ihr bekannten Personen: so gelingt ihr der Zutritt zum Arbeitskreis über den Pfarrer der katholischen Kirche, der sie noch von ihrem damaligen Ehrenamt der Kommunion- und Bußvorbereitung kennt.

Neben dem hohen Arbeitspensum und der Menge an Arbeit, die zu bewältigen ist, (»*Also vor Ort, ich bin gefragt*« (Z. 147)/»*Also das is im Moment s e h r v i e l A r b e i t.*« (Z. 168)), ist auch die getragene Verantwortung im Rahmen ihrer Tätigkeit von Bedeutung. Einfache Aufgaben, in denen es nicht um administrative Aufgaben geht, sondern eher um anpackende Tätigkeiten, werden von ihr an andere delegiert: »*Ich geh natürlich nich in den Keller und putz den Keller, dafür haben wir unsere Firmen*« (Z. 152-154). Die von ihr übernommenen administrativen Tätigkeiten übt sie gewissenhaft und professionell aus und nimmt diese sehr ernst. Ihre akribische Arbeitsweise zeigt sich beispielsweise daran, dass ihr wichtig ist, das vom Arbeitskreis erstellte Programm für die Seniorenwoche während der Bearbeitungszeit mit dem Hinweis »nur intern« zu kennzeichnen. Trotz dieses Hinweises sei in der Vergangenheit bereits ein Entwurf frühzeitig an die Öffentlichkeit gelangt, so dass falsche Daten bekannt gegeben wurden: »*Sowas kann passieren, wir sind ja alle Laien, aber jeder gibt da sein bestes*« (Z. 292-293).

Frau Schick ist im Arbeitskreis für die Verschriftlichung des Programms der Seniorenwoche am Computer zuständig, kann dieses jedoch aufgrund eines fehlenden Internetnetzugangs nicht per Mail verschicken, so dass das Programm anschließend eingescannt werden muss. Trotz dessen behält sie diese Aufgabe seit Jahren bei, die ihr eine gewisse Sicherheit und Routine bietet.

Die Übernahme organisatorischer und administrativer Tätigkeiten führt dazu, dass sie durch diese Ämter von Nachbar*innen und Bekannten im Stadtteil wahrgenommen wird und Anerkennung erfährt. Um ihre Tätigkeiten nach außen präsentieren zu können, arbeitet sie beispielsweise auch eng mit dem Vorsitzenden des Verwaltungsbeirates der Wohnungseigentümergemeinschaft zusammen: »*wir sind eigentlich immer nur ((lacht)) im Duett aufgetreten, da wussten die schon, da is wieder irgendwas*« (Z. 149-151).

5.1.1.3 Auswirkungen des Strukturwandels im Stadtteil auf Engagement

Frau Schicks lange Wohndauer im Stadtteil von fast 50 Jahren sowie ihre ehrenamtlichen Tätigkeiten haben dazu geführt, dass sie bekannt wie ein »*bunter Hund*« (Z. 89) ist und sie sich zudem stark mit dem Stadtteil identifiziert: »*ich bin halt Ureinwohner, Pionier*« (Z. 482). Aufgrund dieser hohen Identifikation nimmt das Leben im Stadtteil viel Platz in ihren Erzählungen ein. Geprägt ist ihr Bericht über den Stadtteil von der Beschreibung eines Wandels, den sie im Interview immer wieder anhand eines Vergleichs der früheren Situation mit dem heutigen Zustand im Stadtteil erläutert.

Den in den 1960er Jahren neu gebauten Stadtteil beschreibt Frau Schick als sauber und ordentlich: »*Wir hatten Fischteiche, es war alles neu, es war alles super schön, es war kein Dreck auf der Straße*« (Z. 483-484). Der genannte »Dreck« als exemplarisches Beispiel für die heutzutage fehlende Sauberkeit im Stadtteil wird aus ihrer Sicht zusätzlich begleitet von einem schlechter funktionierenden Zusammenleben. Im Kontext dieses Zusammenlebens hebt Frau Schick immer wieder auf den Begriff der Gemeinschaft ab, in der man sich früher gegenseitig geholfen habe: »*und die großartige Gemeinschaft, die wir früher waren, die ich da immer gepflegt habe [...]. Das is nich mehr*« (Z. 563-565). Damals habe sie selbst diese Gemeinschaft aktiv mitgestaltet und auch heute noch sieht sie sich als Person, die sich für das Zusammenleben einsetzt. Ein Beispiel dafür ist der Austausch von Wohnungsschlüsseln unter den Nachbar*innen, um im Notfall Zugang zur Wohnung des jeweils anderen zu haben. Diese Praxis des Austauschs von Schlüsseln unter Nachbar*innen gehe zunehmend verloren, denn nicht jedem*r neuen Nachbar*in, der*die in den Stadtteil ziehe, werde der eigene Schlüssel ausgehändigt.

Neben einem Austausch von Wohnungsschlüsseln und einem dementsprechenden Vertrauensverhältnis in der Nachbarschaft sind nach Frau Schick gemeinsame Regeln für das Funktionieren der Gemeinschaft zentral. Diese Regeln des Zusammenlebens werden jedoch im Stadtteil zunehmend in Frage gestellt, so dass die Gemeinschaft bedroht zu sein scheint: »*So ham wir das immer gehandhabt, nur plötzlich ham diese Regeln alle keine Geltung mehr und das kann's nich sein.*« (Z. 938-939) Den zunehmenden Verlust der bestehenden Ordnung verdeutlicht sie an alltäglichen Beispielen: so wurde eine geplatzte Mülltüte mit entsprechendem Inhalt im Hausflur nicht beseitigt. Ebenso die Hausordnung habe keine Geltung mehr, dabei sei diese »*nicht sehr rigide, [...], eigentlich ganz normal*« (Z. 933-934). Ähnlich wie der Austausch von Hausschlüsseln ist auch die Einhaltung der Hausordnung eine Maßnahme, die für Frau Schick zentrales Merkmal für ein gutes Zusammenleben darstellt.

Den Wandel im Stadtteil und die Vernachlässigung bestehender Regeln erklärt Frau Schick mit einer veränderten Bewohner*innenstruktur. In den 1960er Jahren lebten zum Großteil Bundeswehrangehörige im Stadtteil, von denen sie einige persönlich kannte: »*Leute, äh, mit Herz und Verstand und [...] gehobener Dienst und sowas*« (Z. 516). Mittlerweile habe jedoch ein ständiger Ein- und Auszug dazu geführt, dass die Bewohner*innenschaft heterogener würde und zudem eine Anonymität entstände. Neben dieser Anonymität sieht Frau Schick die Gruppe der geflüchteten Menschen als Ursache für die schwindende Gemeinschaft: »*da wohnt jemand aus Afghanistan mit dem ich mich gar nich verständigen kann. (.) Da geb ich natürlich keinen Schlüssel hin. Und ich finde das is auch legitim wenn ich sage, ich hab da ein gesundes Misstrauen*« (Z. 909-912). Das Zusammenleben wird von Frau Schick nicht nur aufgrund mangelnder Kommunikationsmöglichkeiten problematisiert, sondern der von ihr beschriebene Verlust der bestehenden Ordnung wird ebenfalls mit dieser Gruppe verbunden: »*wenn der mir den Müll vor die Türe schmeißt dann bin ich schon mal erst bedient. Dann sprech ich den ganz ruhig an, aber wenn es dann nix nützt, dann sag ich (.) mit dem will ich nicht auf Kontakt kommen.*« (Z. 917-919)

Die durch gemeinsame Regeln und eine damit verbundene Ordnung getragene Gemeinschaft, wie sie früher im Stadtteil wahrgenommen wurde, grenzt Frau Schick im Interview jedoch deutlich von Freundschaften ab: »*Da würd ich nich sagen, das war ne Freundschaft, wir haben uns nich in die Töpfe geguckt, aber äh wenn´s also brannte*« (Z. 856-857). Wichtig ist ihr in der Gemeinschaft eine förmliche Distanz, die deutlich macht, dass die Nachbarschaft nicht für informelle, spontane Besuche zuständig ist, sondern insbesondere in besonderen Notfällen in Kraft tritt. Als Beispiel erläutert sie, dass bei einem ihrer Nachbarn während dessen Urlaub ein Wasserschaden auftrat und sie sich um die Situation gekümmert habe: »*Da kriegt man erst mal so ne Art Panik aber dann ((atmet schwer aus)) dann ruf ich nur an, dann weiß ich was ich zu tun habe*« (Z. 869-871). Geleitet durch ihr Pflichtbewusstsein agiert sie auch hier wie in ihren Ehrenämtern als verantwortungsvolle Person, die die organisatorische Abwicklung übernimmt und auch in schwierigen Situationen einen kühlen Kopf behält.

Der von Frau Schick dargestellte Wandel des Zusammenlebens im Stadtteil bewegt sie auch emotional, was im Interview an einem deutlichen Bruch in ihrer Sprache erkennbar wird. So legt sie ihren eloquenten Sprachstil in diesen Passagen ab. Die zunehmende Vermüllung des Stadtteils versucht sie beispielsweise aufzuhalten, indem sie die Leute »ankackt« (Z. 556): »*Ich scheiße sie zusammen, wenn ich sie erwische.*« (Z. 559) Sie übernimmt mit ihrem Verhalten, welches durch disziplinierende Züge gekennzeichnet ist, im Stadtteil die Rolle der Ordnungshüterin. Da das Aufstellen einer »*Privatpolizei*« (Z.1000) leider nur »*Wunschdenken*« (Z.1001) sei, übernimmt sie selbst diese Aufgabe.

Als Motivation für ihr Handeln nennt Frau Schick immer wieder ihre Zukunft, denn sie wolle weiterhin im Stadtteil wohnen bleiben. Neben der zu erhaltenen Lebensqualität benennt sie zudem einen ökonomischen Faktor: »*man hat sich hier n Eigentum geschaffen [...], das man ja auch erhalten möchte und der Wert wird natürlich runtergewirtschaftet, wenn sie sowas tolerieren*« (Z. 959-962).

Der von ihr vollzogene Kampf zur Aufrechterhaltung der Ordnung und die dahinterstehende Angst vor einem Statusverlust ist für sie mittlerweile mühsam und sie ist sich unsicher, wie lange sie diesen Kampf noch durchhalten kann oder ob sie diesen nicht bereits verloren hat: »*Ich kann es nich schaffen, es geht nich*« (Z. 566). In ihren Erzählungen werden ein großes Leiden und ein Unverständnis hinsichtlich des gesellschaftlichen Wandels deutlich. Daher versucht sie mit allen Mitteln an der alten Form der Gemeinschaft festzuhalten, da für sie eine neue Form des Zusammenlebens im Stadtteil nicht denkbar scheint.

5.1.1.4 Sicht auf institutionelles Engagement

Durch Frau Schicks Mitarbeit in Initiativen und Gremien will sie selbst einen aktiven Beitrag dazu leisten, die Ordnung im Zusammenleben aufrechtzuerhalten. Zudem dient die Wahl von Ämtern dazu, das eigene Tun in der Öffentlichkeit darstellen zu können. Dabei weist sie eine Nähe zu Vereinen auf und bewegt sich selbstsicher in institutionellen Strukturen. Hier sucht sie teilweise auch die Nähe zu höhergestellten Personen, wie beispielsweise beim Bürgerverein, in dem sie selbst Mitglied ist, aber keinen aktiven Posten innehat. Insbesondere die Leitung des Bürgervereins, »*die Dame, die an der Spitze steht*« (Z. 535), hebt Frau Schick hervor, denn sie sehe die wirklichen Probleme im Stadtteil. Der Bürgerverein kümmert sich insbesondere um das Ansehen und Image des Stadtteils, so zum Beispiel durch regelmäßige *Saubermachaktionen*. In diesen Aktionen findet sich auch Frau Schick mit ihren Anliegen wieder.

Aufgrund der beschriebenen hohen Identifikation mit dem Stadtteil möchte Frau Schick auch bis zum Lebensende mit einer entsprechenden Lebensqualität im Stadtteil wohnen bleiben: »*Ja, wenn ich mich dann entschieden habe, ich will hier lebenswert bleiben bis ich mal die Löffel abgebe, dann muss ich mich auch einsetzen.*« (Z. 653-655) Da die öffentliche Hand sich nicht ausreichend um den Stadtteil kümmere, sieht sie jede*n Einzelne*n in der Verantwortung, das Wohnumfeld aktiv mitzugestalten: »*Und das hat uns keiner von der Stadt hier hin gesetzt. Das sind alles Privatinitiativen*« (Z. 1042-1043). Wie in ihren Ehrenämtern findet sich auch hier ein grundsätzliches Pflichtgefühl, welches Frau Schick den Bürger*innen zuschreibt. Die Bürger*innen sollen ihrer Ansicht nach selbst aktiv werden und sich in ihrem Wohnumfeld engagieren, da andere Akteur*innen, wie die Politik, diese Verantwortung nicht übernähmen.

Sie sieht sich hier aber nicht alleine in der Rolle der aktiven Person, die für die Aufrechterhaltung von Ordnung sorgen möchte, sondern findet Unterstützung bei vielen anderen Nachbar*innen »*die sich hier wohlfühlen und die hier bleiben möchten und die kämpfen für den Stadtteil*« (Z. 670-672). Ihre emotionale Betroffenheit zeigt sich auch an dem von ihr häufig verwendeten Motiv des Kampfes zum Erhalt der bestehenden Ordnung. Zu diesen engagierten Leuten zählt sie insbesondere Personen aus institutionellen Strukturen und Gremien, in denen sie tätig ist, wie beispielsweise den Verwaltungsbeirat ihres Wohnhauses. In dieser Gemeinschaft scheint sie sich stark zu fühlen und emotionale Unterstützung hinsichtlich ihrer Anliegen zu finden.

5.1.1.5 Zusammenfassung: habitusspezifischer Zugang zu Engagement

Frau Schick engagiert sich zum einen in klassischen Ehrenämtern und zum anderen für das Zusammenleben, indem sie gegenüber ihren Mitmenschen im Stadtteil als »*Ordnungshüterin*« auftritt. Geeint werden diese Tätigkeiten in dem Anliegen, die Ordnung und Regeln des Zusammenlebens zu bewahren.[2] Die Wahrnehmung eines zunehmenden Verlusts von Regeln und Ordnung im Zusammenleben führt zu großer Unsicherheit. Daher soll das eigene Engagement dazu dienen, Sicherheit zu erhalten. Dieses Bedürfnis nach Sicherheit führt auch dazu, dass Frau Schick in ihren Ehrenämtern insbesondere Aufgaben wählt, die an ihrer beruflichen Tätigkeit als Sekretärin anknüpfen. Sie bewegt sich damit im Bereich des ihr Möglichen. Nicht nur die Tätigkeit selbst gibt Frau Schick eine Sicherheit, sondern auch die fixen Termine bieten eine Planungssicherheit. Zudem sind ihre ehrenamtlichen Tätigkeiten durch ein starkes Pflichtgefühl und den Anspruch, professionell und akribisch zu arbeiten, gekennzeichnet. Hier fordert sie von sich selbst sowie den anderen Ehrenamtlichen eine bestmögliche Leistung ein. Diese asketischen Züge werden untermauert durch einen geringen Anteil von Geselligkeit und Spaß sowohl im Engagement wie auch in Freizeitbeschäftigungen (so wird beispielsweise der eigene Fernsehkonsum streng normiert).

Frau Schick gelingt es, durch die Übernahme eines Amtes ihr Engagement nach außen sichtbar zu machen und in ihrer Funktion in der Öffentlichkeit wahrgenommen zu werden. Damit erhält ihr Tun eine Wertigkeit im öffentlichen Raum. Zwischenmenschliche Beziehungen werden von ihr im Gespräch hingegen kaum näher ausgeführt und ihre Tätigkeiten eher als formale, bürokratische Aufgaben erläutert, die es zu organisieren gilt. Sie bewegt sich hierbei selbstsicher in hierarchisch organisierten Institutionen und Gremien. Dort, wo sie nicht selbst die Leitung innehat, sucht sie die Nähe zu Vorsitzenden (wie im Verwaltungsbeirat) und übernimmt die Delegierung von Aufgaben nach unten. Dieser Statusorientierung verleiht sie unter anderem auch durch ihre Sprache Ausdruck, in der sie auf militärisches/polizeiliches Vokabular zurückgreift (Pionier im Stadtteil, Massierung von Menschen mit Migrationshintergrund). Mit dem Begriff der Verhaftung weist sie darauf hin, dass sie seitens der Gremien angesprochen und damit um ihre Mitarbeit gebeten wird. Ihren ehrenamtlichen Tätigkeiten liegt weniger Freiwilligkeit als eher Pflicht und Selbstverpflichtung zugrunde. Zudem findet sich in

---

2   Nur vereinzelt lassen sich Brüche hinsichtlich ihrer Orientierung an Konventionen erkennen, wie beispielsweise im privaten Bereich bei ihrer Scheidung. In ihrer Ehe scheint der persönliche Leidensdruck zu hoch gewesen zu sein, um diese den Konventionen entsprechend fortzuführen.

ihrer Sprache häufig die Formulierung »was man so...« (»Was man so isst«, Z.44; »Anziehen nach Tageszeit, was man so hat«, Z.58). Abweichungen von dieser Norm werden in ihren Erzählungen hervorgehoben, wie beispielsweise der von ihr als »Sonderling« bezeichnete Bruder der Mutter. Diesen von ihr vorgenommenen Abwertungen stehen im Interview auch Aufwertungsstrategien gegenüber (beispielsweise bei der Beschreibung ihrer Mutter als »Top-Schülerin«).

In gleicher Weise, wie Frau Schicks Ehrenämter vorzeigbar sind, hat auch der Stadtteil vorzeigbar zu sein, denn insbesondere zu viel Müll und ein ungepflegter Eindruck werden von ihr bemängelt. Daraus ergibt sich ihr informelles Engagement, indem sie durch Mahnungen und Vorschriften an ihre Mitbürger*innen den früheren gepflegten Zustand im Stadtteil wieder herstellen möchte. Auch das Appellieren an die Hausordnung als zentrales Element zum Zusammenleben ist ein Versuch der Wiederherstellung der früheren Ordnung. Der Strukturwandel im Stadtteil ist von ihr mit einer großen Angst besetzt, denn dauerhafte Beziehungen sowie ein Austausch unter Nachbar*innen aufgrund mangelnder Verständigungsmöglichkeiten sind nicht mehr vorhanden.

Nachbarschaft bedeutet für Frau Schick weniger informelle und ungezwungene Geselligkeit, sondern eher die Unterstützung und Hilfe in Notsituationen, die nicht alleine bewältigt werden können. Das Wissen darüber, auf bestimmte Nachbar*innen in solchen Situationen zurückgreifen zu können, gibt Frau Schick ebenfalls eine Sicherheit im Zusammenleben, denn der von ihr beschriebene Struktur- und Wertewandel im Stadtteil verunsichert sie.

Der von ihr mit kämpferischer Haltung eingeforderte Versuch, die Gemeinschaft wiederherzustellen, wird für sie zur Belastungsprobe. Auf der einen Seite übernimmt sie die Rolle der Ordnungshüterin und weist ihre Mitmenschen zurecht. Dabei zeigt sich ein elitäres Denken, indem von ihr immer wieder auf geflüchtete Menschen abgehoben wird, denen sie mit Ressentiments begegnet und die sie als Ursache für die Probleme im Stadtteil sieht. Auf der anderen Seite merkt sie an, dass sie das frühere Zusammenleben im Stadtteil nicht wiederherstellen kann. So finden sich im Interview Passagen, in denen sie einerseits ein Gefühl der Ohnmacht erkennen lässt, andererseits jedoch wieder eine kämpferische Haltung einnimmt.

5.1.2 Vergleichsfälle

Eine Nähe zu Frau Schicks Engagementpraktiken findet sich bei drei weiteren Fällen (Frau Emil, Herr Grau und Frau Werner), deren Engagement bezugnehmend auf die vorangegangenen Ausführungen im Folgenden skizziert wird.

Wahl von Ehrenämtern zur Sicherung des sozialen Status

Die im vorherigen Kapitel dargestellten Engagementpraktiken zur Aufrechterhaltung einer Ordnung im Zusammenleben werden bei Frau Schick begleitet durch eine Statusorientierung. Indem sie ihrem Engagement in Ämtern nachgeht, kann sie diese nach außen sichtbar machen und als bedeutsame Person im Stadtteil wahrgenommen werden.

Eine Parallele zeigt sich diesbezüglich bei Frau Emil, die sich im Interview ebenso als beschäftigte und gefragte Person im Stadtteil präsentiert, indem sie auf ihre zahlreichen Ehrenämter verweist, sowie auf ihr über Jahre aufgebautes Netzwerk und die vielen Kontakte im Stadtteil (»*Ich kenn die Namen, ich weiß was los is hier, ne*«, Z. 79). Wie bei Frau Schick gehört zu dieser Gremienarbeit der Vorstand des Verwaltungsbeirats der Wohnungseigentümergemeinschaft ihres Wohnhauses. Hier vertritt Frau Emil bei Bedarf ihren Ehemann, der sich im Vorstand engagiert. Zudem ist Frau Emil Vorstandsmitglied des Bildungswerks im Stadtteil sowie aufgrund ihrer Nähe zur katholischen Kirche in verschiedenen Gruppen der Kirchengemeinde aktiv. Auch sie übernimmt wie Frau Schick in diesen Gremien administrative und organisatorische Aufgaben und wird ebenfalls für die Aufgabe im Bildungswerk vom Vorstand angefragt: »*Und auf einmal tippte mein Nachbar mich, der im Vorstand war, an und da sagt er, wie is es denn mit ihnen. [...] Ja (.) nee sag ich, das kann ich nicht*« (Z. 786-791). Auf diese Anfrage zur Mitarbeit reagiert sie nicht selbstbewusst, sondern zunächst unsicher und fragend, entscheidet sich schließlich aber doch für die Übernahme dieses Ehrenamtes.

Konfrontiert sehen sich Frau Schick und Frau Emil mit einer nachlassenden Gemeinschaft im Stadtteil, die zu früheren Zeiten durch ein Vertrauen gekennzeichnet war, so dass auch gegenseitig Wohnungsschlüssel ausgetauscht wurden, um sich in Notsituationen helfen zu können. Frau Schick sieht insbesondere die zunehmende Anzahl von Menschen mit Migrationshintergrund und die fehlende Möglichkeit der Kommunikation als Ursache für diesen Wandel. Frau Emil kritisiert zudem die jüngere Generation für ihre fehlende Disziplin und ihr fehlendes Interesse, was auch Auswirkungen auf ihre Ehrenämter habe. Junge Familien bringen sich aus ihrer Sicht nicht mehr in die Vereine und Initiativen ein und seien auch nicht mehr bereit, Stadtteil- oder Straßenfeste zu organisieren. Damals sei hingegen das Mitwirken in den Vereinen eine Selbstverständlichkeit gewesen: »*Wer hier was auf sich gesetzt hat und was mitmachen wollte, der war im Bildungswerk Mitglied, um das zu unterstützen.*« (Z. 782-783) Heute gebe es aus ihrer Sicht jedoch kaum noch Interessen: »*ja Fitnesscenter vielleicht noch*« (Z. 937-938). Diese nachlassende Disziplin der jüngeren Generation begegne ihr auch in der Arbeit des Verwaltungsbeirates der Wohnungseigentümergemeinschaft, die zunehmend herausfordernd werde, da alle nur Rechte, aber keine Pflichten kennen würden: »*es kann nicht einer machen was er will, dann muss er sich n Haus [...] bauen. Nur so kann man leben miteinander*« (Z. 1159-1161). Die Bereitschaft, sich in die Gemeinschaft zu integrieren und Konventionen zu folgen, vermisst sie bei den jüngeren Bewohner*innen im Haus.

Aufrechterhaltung von Ordnung und Sicherheit durch informelles Engagement
Neben den beschrieben Ehrenämtern engagiert sich Frau Emil zudem in ihrem Wohnhaus, welches zehn Mietparteien umfasst. Diese Hausgemeinschaft gibt ihr eine Sicherheit in der sich zunehmend wandelnden Zeit und daher ist es ihr ein Anliegen, das harmonische Miteinander wie in vergangenen Zeiten wieder herzustellen. Diese Hausgemeinschaft ist für Frau Emil nicht nur für Hilfe in Notsituationen eine Unterstützung (wie bei Frau Schick), sondern zudem auch geprägt durch ein alltäglich wertschätzendes Miteinander im Rahmen kleiner Unterstützungsleistungen. So legt sie beispielsweise einer befreundeten Nachbarin morgens die Zeitung vor die Tür, wenn sie selbst vom Briefkasten zurückkehrt. Auch kleine Überraschungen im Alltag zählen dazu (»*da stand in unserem Kühlschrank ne Schüssel Kartoffelsalat*«, Z. 346-347). Das Miteinander in der

Hausgemeinschaft ist ihr so wichtig, dass sie beispielsweise auch aktiven Einfluss auf die Vermietung der Wohnungen im Haus nimmt. Aufgrund ihrer Netzwerke lässt sie ihre Kontakte spielen und stimmt beispielsweise einer Neuvermietung an einen jungen Mann zu, dessen Herkunft sie kennt (»*Ich weiß, wo der herkommt, aus welchem Stall. [...] der is in der Gemeinde engagiert, sauber, ordentlich, erzogen*«, Z. 1113-1116). Demgegenüber fühlt sie sich von einer afrikanischen Familie im Wohnhaus gestört. Nicht nur die Lärmbelästigung wird von ihr an dieser Stelle kritisiert (insbesondere der jüngere Sohn, den Frau Emil als »kleinen Satan« (Z. 1340) bezeichnet, sei aus ihrer Sicht für den Lärm verantwortlich), sondern auch die für sie fremden Gerüche werden als störend empfunden. Ebenso kritisiert sie als gläubige Katholikin den nicht angemessen gelebten Glauben der Familie: »*obwohl die sagen, sie wären Christen [...]. Die haben unsere Kirche noch nie von innen gesehen*« (Z. 136-137). Frau Emil berichtet davon, dass sie den Vater der Familie bereits aufgefordert habe, sich mit seiner Familie endlich an die Regeln der Hausgemeinschaft zu halten. Wie Frau Schick tritt auch Frau Emil in dieser Situation kämpferisch auf, den früheren Zustand des an Konventionen orientierten Zusammenlebens aufrecht zu erhalten.

Die bei Frau Emil zu findende kämpferische Haltung, die alten Zeiten des Stadtteils wieder aufleben zu lassen, findet sich auch in weiteren ehrenamtlichen Tätigkeiten. Um den Stadtteil ansehnlich und schön zu halten, bepflanzte sie beispielsweise Blumenbeete im Stadtteil, für die das Bildungswerk eine Patenschaft übernommen hat. Nachdem diese jedoch immer wieder zeitnah verdreckt waren, hat sie ihr Engagement mittlerweile resigniert eingestellt (»*Wir waren es so satt*«, Z. 212). Weist sie die Jugendlichen freundlich darauf hin (»*man muss ja immer freundlich sein*«, Z. 165-166), den Müll in den vorgesehen Mülleimer zu entsorgen, würden diese sie nur auslachen. Da sie ihre eigenen Kinder zu »ordentlichen Leuten« erzogen habe, habe sie es nicht nötig, sich von Jugendlichen dementsprechend behandeln zu lassen: »*ich hab meine Kinder erzogen, dass sie [...] anständig sind, sag ich, wenn so einer zu mir sagt, was willst du, blöde alte Tussi, verpiss dich, sag ich, das hab ich nicht nötig*« (Z. 196-199).

Dieses Engagement zur Gestaltung eines vorzeigbaren und sauberen Stadtteils findet sich ebenfalls bei Herrn Grau, dem dritten Fall in diesem Engagementmuster. Regelmäßig hat dieser eine an sein Wohnhaus grenzende Grünfläche gereinigt und von Müll befreit, dies mittlerweile jedoch wie Frau Emil aufgrund des fehlenden Erfolgs eingestellt. Deutlich wird an dem Einstellen des Engagements eine eingetretene Ohnmacht, gegen die Zustände und den Wandel im Stadtteil doch nicht anzukommen. Trotz teilweise erreichter Erfolge (so konnte Herr Grau beispielsweise gemeinsam mit seinem Nachbarn bewirken, dass eine Reinigungsfirma für das Treppenhaus beauftragt wird, da nur ein paar, aus seiner Sicht meist deutsche Bewohner*innen selbst die Reinigung durchgeführt hätten (»*wir sind doch auch nicht die Blödel von denen*«, Z. 169), wird langfristig kaum eine Möglichkeit der Einflussnahme gesehen. Neben den bereits genannten, für die fehlende Sauberkeit im Stadtteil und die nachlassende Gemeinschaft verantwortlich gemachten Gruppen (Menschen mit Migrationshintergrund, jüngere Familien) sieht Herr Grau insbesondere die Kinder und Jugendlichen als Verursacher der zunehmenden Vermüllung. Ihnen gegenüber tritt er im Stadtteil dominant, teilweise auch gewaltvoll und drohend, auf:

> »und ich hau ihm einen auf die Finger. Hätt ich besser vielleicht nicht machen sollen, es is nix weiter passiert, ne. Er guckte wie vom Blitz getroffen, sehr wahrscheinlich war das der erste Schlag, den er im Leben bekommen hatte, ne und ich hab gesagt, wenn ich dich nochmal erwisch, ich sach, dann versol ich dir den Hintern, dass du nich mehr weißt wie du heißt.« (Z. 181-186)

Die für Herrn Grau zentralen Prinzipien von Disziplin und Gehorsam vermisst er bei den Kindern und Jugendlichen. Eine für ihn gute Nachbarschaft, geprägt durch ein angepasstes und unauffälliges Zusammenleben, gebe es kaum noch. Die wenigen Nachbar*innen, zu denen er einen guten Kontakt hat, beschreibt er folgendermaßen: »*Die hörst du und siehst du nich.*« (Z. 136-137)

Ebenso findet sich beim vierten Fall des Musters, Frau Werner, die Beschreibung eines Gemeinschaftsverlusts, der in ihrem Fall zu einer enormen Verunsicherung führt. Insbesondere aufgrund einer zunehmenden Kriminalität habe sie Angst, sich alleine im Stadtteil zu bewegen: »*da standen dann so drei, vier, so undefinierbare Typen. Ich hatte also echt Angst, ja*« (Z. 367-368). Auch sie macht für diesen Wandel insbesondere Menschen mit Migrationshintergrund verantwortlich (diese hielten sich nicht an die Straßen- und Verkehrsordnung, würden ihre Hunde nicht anleinen, seien für Drogendelikte verantwortlich etc.). Diese Wahrnehmung führt vermutlich auch dazu, dass sie trotz ihrer Mitarbeit im Bürgerverein bisher noch nicht das vom Bürgerverein organisierte Café für geflüchtete Menschen besucht hat, bei dem es um ein erstes Kennenlernen gehe: »*meine Absicht ist immer mal hinzugehen, aber irgendwas hält mich davon doch ab*« (Z. 427-428).

Sie fühlt sich als Deutsche in ihrem Stadtteil nicht mehr sicher, worüber sie so verärgert ist, dass sie in diesen Situationen ihre Ängstlichkeit ablegt. Ähnlich wie die anderen Fälle tritt auch sie als Ordnungshüterin auf (»*Aber man kann doch nicht als-, immer den Mund halten*«, Z. 444). Ihren über Jahre angestauten Frust lässt sie in folgender Passage freien Lauf:

> »((spricht lauter)) die sollten sich mal langsam integrieren, ja. Was denken sie, wenn ich das in Istanbul machen würde. Was da los wäre. Da traut man sich ja erst gar nicht, das zu machen, würde man sich das gar nicht trauen. Aber hier denken die Herrn haben Narrenfreiheit. Und das is eben das erschreckende, dass man als Deutscher sich nicht mehr traut ähm, auf irgendetwas hinzuweisen (.) ohne ne blöde Antwort zu kriegen.« (Z. 476-481)

Ihre Enttäuschung zeigt sich insbesondere durch den Hinweis, dass sie sich in der Türkei nicht dementsprechend verhalten würde und somit auch von den Gegenseite ein Anpassen und Integrieren verlangt, welches sie jedoch nicht wahrnimmt. Sie hat das Gefühl, als deutsche Frau in ihrem eigenen Land nicht mehr für Sicherheit und Ordnung sorgen zu dürfen. Der erste Satz in ihrem Statement hebt zudem auf eine zeitliche Dimension ab, indem sie deutlich macht, dass sie nicht noch länger bereit sei, darauf zu warten, bis sich die anderen integrieren. Ihre Geduld scheint daher am Ende und ein Gefühl der Ohnmacht eingetreten zu sein.

Demgegenüber sieht Frau Werner in ihrem Familien- und Freundeskreis die Möglichkeit, Einfluss zu nehmen und durch kleine Hilfen Unterstützung zu bieten. Doch auch hier nimmt sie einen Wandel wahr, den sie anhand eines zunehmenden Egoismus skizziert: »*Jeder lebt für sich alleine und jeder ist nur auf seinen Vorteil bedacht*« (Z. 1016-1017). Als Beispiel führt sie an: obwohl eine Freundin mit ihren eigenen Kindern in einem Haus wohne und unterstützungsbedürftig sei, sei das Verhältnis nicht so, »*wie es sein sollte äh und äh, was mich etwas erschreckt letztendlich*« (Z. 74-75). Frau Werner verweist damit auf eine fehlende Unterstützung innerhalb der Familie und vermittelt damit eine klare Vorstellung davon, wie das System Familie aus ihrer Sicht zu funktionieren habe. Da die Familie ihre Freundin nicht entsprechend unterstütze, übernimmt sie diese Aufgabe.

Auch Herr Grau berichtet von zahlreichen informellen Hilfeleistungen, die er unter Freund*innen und in der Nachbarschaft leistet. Herr Grau selbst bezeichnet diese Hilfen als »*so Kleinigkeiten, die halt, naja, so im Laufe der Zeit zu Selbstverständlichkeiten geworden sind, ne.*« (Z. 1065-1066) Er geht beispielsweise für Nachbar*innen einkaufen, übernimmt die Grabpflege für Freund*innen, bietet Autofahrten für Bekannte an, wenn bei diesen Erledigungen anstehen und wirbt in Gesprächen mit Bekannten für den Bürgerverein (indem er beispielsweise das Anmeldeformular vorbeibringt). Dabei geht er selbst aktiv auf seine Freund*innen und Bekannten zu und drängt seine Hilfe teilweise fast auf, ohne dass diese eingefordert wird (so bietet er zum Beispiel nach dem Krankenhausaufenthalt eines Nachbarn an, ihn zum Schrebergarten zu fahren: »*Ich sach, du kannst doch nicht mit dem Fahrrad fahren, wenn du in deinen Schrebergarten willst, ne.*«, Z. 1043-1044) Die Übernahme dieser »kleinen« alltäglichen Hilfen dient wie in den Ehrenämtern von Frau Schick und Frau Emil dazu, ein geordnetes Zusammenleben im Stadtteil aufrecht zu erhalten. Neben den konkreten Hilfen zählt auch dazu, mit den Nachbar*innen und Bekannten im Gespräch zu bleiben und das eigene Interesse an den Mitmenschen zu verdeutlichen: »*Wenn die mich sehen beim Einkaufen oder sowas da bleiben wir stehen, da wird geredet miteinander, ne.*« (Z. 290-291)

Die bei allen Fällen vorhandene Orientierung an Konventionen und Ordnung im Engagement ist bereits im Elternhaus angelegt. Obwohl die Eltern damals finanziell nur geringe Möglichkeiten hatten, werden die Kindheit und das familiale Zusammenleben von positiven Erinnerungen geprägt. Finanzielle Einschränkungen werden rückblickend positiv konnotiert und die damalige Situation eher als Chance konstruiert, bereits als Kind Bescheidenheit und Disziplin erlernen zu können: »*Fleiß, eine Tugend, die ich heute noch sehr schätze, die ich oft vermisse, (.) sich auch was abverlangen, Verzicht, das sind für mich Vokabeln, die wertig sind.*« (Frau Schick, Z. 1161-1163) In der gegenwärtigen Gesellschaft werden diese Fähigkeiten zunehmend vermisst (die Disziplin »*die würde heute manchem gut tun*«, Frau Emil, Z. 663).

Engagement aufgrund fehlender Unterstützung durch andere Akteur*innen
Das Gefühl, den Entwicklungen im Stadtteil (u.a. der veränderten Bewohner*innenstruktur und der fehlenden Sauberkeit) ohnmächtig gegenüber zu stehen, wird bei Herrn Grau zudem begleitet durch eine Enttäuschung gegenüber der Kommunalpolitik sowie der Kirche im Stadtteil. Er war als junger Mann in seiner Heimat selbst im Ortsverband der SPD tätig, verließ jedoch damals die Partei aufgrund der dortigen »*Lügerei*« (Z. 1108) sowie dem ausschließlichen Reden und den fehlenden Taten. Diese Erfahrungen der fehlenden aktiven Unterstützung der Bürger*innen sieht er in der

Kommunalpolitik Großstadts bestätigt, indem er sich als Bürger des Stadtteils zu wenig beachtet fühlt (die Stadt lasse den Stadtteil »*links liegen*«, Z. 533-534). Er setzt dabei den Stadtteil in Relation zu den anderen Stadtteilen, die von der Kommune bevorzugt behandelt würden: »*Ja und dann hat ((Name des Stadtteils)) äh diesen schlechten Ruf bekommen, warum auch immer, ne und ja und ja, dann heißt es, mal zum Schluss oder irgendwann mal.*« (Z. 551-552)

Auch Frau Schick betont, dass die Initiativen im Stadtteil alles »*Privatinitiativen*« (Z. 1043) seien und keine Unterstützung durch die Kommune vorhanden gewesen sei. Herr Grau kritisiert insbesondere die im Stadtteil ansässige Kirchengemeinde, die früher über den Pfarrer stärker mit den Bürger*innen in Kontakt gewesen sei und sich ebenfalls um die Anliegen der Bürger*innen gekümmert habe. Da er sich als Bürger des Stadtteils abgehängt und von Institutionen wie der Kommunalpolitik sowie der Kirche zu wenig beachtet fühlt, will er selbst durch seine Hilfe bei Freund*innen und die Unterstützung der Vereine einen Beitrag für den Stadtteil und die dort lebenden Bürger*innen leisten.

Eine enttäuschte Sicht auf die Politik findet sich wie bei Herrn Grau und Frau Schick auch bei Frau Emil. Diese wird im Kontext ihres Ehrenamtes im Bildungswerk deutlich. Sie sieht insbesondere die Einflussnahme seitens der Politik auf die Bildungsarbeit kritisch: »*Wo die sich in alles einmischen. Jetz mit dem Flüchtlingskram, da müssen wir so viel Stunden anbieten, sonst wird das große Programm nicht genehmigt.*« (Z. 801-803) Für sie scheint die Notwendigkeit des Ausbaus des Bildungsangebots für geflüchtete Menschen nicht nachvollziehbar, was durch die Bezeichnung »*Flüchtlingskram*« unterstrichen wird und damit eine deutliche Abwertung der Angebote für diese Zielgruppe vorgenommen wird. Vorgaben von der Politik, die weit weg von der Praxis der Bildungsarbeit getroffen werden, sind aus ihrer Sicht eher hinderlich als förderlich.

Bewahrung von Sicherheit
Die deutlichste Suche nach Sicherheit weist in diesem Engagementmuster Frau Werner auf. Die Anlehnung an höherstehende Personen, in ihrem Fall an den Vorstand des Bürgervereins, in dem sie sich als Kassiererin einbringt, ist weniger durch eine Statusorientierung geprägt, als vielmehr durch eine Suche nach Orientierung. Bei der Frage nach ihrer Mitarbeit im Bürgerverein antwortet sie: »*Ja, aktiv schon, aber ähm ich äh nicht, also ich bin nicht Vorstandsmitglied. Das bin ich nicht.*« (Z. 664-665) In ihren Erzählungen über den Bürgerverein berichtet sie fast ausschließlich über die Vorsitzende (»*die Frau ((Name der Vorsitzenden)) ist die Seele vom Bürgerverein*«, Z. 713) und schaut dabei zu ihr auf. Sie selbst präsentiert sich eher als kleines Licht im Bürgerverein und hebt weniger auf die Menge an Arbeit ab, die zu bewältigen sei (wie Frau Schick und Frau Emil). Jedoch weist auch sie darauf hin, dass sie für weitere Aufgaben im Bürgerverein angefragt werde und macht in diesem Zusammenhang auch ihr volles Tagesprogramm deutlich, welches sie daran hindere, mehr Aufgaben zu übernehmen: »*Man bemüht sich zwar, mich für mehr zu engagieren, aber ((lacht)), Sie ham ja mein Programm gesehen*« (Z. 671-672).

Wie Frau Schick war auch Frau Werner als Sekretärin tätig, bezeichnet ihre eigene berufliche Laufbahn jedoch nicht wie diese als »*Karriere*«, sondern als Möglichkeit, einen regelmäßigen und sicheren Verdienst zu erhalten. Durch die Wahl von administrativen

Tätigkeiten knüpft sie ebenfalls an ihrer beruflichen Expertise als Sekretärin an. Neben diesen Tätigkeiten berichtet sie jedoch auch ausführlich über ihre sozialen Kontakte und ein großes Netzwerk an Freund*innen und Bekannten. Die Bedeutung sozialer Kontakte zeigt sich auch in ihren Freizeitbeschäftigungen (Gymnastikkurs, Kartenspielen mit Freund*innen etc.).

In ihren zahlreichen Freundschaften übernehmen Frau Werner wie auch Herr Grau informelle Hilfeleistungen, zum Beispiel Einkäufe für Freund*innen oder das Vorbeibringen von einem warmen Mittagessen. Auch Frau Werner selbst kann auf tragfähige Netzwerke zur Unterstützung zurückgreifen, wie auf die Hilfe von zwei Nachbarinnen, die sie beispielsweise bei der damaligen Demenzerkrankung ihres Mannes unterstützt haben. Die Bedeutung dieser Kontakte unterstreichen die Relevanz, die für sie das »*harmonische Miteinander*« (Z. 557) sowie ein Leben »*in Frieden miteinander*« (Z. 1321-1322) haben. Die Suche nach Harmonie und das Meiden von Konflikten geben ihr die nötige Sicherheit im Zusammenleben. Ein Beispiel für die Bedeutung sozialer Kontakte ist auch die damalige Untervermietung der oberen Etage ihres Wohnhauses. Hier ging es weniger um eine ökonomische Dimension und zusätzliche Einnahmen, als vielmehr darum, mit anderen Menschen in Kontakt zu kommen. Bis heute hat sie daher eine gute Beziehung zu einem ehemaligen Mieter, der auf ihren Hund aufpasst, wenn sie im Urlaub ist.

5.1.3 Muster I: Engagement nach dem Prinzip »Ordnung und Konventionen«

Das Engagementmuster I beruht auf vier Fällen im Alter zwischen 75 und 77 Jahren. Geprägt wird das Engagement dieses Musters durch eine hohe Identifikation mit dem Stadtteil, da eine lange Wohndauer von ca. 40 Jahren vorhanden ist. Dies führt dazu, dass das Engagementmuster im Vergleich zu den anderen Mustern durch eine Vergangenheitsperspektive gekennzeichnet ist, in der das damalige Zusammenleben im Stadtteil als *Ideal* konstruiert wird. Die heutigen Verhältnisse im Stadtteil werden durchgehend mit der Vergangenheit in Verbindung gebracht. Insbesondere die damals bestehenden Regeln, die nicht ausgesprochen und dennoch selbstverständlich von der Gemeinschaft getragen wurden, werden in der heutigen Zeit vermisst, was zu einer großen persönlichen Verunsicherung führt und zu einer Angst vor einem sozialen Abstieg. Daher findet sich in diesem Engagementmuster eine Suche nach Ordnung und Sicherheit, der auf verschiedene Weise Ausdruck verliehen wird: ob durch eine Tätigkeit im Ehrenamt, die aus der beruflichen Laufbahn bekannt ist und somit *sicher von der Hand* geht, ob durch die aktive Mitgestaltung des Zusammenlebens in der Hausgemeinschaft mit dem Ziel der Aufrechterhaltung konventioneller Umgangsweisen oder durch die Kontaktpflege zu vertrauten Personen, auf die auch in unsicheren Zeiten Verlass ist. Charakteristisch für das Miteinander im Stadtteil ist in diesem Engagementmuster eine Orientierung an Konventionen und Regeln, die die entsprechende Basis für die Gemeinschaft im Stadtteil bilden. Zu diesen Regeln zählen unter anderem die Hausordnungen der Wohnhäuser mit mehreren Wohneinheiten, ein leises und zurückhaltendes Auftreten, die Aufrechterhaltung der Sauberkeit im Stadtteil sowie die Berücksichtigung von Verkehrsregeln. Diese Konventionen spiegeln sich in der weiteren Darstellung des Engagements wieder.

5.1.3.1 Milieuspezifische Engagementpraktiken

Im Engagementmuster finden sich ehrenamtliche Tätigkeiten, die die gesamte Breite des Engagements vom Ehrenamt (der Tätigkeit in Gremien, Arbeitskreisen und institutionellen Strukturen) bis hin zu informellen Hilfeleistungen in der Nachbarschaft und im Freundeskreis abdecken. Gemeinsam ist diesen unterschiedlichen Tätigkeiten das dahinterliegende Anliegen, den Stadtteil wieder in den früheren geordneten Zustand zu versetzen. Diese Ordnung bezieht sich nicht nur auf ein an Konventionen orientiertes Zusammenleben, sondern auch auf einen *vorzeigbaren* Stadtteil, der sauber und gepflegt ist. Hierfür werden unterschiedliche Engagementtätigkeiten gewählt.

Zu diesen Engagementtätigkeiten zählen unter anderem klassische Ehrenämter, bei denen in Gremien und Institutionen mitgearbeitet wird (teilweise bereits seit 40 Jahren), die im Stadtteil ansässig sind und damit einen direkten Bezug zum Lebens- und Wohnumfeld besitzen. Aufgrund der hohen Identifikation mit dem Stadtteil wird das Engagement als selbstverständlich angesehen und gehört zum guten Ton. Dieser normative Anspruch wird in die heutige Zeit übertragen und die Erwartungen der aktiven Mitarbeit damit auch an die jüngere Generation gestellt – überwiegend vergeblich.

In den Ehrenämtern werden insbesondere administrative und organisatorische Tätigkeiten, die an der damaligen beruflichen Beschäftigung anknüpfen und damit routiniert ausgeübt werden können, ausgewählt. Hierzu zählt beispielsweise die Mitarbeit im Vorstand des Bildungswerks und die Übernahme der dortigen finanziellen und konzeptionellen Arbeit, die Arbeit als Kassiererin im Bürgerverein oder das Mitwirken in einem Arbeitskreis im Stadtteil zur Förderung der Lebensqualität älterer Menschen im Stadtteil.

Die Wahl dieser Ämter wird weniger aus eigener Initiative vorgenommen, sondern erfolgt vielmehr durch eine Ansprache zur Mitarbeit von Bekannten. Dies steht nicht nur für eine Unsicherheit hinsichtlich der Ausübung von Ehrenämtern, sondern ermöglicht ebenso, dem eigenen Engagement eine besondere Bedeutung zu verleihen, da die mitgebrachte Expertise erkannt und gewertschätzt wird. Gerne wird sich im Rahmen dieser Ehrenämter auch mit höhergestellten Personen gemeinsam präsentiert oder ebenfalls die Aufgabe übernommen, von Vorsitzenden in andere Gremien entsandt zu werden.

Durch die Mitarbeit in diesen Gremien wird neben dem Anliegen, das Zusammenleben im Stadtteil positiv zu beeinflussen, auch die Möglichkeit genutzt, als wichtige und bedeutende Person im Stadtteil wahrgenommen zu werden. Diese Wahl von Ämtern, die nach außen kommuniziert werden können, vermittelt den Eindruck, unentbehrlich und gefragt zu sein. Hier findet sich durch das gewählte Engagement die Möglichkeit, seinen eigenen Status im Stadtteil zu erhöhen. Diese statusorientierten und prätentiösen Engagementpraktiken werden unterstrichen, indem einfache handwerkliche Tätigkeiten an andere delegiert und mit dem ausgeübten Engagementtätigkeiten teilweise im Interview kokettiert wird.

Zum anderen werden in diesem Engagementmuster zur Aufrechterhaltung von einem geordneten und harmonischen Zusammenleben neben der Ausübung von administrativen Tätigkeiten in Ehrenämtern auch informelle Hilfeleistungen unter Nachbar*innen und Freund*innen geleistet.

Ebenso wie die Ehrenämter ausschließlich in der direkten Wohnumgebung ausgeführt werden, findet sich auch in den informellen Hilfeleistungen eine Ausrichtung auf die direkte Wohnumgebung. Die Aufrechterhaltung einer ordentlichen Lebensumwelt erfolgt beispielsweise durch die Säuberung von Grünflächen, die ans Wohnhaus grenzen oder der Bepflanzung von Beeten. Auch sind kleine Höflichkeiten zwischen langjährigen Nachbar*innen wichtige Formen des konventionellen Miteinanders. Neben dem guten und harmonischen Austausch wird jedoch immer eine formale Distanz eingehalten. Nachbarschaft basiert damit, in Abgrenzung zu Freundschaften, auf Formen des konventionellen Miteinanders.

Aufgrund des Wandels im Stadtteil werden jedoch gängige Praxen des Miteinanders, wie der Austausch von Schlüsseln, in Frage gestellt. Da der Zugang zur eigenen Wohnung oder eigenem Haus nur Vertrauenspersonen gewährleistet wird, findet der Austausch mit hinzugezogenen Nachbar*innen nicht mehr statt.

Im Vergleich zu den Tätigkeiten in Ehrenämtern steht hier insbesondere im Fokus, mit der konkreten Hilfe unter Freund*innen und Nachbar*innen das Miteinander und die Geselligkeit zu fördern. Dafür ist sogar die Bereitschaft vorhanden, Konflikten aus dem Weg zu gehen und diese zu meiden. So wird selbst zu einer Familie mit Migrationshintergrund in der Nachbarschaft der Kontakt nicht abgebrochen, obwohl die »andere Mentalität« skeptisch gesehen wird.

Bedeutung des Strukturwandels im Stadtteil für Engagement

Im Engagementmuster findet sich ein deutlicher Früher-Heute-Vergleich hinsichtlich des Zusammenlebens im Stadtteil, was sich unter anderem durch die lange Wohndauer von teilweise über 40 Jahren erklären lässt. Jedoch trägt nicht nur die lange Wohndauer im Stadtteil zu einer hohen Identifikation bei, sondern auch das Wissen darüber, selbst zu der damaligen Klientel zu gehören, für die der Stadtteil neu konzipiert wurde. Sich als »Pionier« des Stadtteils zu verstehen verleiht einem ebenso eine gewisse Autorität.

Im Weiteren wird dieser wahrgenommene Wandel skizziert und die darauf folgenden Reaktionen erläutert, die damit als informelles Engagement im Stadtteil gelesen werden können.

Die frühere Situation im Stadtteil, insbesondere zur Zeit der Gründung in den 1960er Jahren, wird aufgrund von zwei Merkmalen positiv rekonstruiert: zum einen bestand aufgrund der Konzipierung des Stadtteils für ein gewisses Klientel eine relativ homogen zusammengesetzte Bewohner*innenschaft (junge deutsche Familien mit Beamtenstatus). Rückblickend wird mit dieser Argumentation eine Einheit und Gemeinschaft konstruiert, die heutzutage aufgrund der Heterogenität in der Bewohner*innenstruktur vermisst wird. Zum anderen wird die damalige Sauberkeit und Ordnung positiv hervorgehoben. Für die aktuell verdreckten Straßen werden die »Hinzugezogenen« (konkreter: Menschen mit Migrationshintergrund sowie Kinder und Jugendliche) verantwortlich gemacht.

Getragen wurde die damalige Gemeinschaft insbesondere durch Regeln, die unausgesprochen Geltung hatten. Als Beispiel für diese Regeln wird immer wieder auf die Hausordnungen der jeweiligen Wohnhäuser verwiesen, die im aktuellen Zusammenleben jedoch keine Bedeutung mehr hätten und ignoriert würden.

Der Wandel der Bewohner*innenstruktur und die daran gekoppelte Vermüllung des Stadtteils sowie die fehlende Gemeinschaft führen zu emotionalen Reaktionen, so dass Abwertungen von den Bürger*innen vorgenommen werden, die diese harmonische Gemeinschaft zerstören. Dazu zählen insbesondere Menschen mit Migrationshintergrund sowie die jüngere Generation, von der ein Engagement im Stadtteil vermisst wird.

Im Vergleich zu anderen Engagementmustern wird deutlich, dass im Kontakt mit Menschen mit Migrationshintergrund weniger die Sprachbarrieren problematisiert, sondern vielmehr die *kulturellen Praxen* dieser Personengruppe kritisiert werden und zu Angst und Unsicherheit führen (im Gegensatz zum *gemeinschaftlich-solidarischen Engagement*, Muster III). Zu dieser Praxis gehört beispielsweise der als fremd wahrgenommene Geruch oder die Lautstärke von Personengruppen im öffentlichen Raum. Diese Praxen werden als Störung der aufrechtzuerhaltenden Ordnung wahrgenommen. Allen Veränderungen wird skeptisch und mit Angst begegnet. Dies führt nicht nur zu Ressentiments, sondern auch zu einem Trauern um alte Zeiten. Dieses Leiden findet auch in der Sprache Ausdruck, indem die Beschreibung des Wandels begleitet wird von den Worten: »(.) das tut uns weh« (Frau Emil, Z. 142).

Ebenso zeigt sich im Engagement eine Angst vor einem sozialen Abstieg. Daher lässt sich in diesem Muster auch eine kämpferische Haltung finden, den früheren Zustand im Stadtteil wieder herzustellen. Um diesen Entwicklungen entgegenzuwirken werden weitere Verbündete gesucht. Neben dieser ambitionierten Haltung finden sich hingegen auch resignative Momente, indem deutlich wird, dass der Kampf bereits als verloren angesehen wird: »*Das wär so schön, wenn man ne saubere Siedlung hätte, aber ich glaube, das is n Wunsch, der wird sich nicht erfüllen.*« (Herr Grau, Z. 760-762) Daher wird das teilweise übernommene Engagement zur Aufrechterhaltung der Sauberkeit und Ordnung schon eingestellt. Zudem fehle eine entsprechende Anerkennung für das ausgeübte Engagement, da Jugendliche dieses nicht wertschätzen, sondern vielmehr belächeln.

Diese Resignation wird jedoch auch begleitet von einem teilweise dominanten Auftreten im öffentlichen Raum. Da ansonsten niemand im Stadtteil zur Bewahrung der Regeln beiträgt und eine Privatpolizei Wunschdenken sei, wird selbst die Rolle des*der Ordnungshüters*Ordnungshüterin eingenommen, indem Mitmenschen diszipliniert und zurechtgewiesen werden. Auch das vermehrte Auftreten des Ordnungsamtes im Stadtteil wird begrüßt und als Unterstützung der eigenen Anliegen verstanden.

Das Auftreten zur Durchsetzung von Ordnung und Sauberkeit fällt dabei in den konkreten Engagementtätigkeiten sehr unterschiedlich aus. Aufgrund der emotionalen Betroffenheit erfolgt teilweise eine drastische Ansprache der Mitmenschen: »*Ich scheiße sie zusammen, wenn ich sie erwische.*« (Frau Schick, Z. 559) Zudem erfolgt Kindern gegenüber auch ein gewaltvolles Auftreten. Ebenso findet sich jedoch auch das vom Elternhaus anerzogene Auftreten als *anständige und ordentliche* Person, indem ein bewusst freundliches Auftreten gewählt wird: »*Ich sag, junger Mann, das ist hier ne Fußgängerzone. Halt die Fresse. (.) Das ist die Reaktion.*« (Frau Werner, Z. 442-443) Umso größer ist die Enttäuschung über die unfreundliche Antwort.

Trotz des teilweise vorhandenen Leidensdrucks wird der Stadtteil als Heimat wahrgenommen, so dass ein Wegzug keine Option darstellt. Neben der starken Identifikation mit dem Stadtteil ist dafür sicherlich auch die Sicherheitsorientierung und die Angst vor Veränderungen verantwortlich.

Sicht auf anerkanntes Engagement

In diesem Engagementmuster richtet sich der Blick insbesondere auf Vereine und Institutionen, die im Stadtteil ansässig sind und einen Beitrag für das direkte Zusammenleben leisten (hierzu zählen unter anderem der Bürgerverein, das Bildungswerk sowie die Kirchengemeinde). Der Kirchengemeinde wird eine besondere Bedeutung zugeschrieben, da diese sich zur Zeit der Neugründung des Stadtteils durch die zuständigen Pfarrer der katholischen und evangelischen Kirche stark in den Aufbau von Unterstützungsstrukturen für die dort lebenden jungen Familien einbrachte (beispielsweise baute die Kirche sogenannte Familienkreise auf, in der junge Familien eine Möglichkeit des Austauschs hatten). Diese Strukturen werden als zunehmend brüchig und die Kirchen sowie die Kommune als Akteure wahrgenommen, die sich nicht mehr ausreichend um den Stadtteil kümmern. Aufgrund dieser Entwicklungen wird die Eigenverantwortung jedes*r Einzelnen umso mehr betont und die Privatinitiativen positiv hervorgehoben. Der Wandel im Stadtteil wird daher als Entwicklung wahrgenommen, mit der jede Person für sich alleine zurechtkommen muss. Eine stärkere Unterstützung durch die kommunale Politik wird an dieser Stelle vermisst. Dafür wird sich aber mit anderen Bürger*innen des Stadtteils zusammengeschlossen, welche die eigene Perspektive auf den Stadtteil und den Erhalt des früheren Zusammenlebens mittragen.

Daher findet sich in diesem Engagementmuster eine aktive Unterstützung der Vereine, beispielsweise in Form der Kassenprüfung beim Bürgerverein, der Mitarbeit im Vorstand des Bildungswerks, der Unterstützung der Gemeinde im Rahmen von Festen sowie guter Kontakte zur großen Altenpflegeeinrichtung im Stadtteil, in dem Angebote für Senior*innen organisiert werden. Auch im früheren Engagement in der Jugendzeit findet sich ein Engagement in (traditionellen) Vereinen, wie einem Spielmannszug.

Der wahrgenommene Wandel im Stadtteil führt jedoch auch hinsichtlich der Initiativen und Vereine zu einer kritischen Einschätzung der Zukunftsperspektive. Aufgrund des geringen Engagements der jüngeren Generation und der Familien mit Migrationshintergrund wird dieser Arbeit keine Zukunft gegeben: »*Aber wir wissen schon wenn wir mal nicht mehr da sind, is das auch weg.*« (Frau Emil, Z. 243-244) Nicht nur das fehlende Engagement wird an dieser Stelle problematisiert, sondern zusätzlich auch die erodierenden Familienstrukturen und der Zerfall der »*traditionellen Familie*« (Frau Emil, Z. 1079). Die zunehmende Erwerbstätigkeit jünger Mütter, die es damals nicht gab, wird als weitere Ursache für den Zerfall der Gemeinschaft im Stadtteil herangezogen.

5.1.3.2 Verortung im sozialen Raum

Das prätentiös-statusorientierte Engagementmuster findet sich in der ständisch-kleinbürgerlichen Traditionslinie und ist verortet im Traditionell Kleinbürgerlichen Arbeitnehmermilieu. Hier finden sich insbesondere kleinere und mittlere kaufmännische Angestellte in Büro- und Verwaltungstätigkeiten, Beamte oder Berufsgruppen aus dem Bereich schlechtbezahlter klassischer Frauentätigkeiten (vgl. Vester et al. 2001). Der damaligen beruflichen Tätigkeit wird teilweise eine hohe Bedeutung beigemessen, indem darüber der Status und die gesellschaftliche Position verdeutlicht werden kann. Ebenso findet sich im Muster eine Sicherheitsorientierung, anhand derer leichte Differenzierungen zwischen den Fälle festzustellen sind (Frau Werner weist grundsätzlich eine stärkere Sicherheitsorientierung auf und ist daher näher an der Trennlinie der Respektabilität zu verorten).

Das Sample verdeutlicht anhand des Engagements die für das Traditionell Kleinbürgerliche Arbeitnehmermilieu charakteristische Skepsis gegenüber gesellschaftlichen Modernisierungsprozessen, die in der vorliegenden Studie im Wandel des Stadtteils deutlich werden. Aus Angst vor einem drohenden sozialen Abstieg werden daher »traditionelle Werte wie Disziplin, Ordnung, Pflichterfüllung und Verlässlichkeit [...] mit einem Blick nach oben hochgehalten« (Vester et al. 2001: 518) und das Anliegen verfolgt, die damals vorhandene Lebenssituation im Stadtteil wieder herzustellen. Die Vorstellung des damaligen guten Zusammenlebens impliziert normative Grundannahmen, an denen sich auch die Mitmenschen im Stadtteil zu messen haben. Dazu gehört beispielsweise die Idee einer *guten Nachbarschaft*, die vom Einhalten bestehender Regeln sowie der Orientierung an Konventionen aufrechterhalten wird. Ebenso findet sich die Vorstellung einer *guten Familie*, in der sich nicht nur gegenseitig geholfen, sondern auch in Anlehnung an ein traditionelles Familienbild der Frau die Rolle einer guten Mutter und Hausfrau zugesprochen wird.[3] Neue Familienkonstellationen bedrohen damit die Gemeinschaft im Stadtteil, da junge Mütter nicht mehr ausschließlich für die Kindererziehung zuständig sind und somit nicht mehr ausreichend Zeit in der eigenen Häuslichkeit und im Stadtteil verbringen. Dies führt dazu, dass die jungen Frauen sich weniger im Stadtteil einbringen.

Die ehrenamtlichen Tätigkeiten sind nicht nur geprägt durch ein Pflichtbewusstsein, sondern ebenfalls durch wenig moderne Qualifikationen, charakteristisch für das kleinbürgerliche Milieu. So entspricht teilweise die mitgebrachte Expertise aus den damaligen beruflichen Tätigkeiten nicht mehr den Anforderungen der modernen Arbeitswelt (beispielsweise die fehlenden Computerkenntnisse). Nichts desto trotz wird an diesen Arbeiten im Rahmen des Engagements festgehalten, da sie Sicherheit bieten. Zudem würde das Aufgeben des Engagements auch eine Kapitulation bei der Wiederherstellung des früheren Zusammenlebens bedeuten sowie die Sicherung des eigenen Status in Frage stellen.

Die Relevanz der Wiederherstellung des alten Miteinanders zeigt sich auch in der emotionalen Reaktion gegenüber der Menschen, die sich nicht an die Regeln halten. Trotz des grundsätzlichen Harmoniebedürfnisses findet sich in diesem Muster ein selbstbewusstes und dominantes Auftreten im öffentlichen Raum, indem andere Bewohner*innen im Stadtteil zurechtgewiesen werden. Als *fremd wahrgenommene Gruppen* werden durch dieses Auftreten von sich fern gehalten. Harmonie innerhalb eines definierten Personenkreis (dazu zählen insbesondere die eigene Familie und die Nachbar*innen) ist hingegen von besonderer Bedeutung. Menschen in höheren Positionen, wie beispielsweise im Bürgerverein oder dem Vorstand der Wohnungseigentümergemeinschaft, wird eine gewisse Ehrfurcht entgegen gebracht.

---

3 So erinnert sich Frau Emil beispielsweise an eine Nonne, die sie als Vorbild anführt und die folgendes zu einer anderen Nonne gesagt habe: »*Die können nicht alle ins Kloster gehen, wir müssen auch gute Mädels draußen haben. Dass sie gute Frauen und Mütter werden.*« (Z. 631-633)

Das von Vester et al. (2001) im Rahmen der Typen sozialer Kohäsion beschriebene Profil der Bodenständigen, überwiegend zusammengesetzt aus »älteren Menschen mit relativ niedrigen sozialen Standards aus den konventionellen und traditionellen Sozialmilieus« (ebd.: 486) findet sich hier wieder. Charakteristisch ist hier unter anderem die Irritation durch den raschen Wandel der Lebensstile sowie die Orientierung an konventionellen Lebensführungen: »Der Zusammenhalt von Familie und Nachbarschaft bieten ihnen gegen die Irritationen durch die gesellschaftlichen Modernisierungsprozesse relative Sicherheit.« (ebd.: 486–487) Auch das von ihnen gewählte Engagement bietet ihnen die Möglichkeit, »Konventionen als Wertorientierungen für den Alltag zu erhalten« (ebd.: 487). Dazu gehören auch ganz konkret der regelmäßige Kirchgang (siehe auch Vester 2015) sowie die Aufrechterhaltung eines harmonischen Miteinanders in der direkten Wohnumgebung.

Neben Vesters Gesellungsstilen finden sich zugleich in »Die feinen Unterschiede« Ausführungen zum absteigenden Kleinbürgertum (Bourdieu 1982: 541–549), welches deutliche Parallelen zu Engagementmuster I aufweist.[4] Dazu gehören zum einen regressive Einstellungen (ebd.: 541), die sich unter anderem in der Reaktion auf das Verhalten von Jugendlichen zeigen und in der vorliegenden Studie zu Konflikten im Zusammenleben im Stadtteil führen. Für das Engagement sind zudem die Werte »Arbeit, Ordnung, Strenge und peinliche Sorgfalt« (ebd.: 549) von Bedeutung, die sich im Engagementmuster I deutlich niederschlagen. So wird nicht nur den gewählten Engagementtätigkeiten akribisch nachgegangen, sondern zudem auch die Aufrechterhaltung von Ordnung als handlungsleitende Prinzip der gesamten Engagementtätigkeiten gesehen.

Im Weiteren folgt die Darstellung des Engagementmusters II, welches weiter links und weiter unten im sozialen Raum zu verorten ist.

5.2 Engagementmuster II: Anpackend-spontanes Engagement

Das anpackend-spontane Engagement, verortet im Traditionellen Arbeitermilieu oberhalb der Trennlinie der Respektabilität, besteht ausschließlich aus einem Fall. Neben Herrn Nelles weist das Sample damit keine weiteren Fälle aus diesem Milieu auf, so dass für dieses Engagementmuster die Bezugnahme zu weiteren Vergleichsfällen entfällt. Erklären lässt sich der geringe Anteil von Vertreter*innen des Arbeitermilieus unter anderem durch die Geschichte des Stadtteils, denn zur Neugründung des Stadtteils zog ein hoher Anteil von Beamt*innen und Soldaten mit ihren Familien in den Stadtteil (siehe Kap. 1.2.2), was tendenziell auf bürgerliche und kleinbürgerliche Milieus schließen lässt. Dies erklärt, warum das Traditionelle Arbeitermilieu in diesem Stadtteil prozentual geringer vertreten ist. Herr Nelles, gelernter Spitzendreher, wurde damals in seiner anschließenden Tätigkeit als Paketzusteller verbeamtet und bekam damit die

---

4 Am Beispiel eines Portraits einer *Bäckerfrau* zeigen sich inhaltliche Parallelen zu den Fällen des Engagementmusters I u.a. auch in der Sprache. Wie bei Frau Schick wird von einem »ordentlichen Häuschen« (Bourdieu 1982: 542) und keinem großen »Luxus« (ebd.) gesprochen wird sowie die Formulierung genutzt, »sich ein bisschen zurechtzumachen« (ebd.: 545).

Gelegenheit, eine Eigentumswohnung im Stadtteil zu erwerben, was ihm ohne diese Möglichkeit vermutlich verwehrt geblieben wäre.

Abbildung 15: Anpackend-spontanes Engagement (Muster II) verortet in der Milieutypologie nach Vester et al. (2001)

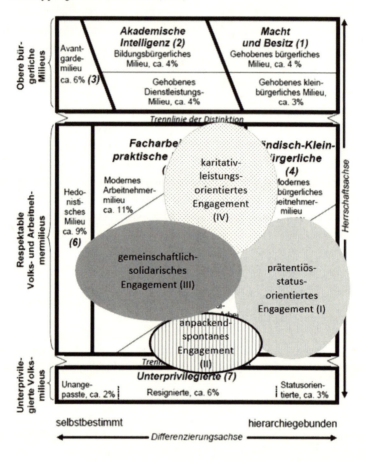

5.2.1 Fallportrait Herr Nelles: »also wenn äh drei Mann über einen hergefallen sind, war ich der einzigste, der ihm geholfen hat.«

5.2.1.1 Einführung in den Fall

Herr Nelles (Jg. 1948) ist zum Zeitpunkt des Interviews 68 Jahre alt. Er ist in Großstadt geboren und lebt gemeinsam mit seiner Frau seit 43 Jahren in einer Eigentumswohnung im Stadtteil. Wie seine Eltern besuchte auch er die Hauptschule. Anschließend absolvierte er eine Ausbildung zum Spitzendreher. Nachdem er ein paar Jahre dieser körperlich anstrengenden Tätigkeit nachging, wechselte er zu einem großen Logistikunternehmen und arbeitete dort bis zum Eintritt in die Rente als Paketzusteller. In dieser Zeit wurde er verbeamtet und erhielt dadurch die Möglichkeit, über seinen Arbeitgeber kostengünstig eine Eigentumswohnung im Stadtteil zu erwerben. Herrn Nelles Ehefrau, mit der er zwei erwachsene Kinder hat, ist gelernte Arzthelferin, aber ebenfalls wie er nicht mehr erwerbstätig.

Während seines gesamten Berufslebens verdiente sich Herr Nelles zu seinem Haupteinkommen etwas hinzu und so geht er auch aktuell im Ruhestand einem Nebenjob nach, indem er jeden Morgen Zeitungen im Stadtteil verteilt. Durch diese regelmäßige Beschäftigung (die er auch als »*Arbeit*« bezeichnet) erhält er sich eine Alltagsstruktur in Anlehnung an sein Berufsleben. Zudem bietet ihm der Nebenjob die Möglichkeit, im Stadtteil unterwegs zu sein und in Kontakt mit anderen Menschen zu kommen, denn im Gegensatz zu seiner Frau, die viel Zeit zu Hause verbringt, ist ihm der Kontakt wichtig. Dies zeigt sich dementsprechend in der Gestaltung seines Alltags. Jeden Donnerstagmittag besucht er einen Männerstammtisch in der Kneipe des Stadtteils, wo ihm neben den Teilnehmenden des Stammtisches auch die anderen Gäste sowie die Kellnerin gut bekannt sind. Teilweise verbinden ihn dort lange Freundschaften, so dass die Kneipe für ihn zu einem *zweiten Wohnzimmer* geworden ist.

Herrn Nelles Tagesablauf ist sehr strukturiert, weshalb er sich selbst auch als »*Hausfrau*« (Z. 6) bezeichnet. Da er jeden Morgen gegen vier Uhr die Wohnung verlässt, um mit dem Roller zwei Stunden Zeitungen auszutragen, sind insbesondere seine Schlafenszeiten, auch am Nachmittag, fest terminiert.

5.2.1.2 Engagementpraktiken

Herrn Nelles Engagement bezieht sich insbesondere auf praktische Hilfe in der Familie und unter Freund*innen. So werden von ihm verschiedene handwerklichen Tätigkeiten genannt, die nicht nur er seinen Freund*innen anbiete, sondern ebenso von diesen in Anspruch nehme. Insbesondere die Fähigkeiten seines Schwiegersohns hebt er in diesem Kontext hervor, den er bezüglich verschiedener Aufgaben wie beispielsweise »*Schweißarbeiten, Roller machen, tapezieren*« (Z. 280) jederzeit um Hilfe bitten könne.

Getragen werden die Hilfeleistungen durch ein großes Netzwerk an Freund*innen und Bekannten, welches Herr Nelles sich unter anderem durch seine langjährige Mitgliedschaft und aktive Arbeit als Trainer im Fußballverein des Stadtteils aufgebaut hat.

Eine langfristige Planung und Organisation von Hilfe ist in diesem Netzwerk nicht notwendig, denn so wird auch Unterstützung geleistet, ohne den Hilfebedarf vorab konkret formulieren und einfordern zu müssen: »*War nur ne Thekenmannschaft. Und wenn dann ne Umzug war, ne, Auto steht da.*« (Z. 497-498) Mit dem Begriff der Thekenmannschaft verweist Herr Nelles darauf, dass die Gemeinschaft sowie Verlässlichkeit und Unterstützung im Team wichtiger sind als der sportliche Wettbewerb und der gemeinsame Sieg. Diese Verlässlichkeit spiegelt sich dann auch in einer Wechselseitigkeit der Hilfe wieder, einem Geben und Nehmen. Er selbst bezeichnet dies mit den Worten: »*eine Hand wäscht die andere*« (Z. 270-271). So hat Herr Nelles bei zahlreichen Umzügen seiner Freund*innen und Bekannten geholfen, betont aber auch, dass diese bei seinen Umzügen unterstützt haben.

Neben dem Fußballverein dient auch die im Stadtteil ansässige Kneipe als wichtiger Treffpunkt für Herrn Nelles. In dieser Kneipengemeinschaft findet sich ebenfalls ein reziprokes Hilfeverständnis, in Form eines Gebens und Nehmens. Wichtig scheint es zu sein, durch eine Verlässlichkeit in der Gemeinschaft auch eine emotionale Unterstützung zum Ausdruck zu bringen, im Sinne von »*auf uns kannst du bauen*«. In der folgenden Erzählpassage wird dies deutlich:

> »*wird mal in der Wirtschaft n Wort fallen gelassen, [...] hör mal, ich zieh um von da nach da. Wo ziehst du hin, wann? Samstag? Ich bin da, ich komme, ich bring noch n paar Mann mit.*« (Z. 268-270)

Dieses Netzwerk steht für Herrn Nelles jederzeit zur Verfügung und kann von ihm ohne Hürden in Anspruch genommen werden.

Eine weitere wichtige Voraussetzung neben der beschriebenen Reziprozität in Hilfeleistungen ist für Herrn Nelles die Tatsache, dass die Hilfe ihm liegt und er die entsprechenden Kenntnisse dafür mitbringt, denn »*jetz noch was anlernen, nee, das würd ich auch nicht mehr*« (Z. 581). Er begründet dies damit, dass er es »*nicht mehr rein kriege*« (Z. 593-594). Aufgrund der Anmerkung, nicht *mehr* etwas Neues erlernen zu können, kann vermutet werden, dass er sich aufgrund seines Alters nicht mehr dazu in der Lage sieht und knüpft daher an den Fähigkeiten an, die er mitbringt. Diese Fähigkeiten sind aus seiner Sicht insbesondere handwerkliche, anpackende Tätigkeiten: »*Ja, ja. Wenn sie n Haus bauen, dann nehme ich die Steine hoch.*« (Z. 587-589)

Neben den handwerklichen Hilfen findet sich in Herrn Nelles' Engagement eine weitere *anpackende* und *körperliche Dimension* wieder. So betont er im Interview immer wieder seine Bereitschaft und Lust, in körperliche Auseinandersetzungen einzutreten und bezeichnet sich selbst auch als »*Radau-Mensch*« (Z. 359). Bereits als junger Mann scheint er körperliche Angriffe und Gewalt nicht gescheut zu haben, denn damals hat er als »*Rausschmeißer*« (Z. 202) in einer Diskothek gearbeitet. Zudem hat er bereits als Kind Erfahrungen mit körperlicher Gewalt gemacht. Beim Austesten und Überschreiten von Grenzen in seiner Jugendzeit gab es Auseinandersetzungen mit seinem Vater, dessen Reaktion er folgendermaßen beschreibt: »*kriegst du von dem Alten, kriegst du auf den Arsch gehauen*« (Z. 229).

Herr Nelles scheint in der Vergangenheit die Erfahrung gemacht zu haben, in gefährlichen Situationen als einziger die Entschlossenheit aufzubringen, anderen Menschen in körperlichen Auseinandersetzungen zu helfen: »*also wenn äh drei Mann über* *einen hergefallen sind, war ich der einzigste, der ihm geholfen hat«* (Z. 243-244). Im Vergleich zu handwerklichen Hilfen, bei denen er viel Unterstützung erfährt, präsentiert er sich hier als einzig Mutigen, der anderen in Notsituationen zur Seite steht. So habe sich beispielsweise auch niemand der anderen Bewohner*innen in seinem Wohnhaus getraut, gegen die zunehmenden Einbrüche in den Kellerräumen vorzugehen, so dass er dort eigenmächtig für Ordnung gesorgt habe: *»Ja, ich war der einzigste. Immer. Ich bin mit der Eisenstange runtergegangen.«* (Z. 166) Auch körperlichen Angriffen im Rahmen von Selbstjustiz geht er damit nicht aus dem Weg.

Der Umgang mit körperlichen Auseinandersetzungen wirkt bei Herrn Nelles routiniert, was sich insbesondere in folgender Erzählpassage zeigt, in der Herr Nelles eine Situation aus der Kneipe schildert, in der er mit dem Mann der Inhaberin von einer Gruppe bedroht wurde:

»Ja, dann kamen die Russen hier rein. Ich sag, du gehst hinten und ich mach die Theke. (...) Hat super geklappt. Sagt er, was passiert jetz? Sag ich, jetz gehen die Heim. Ich sage, zahlen, war die letzte Runde. (.) Sagt er, die stehen jetz draußen vor der Türe. Ich sag, dann trinken wir noch einen. Ham wir bis morgens früh halb fünf hier gesessen. Ja und, sind wir danach Heim gegangen, schön. Ja nee, das sind solche Dinger, ne. Äh, wenn Du sagst Hilfe, das is auch Hilfe. Das is auch Hilfe.« (Z.348-353)

Herr Nelles zeigt sich in dieser Situation solidarisch mit dem Mann der Wirtin, der ängstlich und überfordert gewesen zu sein scheint. Er vermittelt ihm durch konkrete Handlungsanweisungen Sicherheit und führt eine Deeskalation der Situation herbei, indem sie gemeinsam in der Kneipe ausharren, bis die *Angreifer* vor der Kneipe verschwinden. Er agiert in dieser Situation selbstsicher und souverän.

Dieser Redebeitrag von Herrn Nelles ist einer der längsten im Interview. Die erlebnisgetreue Nacherzählung der Situation scheint ihm leicht zu fallen und er erweckt den Eindruck, die Interviewerin damit an seinem Leben teilhaben lassen zu wollen. Insbesondere der gleich zweimal geäußerte Satz, dass dies auch Hilfe sei, weist darauf hin, dass Herr Nelles die (weibliche) Interviewerin auf die wirklichen Probleme des Lebens hinweisen möchte. Er scheint davon auszugehen, dass die Interviewerin eigentlich die Benennung anderer Tätigkeiten erwartet hätte. Das Interview ist für ihn somit eine Chance, auf seine Hilfe aufmerksam und diese damit sichtbar machen zu können.

Neben den beschriebenen Tätigkeiten übernimmt Herr Nelles zudem täglich für einige Stunden die Betreuung seines Enkelsohns, während seine Tochter in der Bäckerei im Stadtteil arbeitet. Diese Hilfe thematisiert er jedoch nicht im Interview, sondern wird von ihm erst auf Nachfrage der Interviewerin angeführt, da diese ihn bereits gemeinsam mit dem Enkelsohn im Stadtteil angetroffen hat.

Herrn Nelles Hilfe und Unterstützung in seinem Familien- und Freundeskreis basiert auf dem Gedanken der Wechselseitigkeit. Als Teil dieser Gemeinschaft wird Hilfe selbstverständlich geleistet und muss nicht von jedem*r Einzelnen konkret eingefordert werden. Diese Idee einer Gemeinschaft, geprägt von Sicherheit und Geborgenheit, geht nach Ansicht von Herrn Nelles jedoch aufgrund eines gesellschaftlichen Wandels zunehmend verloren. Der von Herrn Nelles wahrgenommene Wandel wird im Weiteren ausführlicher dargestellt.

5.2.1.3 Auswirkungen des Strukturwandels im Stadtteil auf Engagement

Ähnlich wie in Engagementmuster I findet sich auch bei Herrn Nelles die Beschreibung eines *Früher-Heute-Vergleichs* und die Erläuterung eines Wandels im gesellschaftlichen Zusammenleben. Dieser Wandel bezieht sich hier jedoch weniger auf den Verlust einer gemeinsamen Ordnung im Stadtteil, als vielmehr auf den Verlust einer Gemeinschaft und einer zunehmenden Individualisierung.

Die von Herrn Nelles wahrgenommene Individualisierung verdeutlicht er beispielhaft. So antwortet er auf die Frage danach, wen er um Hilfe bitten würde, kurz und knapp: »*Mich selbst.*« (Z. 263) Er scheint durch seine spontane erste Antwort die Wichtigkeit des zunehmenden Gemeinschaftsverlusts unterstreichen zu wollen und kann sich zudem dadurch nochmals als Person präsentieren, auf die in der heutigen unsicheren Zeit noch Verlass ist.

Verantwortlich für die schwindende Gemeinschaft macht Herr Nelles in seinen Ausführungen insbesondere zwei *Gruppen*: zum einen *die Jugendlichen* und zum anderen *die Ausländer*. Die Jugendlichen beschreibt er als durch die neuen Medien fremdgesteuerte »Analphabeten« (Z. 257), die am wirklichen Leben nicht mehr teilnehmen würden. Dies führt dazu, dass er selbst die neuen Medien kategorisch ablehnt: »*Mich interessiert der ganze Scheiß nicht.*« (Z. 456-457) Am Beispiel des Spiels »Pokémon Go« verdeutlicht er, dass die Jugendlichen zunehmend die Gemeinschaft aus den Augen verlören und damit eine Gleichgültigkeit gegenüber den Mitmenschen entstehe: »*Die laufen gegen Straßenbahnen, die merken doch nix mehr. Die merken doch nix.*« (Z. 257-259) Aufgrund der in seinen Ausführungen wiederkehrenden Thematisierung des technologischen Wandels (in Form von Computerspielen, Smartphone etc.) scheinen Herrn Nelles diese Entwicklungen sehr zu beschäftigen.

Am Beispiel der Erzählungen über seine eigene Jugend, die von materieller Armut gekennzeichnet war, wird der von ihm vorgenommene *Früher-Heute-Vergleich* nochmals konkretisiert. Der damals vorhandene ökonomische Mangel habe ihn mit seinen Freund*innen zusammengeschweißt: »*Du hattest keine Spielsachen. Du hattest, mit zwei oder drei Mann hattest Du einen Lederball.*« (Z. 246-247) Heutzutage sei aufgrund eines vielfältigen Konsumangebots ein Teilen im Freundeskreis nicht mehr notwendig. Die Jugendlichen heutzutage hätten alles »*und wissen nicht, mit was sie spielen sollen. Das kann nich sein, das kann nich sein.*« (Z. 255-256) Diese Entwicklungen scheinen für ihn kaum nachvollziehbar zu sein. Anschaulich beschreibt er seine Vorstellung einer Gemeinschaft am Beispiel der Fußball-Weltmeisterschaft 1974. Da nicht jede Familie einen Fernseher besaß, trafen sich viele Anwohner*innen im Lebensmittelladen der Straße, um dort gemeinsam das Spiel zu schauen, so dass es »*() brechend voll [war]. Das sind schöne Zeiten*« (Z. 255, Erg. d. Verf.). Die heutige Zeit hingegen sei »*keine schöne Zeit*« (Z. 258-259), denn auch hier sieht Herr Nelles die Etablierung des Fernsehens in den Haushalten als Grund für fehlende Gemeinschaftserfahrungen.

Vergleichbar mit den Jugendlichen beschreibt Herr Nelles Menschen mit Migrationshintergrund als eine homogene Gruppe, die er unter anderem für einen Wandel im Stadtteil verantwortlich macht, den er anhand von zwei Aspekten beschreibt: das funktionierende Zusammenleben im Stadtteil werde zum einen durch eine zunehmende Gewalt sowie zum anderen durch eine Vermüllung des Stadtteils gestört: »*Die haben früher alle auf ner Kippe gelebt, die ganzen Ausländer.«* (Z. 569-570) Beispiele für die zunehmende Vermüllung führt er vermehrt an und weist darauf hin: »*Die Deutschen müssen es wegmachen. Das kann nich sein. Also das muss nich sein.«* (Z. 145-146) Als Deutscher scheint er sich im eigenen Stadtteil verdrängt zu fühlen und in der Pflicht, den Müll der Anderen wegzuräumen. Dies deutet darauf hin, dass ihn die sich wandelnden Mehrheitsverhältnisse im Stadtteil verunsichern.

Neben der zunehmenden Vermüllung sieht Herr Nelles Menschen mit Migrationshintergrund auch als Ursache für eine Zunahme an Konflikten und ein anderes Konfliktverhalten. In den körperlichen Auseinandersetzungen nimmt Herr Nelles eine zunehmende Brutalität wahr. Er zieht sich zunehmend aus diesen Auseinandersetzungen zurück, denn diese Kämpfe dürften »*nur noch drei Minuten dauern, sonst bist du am Friedhof. [...]. Mit den Ausländern, die stechen dich ab.«* (Z. 364-365) Nach Herrn Nelles kämpfen *»die Ausländer«* heutzutage mit unlauteren Mitteln, indem sie durch den Einsatz von Messern die Konflikte nicht mehr fair austragen. Neben seinem Alter und der damit schwindenden Kondition scheint die zunehmende Gewalt in den Kämpfen dazu zu führen, dass es um Leben und Tod geht.

Auch Politiker*innen als Repräsentanten der oberen Milieus werden von ihm kritisiert (»*Die ham alle nur die Mappe unter'm Arm und verdienen unheimlich gerne. Die sind so doof, die sind saudoof«,* Z. 436-440). Die Politiker*innen nimmt er als Personen mit der »Mappe unter'm Arm« wahr, die sich nur als bedeutsam aufspielen, viel Geld verdienen, jedoch keine konkreten Verbesserungen herbeiführen.

Den beschriebenen Entwicklungen versucht Herr Nelles etwas entgegenzusetzen, indem er an ausgewählten Orten die Gemeinschaft aufrechterhalten möchte. Hierzu zählt unter anderem der Fußballverein, in dem er viele Jahre als Trainer gearbeitet hat, sich dann aber vor acht Jahren aus dieser Rolle zurückgezogen hat. Er scheint sich jedoch immer noch mit dem Verein verbunden zu fühlen, denn so hat er sich eine neue Aufgabe gesucht, indem er die Teilnahme seiner alten Trainingsmannschaft am Karnevalszug im Stadtteil organisiert. Auch die Kneipe im Stadtteil begleitet Herr Nelles bereits seit vielen Jahrzehnten als Treffpunkt. Dort versucht er ebenfalls die zunehmend fehlende Gemeinschaft aufrechtzuerhalten.

5.2.1.4 Sicht auf institutionelles Engagement

Vereine, insbesondere in seinem direkten Wohnumfeld, versteht Herr Nelles grundsätzlich als Institutionen, welche die realen Probleme des Lebens *anpacken* und damit zu einer positiven Veränderung des Wohnumfeldes beitragen. Jedoch nimmt er Differenzierungen innerhalb des Vereinswesens vor. So schätzt er zwar auch die Arbeit des Bürgervereins positiv ein, da die vom Verein verfolgten Ziele (z.B. Förderung des Vereinslebens, Sauberkeit im Stadtteil) seine Anliegen aufgreifen und an seinem Gemeinschaftsgedanken anknüpfen. Kritisch merkt er jedoch an, dass die Vorsitzende des Bürgervereins gerne in der Zeitung sei und die Aufgaben insbesondere übernehme, um sich selbst im Stadtteil zu präsentieren: »*is zwar gerne in der Zeitung, die macht aber auch viel, ne. [...] Doch, die macht schon viel, aber man sieht sie immer in der Zeitung, ne.«* (Z. 392-396) Von dieser in der Öffentlichkeit dargestellten Hilfe grenzt er sich deutlich ab und definiert sich insbesondere über seine alltägliche praktische Hilfe im Privaten.

Sein zentrales Anliegen, eine funktionierende Gemeinschaft aufrecht zu erhalten, führt zu Engagement in seinem Freundeskreis und der Familie sowie einer aktiven Mitarbeit im Fußballverein im Stadtteil. Dort hat er jahrelang ehrenamtlich als Trainer gearbeitet und mittlerweile eine neue Aufgabe übernommen.

Im Interview zeigt sich jedoch ebenso, dass das Sprechen über Hilfe sich für Herrn Nelles eher auf Menschen bezieht, die sich ihr ganzes Leben diesem Thema widmen, wozu er sich selbst nicht zählt. Deutlich wird dies bei seiner Antwort auf die Frage, ob er Menschen kenne, die sich für andere einsetzen. Hier führt er Mutter Theresa als Vorzeigebeispiel an: »*steht doch heute in der Zeitung, Mutter Theresa. Ja, guck mal, was die alles gemacht hat.*« (Z. 386-387) Obwohl er beispielsweise täglich in der Zeit zwischen 11 und 14 Uhr auf seinen einjährigen Enkelsohn aufpasst, benennt er die Enkelkindbetreuung im Interview nicht. Das Aufpassen auf seinen Enkel scheint für ihn eine Selbstverständlichkeit innerhalb der Familie zu sein. Ebenso wie die Hilfe bei Umzügen der Freund*innen nicht vorab thematisiert werden muss, so scheint auch diese Aufgabe innerhalb der Familie selbstverständlich aus Solidarität übernommen zu werden.

Damit macht Herr Nelles eine Trennlinie auf zwischen der von ihm geleisteten Hilfe, beispielsweise in alltäglichen kleinen Hilfen und bei Konflikten (auch mit körperlichen Auseinandersetzungen), sowie der gesellschaftlich anerkannten Hilfe (von ihm am Beispiel von Mutter Theresa verdeutlicht). Mit dieser Unterscheidung von öffentlich wahrgenommener Hilfe (beispielsweise durch die Berichterstattung in Zeitungen) und privater Hilfe im Kleinen spiegelt er die gesellschaftliche Bewertung verschiedener Hilfeformen wieder und wertet seine eigene Hilfeleistung damit ab.

Im Verlauf des Interviews zeigt sich immer wieder, dass Herr Nelles es wichtig zu sein scheint, dass seine geleistete Hilfe stärker wahrgenommen und anerkannt wird. Er nimmt sich immer wieder Raum im Interview, um konkrete Situationen anzuführen, in denen er Mitmenschen geholfen hat und möchte diese Hilfe im Interview sichtbar machen. Hier zeigt sich jedoch ebenso, dass er es nicht gewohnt zu sein scheint, seine Hilfe im Gespräch zu präsentieren und darzustellen.

5.2.1.5 Zusammenfassung: habitusspezifischer Zugang zu Engagement

Der gesellschaftliche Wandel wird von Herrn Nelles als Bedrohung wahrgenommen und der schwindenden Gemeinschaft sowie zunehmenden Individualisierung scheint er sich weitgehend hilflos ausgeliefert zu fühlen. Durch die immer wieder angewendete Formulierung »*Das kann doch nicht sein*« möchte er seinen Aussagen mehr Kraft verleihen und seine Enttäuschung über die heutige Zeit kundtun. Aufgrund dieser Ohnmacht sieht er kaum Handlungsmöglichkeiten, außer in der Aufrechterhaltung kleiner Orte seiner Lebenswelt, die ihm Sicherheit bieten. Hierzu gehört seine Familie als sicherer Hafen (er spricht von »*Heimgehen*« und einem »*Wir*« mit seinem Enkelsohn), die Kneipe mit seinen langjährigen Freund*innen sowie der Fußballverein. Ebenso der fest strukturierte Alltag, der in Anlehnung an seine berufliche Tätigkeit gestaltet wird, bietet ihm eine Routine.

Doch kündigen sich auch im Fußballverein erste Veränderungen an, denn viele junge Leute scheinen in den Verein gekommen zu sein und damit zu einer Veränderung des Vereinslebens beigetragen zu haben, indem auch hier neue Medien eine stärkere

Rolle spielen. Aufgrund dessen hat Herr Nelles sich aus der Trainerrolle zurückgezogen und eine neue Aufgabe (die Teilnahme seiner ehemaligen Mannschaft am Karnevalszug) gesucht. Auch der Bereich der Konfliktaustragung unterliegt einem Wandel, so dass Herr Nelles sich hier ebenfalls mit veränderten Rahmenbedingungen konfrontiert sieht und seine Rolle neu ausfüllen muss.

Eine Sicherheitsorientierung findet sich wie in Engagementmuster I auch in Herrn Nelles' Engagement: er bewegt sich in seinem Bereich des Möglichen und betont, keine neuen Dinge hinzulernen zu können. Zentrales Anliegen seines Engagements im Freundeskreis und der Familie ist das Herstellen von Sicherheit und Geborgenheit und damit die Sicherung seiner sozialen Stellung in der Gesellschaft. Die von Herrn Nelles praktizierte Hilfe, die ohne viele Worte funktioniert und sich durch eine selbstverständliche Unterstützung in alltagspraktischen Angelegenheiten auszeichnet, ist eine *anpackende*, praktische Hilfe. Herr Nelles grenzt sich mit dieser Hilfe von den Menschen ab, die sich in anerkannten Formen des bürgerschaftlichen Engagements einbringen (bildungsbürgerliches, konventionelles Hilfeverständnis) und dieses Engagement öffentlich darstellen. Sich selbst sieht er nicht zu dieser öffentlichen Sphäre dazugehörig und schließt sich selbst aus diesem Bereich des Engagements aus (der Selbstausschluss kommt dem Fremdausschluss damit zuvor). Seine Hilfe im Bereich des Privaten wird nicht zum Vorzeigen geleistet und er verfolgt weniger idealistische Ziele, sondern möchte vielmehr mit seinem Engagement einen Beitrag zur Gestaltung seines direkten Umfeldes leisten.

Zudem übernimmt Herr Nelles insbesondere männlich konnotierte Tätigkeiten (Handwerk, körperliche Auseinandersetzungen) und verweist auch im Interview auf seinen männlichen Freundeskreis (oder auch den Schwiegersohn, den er besonders hervorhebt). Insbesondere über die Hilfe in körperlichen Auseinandersetzungen schreibt sich Herr Nelles ein Alleinstellungsmerkmal zu.

Neben seiner praktischen Form der Hilfe in körperlichen Auseinandersetzungen findet sich auch in Herrn Nelles' Sprache eine direkte und unmittelbare Ausdrucksform. Es werden nur die nötigsten Sätze formuliert und keine langen Erzählungen vorgenommen, außer in wenigen Passagen, in denen Herr Nelles der Interviewerin die realen Probleme im Leben darstellen möchte.

Neben einer pflichtbewussten, asketischen Lebensweise (feste Alltagsstruktur durch terminierte Schlafens- und Arbeitszeiten sowie ein Nebenjob, der aus finanzieller Sicht nicht notwendig ist), finden sich auch Ausbrüche aus diesem disziplinierten Alltag und die Suche nach einem Ausgleich in Form von Genuss, beispielsweise durch den Alkoholkonsum in der Kneipe.

Die Fokussierung auf die Arbeit und ein gewisser Leistungsanspruch fanden sich auch in seinem früheren Erwerbsleben. Diesen Leistungsanspruch stellt er nicht nur an sich, sondern auch an seine Mitmenschen. Arbeit dient für Herrn Nelles nicht zur Selbstverwirklichung und zum Ausleben eigener Interessen, sondern bietet die Möglichkeit einer finanziellen Absicherung (daher auch der regelmäßige Hinzuverdienst).

5.2.2 Muster II: Engagement nach dem Prinzip »Authentizität und Respektabilität«

Das Engagementmuster II ist zu finden in der Traditionslinie der Facharbeit und der praktischen Intelligenz, hier im Traditionellen Arbeitermilieu. Anhand des empirischen Materials zeigen sich im Fall von Herrn Nelles Spezifika des Engagements für das Traditionelle Arbeitermilieu, so dass davon ausgegangen werden kann, dass dieser Fall für ein Engagementmuster steht, welches sich von dem Muster des höher angesiedelten Leistungsorientierten Arbeitnehmermilieus sowie dem weiter rechts verorteten Kleinbürgerlichen Arbeitnehmermilieu abgrenzt.

Deutlich wird dies insbesondere an der Bedeutung *anpackender* Tätigkeiten. Diese insbesondere im Bereich des Privaten verorteten Tätigkeiten bleiben der Öffentlichkeit verborgen und werden kaum wahrgenommen. Das Engagement dieses Musters, verstanden als authentische und pragmatische Hilfe, benötigt keine großen Worte und wird damit von einem konventionell bürgerlichen Engagementverständnis abgegrenzt. Die Interviewsituation wird als Möglichkeit genutzt, die eigenen Tätigkeiten zu präsentieren und damit auch deutlich zu machen, sich ebenfalls für die Gemeinschaft zu engagieren. Das eigene Tun, ob im Rahmen eines Engagements oder der Erwerbsarbeit, dient als Abgrenzung zu den Schwächsten der Gesellschaft und verweist auf eine Nähe zur Trennlinie der Respektabilität.

Neben diesen Alleinstellungsmerkmalen des Engagementmusters finden sich ebenso Parallelen zu Fällen aus anderen Mustern, wie beispielsweise den deutlichen Ressentiments gegenüber Menschen mit Migrationshintergrund (siehe dafür das *prätentiös-statusorientierte Engagement*, Muster I) oder den handwerklichen Tätigkeiten, die ebenso im gemeinschaftlich-solidarischen Engagement (Muster III) eine Rolle spielen. Zudem lassen sich hinsichtlich der körperlichen und affektbezogenen Dimension des Engagements auch Parallelen zum Traditionslosen Arbeiternehmermilieu erkennen (Vester et al. 2001: 522–525), welches im Sample der vorliegenden Studie jedoch nicht vertreten ist. Es kann jedoch davon ausgegangen werden, dass sich auch in diesem Milieu dementsprechende habitusspezifische Engagementformen finden lassen (siehe auch Kap. 7.2).

5.2.2.1 Milieuspezifische Engagementpraktiken

Das Engagementmuster II ist geprägt durch ein Engagement im Bereich des informellen Engagements, welches im engsten Bekannten- und Freundeskreis geleistet wird. Dieser solidarische Zusammenhalt ist über Jahre gewachsen und die gegenseitige Hilfe demgemäß von Vertrauen getragen. Hilfe für andere Menschen außerhalb des Freundeskreises und der Familie findet sich in diesem Muster weniger.

Zu den konkreten Tätigkeiten zählen in diesem Engagementmuster handwerkliche Hilfen, wozu beispielsweise die Hilfe bei Umzügen oder Reparaturarbeiten an Autos zählen. Die Fähigkeit, *anpacken* zu können ist hier von Bedeutung (getreu dem Motto *Taten statt Worte*). Die in Engagementmuster I beschriebenen Tätigkeiten, welche an andere »nach unten« delegiert werden, finden sich genau hier wieder. Das Engagementmuster ist somit weniger durch planende und verwaltende, sondern vielmehr durch ausführende Tätigkeiten gekennzeichnet.

Dieser *anpackenden* Dimension von Hilfe wird ebenso in körperlichen Auseinandersetzungen Ausdruck verliehen: werden Schwächere körperlich angegriffen wird sich auch hier solidarisiert und damit gewaltvollen Auseinandersetzungen nicht aus dem Weg gegangen. Am Beispiel von Herrn Nelles zeigt sich in diesem Kontext jedoch der Einfluss des Lebensalters, indem aufgrund einer schwindenden Kondition eher ein Rückzug hinsichtlich dieser Hilfe stattfindet.

Wie in Engagementmuster I wird auch in diesem Muster an den aus der beruflichen Zeit erworbenen Fähigkeiten angeknüpft. Diese Fähigkeiten beziehen sich jedoch hier insbesondere auf praktische Tätigkeiten. Die Möglichkeit, sich neue Aufgabenfelder zu erschließen und dafür auch die entsprechenden Kompetenzen zu erwerben wird für sich selbst ausgeschlossen, da das Erlernen von neuen Dingen im Alter (und eventuell aufgrund des Milieus) nicht als möglich gesehen wird.

Ausgangspunkt für das Engagement sind Gesellungsorte, die bereits über Jahrzehnte bestehen und teilweise zu einem *zweiten Zuhause* geworden sind. In diesen Kreisen führt das vorhandene Vertrauen zu einer gegenseitigen Hilfe: nicht nur die eigene Hilfe wird angeboten, sondern ebenso kann auf die Hilfe der anderen gezählt werden (*»eine Hand wäscht die andere«*). Diese Reziprozität in der Hilfe ist von besonderer Bedeutung und dient ebenfalls zur Aufrechterhaltung von Sicherheit durch verlässliche Strukturen.

Neben den informellen Hilfen findet sich auch ein Engagement in Vereinen, welche jedoch einen starken Bezug zur direkten Lebenswelt aufweisen. Vereine, die ihre Arbeit öffentlichkeitswirksam nach außen präsentieren (wie beispielsweise der Bürgerverein des Stadtteils) sowie die Arbeit von Politiker*innen werden hingegen kritisch beäugt.

Die eigene Hilfe findet eher im Privaten statt. Sollte sie doch an eine institutionelle Struktur wie einen Verein gebunden sein, wird diese nicht nach außen kommuniziert. Daher werden auch weniger »Posten« besetzt (wie in Engagementmuster I), die mit ihren übernommenen Aufgaben auch nach außen vorzeigbar werden, sondern eher Aufgaben, die einen abgesteckten Bereich umfassen und keine öffentlichkeitswirksame Funktion besitzen.

Bedeutung des Strukturwandels im Stadtteil für Engagement

Aufgrund der langen Wohndauer im Stadtteil finden sich auch in diesem Engagementmuster die Wahrnehmung eines gesellschaftlichen Wandels und ein Vergleich des früheren mit dem heutigen Zusammenleben im Stadtteil. Das damalige Zusammenleben wird jedoch weniger idealisierend präsentiert, sondern eher auf die heutigen Missstände aufmerksam gemacht. Dazu zählt insbesondere die Kritik an bestimmten Gruppen, die für das schlechte Zusammenleben verantwortlich gemacht werden u.a. Menschen mit Migrationshintergrund sowie Jugendliche, die insbesondere aufgrund des hohen Medienkonsums kritisiert werden. Die Technisierung in Form von neuen Medien und jugendkulturelle Lebensweisen werden kritisch gesehen. So wird zwar eine selbstgewählte Distanzierung von diesen Entwicklungen präsentiert, die jedoch den Eindruck erweckt, den Anschluss bereits verloren und die Entscheidung daher nicht freiwillig gefällt zu haben.

Die Verbitterung über den Wandel äußert sich in pauschalisierenden, ressentimentgeladenen und rassistischen Erklärungsmustern gegenüber Jugendlichen sowie Migrant*innen. Die Abwertung von Menschen mit Migrationshintergrund zeigt sich auch sprachlich, unter anderem in einer *Verdinglichung* der Menschen.[5] Auch Politiker*innen werden als Repräsentant*innen der oberen Milieus aufgrund ihres hohen Verdienstes und der fehlenden Herbeiführung von konkreten Veränderungen kritisiert.

Der wahrgenommene Wandel führt auch zu veränderten Rahmenbedingungen im eigenen Engagement. Aufgrund der neuen Gewaltdimension in kämpferischen Auseinandersetzungen wird zunehmend der Versuch unternommen, eine Deeskalation der Situation herbeizuführen. Die Helferrolle muss aufgrund dieser neuen Gewaltdimension neu definiert werden, indem eher die Rolle des Organisators eingenommen wird, der die Gewaltauseinandersetzungen aufgrund seiner Erfahrungen professionell einschätzen und anderen Menschen durch konkrete Handlungsanweisen helfen kann.

Zur Sicherung der sozialen Stellung in der Gesellschaft tragen unter anderem die schon während der Erwerbstätigkeit ausgeübten Nebentätigkeiten bei, die auch im Ruhestand fortgeführt werden. Nicht nur die finanzielle Absicherung ist hier von Bedeutung, sondern ebenso die durch die Tätigkeit vorhandene Alltagsstruktur.

Sicht auf anerkanntes Engagement

Das Engagementmuster weist insbesondere Hilfe in der Familie und in Freundschaften auf. Die angebotene Hilfe kommt daher insbesondere Menschen zugute, zu denen bereits eine langjährige Bindung besteht. Das Engagement in ausgewählten Vereinen ist eher geprägt durch Aufgaben, die von außen wenig sichtbar sind.

Bezugnehmend auf die Studie von Geiling et al. (2001) in Hannover Vahrenheide, in der Institutionen eines Stadtteils im sozialen Raum verortet wurden und damit eine Nähe oder Ferne zu bestimmten Milieus aufgezeigt werden konnte, zeigt sich auch hier, dass ein Engagement in Vereinen differenzierter betrachtet werden muss. So ist in diesem Engagementmuster eine Nähe zum Fußballverein vorhanden, jedoch ebenso eine kritische Sicht auf politische Parteien, in denen von Politiker*innen keine Arbeit gemacht, sondern nur Geld kassiert und sich nach außen gut präsentiert werde. Das Reden über Engagement und die Präsentation nach außen passen nicht zum Anspruch der eigenen Authentizität im Engagement. Dabei findet sich ein nach oben gerichteter Blick: es wird bei der Frage nach Personen, die anderen Menschen helfen, auf öffentliche und prominente (»höhergestellte«) Personen (bspw. Mutter Theresa) verwiesen, so dass die eigene Hilfe in Bezug zu dieser öffentlichen Hilfe gesetzt wird.

---

5   Herr Nelles beschreibt beispielsweise die Bewohner*innen seines ehemaligen Wohnhauses: »*Alles andere is schwarz*« (Z. 153) oder »*das ganze Gedrisse*« (Z. 552-553).

5.2.2.2 Verortung im sozialen Raum

Das Engagementmuster II ist zu finden in der Traditionslinie der Facharbeit und der praktischen Intelligenz, hier im Traditionellen Arbeitermilieu, welches in den letzten Jahrzehnten erheblich geschrumpft ist und insbesondere durch einen hohen Altersdurchschnitt gekennzeichnet ist (Vester et al. 2001: 513). In Abgrenzung zu den anderen Mustern weist dieses Engagementmuster charakteristische Elemente auf, die Hinweise auf das Arbeitermilieu auch im Engagement zeigen.

Dazu zählt unter anderem, dass das Engagementmuster durch einen Anspruch an Authentizität gekennzeichnet ist: das für das Arbeitermilieu charakteristische Merkmal *sich so zu geben wie man ist* zeigt sich auch im gewählten Engagement. Hier wird eher Kritik an den Menschen geübt, die sich durch ihr Ehrenamt nach außen präsentieren wollen und denen es damit an Authentitzität fehlt. Daher wird auch die nach außen dargestellte Arbeit des Bürgervereins kritisiert.

Höhere Bedeutung hat hingegen der Zusammenhalt in den eigenen Bezugsgruppen, wie der Familie sowie unter Freund*innen aus der Kneipe und dem Fußballverein. Diese Kontakte sind wichtiger als ein beruflicher Aufstieg, so dass sich auch hier eine einfache Lebensweise zeigt, in der es weniger um »Selbstlob, Prahlerei, Prestigedenken, überzogene[...] Ansprüche[...] und modische[n] Konsum« (Vester et al. 2001: 514) geht. Die Gemeinschaft mit den engen Bezugspersonen bietet eher die Möglichkeit, Entspannung und Genuss nachzugehen. Hier finden sich teilweise Parallelen zum Gesellungstyp »Die Unkomplizierten« (ebd.), in dem zur Befreiung aus Arbeitszwängen »nach Gelegenheiten der Zerstreuung« (ebd.: 485) gesucht wird, die in einem großen Freundeskreis gefunden werden. In diesen (Kneipen-)Freundschaften zeigt sich auch, »dass tiefschürfende Kommunikation und gefühlsbetonte Selbstentäußerung eher vermieden werden« (ebd.: 485). Hinsichtlich des Engagements wird bei den Unkomplizierten zudem deutlich, dass »das Engagement in Vereinen, Nachbarschaft und Peergroups wichtiger als in kirchlichen, politischen oder gewerkschaftlichen Zusammenhängen« (ebd.: 485–486) ist.

In diesem Engagementmuster zeigt sich auch eine Geschlechterdimension, indem insbesondere männlich konnotierte Tätigkeiten (Handwerk, anpackende Tätigkeiten) benannt werden und auch die freundschaftlichen Netzwerke männlich dominiert sind. Bourdieu (1982) beschreibt dies in »Die feinen Unterschiede« als Charakteristikum für den in den unteren Milieus zu findenden Geschmack des Notwendigen (ebd.: 598). Hier gilt eine »striktere Vorstellung von der Arbeitsteilung zwischen den Geschlechtern und von Sexualmoral« (ebd.), um damit nicht an Männlichkeit zu verlieren. Damit verbunden ist auch »die Hochschätzung von allem, was der Schaffung und Erhaltung dieser Männlichkeit dient« (ebd.: 600), wozu dementsprechend die »körperliche Kraft« (ebd.) sowie der »physische Mut« (ebd.) zählen, die sich in den vorliegenden Ergebnissen in den Engagementtätigkeiten niederschlagen. Die hier insbesondere körperlich dominierten Tätigkeiten können zudem als ausführende Tätigkeiten verstanden werden. So führt Bourdieu bezugnehmend auf Gramsci aus, »daß der Arbeiter dazu tendiert, die in seiner Stellung als bloß ausführendes Organ begründeten Einstellungen auf alle Bereiche auszudehnen« (ebd.: 602). In Abgrenzung zu Engagementmuster I sind die hier zu findenden Tätigkeiten insbesondere durch diese Ausführung (und weniger Planung sowie Verwaltung) gekennzeichnet. Diese Rolle des ausführenden Organs bringt Bourdieu auch in Zusammenhang mit dem Verhältnis der Arbeiter zu technischen Geräten – hier spricht er davon, dass die Arbeiter von den Maschinen dominiert werden, »die sich eher ihrer bedienen als daß sie sie bedienten« (ebd.: 604). Diese Distanz und das Unvermögen, über technische Entwicklungen Herr zu werden, finden sich auch in einer grundsätzlichen Skepsis gegenüber neuen Medien in dem vorliegenden Engagementmuster. Die Jugendlichen werden aufgrund ihrer Affinität zu neuen Medien abgewertet, insbesondere aufgrund des dadurch stattfindenden nachlassenden Gemeinschaftsgedankens.

Im folgenden Kapitel wird das Engagementmuster III, verortet oberhalb des anpackend-spontanen Engagements, vorgestellt.

5.3 Engagementmuster III: Gemeinschaftlich-solidarisches Engagement

Abbildung 16: Gemeinschaftlich-solidarisches Engagement (Muster III) verortet in der Milieutypologie nach Vester et al. (2001)

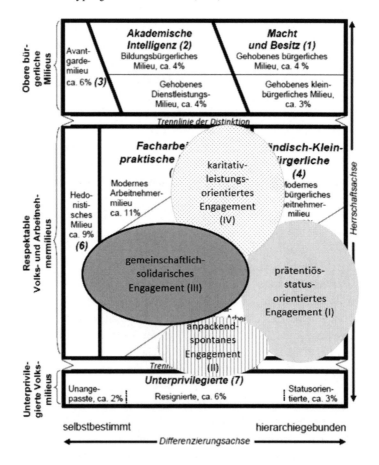

Das gemeinschaftlich-solidarische Engagement ist im sozialen Raum auf Höhe des prätentiös-statusorientierten Engagements angesiedelt, jedoch in der links stehenden Traditionslinie der Facharbeit und der praktischen Intelligenz und dort im Leistungsorientierten Arbeitnehmermilieu. Von den in diesem Engagementmuster zu findenden drei Fällen wird im Folgenden Herr Laue als Fallportrait vorgestellt.

5.3.1 Fallportrait Herr Laue: »ich werd ja nie in Entscheidungen mit einbezogen. [...]. Ich bin ja nich nur da hingegangen, um nur ausführendes Organ zu sein.«

5.3.1.1 Einführung in den Fall

Herr Laue (Jg. 1950), zum Zeitpunkt des Interviews 65 Jahre alt, lebt seit 27 Jahren in der Großstadt; 20 Jahre davon im Stadtteil der Großstadt. Nach seinem Hauptschulabschluss absolvierte er eine Lehre und war als technischer Angestellter in der IT-Branche tätig. Gemeinsam mit seiner Frau lebt er in einem Einfamilienhaus, in dem sie die erste und zweite Etage bewohnen. Im Erdgeschoss des Hauses lebt seine Schwiegermutter. Beide Eheleute brachten Kinder aus erster Ehe mit in die Beziehung. Er betont jedoch, dass die Stiefkinder für ihn ebenfalls zur eigenen engen Familie gehörten und ein Zusammenhalt in der Familie für ihn zentral sei: »*ich muss mich auf einen verlassen können. Ich sage, ich muss einen nachts aus'm Bett anrufen können und sagen, hier hör mal, komm.*« (Z. 521-529)

Herr Laue geht aktuell einem Nebenjob nach, was er bereits während seiner Berufstätigkeit viele Jahre gemacht hat. Derzeit arbeitet er auf Abruf bei einer Logistikfirma und übernimmt dort organisatorische Aufgaben (Fahrdienste, administrative Bürotätigkeiten etc.). Dieses zusätzlich verdiente Geld investiert er insbesondere in sein nach seinen Angaben relativ teures Hobby, den Angelsport. Neben dem Angeln verbringt Herr Laue seine Freizeit gerne im eigenen Garten oder beschäftigt sich mit dem Computer (in Fortführung seiner beruflichen Tätigkeit in der IT-Branche). Im Umgang mit dem Computer betont er, keine PC-Kurse besucht zu haben, sondern sich die Fähigkeiten selbst angeeignet zu haben.

Sich selbst beschreibt Herr Laue als »*sehr ruhig*« (Z. 227) und introvertiert. Das Zugehen auf fremde Menschen würde ihm nicht liegen, was er in Verbindung bringt mit seiner damaligen beruflichen Tätigkeit und dem fehlenden Kund*innenkontakt. So sei auch dieses Interview für ihn eine ungewohnte Situation: »*Was wir jetz hier so machen, das is normal unnatürlich für mich.*« (Z. 227-228)

In der Interviewsituation gibt es immer wieder Passagen, in denen Herr Laue selbstkritisch wirkt und er seine eigene Haltung in Frage stellt. Hierzu gehört beispielsweise der Hinweis, dass er hinsichtlich der Kontaktaufnahme zu anderen Menschen nicht einfach wäre. Auch bei der Entstehung von Konflikten innerhalb der Familie sucht er die Ursache für Auseinandersetzungen nicht nur bei den anderen: »*Ham wir jetz im Moment wieder Probleme, ne. Äh, aber ich sag, es gehören immer zwei zu. Ich bin auch nicht einfach. Ich bin äh, manchmal sehr schwierig.*« (Z. 442-445)

5.3.1.2 Engagementpraktiken

Im Laufe seines Lebens hat Herr Laue sich in unterschiedlichen Vereinen, insbesondere Sportvereinen, engagiert und ist auch zum Zeitpunkt des Interviews aktives Mitglied in einem Angelverein in Großstadt, in dem er die Aufgabe des Kassierers übernimmt.

Im Weiteren werden zunächst die Tätigkeiten in institutionellen Strukturen beleuchtet und anschließend die Hilfe im Freundeskreis und der Familie vorgestellt.

Engagement in Vereinen

Ein Beispiel für Herrn Laues aktive Mitarbeit in institutionellen Strukturen ist die während seiner Berufstätigkeit übernommene Betreuung der Kinder im Fußballverein seines Sohnes. Dort war er als »*Mädchen für alles*« (Z. 841) dafür zuständig, Fahrten zu den Auswärtsspielen zu übernehmen oder beim Training anwesend zu sein. Wichtig war ihm dabei, durch sein Engagement die Gemeinschaft im Blick zu haben, damit »*für alle etwas rausspringt. Also für die Allgemeinheit, da setz ich mich dann auch für ein.*« (Z. 923-924) Dies führte jedoch auch dazu, dass sein Engagement teilweise von anderen Eltern ausgenutzt wurde:

> »*Das war ja so schlimm, da ham die Eltern bei uns angerufen, können sie den Sohn abholen? Hab ich den Sohn dann noch abgeholt und zum Fußball mitgenommen und nachher wieder nach Hause gefahren.*« (Z. 838-840)

Mit dem Wissen darüber, dass die Eltern ihre Kinder auch selbst hätten fahren können, übernimmt er nichts desto trotz diese Aufgabe, um auch hier die Gemeinschaft aufrecht zu erhalten und den Kindern die Teilnahme am Fußballtraining zu ermöglichen.

Seit 15 Jahren ist Herr Laue Mitglied in einem Angelverein und übernahm dort zwei Jahre lang den Posten des Kassierers. Als er jedoch feststellte, dass der Vorsitzende den Verein um Geld betrog, hat er diesem »*die Pistole auf die Brust gesetzt*« (Z. 863) und vor die Wahl gestellt, die Polizei einzuschalten oder aber selber dafür zu sorgen, dass das Geld wieder in den Verein zurückfließt. Herr Laue fühlte sich an dieser Stelle für den Verein als Gemeinschaft verantwortlich und sorgte dafür, dass sich die finanzielle Situation wieder entspannte, indem nach und nach die Gelder zurückgezahlt wurden. Hier ist er selbstbewusst aufgetreten, denn »*der erste Vorsitzende [...], der musste mir seine Scheckkarte abgeben. Der kam nich mehr an Geld dran. Genau dasselbe vom Geschäftsführer.*« (Z. 866-868) Er übernahm Verantwortung und regelte die Situation eigenständig im Sinne aller Vereinsmitglieder. Anschließend trat er jedoch aus dem Verein aus, da für ihn das Handeln des Vorsitzenden untragbar war. Er suchte sich einen neuen Angelverein, in dem er gemeinsam mit seiner Frau für drei Jahre die Aufgabe des Veranstaltungswarts übernahm. Wie die vorangegangene Funktion des Kassierers führte er diese Aufgabe sehr gewissenhaft aus und brachte sich mit konkreten Vorschlägen ein. Er erarbeitete beispielsweise einen Fünf-Jahresplan für neue Anschaffungen, mit dem Ziel, durch gut ausgestattete Räumlichkeiten den Verein besser vermieten zu können und durch diese Vermietung zusätzliche Einnahmen zu erzielen. Von dem Vorsitzenden und anderen Mitgliedern wurde dieser Vorschlag jedoch eindeutig abgelehnt: »*was willst du mit so nem Blödsinn?*« (Z. 901) Aufgrund dieser Reaktion zieht er auch an dieser Stelle seine Konsequenz (vergleichbar mit dem Austritt aus dem vorherigen Verein), indem er sich mit seiner Frau nicht mehr wiederwählen lässt.

Bei der Beschreibung dieser Situation betont Herr Laue, beruflich und privat trennen zu können, denn der Vorsitzende des Vereins war ein guter Freund von ihm, der es ihm übel nahm, sich nicht wieder zur Wahl zu stellen. Es scheint Herrn Laue wichtig zu sein, seine Fähigkeit der rationalen Trennung der beiden Bereiche zu betonen, denn auch am Ende des Interviews hebt er nochmals diese Eigenschaft hervor:

> »ich hab Leute, die hab ich auf der Arbeit [...] ich will nich sagen, runtergeputzt, aber ich hab denen meine Meinung gesagt und hab gesagt, denk dran, und heute abend is pünktlich um sechs Uhr wollen wir uns treffen zum Kegeln. Ich hab das vergessen, ich kann das.« (Z. 1096-1100)

Herr Laue betont, dass diese Fähigkeit nicht viele Leute hätten und kann sich damit über seinen rationalen und pragmatischen Umgang mit Konflikten aufwerten.

Der Wunsch nach Mitgestaltung zeigt sich ebenfalls anhand seiner Mitgliedschaft im Arbeitskreis für den Stadtteil, der moderiert durch einen Sozialarbeiter das Ziel verfolgt, das Leben im Stadtteil für ältere Menschen zu verbessern. Neben Herrn Laue und seiner Frau arbeiten sechs weitere Senior*innen aus dem Stadtteil in diesem Arbeitskreis mit. Auch Frau Schick und Herr Grau (*prätentiös-statusorientiertes Engagement*, Muster I) gehören dieser Gruppe an, bringen sich dort aber nicht aktiv ein, weshalb sie in ihren Interviews auch nicht über diesen Arbeitskreis berichten. Herr Laue übernimmt hingegen einen aktiven Posten, indem er für die Erstellung eines Stadtteilkalenders am Computer zuständig ist und damit an seinen vorhandenen IT-Kenntnissen anknüpft.

Hinsichtlich der konkreten Ausgestaltung der Zusammenarbeit im Arbeitskreis äußert er jedoch deutliche Kritik, die er mit den Worten »*da gefällt mir auch so einiges nich*« (Z. 929-930) einführt. Im Zentrum seiner Kritik steht die fehlende Möglichkeit der Mitbestimmung und Partizipation in diesem Gremium. Er sieht sich persönlich nur als derjenige, der Arbeit übernehmen muss, seine eigenen Ideen und Fähigkeiten aber nicht einbringen darf: »*ich werd ja nie in Entscheidungen mit einbezogen. [...] Ich bin ja nich nur da hingegangen, um nur ausführendes Organ zu sein.*« (Z. 930-934) Sich selbst sieht er damit als denjenige, der arbeitet (da er mit viel Zeitaufwand die Terminübersicht aller Veranstaltungen im Stadtteil erstellt, die dann in der zweimal jährlich erscheinenden Stadtteilzeitung abgedruckt wird), jedoch ansonsten in keine Entscheidungen eingebunden wird. Die in Engagementmuster II (anpackend-spontanes Engagement) dargestellte ausführende Tätigkeit reicht Herrn Laue an dieser Stelle nicht aus, sondern er möchte gestalterisch aktiv werden.

Es sind seiner Meinung nach jedoch nicht nur die fehlenden Möglichkeiten der Mitbestimmung bei Entscheidungen, sondern auch die fehlende aktive Mitarbeit aller Teilnehmenden im Arbeitskreis. So könnten seiner Meinung nach Aufgaben auf mehreren Schultern verteilt werden: »*das reißt sich jetz die XY ((Nachname der Vorsitzenden des Bürgervereins)) unter den Nagel und sagt, ich mach das. Äh, die macht das ja auch alleine.*« (Z. 948-949) An dieser Stelle wird deutlich, dass Herr Laue sich wünschen würde, dass die Arbeitskreismitglieder stärker mit ihrer Expertise in die Arbeit eingebunden würden. Durch die Einbindung mehrerer Personen könnte seiner Meinung nach ein besseres Ergebnis erzielt werden, indem viele verschiedene Perspektiven zusammenkommen und somit ein Problem umfassender bearbeitet wird. Hier zeigt sich ein Anspruch, aktiv mitgestalten und mitbestimmen zu wollen. Er sieht in der Zusammenarbeit folgende Problematik: »*Ja, das is einfach dann gemacht, getan und ohne eventuell groß zu überlegen.*« (Z. 1016-1017) Die Gemeinschaft im Arbeitskreis stellt für ihn ein Potenzial dar, welches bisher nicht genügend genutzt wird. An dieser Stelle geht es Herrn Laue nicht nur um das konkrete Tun, welches er bisher in seinen Tätigkeiten hervorgehoben hat, sondern auch um eine gemeinsame Planung in der Gruppe und damit das Vermeiden eines kopflosen Vorgehens.

Engagement in der Familie und im Freundeskreis
Die von Herrn Laue geschilderten Hilfesituationen (Situationen, in denen er Hilfe anbietet oder in denen ihm geholfen wird) handeln meist im familialen Kontext und beziehen sich auf handwerkliche und landwirtschaftliche Tätigkeiten. Viele der von ihm genannten Beispiele stammen aus seiner Kinder- und Jugendzeit, denn er lernte bereits früh selbstverständliche Unterstützung innerhalb der Familie kennen. Im Interview führt er diesbezüglich verschiedene Beispiele an, wie die Unterstützung bei der Gartenarbeit oder die Hilfe bei Renovierungstätigkeiten.

Das von Herrn Laue gezeichnete Bild seiner Familie, wozu er das Zusammenleben im weiten Kreis der Familie zählt (also auch seine Tanten und Onkel) beschreibt er als idyllisch, harmonisch und durch gegenseitige Hilfe gekennzeichnet. Da er diese Hilfe von seinen Eltern bereits als Kind gelernt habe, baute er sich selbst ebenfalls ein großes Netzwerk auf, so dass bei seinem ersten Umzug in eine eigene Wohnung mit Anfang 20 sogar zu viele Helfer*innen anwesend waren: »*ich hatte so viel Leute, die geholfen haben, so viel Möbel und alles hatten wir gar nicht.*« (Z. 364-365) Auf dieses breite Netzwerk an Unterstützung ist Herr Laue stolz, jedoch scheint dieses im Alter kleiner geworden zu sein, denn er verweist darauf, aktuell noch zwei gute Bekannte und seinen Sohn fragen zu können, wenn er Hilfe benötige.

Die starke Fokussierung auf handwerkliche Tätigkeiten in Herrn Laues Erzählungen verdeutlicht, dass die Fähigkeit *anpacken* zu können einen großen Stellenwert in seiner Familie hatte. So thematisiert Herr Laue bei den Erinnerungen an seine Jugendzeit keine Schulmomente oder Erlebnisse mit seinen Freund*innen, sondern berichtet davon, wie er als 15jähriger aufgrund einer Krankheit seines Vaters das Wohnzimmer alleine renovieren musste: »*Jaja, das war es erste mal und dann auch noch ne Schräge tapeziert. Und dann Mustertapete*« (Z. 556-557). Damit scheint Herr Laue in seiner Familie Anerkennung erhalten zu haben. Diese Erlebnisse in der Jugendzeit erklären auch, dass sich Herr Laue im Interview selbst als Person beschreibt, die arbeitet und dabei nicht viele Worte benötigt. Da der Bruder seiner Frau ihm diesbezüglich ähnlich sei, könne er mit diesem gut zusammenarbeiten: »*der, so ungefähr so meine Wellenlänge auch hat, ne. Vom arbeiten her, nich viel reden, aber dann arbeiten, fertig.*« (Z. 490-492)

In der konkreten handwerklichen Zusammenarbeit ist es Herrn Laue ebenso wichtig, dass beim Gegenüber entsprechende handwerkliche Kenntnisse vorhanden seien, was bei seinem Schwager ebenfalls der Fall sei: »*Dann brauch ich mich mit dem auch nicht groß zu unterhalten, wie er den Hammer halten soll, der macht das, er kann das. [...] Ich muss nicht immer einem alles erklären müssen, und dann macht er's doch falsch.*« (Z. 497-507) Das

Erklären und Verbalisieren von Tätigkeiten ist für ihn an dieser Stelle störend, denn er möchte als Macher agieren und vorankommen, ohne Worte zu gebrauchen.

Die beiden anderen Brüder seiner Frau hingegen könnten nicht richtig anpacken, was er durch die Beschreibung seines Schwagers verdeutlicht: »*Der eine Schwager, der is so alt wie ich, der sagt immer, er kann nichts machen, ihm tun die Füße weh. Der kann nich arbeiten, dem tun die Füße weh.*« (Z. 465-467) Durch ein lautes Ausatmen am Ende des Satzes sowie Herr Laues Mimik (er verdreht die Augen) verdeutlicht er, dass sein Schwager seiner Ansicht nach zimperlich sei und er immer wieder Ausreden suche, um nicht helfen zu müssen.

In seiner Familie hat Herr Laue aber nicht nur handwerkliche Hilfen erlernt, sondern ebenfalls Gastfreundschaft vorgelebt bekommen und einen herzlichen und offenen Umgang miteinander erlebt. Dies zeigt sich ebenfalls in der Gestaltung seiner privaten Kontakte.[6] Bei der damals von Herrn Laue übernommenen Betreuung der Fußballmannschaft seines Sohnes merkt er in einem Nebensatz an, dass seine Frau häufig noch einen »*Pott Tee*« (Z. 836) mitgebracht habe. Ein ungezwungener Austausch im Freundeskreis und das Verbringen gemeinsamer Zeit vermisst er heutzutage, denn es sei aus seiner Sicht nicht mehr möglich, Freund*innen ohne Voranmeldung auf ein Bier oder einen Wein zu besuchen. Früher hingegen »*wurde auch mal einfach hingegangen, ohne das mal einer, sach ich mal, dumm geguckt hat. Heute is es ja fast so, man muss sich ja schon voranmelden.*« (Z. 340-342) Aber nicht nur im privaten Kontext, sondern auch hinsichtlich der Gestaltung des Stadtteils fehlen ihm im öffentlichen Raum Treffpunkte für einen informellen Austausch, wie beispielsweise ein Café im Stadtteil. In diesem Kontext fällt häufig das Wort »gemütlich« (»*Schön gemütlich Kaffee trinken, es muss ja kein Kuchen dabei sein, aber mal n Kaffee trinken und n bisschen quatschen dazu (.) das fehlt ja hier, ne*«, Z. 722-724; »*Etwas gemütliches, sagen wir das gemütliche fehlt*«, Z. 748).

5.3.1.3 Auswirkungen des Strukturwandels im Stadtteil auf Engagement

Die beschriebene Gemeinschaft fehlt Herrn Laue dementsprechend auch im Zusammenleben im Stadtteil, bspw. in Form eines regelmäßigen Austauschs mit seinen Nachbar*innen. Hier findet sich weniger als im *prätentiös-statusorientierten Engagement* (Muster I) ein Vergleich mit dem früheren Zustand des Stadtteils als vielmehr ein Vergleich mit seinem Heimatdorf, in dem sich jeder kannte. Den Stadtteil bezeichnet Herr Laue als »*Siedlung*« (Z. 183), denn für ihn sei eine Siedlung »*was eintöniges*« (Z. 183). Diese Eintönigkeit führt er in seinen weiteren Erzählungen aus: »*Hier is es schlecht, (.) n richtiges Leben zu bekommen. Alles irgendwie (.) so unnatürlich alles grade und eckig und und so vorgegeben.*« (Z. 188-189) Die Planung des Stadtteils in den 1960er Jahren scheint für Herrn Laue ein Grund für den geringen Austausch der Bürger*innen untereinander zu sein und steht im Gegensatz zu seinen Erfahrungen aus seiner Kinder- und Jugendzeit. Er berichtet nicht nur von einem harmonischen Zusammenleben in seiner Familie, in der er Hilfsbereitschaft und Gastfreundschaft vorgelebt bekommen habe, sondern auch von einem engen und über Jahre gewachsenen Kontakt in der Nachbarschaft: »*da kannte man*

---

6   Die Interviewerin wird für das Gespräch beispielsweise zum gemeinsamen Mittagessen eingeladen.

den Herrn Schmitz, den Jupp überall, dann setzte man sich mit dem zusammen auf die Bank und hat n Schwätzchen gehalten und ging weiter.« (Z. 197-199) Es findet damit ein Vergleich des Zusammenlebens im Stadtteil mit seinen früheren Kindheitserfahrungen statt. Diese Form des ungezwungenen Austausches sowie ein vertrauensvolles Verhältnis in der Nachbarschaft gibt es seiner Meinung nach im Stadtteil nicht, denn im Vergleich zu seiner Jugendzeit ist der Stadtteil nicht natürlich gewachsen, sondern künstlich geschaffen, so dass viele Menschen auf engem Raum zusammenleben, die sich nicht kennen.

Trotz des Marktplatzes, der mit vereinzelten Bänken ausgestattet ist und auf dem einmal wöchentlich ein gut besuchter Markt stattfindet, fehlt Herrn Laue ein *»Anlaufpunkt«* (Z. 682), an dem man sich austauschen und treffen kann. In diesem Zusammenhang merkt er an, dass insbesondere ein Café im Stadtteil fehle. Insbesondere ältere Menschen verbringen nach Ansicht von Herrn Laue viel Zeit zu Hause, da sie keine entsprechenden Treffpunkte hätten.

Als Grund für den geringen Austausch untereinander sieht Herr Laue neben den fehlenden Treffpunkten auch den heutzutage zu hohen Ausländer*innenanteil im Stadtteil. Insbesondere kritisiert er die fehlende Möglichkeit der Kommunikation aufgrund von Sprachbarrieren. Dies führe dazu, dass er beispielsweise mit seinen Nachbar*innen nicht ins Gespräch komme:

> *»Ja, wir ham das Glück oder Pech, rechts der Nachbar is aus Indien, links der Nachbar aus Indien. Der rechte Nachbar, der kann deutsch. Der linke Nachbar, der Mann ja, die Frau mehr oder weniger gar nicht. Die versteht auch nichts. Also da ne ne Kommunikation is unmöglich, weil sie gar nichts versteht.«* (Z. 204-207)

In seinen Erzählungen betont er, dass in den letzten Jahren vermehrt ausländische Familien in ihre direkte Wohnumgebung gezogen seien und nicht mehr nur in den großen Wohnblocks mit Mietwohnungen leben würden. Daher seien sie im Bereich der Eigentumswohnungen *»jetz schon sehr international«* (Z. 300). Diese Entwicklungen sieht er auch als Grund dafür, dass seine Familienangehörigen und die Angehörigen seiner Frau nicht im Stadtteil wohnen bleiben wollten. Er scheint durch den Zuzug von Menschen mit Migrationshintergrund eine Verdrängung wahrzunehmen. Bei ihm selbst hingegen steht insbesondere die fehlende Kommunikation und damit auch fehlende Gemeinschaft im Stadtteil im Fokus (im Gegensatz zum *prätentiös-statusorientierten Engagement*, Muster I, in dem eher die Praktiken der Menschen mit Migrationshintergrund kritisiert werden). Er hebt in seinen Erzählungen insbesondere auf die Sprachbarrieren ab, da aufgrund der verschiedenen Nationalitäten keine Kommunikation stattfinden könne und jede Gruppe unter sich bleibe.

Herr Laue scheint eine Zeit lang versucht zu haben, Kontakt zu seinen Nachbar*innen aufzubauen, indem er diese auf der Straße gegrüßt habe. Nachdem jedoch häufig keine Reaktion darauf gekommen sei, habe er dieses Zugehen auf seine Mitmenschen wieder eingestellt: *»das mach ich einmal, mach ich zweimal, danach mach ich das auch nich mehr«* (Z. 282-284). An dieser Stelle lässt sich eine Enttäuschung bei Herrn Laue erkennen, denn es scheint für ihn, der sich als ruhiger Mensch beschreibt, große Anstrengung zu bedeuten, diesen Schritt auf Menschen zuzugehen.

5.3.1.4 Sicht auf institutionelles Engagement

Herr Laue bringt sich selbst in verschiedene Formen der Vereinsarbeit ein. Wichtig ist ihm dabei, nicht nur Mitglied zu sein, sondern sich auch aktiv zu engagieren, denn »*jeder Verein [...] muss auch Leute haben, die etwas für den Verein tun, sonst geht der Verein kaputt*« (Z. 887-888).

Daher engagiert er sich auch aktiv im Arbeitskreis des Stadtteils, um gemeinsam mit anderen Engagierten etwas bewegen zu können und damit auch die eigene Zukunft im Stadtteil positiv zu beeinflussen (dazu gehört für ihn beispielsweise die Gestaltung des Marktplatzes oder die Schaffung von Treffpunkten). Da er seine eigene Gestaltungsmöglichkeit als Individuum eher gering einschätzt, schließt er sich mit anderen zusammen: »*ich werd vielleicht [...] nichts ändern können, aber ich kann vielleicht, wenn man mehrere sind, kann man vielleicht zusammen was ändern*« (Z. 714-715). An dieser Stelle ist es für ihn wieder die Gemeinschaft, die im Fokus steht und über die gemeinsame Anliegen bearbeitet und positive Veränderungen im Stadtteil herbeigeführt werden können. Deutlich wird in Herrn Laues Ausführungen jedoch ebenso, dass zu seiner Jugendzeit angestrebte Veränderungen im Stadtteil nicht über Vereine oder Initiativen organisiert werden mussten. In der Nachbarschaft, in der Herr Laue aufwuchs, funktionierte diese Unterstützung unkompliziert im privaten Kontext. Hier führt er verschiedene Beispiele an, die die Hilfe bei handwerklichen Aufgaben beschreiben und aus seiner Sicht zu lebendigen Momenten in der Nachbarschaft beigetragen haben.

Herrn Laues unterschiedlichen Vereinsaktivitäten u.a. auch die Mitgliedschaft in einem Kegelverein, führten über die Jahre zum Aufbau eines großen Netzwerks an Bekannten, auf das er zurückgreifen kann: »*ich war da im Kegelverein mit drin (.) ja sag ich, ich will dann und dann umziehen. Standen alle elf Mann da.*« (Z. 388-390) In diesen Freundschaften wird ohne große Mühen schnell und unkompliziert Hilfe angeboten und damit eine Verlässlichkeit geschaffen (vergleichbar mit Herrn Nelles Netzwerken aus der Kneipe und dem Fußballverein, Muster II).

Es zeigt sich in der Mitarbeit in Vereinen jedoch ebenso, dass Herr Laue bei einer Konfrontation mit Widerständen von anderen Mitgliedern sein Amt niederlegt und sich aus dem Ehrenamt zurückzieht. Diese Entscheidung begründet Herr Laue im Interview auch: »*wenn ich sehe, das hat keinen Sinn, dass sich da Mauer auftun, dann sag ich einfach, soll ich mich, meine Freizeit damit kaputt machen? Mach ich nicht.*« (Z. 922-926) Ihm ist es wichtig, in seinen Freizeitbeschäftigungen Spaß zu haben, so dass er unter einem Kosten-Nutzen-Aspekt das eigene Engagement abwägt. Zudem äußert sich eine grundsätzliche Harmonieorientierung nicht nur in der Familie und im Freundeskreis, sondern auch in der Mitarbeit in institutionellen Strukturen.

5.3.1.5 Zusammenfassung: habitusspezifischer Zugang zu Engagement

Die Wichtigkeit der Familie für Herrn Laue[7], der Wunsch eines harmonischen Zusammenlebens im Stadtteil, in dem sich jeder kennt sowie das Engagement in Vereinen eint

---

7   Während des Interviews zeigt Herr Laue der Interviewerin ein Familienfoto im Wohnzimmer und erläutert jeweils ein paar Sätze zu den Kindern, Enkeln und Urenkeln. Hier zeigt sich ein Stolz auf

den Gedanken einer Gemeinschaft, die für ihn im Zusammenleben zentral ist. Diese Gemeinschaft pflegt er in der Familie (das Zusammenleben mit seiner Schwiegermutter in einem Haus sowie die Unterstützung seiner Kinder trotz vereinzelter Probleme) und auch in seinem Freundes- und Bekanntenkreis, der früher sehr groß gewesen und im Alter kleiner geworden zu sein scheint. Diese Fokussierung auf die Familie steht nicht nur für den Gemeinschaftsgedanken, sondern auch für Herrn Laues Rückzug ins Private, wo er für sich Sicherheit findet.

In der Gestaltung seiner Freizeit zeigen sich auch hedonistische Momente, denn spontane Besuche bei Freund*innen fehlen ihm heutzutage. Nicht nur bei Treffen im Freundeskreis möchte er langfristige Planungen vermeiden, sondern auch in Hilfesituationen. Diese sind für ihn ebenfalls durch Spontaneität gekennzeichnet. Im Zentrum seiner Erzählungen steht dabei immer wieder die Familie, das Private.

In seinem Engagement zeigt sich ein großer Wunsch nach einer aktiven Mitgestaltung und der Berücksichtigung unterschiedlicher Ideen. Diese egalitäre Haltung findet sich insbesondere in der von ihm geäußerten Kritik an der Zusammenarbeit im Arbeitskreis, in dem ihm das Wissen der Teilnehmenden zu wenig einbezogen wird und damit keine optimalen Ergebnisse erzielt werden.[8] Aber auch in seiner Vereinsarbeit bringt er sich durch die Übernahme von Posten sowie das Einbringen konkreter Vorschläge aktiv in das Vereinsleben ein.[9] Werden diese Vorschläge aber nicht von allen getragen, ordnet er sich auch hier der Gemeinschaft unter und versucht nicht, seine Ideen weiter zu vertreten. Dahinter verbirgt sich ein Abwägen, ob sich der Aufwand für das Verfolgen der eigenen Interessen lohnt.

Neben dem Engagement in Vereinen hilft Herr Laue in der Familie oder bei Freund*innen, insbesondere bei handwerklichen Tätigkeiten. Er versteht sich als Macher, der Dinge anpackt und praktisch tätig wird (Tun statt Reden). Insbesondere sind es handwerkliche Tätigkeiten, die er anführt, sowie vereinzelt konkrete Tätigkeiten am Computer (beispielsweise im Rahmen des Arbeitskreises im Stadtteil). Herr Laue definiert sich dabei weniger über die Verfolgung idealistischer Ziele, sondern eher über die Umsetzung konkreter Anliegen. Daher verortet er für sich Hilfe insbesondere in seiner direkten Lebenswelt mit der Idee der konkreten Hilfe in der Nachbarschaft, der Familie oder dem Freundeskreis. Das Verfolgen *größerer thematischer Anliegen* sieht er für sich nicht. Hierzu passt auch ein Pragmatismus, der sich nicht nur in seinem Engagement zeigt, sondern auch an seiner Betonung der Trennung von privaten und beruflichen Angelegenheiten. Auch bei der Frage danach, wie er Menschen einschätzt, die sich engagieren, merkt er an: »*n bisschen krumm machen, was tun und machen, sich engagieren, find ich gut*« (Z. 817-818). Diese Aussage verdeutlicht nochmals Herrn Laues

---

die Familie und das Bedürfnis, der Interviewerin die einzelnen Familienmitglieder näherzubringen.

8   Dieser egalitäre Anspruch zeigt sich aber auch in einem Abschnitt des Interviews, in dem Herr Laue betont, dass es ihm und seiner Frau immer wichtig war, die Kinder frei zu erziehen: »*wir haben unseren Kindern nie gesagt, ihr* müsst. *Wenn sie nicht wollten, dann wollten sie nicht, Ende, Feierabend.*« (Z. 487-488)

9   Mit 15 Jahren wurde Herr Laue Mitglied in der IG Metall und ist auch heute noch Mitglied. Nähere Informationen diesbezüglich liegen nicht vor.

Aktionismus, in seinem Engagement durch Taten Veränderungen herbeiführen zu wollen.

Nicht nur in seinem Engagement, sondern auch in der Beschreibung des Familienzusammenhalts sowie des Zusammenlebens im Stadtteil findet sich durchgehend ein Gemeinschaftsgedanke. In dieser Gemeinschaft versteht er sich selbst als derjenige, der im Hintergrund agiert und die Gemeinschaft aufrechterhalten möchte. Zudem ist er davon überzeugt, dass Änderungen im Stadtteil nur durch viele Menschen und verschiedene Sichtweisen herbeigeführt werden können. Konkrete, spürbare Veränderungen im Stadtteil sind für Herrn Laue wichtig und weniger das Verfolgen *großer, abstrakter Themen*.

Die Idee der Natürlichkeit/Natur findet sich bei Herrn Laue nicht nur in der Beschreibung der Architektur des Stadtteils (den er als unnatürlich empfindet), sondern auch in der Aneignung von handwerklichen Tätigkeiten (die man nicht erlernen kann, sondern einem natürlich mitgegeben wurden).

An einigen Stellen des Interviews findet sich bei Herrn Laue eine Unsicherheit, die sich in Selbstzweifeln äußert, beispielsweise bei der Kontaktaufnahme zu Nachbar*innen oder bei angedeuteten Konflikten innerhalb der Familie. Hier vertritt Herr Laue weniger selbstbewusst seine eigene Position, sondern räumt ein, selbst an Problemen beteiligt zu sein.

5.3.2 Vergleichsfälle

Im Engagementmuster III finden sich zwei weitere Fälle, die im sozialen Raum eine Nähe zu Herrn Laue und damit auch Parallelen in den Engagementpraktiken aufweisen. Diese beiden Fälle, Frau Decker und Frau Christian, werden im Folgenden zur Verdeutlichung der bereits skizzierten Praktiken hinzugezogen.

Partizipative Mitgestaltung von Gruppen und Vereinen
Das im Fallportrait von Herrn Laue bereits dargestellte aktive Mitgestalten des Vereinslebens durch das Einbringen eigener Ideen findet sich auch bei Frau Christian, die seit Jahrzehnten eine selbstorganisierte Frauengruppe im Stadtteil leitet. Dabei betont sie, dass ihr die reine Geselligkeit in der Gruppe ohne ein inhaltliches Programm nicht ausreiche, so dass sie sich immer wieder Themen überlege und dazu teilweise auch entsprechende Referent*innen einlade: »*Ich möchte ganz gerne äh mal wenigstens so n Gedanken da immer drin haben.*« (Z. 30-31) Auch wenn die von ihr übernommene Aufgabe teilweise schon zu einer Belastung geworden zu sein scheint (»*ich würd auch so gerne mal mich irgendwo setzen, [...] und einfach auch mal nicht organisieren müssen*«, Z. 350-352), fühlt sie sich wie Herr Laue verantwortlich für die Gestaltung der Gruppe, so dass sie die Planung und Organisation weiterhin übernimmt.

Frau Christians Nähe zu Vereinen wurde ihr durch den Vater, Politik- und Vereinsmensch, vorgelebt. Wie ihr Vater ist auch sie Mitglied der CDU und war zudem in ihrer Jugend als Stadtjugendseelsorgerin sowie bei der Pfadfinderschaft aktiv. Daher konnte sie, insbesondere in kirchlichen Strukturen, umfassende Erfahrungen in der Leitung von Gruppen sammeln: »*Ich war, glaub ich, n sehr guter Organisator, das das liegt mir auch einfach, ne.*« (Z. 321-322)

Ebenfalls bei Frau Decker, dem dritten Fall im Engagementmuster, findet sich eine von den Eltern vorgelebte Nähe zu Vereinen. Ihre Eltern waren auch Mitglied der CDU (sie selbst ist kein Parteimitglied, bezeichnet sich selbst aber als »*politisch sogar sehr interessiert*«, Z. 470) und zudem im Karnevalsverein aktiv, was dazu führte, dass Frau Decker als junge Frau Tanzmariechen[10] eines angesehenen Vereins war. Aktuell möchte sie aufgrund einer chronischen Rückenerkrankung keine festen Termine mehr eingehen und führt dies als Begründung dafür an, dass sie sich nicht in Vereinen oder institutionellen Strukturen einbringt.

Die Gemeinschaft (im Verein, in Gruppen oder in selbstorganisierten Zusammenschlüssen) wird von allen Interviewten als gewinnbringend gesehen, um zum einen gemeinsamen Interesse nachgehen zu können und zum anderen auch gemeinsame Anliegen im Kollektiv durchsetzen zu können, die alleine nicht zu erreichen wären.

Fürsorge und Verlässlichkeit in der Familie und im Freundeskreis
In allen drei Interviews nimmt die Darstellung des Zusammenlebens in der Familie sowie die Ausgestaltung von freundschaftlichen Beziehungen viel Raum ein, was auf die besondere Bedeutung sozialer Kontakte hinweist. Dies wird unterstrichen dadurch, dass der Interviewerin Familienfotos gezeigt werden, um ihr somit die einzelnen Familienmitglieder näher zu bringen. Es findet sich eine ausgeprägte Gastfreundschaft, die jedoch aufgrund von geringen finanziellen Mitteln teilweise nur eingeschränkt ausgeübt werden kann. Frau Christian weist darauf hin: »*Sie laden Gäste ein, also machen sie was besonderes, ne*« (Z. 806-807). Diese Gastfreundschaft wird dann schnell zur finanziellen Belastung. Auch Frau Decker berichtet am Beispiel des Einkaufens von Vorräten über ein geringes finanzielles Budget: »*Es wird so viel schlecht und man wirft Geld weg und Geld was ich auch nich hab, ne.*« (Z. 12-13) Nichtsdestotrotz wird auch hier die Interviewerin nach Hause eingeladen und ein frischgebackener Kuchen angeboten.

Das Zusammensein mit Freund*innen ist bei allen Fällen von Spontaneität gekennzeichnet, indem Freund*innen beispielsweise bei einem zufälligen Treffen im Supermarkt zu sich nach Hause eingeladen werden, was Frau Decker folgendermaßen beschreibt: »*oder ganz spontan, dass man auch mal sagt, ach ja, dann kommst du eben mit aufn Kaffee hier hin*« (Z. 21-22). Vergleichbar mit Herrn Laue, der ebenfalls darauf verweist, Freund*innen spontan zu einem Glas Wein zu besuchen, findet sich auch bei Frau Decker die Suche nach geselligen ungezwungenen Kontakten (in Abgrenzung zu Muster I sind hier stärker hedonistische Momente zu erkennen).[11]

Diese Netzwerke zeichnen sich zudem durch eine gewisse Tiefe und Substanz auf, da der Aufbau eines »*tragfähigen*« Freundeskreises von Bedeutung ist. So reflektiert Frau

---

10 Tanzmariechen, auch Funkemariechen genannt, tanzen in Karnevalsvereinen, meist bekleidet in Uniformen mit Jacke, Rock und Stiefeln sowie einer Perücke mit geflochtenen Zöpfen. Die Auftritte sind durch akrobatische Elemente und Elemente aus dem Bodenturnen geprägt.

11 Bei Frau Decker finden sich auch Hinweise darauf in ihrer Jugendzeit: Das damalige Leben in einer dörflichen Struktur beschreibt sie als trist und eintönig. Insbesondere eine Diskothek zum Tanzen habe ihr gefehlt. Daher zog sie mit 18 Jahren nach Großstadt und erinnert sich noch daran, dass sie »*sowas von froh war, aus diesem Kaff rauszukommen*« (Z. 268). Möglicherweise vermisste sie dort nicht nur spannende Unternehmungen und Erlebnisse, sondern auch ein freieres und weniger von sozialen Zwängen geprägtes Zusammenleben.

Decker im Nachgang der Treffen die Gespräche: »*was hat der oder diejenige gefragt, wie war die Unterhaltung*« (Z. 732), was ihren Wunsch nach verlässlichen und weniger oberflächlichen Kontakten verdeutlicht. In ihrem Fall sind soziale Kontakte von besonderer Bedeutung, da sie aufgrund einer chronischen Rückenerkrankung seit zwölf Jahren in Frührente ist und somit Kontakte aus der Berufswelt schon lange wegfallen. Da sie jedoch erst seit zehn Jahren im Stadtteil lebt, hat sie es als Zugezogene als schwierig empfunden, »*tatsächlich hier n Fuß reinzukriegen*« (Z. 234) und in bestehende Freundeskreise aufgenommen zu werden. Mit Hilfe ihrer kontaktfreudigen und offenen Art, auf andere Menschen zuzugehen, ist ihr dies jedoch mittlerweile gelungen.

Aufgrund der hohen Bedeutung von Familie und Freund*innen ist eine Aufrechterhaltung von Harmonie in diesen Kreisen wichtig. Frau Christian möchte daher »*auch wirklich Frieden in diesem ganzen halten*« (Z. 756), denn Familie ist für sie ein »*großer Rückhalt*« (Z. 757). Dies hat aber nicht zur Konsequenz, die eigene Meinung zurückzuhalten oder keine inhaltlichen Kontroversen aufkommen zu lassen. Im Zusammenleben in der Familie wird daher auch auf Auseinandersetzungen verwiesen, was auch bei Herrn Laue anklingt: »*Ham wir jetz im Moment wieder Probleme, ne.*« (Z. 443) Auch Frau Decker verweist am Rande des Interviews auf Konflikte zwischen ihr und der Schwiegertochter und Frau Christian berichtet, dass sie ihre Enkelin aktiv dazu auffordere, dass diese sich in den Haushalt einbringen und ihre Eltern unterstützen solle. Die eigene Meinung wird daher in der Familie klar vertreten, muss jedoch nicht um jeden Preis durchgesetzt werden. Als Frau Christian beispielsweise Auseinandersetzungen mit ihrem Stiefsohn bezüglich der Wohnung ihres zweiten Mannes hatte und dieser einen Anspruch darauf anmeldete, ging sie nicht in einen Rechtsstreit, sondern überließ ihm trotz finanzieller Einbußen die Wohnung. An diesen Stellen zeigt sich, dass ein grundsätzliches Harmoniebedürfnis auch dazu führt, die eigene Meinung zurückstellen zu können, was sich u.a. auch in verschiedenen Engagementkontexten widerspiegelt.

Ambivalenz zwischen souveräner Interessensvertretung und Bedürfnis nach Harmonie und Entlastung

Der bereits im Fallportrait von Herrn Laue dargestellte Rückzug im Engagement in Vereinen bei Kritik und Ablehnung hinsichtlich der eingebrachten Ideen findet sich auch in Frau Christians Engagement im informellen Engagement. Die ihrer Freundin gegenüber geäußerten Tipps und Ratschläge, »*weil ich immer dränge, sie soll ins ((Altenpflegeeinrichtung im Stadtteil)) gehen und sich versorgen lassen*« (Z. 160-161), führten bei ihrer Freundin dazu, dass sie den Kontakt zu Frau Christian vor kurzem abgebrochen hat.[12] Frau Christian scheint diese Situation zu belasten, so dass sie sich weiterhin über Bekannte Informationen zum aktuellen Gesundheitszustand ihrer Freundin einholt. Sie scheint sich jedoch auch von einer gefühlten Verantwortung befreien zu müssen: »*aber jeder hat ja auch für sich selber Verantwortung ein Stück weit, das muss ich mir immer so n bisschen dann sagen*« (Z. 206-208).

Auch im Rahmen der nachbarschaftlichen Unterstützung eines älteren Ehepaars nimmt sie eine Belastung wahr, da sie auch hier eine starke Verpflichtung in ihrer Hilfe

---

12 Wichtig ist Frau Christian an dieser Stelle der Hinweis, dass sie über die finanzielle Situation ihrer Freundin informiert sei, »*dass sie ganz viel Geld hat, also dass sie das ohne weiteres*« (Z. 163-164) könnte.

verspürt: »*Äh, die tun mir auch beide sehr sehr Leid. Auf der andern Seite darf man da nich so sehr sich reinhängen. Möcht ich auch nicht, is mir ähm (.) ich hatte eigenes Leid eigentlich reichlich. Ich hab ja zwei Männer verloren schon, ne.*« (Z. 51-53) Die zur Entlastung des Mannes von ihr übernommene Betreuung der Frau belastet sie insbesondere aufgrund der Depression der älteren Dame. Von ihrer Tochter wird sie jedoch darin bestärkt, diese Hilfe weiter anzubieten: »*Es stimmt natürlich. Ich hab ganz viel Abwechslung in meinem Sein.*« (Z. 121-122) Die eigene privilegierte Situation wird zur Begründung für die Unterstützung von Personen herangezogen, die in diesem Fall aufgrund von gesundheitlichen Beeinträchtigungen nicht mehr eine solche Lebensqualität aufweisen.

Autonomie im Engagement und der Planung der eigenen Zukunft

Das aktive und selbstbestimmte Einbringen von Ideen und Vorschlägen im Engagement wird zudem begleitet durch den Wunsch nach Autonomie und Freiheit in der Terminplanung des Engagements: nicht nur Frau Decker verweist darauf, dass sie keine festen Termine eingehen möchte, sondern auch Frau Christian möchte sich nicht wieder wie früher mit vielen Terminen langfristig einplanen lassen. Aus diesem Grund hat sie die Anfrage einer Nachbarin, ob sie Interesse hat, Vorlesepatin in der Schule im Stadtteil zu werden, abgelehnt: »*Und das is auch wieder so was, wo ich mich nicht gerne festlege, also (.) ich bin gerne jetz frei.*« (Z. 289-290)

Um diesen Wunsch nach Autonomie auch in Zukunft fortsetzen zu können nimmt Frau Christian ihre eigene Lebensplanung selbst in die Hand. So hat sie beispielsweise konkrete Pläne für das Älterwerden im Stadtteil, sollte sie gesundheitlich nicht mehr so fit sein. Sie hat sich bereits in der im Stadtteil ansässigen Pflegeeinrichtung angemeldet und Pläne für einen Umbau ihrer Wohnung gemacht, so dass sie sich auch vorstellen könnte, eine Studentin in ihre Wohnung aufzunehmen.[13]

Frau Decker leidet seit zwölf Jahren an einer chronischen Rückenerkrankung. Ihr Umgang mit der Erkrankung ist durch Selbstdisziplin und Bescheidenheit gekennzeichnet und sie hat den Anspruch, selbst mit dieser schwierigen Situation zurecht zu kommen. Diesen Anspruch der Eigenverantwortung stellt sie damit auch an ihre Mitmenschen:

> »*Dass man da aber letztendlich selbst das in die Hand nehmen muss um zu sagen, so äh im Rahmen dessen was ich kann oder oder oder was ich nich möchte äh und so, da muss ich selbst aktiv werden ((klatscht die Hände zusammen)), da kann ich nicht warten dass einer zu mir kommt und sagt komm ich helf dir mal, dass du zufrieden wirst.*« (Z. 590-594)

Ihre eigene positive Sicht auf die Welt und die Zufriedenheit erarbeitet sie sich jeden Tag aufs Neue, so dass sie daraus auch eine gewisse Anspruchshaltung an ihre Mitmenschen entwickelt hat.

---

13 Die Aufrechterhaltung von Autonomie scheint Frau Christian auch in ihrer zweiten Ehe wichtig gewesen zu sein. Obwohl sie in die Wohnung ihres zweiten Ehemannes zog, war es ihr wichtig, die eigene Wohnung zu behalten, um somit einen Rückzugsort beizubehalten.

Gemeinschaft im Stadtteil als »gerechtes« Zusammenleben

Der Blick auf den Stadtteil fokussiert sich insbesondere auf die dort lebenden Menschen und das Miteinander im Stadtteil, was dazu führt, dass eine fehlende Sauberkeit, wie in Engagementmuster I beschrieben, keine Rolle spielt. Frau Decker erwähnt den Müll im Stadtteil, räumt diesem aber nicht viel Raum im Interview ein. Sie verweist eher auf eine soziale Dimension, die für sie wichtiger zu sein scheint: »*es ist schwierig (.) wenn man nicht alteingesessener ((Bürger aus dem Stadtteil)) ist (.) tatsächlich hier n Fuß reinzukriegen*« (Z. 233-234).

Einen Wandel im Stadtteil beschreibt wie in Engagementmuster I auch Frau Christian, da sie über 40 Jahre im Stadtteil lebt. Die zunehmende Zahl von Menschen mit Migrationshintergrund ist aus ihrer Sicht jedoch nicht problematisch, sondern wird als Gewinn für den Stadtteil gesehen: »*die Vielseitigkeit könnte ne ganz große Bereicherung für uns werden*« (Z. 1016-1017). Dafür brauche es jedoch eine noch bessere Verständigung zwischen den verschiedenen Nationalitäten. An dieser Stelle sieht sie sich persönlich als Mittlerin, da sie »*sehr gut aus[komme], egal mit welchen Men-, im Gegenteil, ich hör sie auch mir gerne an*« (Z. 971-972). Sie zeigt sich offen und interessiert an anderen Sprachen und bedauert es, keine Fremdsprache sprechen zu können.

Bemängelt werden eher, mit Blick auf vermeintlich schwächere Gruppen, fehlende Angebote im Stadtteil. Aufgrund der geringen Anzahl von Kindern im Stadtteil seien beispielsweise zu wenige Spielplätze vorhanden oder diese teilweise geschlossen, wie der an Frau Christians Wohnhaus angrenzende Spielplatz: »*is abgesperrt über Jahre jetz schon. [...] also is für mich so n Ding der Unmöglichkeit.*« (Z. 949-950) Auch Frau Decker übt Kritik an fehlenden Spielplätzen im Stadtteil, da ihr insbesondere Kinder und ältere Menschen am Herzen liegen: »*also das, was sich da in Anführungsstrichen S p i e l p l a t z nennt (.) ja, das is ne Farce. [...] Das find ich traurig.*« (Z. 559-562) Für diese *schwächeren* Gruppen hat sie ein Gerechtigkeitsempfinden und ergreift Partei für sie (»*es war nie mein Ding wegzugucken*«, Z. 145). Frau Deckers Blick richtet sich damit auf soziale Ungleichheiten im Stadtteil und sie bezieht Position für benachteiligte Personengruppen. So hilft sie beispielsweise im Supermarkt an der Kasse einer älteren Person, als diese vom Personal unfreundlich angegangen wird:

> »*da is die Person, also verbal halt, (.) richtig fies geworden. Ob das dann jetz so, äh so sinngemäß, nötig wäre ähm äh mit dem ganzen Kleingeld zu bezahlen. [...] Und da hab ich sofort gesagt, dass ich das unverschämt fände, dieses Auftreten und es könnte ja durchaus sein, dass außer dem Kleingeld nichts vorhanden ist und dass man das dann zählen müsste. Oh da bin ich so sauer geworden.*« (Z. 649-657)

Zudem hat Frau Decker durch ihren Beruf selbst erlebt, »*wie schnell alte Menschen, kranke Menschen ins Abseits und in die Einsamkeitsfalle geraten*« (Z. 223-225), so dass sie selber im Alltag etwas dagegen unternehmen möchte und gerne ihre Hilfe und Unterstützung anbietet.

Der auf die Mitmenschen gerichtete Blick und die damit verbundene Fürsorge für andere wird auch im Zusammenleben in der Nachbarschaft deutlich. Sieht Frau Decker eine*n Nachbar*in länger nicht, klingelt sie und erkundigt sich, ob alles in Ordnung sei. Ein Austausch von Schlüsseln für Notfälle scheint es hier weniger zu geben, sondern eher eine nicht geregelte Form des gegenseitigen Kümmerns. Voraussetzung dafür ist eine positive Wahrnehmung des Zusammenlebens in der Nachbarschaft, die Frau Decker als »(...) *freundlich, freundschaftlich, zugewandt, auch interessiert*« (Z. 96) beschreibt.

Dieses Kümmern basiert bei Frau Christian auf einem christlichen Pflichtgefühl: »*Ja, als Christin habe ich also da auf den Nächsten zu achten.*« (Z. 251-252) Dabei macht sie keine Unterschiede zwischen den Menschen: »*Die Menschen hier in der Siedlung sind mir wichtig.*« (Z. 1011-1012) Es findet sich ein vorurteilsfreier Blick auf die Menschen, der von einer grundsätzlich positiven Sicht auf den Stadtteil getragen wird. Es gibt keine konventionellen Maßstäbe, an denen die Mitmenschen gemessen werden, so dass zum einen keine Frustration auftreten kann und zum anderen den Mitmenschen auch Lern- und Entwicklungsprozesse zugestanden werden. Frau Christian weist explizit auf solche Lernprozesse bei den Kindern hin (»*Muss man lernen, muss man lernen*«, S. 1508-1509). So sehe sie bei ihren eigenen Enkelkindern, dass heutzutage alles »*so bequem geworden*« (Z. 1506) sei. Aus diesem Grund befürwortet sie auch die verschiedenen sozialen Projekte der im Stadtteil ansässigen Hauptschule, wie das gemeinsame Reinigen der Stromkästen oder Vorleseprojekte in Pflegeeinrichtungen: »*Das sind doch gute Ansätze.*« (Z. 1512)

Nicht nur Kindern wird Verständnis entgegengebracht, sondern auch Erwachsenen, was an folgendem Beispiel deutlich wird: so beobachtete Frau Christian, dass Nachbar*innen Sperrmüll mitten auf den Fußgängerweg gelegt haben und damit den Bürgersteig blockierten: »*erst wollte ich was sagen, [...]. Da denk ich, nee, lässt de, also das is, da hab ich auch keine Traute, ne.*« (Z. 1080-1083) Sie selber verweist an dieser Stelle auf ihre Ängstlichkeit, die dazu führe, in solchen Situationen keine Kritik zu üben. Zusätzlich findet sich bei ihr aber auch ein Verständnis für das Handeln der Menschen, denn sie frage sich immer »*is das so schwierig für so Menschen?*« (Z. 1084-1085) und gibt sich selbst direkt darauf die Antwort auf ihre Frage: »*Is vielleicht schwierig, is vielleicht schwierig.*« (Z. 1085) Insbesondere in sozial schwachen Familien sei es oft nicht leicht, Ordnung zu lernen: »*auch für so junge Menschen, bis die mal begriffen haben, was bei uns (.) Pflicht is, was bei uns Ordnung heißt*« (Z. 1086-1087). Eine grundsätzliche Orientierung an den Lebensprinzipien Pflicht und Ordnung lässt sich damit auch bei ihr erkennen (vergleichbar mit Engagementmuster I), jedoch setzt sie diese Prinzipien nicht disziplinierend gegenüber den Mitmenschen durch. Sie steht diesen eher verstehend gegenüber.

Frau Christian sieht sich als Teil der Gemeinschaft in der Verantwortung, die Menschen anzusprechen und zu motivieren. Es findet sich weniger eine Kritik an der zu geringen Beteiligung der Bürger*innen, sondern eher eine fragende Haltung, wie dies künftig gelingen kann: »*Können sie die Leute ansprechen noch hundertmal, es kommt keiner. (.) Und da weiß ich nicht, wie wir das hinkriegen.*« (Z. 1297-1298) Diesen Fragen müsse sich aus ihrer Sicht auch der Bürgerverein verstärkt stellen. Die lange Wohndauer mit den vielen aufgebauten Kontakten führen auch bei Frau Christian dazu, im Stadtteil alt werden zu wollen: »*Ja weil man's vielleicht so n bisschen mit aufgebaut hat, ne und diese Kontakte ja gepflegt hat.*« (Z. 1010-1011)

Gemeinschaft stiften durch fürsorgliche Zuwendung
Im Reden über den Stadtteil, aber auch in der Darstellung der Wünsche für ein Zusammenleben wird der Blick immer wieder auf Gruppen gerichtet, die als schwächer

oder zu wenig berücksichtigt wahrgenommen werden. Hilfe wird daher nicht als etwas verstanden, was auf Familie und Freund*innen beschränkt ist. Diese zugewandte Haltung den Menschen im Stadtteil gegenüber wird auch deutlich in Frau Christians Erläuterungen zu ihrer Motivation zu helfen:

> »Weil der Mensch mir wichtig is. Der Mensch is für mich also (.) was ganz ganz wichtiges und ich möchte gerne, dass es dem Menschen gut geht (.) und dass er auch glücklich is und dass er hier zufrieden is auf dieser Erde, die von außen so viel Unruhe bringt, ne.« (Z. 1180-1183)

Diese mitmenschliche Perspektive wird unter anderem am Beispiel der Integration von Menschen mit Migrationshintergrund deutlich. Der bei Herrn Laue teilweise erkennbare Versuch, mit Menschen mit Migrationshintergrund ins Gespräch zu kommen, findet sich im Rahmen von Frau Christians Engagement sehr deutlich. Seit vielen Jahren widmet sie sich in ihrem Engagement in der Kirchengemeinde der gezielten Ansprache von Menschen mit Migrationshintergrund, teilweise mit nur geringem Erfolg. Gemeinsam mit ihrem Mann hat sie damals Ferienfreizeiten für sozial schwache Familien angeboten und das Ziel verfolgt, auch Kinder aus türkischen Familien zu erreichen. Auch der Versuch, Senior*innen unterschiedlicher Kulturen zusammenzubringen, sei aus ihrer Sicht nicht einfach, was sie an einem konkreten Beispiel erläutert: so hätten im Rahmen der jährlich stattfindenden Seniorenwoche türkische Frauen Kleinigkeiten zum Essen vorbereitet, die nicht bezahlt werden sollten, was jedoch zu Schwierigkeiten führte: »*Die deutschen Frauen nahmen schon nichts an ohne Geld so ungefähr.*« (Z. 1038-1039) So habe eine Frau direkt gefragt: »*wo können wir denn hier was spenden*« (Z. 1040), worauf die türkischen Frauen »*schon fast beleidigt*« (Z. 1041) waren. Frau Christian äußerte sich nur mit dem Hinweis: »*mein Gott, lasst euch doch mal beschenken hier*« (Z. 1039), jedoch konnte sie nicht dazu beitragen, dass die Gruppen sich annäherten.

Der Hinweis auf sprachliche Barrieren findet sich wie bei Herrn Laue auch bei Frau Christian, indem sie insbesondere auf ihre eigenen Fremdsprachendefizite verweist: »*Und äh, das fand ich jetz schon […] schön, wenn sich so n Enkelkind mit jemand unterhält, der englisch spricht, ne. Das tut mir so weh manchmal.*« (Z. 1269-1271) Die Formulierung verdeutlicht ihren empfundenen Schmerz darüber, selbst kein Englisch zu sprechen. Auch wenn ihre Enkel sie immer wieder ermutigen: »*Oma, kannst du doch noch lernen ((lacht))*« (Z. 1272), merke sie selber, dass sie nicht mehr in der Lage sei, eine neue Sprache zu erlernen.

Der zugewandte Blick richtet sich auf Familienmitglieder, den Freundeskreis und die Nachbarschaft. Es wird geholfen, wo Hilfe gebraucht wird: bei Herrn Laue bezieht sich diese Unterstützung insbesondere auf handwerkliche Tätigkeiten, die er in der Familie schon früh erlernt hat. Frau Christian unterstützt Freundinnen durch Einkäufe oder auch bei der Organisation von Hilfe, z.B. durch den Kontaktaufbau zu einer Haushaltshilfe oder das Mitbringen von Formularen für eine Patientenverfügung. Auch Frau Decker engagiert sich in der Nachbarschaft und hilft regelmäßig einer älteren Freundin, die mit ihr in einem Haus wohnt: »*is ja eher irgendwie emotional mehr wie mein Mütterchen, ne. Die is ja 77.*« (Z. 100-101) So scheint es für Frau Decker ein Automatismus geworden zu sein, vor ihrem morgendlichen Einkauf bei ihrer Freundin nachzuhören, wie es ihr geht. Sollte es ihr nicht gut gehen, »*dann geh ich nämlich noch ne Einkaufsliste von ihr abholen*« (Z. 16-17). Ebenso kümmert sich Frau Decker nachmittags um ihre Freundin, was sie in folgender Passage beschreibt: »*Es könnte also durchaus beinhalten, dass ich dann äh zur ((Vorname der Nachbarin)) hochgehe und ihr zum Beispiel beim Haare waschen helfe oder überhaupt bei Verrichtungen, wo sie sich schwer mit tut.*« (Z. 48-50)

Sie knüpft damit an den als Krankenschwester erlernten Tätigkeiten in ihrem Engagement an (»*Bin ja nicht umsonst in dem Beruf gelandet*«, Z. 147-148) und verdeutlicht, dass dies für sie kein großer Aufwand sei: »*und ich mein wie der Kontakt sich dann gerade gestaltet, sei es durch Hilfestellung oder sei es, dass man mal nett zusammen Kaffee trinkt, pffhh ((atmet laut aus)), da guck ich dann auch nich so drauf, ne.*« (Z. 215-219)

Sie stellt in dieser Aussage die gemeinsam verbrachte Zeit in den Fokus und weniger die übernommene Tätigkeit. Mit diesem Hinweis macht sie ihre eigene Hilfeleistung klein, weil diese für sie als gelernte Krankenschwester keinen großen Aufwand bedeutet. Zusätzlich scheint auch eine gewisse Bescheidenheit damit verbunden zu sein. Aufgrund ihrer Erkrankung sei es für sie nicht möglich, feste Termine einzugehen, womit sie ihr Fernbleiben aus Strukturen des formellen Engagements begründet. Die von ihr geleistete Hilfe im Privaten scheint ihr im öffentlichen Diskurs jedoch zu wenig wahrgenommen zu werden. Das Interview nutzt sie dafür, diese Hilfe sichtbar zu machen (vergleichbar mit Herrn Nelles):

»*Sehen Sie mal, was ich hier im Hause mache, jetz mit ((Vorname der Nachbarin)), is ja letztendlich auch ne Form des ehrenamtlichen, nur dass ich dafür eben eben nich nach äh ((stationäre Pflegeeinrichtung im Stadtteil)) gehe, sondern ich fall die Treppe hoch und bin dann da.*« (Z. 518-521)

Losgelöst von den Einzelfällen erfolgt im Weiteren eine Zusammenfassung der zentralen Charakteristika des Engagementmusters.

5.3.3 Muster III: Engagement nach dem Prinzip »Egalität und Autonomie«

Die Fälle, auf die sich das herausgearbeitete Engagementmuster III stützt, sind im Alter zwischen 62 und 75 Jahre. In diesem Muster findet sich (in Abgrenzung zum *prätentiös-statusorientierten Engagement*, Muster I) nicht durchgehend eine lange Wohndauer im Stadtteil. Herr Laue zog gemeinsam mit seiner Frau in das Wohnhaus seiner Schwiegereltern und Frau Decker erst vor zehn Jahren in eine Mietwohnung in den Stadtteil.

In diesem Engagementmuster zeigt sich, durchgehend durch den gesamten Lebenslauf, eine Nähe zu Vereinen, die auch von den Eltern vorgelebt wurde. Dazu gehören beispielsweise Parteimitgliedschaften der Eltern und auch eigene Parteimitgliedschaften. Zudem findet sich ein Engagement in Karnevals- und Sportvereinen, Kirchengemeinden sowie Initiativen im Stadtteil. Hinzu kommt eine hohe Bedeutung von familialen Strukturen, so dass auch in der Familie der Blick auf die Gemeinschaft gerichtet wird.

Dieses Verständnis einer Gemeinschaft wird getragen von der Idee einer offenen und zugewandten Haltung, ohne Ressentiments oder Vorbehalte sowie ohne gesetzte Regeln, nach denen das Miteinander zu funktionieren hat. Insbesondere *schwächere* Personengruppen, wie ältere Menschen, Kinder, Menschen mit Migrationshintergrund, werden als unterstützungsbedürftig wahrgenommen und für diese dann auch eine entsprechende Unterstützung im Alltag angeboten.

5.3.3.1 Milieuspezifische Engagementpraktiken

In Engagementmuster III findet sich neben diversen Vereinstätigkeiten auch die aktive Mitarbeit in selbstorganisierten Gruppen (teilweise in kirchlichen Strukturen) sowie Engagement im Bereich der informellen Hilfeleistungen.

Das Engagement in Vereinen ist gekennzeichnet durch eine aktive Mitgestaltung des Vereinslebens. Es wird sich mit eigenen Ideen eingebracht und dabei der eigene Gestaltungsspielraum genutzt. Bei diesem Engagement wird immer der Nutzen für die Gemeinschaft fokussiert, indem die eingebrachten Ideen mit den Wünschen der anderen abgeglichen werden. Neben dem Engagement in Vereinen werden ebenso Gruppen im Stadtteil geleitet und auch dort eigene Ideen eingebracht. Dieses Engagement wird als Selbstverständlichkeit betrieben, da es notwendig erscheint, um das Vereinsleben aktiv aufrechterhalten zu können. Gemeinschaft funktioniert in diesem Muster nur, wenn sich alle Mitglieder der Gemeinschaft auch aktiv einbringen. Erst dann können auch gute Ergebnisse erzielt werden, da die vielen verschiedenen Perspektiven und Erfahrungen eine Bereicherung für die Gemeinschaft darstellen. Dies hat jedoch auch zur Konsequenz, dass es zu unterschiedlichen Positionen und Konflikten kommen kann. Das Miteinander in der Gemeinschaft ist nicht nur von Harmonie gekennzeichnet, sondern ebenso von Auseinandersetzungen. Gibt es jedoch eine mehrheitliche Ablehnung der eigens eingebrachten Ideen, wird von diesen abgelassen. Das Bedürfnis nach Harmonie, vereint mit der Überzeugung, dass die Ideen von allen in der Gemeinschaft getragen werden müssen, führt dazu, dass an diesen Ideen nicht festgehalten, sondern in solchen Situationen eher ein eine defensive Haltung eingenommen wird.

Diese Reaktion zeigt sich nicht nur in Vereinstätigkeiten, sondern ebenso im privaten Bereich. Das Zusammensein in Familie und Freundschaften wird ebenfalls verstanden als gemeinsames Miteinander, in dem die eigene Meinung eingebracht werden kann und damit auch unterschiedliche Positionen aufeinandertreffen. Dies wird jedoch auch als herausfordernd wahrgenommen, so dass bei Auseinandersetzungen die Meinung der anderen Familienmitglieder oder Freund*innen akzeptiert und die eigene Meinung zurückgestellt wird.

Hilfe innerhalb der Familie und dem Freundeskreis zeichnet sich dadurch aus, dass nicht nur an Tätigkeiten des damaligen Berufslebens angeknüpft wird (durch beispielsweise pflegerische Tätigkeiten), sondern das Kümmern und Sorgen um andere auch durch eine Nähe und Intimität geprägt ist, die teilweise auch altenpflegerische Dimensionen beinhalten. Es werden nicht nur Einkäufe für Freund*innen erledigt, was auch *fremde dritte* übernehmen könnten, sondern Tätigkeiten, die von einer gewissen Nähe geprägt sind und daher vereinzelt auch zu dem Gefühl einer Belastung führen. Der Anspruch, dass es allen Menschen gut gehe, wird damit als persönliche Verantwortung verstanden.

Der Blick wird in diesem Muster aber nicht nur auf einen eingeschränkten Personenkreis gerichtet, sondern auf alle Menschen und hier insbesondere auf Menschen, die eine wahrgenommene Unterstützung benötigen. Daher wird auch nicht *über* Menschen mit Migrationshintergrund, sondern *mit* ihnen gesprochen und der Kontakt zu ihnen gesucht (teilweise zurückhaltender, vereinzelt aber auch im Rahmen des Engagements sehr ausgeprägt). Dieser solidarische und helfende Blick wird als selbstverständlich und naturgegeben begründet; aus einem christlichen Verständnis der Nächstenliebe oder aber anknüpfend an die beruflichen Tätigkeiten aus einem Selbstverständnis als helfende Person.

Auch für die jüngere Generation und das teilweise nachlassende Engagement wird Verständnis entgegen gebracht. Hier sei nicht ein grundlegendes Desinteresse oder eine fehlende Motivation erkennbar, sondern eine zunehmende Belastung der Familien (u.a. durch die Arbeitswelt). Schwierig sei es nur, Menschen auf Dauer für ein Engagement zu gewinnen, nicht aber für konkrete einmalige Aktionen. Daher wird auch von einer bewussten »Übergabe« von ehrenamtlichen Tätigkeiten an die jüngeren Familien berichtet. In Abgrenzung zu Engagementmuster I findet sich hier nicht nur eine aktive Mitgestaltung des Vereinslebens, sondern auch das aktive Einbringen in den Stadtteil als Impulsgeber. Vorstellungen eines gemeinsamen Miteinanders werden im Stadtteil gelebt und aktiv mitgestaltet.

Bedeutung des Strukturwandels im Stadtteil für Engagement

Der Strukturwandel im Stadtteil gerät in diesem Engagementmuster nur vereinzelt gezielt in den Blick. Es wird zwar ein Wandel des Stadtteils hinsichtlich der Bewohner*innenstruktur wahrgenommen, dabei aber insbesondere auf den Aspekt der geringeren Anzahl von Kindern abgehoben. Der zunehmenden Anzahl von Menschen mit Migrationshintergrund wird hingegen nicht skeptisch oder ablehnend begegnet, da nicht das Ziel der Wiederherstellung des früheren Zustands fokussiert wird. Mit einer Offenheit wird eher das Ziel verfolgt, diese Menschen in die bestehenden Strukturen einzubinden. Im Engagement steht dabei weniger Zurechtweisung und Disziplinierung der Mitmenschen im Vordergrund, sondern vielmehr eine Ansprache der hinzugezogenen Personengruppen. Diese Aufgabe scheint als große Herausforderungen wahrgenommen zu werden, da bisher nur wenige Zugänge funktioniert haben, wodurch aber keine Entmutigung stattfindet. Eine Frustration oder Resignation ist daher nicht erkennbar.

Den Bewohner*innen wird in diesem Muster mit einer grundsätzlichen Offenheit begegnet und damit nicht ein an Konventionen orientiertes Handeln fokussiert wie in Muster I. Dies äußert sich dementsprechend auch in einem Kontakt zu Menschen mit Migrationshintergrund, trotz vorhandener Kommunikationsbarrieren aufgrund fehlender Sprachkenntnisse. So zeigt sich Kritik weniger an kulturellen Differenzen, sondern eher an lebensweltlichen Unterschieden (wie die Kritik an einem Nachbarn, der nicht in der Lage sei, richtig anzupacken und einen Rasenmäher zu bedienen).

Die Heterogenität der Bewohner*innenstruktur führt in diesem Engagementmuster zu einem Engagement für verschiedene Gruppen. Dieses Engagement bezieht sich auf eine solidarische Form der Unterstützung im alltäglichen Miteinander oder aber auch auf eine Vertretung von Interessen für Menschen, für die man sich verantwortlich fühlt (wie beispielsweise das Einbringen des Anliegens in der Wohnungseigentümergemeinschaft, den zum Wohnhaus gehörenden Spielplatz wieder zu öffnen, damit die Kinder diesen wieder nutzen können).

Sicht auf anerkanntes Engagement
Das Engagementmuster ist geprägt von einer aktiven Mitgestaltung des Vereinslebens. Die Nähe zu diesen anerkannten Formen des bürgerschaftlichen Engagements wurde bereits in der Familie vorgelebt, so dass ein selbstsicheres Auftreten in institutionellen Strukturen erkennbar ist (durch beispielsweise die Übernahme von Funktionen oder das eigene Bewusstsein darüber, gut organisieren und leiten zu können).

Aufgaben werden zum einen in Vereinen übernommen, die einen gewissen Geselligkeits- und Spaßfaktor haben (wie beispielsweise Sportvereine) oder aber Kreise und Initiativen, die zu einer Gestaltung des direkten Lebensumfeldes beitragen (wie die Kirchengemeinde oder der Arbeitskreis, der für ein gutes Älterwerden im Stadtteil eintritt). Anliegen ist hier insbesondere die Schaffung von Gesellungsorten, um miteinander ins Gespräch zu kommen und das Wohnumfeld für alle Bürger*innen im Stadtteil positiv verändern zu können.

Durch den Fall Frau Decker wird in diesem Engagementmuster ebenfalls deutlich, wie eine chronische Erkrankung zu einem Fernbleiben aus Strukturen des bürgerschaftlichen Engagements führen kann. Aufgrund der je nach Tagesform unterschiedlichen Schmerzen (»*Ja so richtig typisch würd ich sagen hab ich gar keinen Tag, weil das [...] krankheitsbedingt sehr variabel is*«, Z. 7-8), können keine festen Termine eingegangen werden, da bereits die Erfahrung gemacht wurde, diese dann immer wieder kurzfristig absagen zu müssen.

5.3.3.2 Verortung im sozialen Raum

Das Engagementmuster III ist verortet im Leistungsorientierten Arbeitnehmermilieu, in der Traditionslinie der Facharbeit und der praktischen Intelligenz. Die dort anteilmäßig am stärksten vertretenen Berufe der gut ausgebildeten Facharbeiter*innen sowie der Angestellten finden sich auch im Sample wieder.

Das für das Leistungsorientierte Arbeitnehmermilieu charakteristische eigenverantwortliche und gleichberechtigte Handeln, ohne sich an Autoritäten zu richten, findet sich auch in den Engagementpraktiken des Musters. Die höhergestellten Personen in Vereinen, wie beispielsweise der Vorstand, werden in ihrer Funktion und ihrem Handeln nicht als unantastbar wahrgenommen und zu ihnen aufgeschaut, sondern eher kritisch hinterfragt (so beispielsweise bei der Arbeit der Vorsitzenden des Bürgervereins). Fehlverhalten wird daher auch diesen Personen gegenüber geahndet.

Es zeigt sich zudem ein solidarisches Handeln im Engagement, was (in Abgrenzung zum Kleinbürgerlichen Milieu) die Chancengleichheit aller, unabhängig von der Herkunft, hervorhebt. Daher sieht auch die Ausgestaltung der Gemeinschaft anders aus: hier findet sich eine offene Haltung gegenüber den Menschen und der Wunsch nach Gleichberechtigung aller Mitglieder der Gemeinschaft. Dafür wird im Engagement dann auch eine gewisse Fürsorge übernommen, um zu einer Gerechtigkeit im Stadtteil beizutragen. So wie im von Vester et al. beschriebenem Gesellungsstil der Zurückhaltenden sind hier »Einstellungen zur sozialen Ungleichheit [...] gemischt, aber weniger ausgrenzend und ressentimentgeladen als im Durchschnitt« (Vester et al. 2001: 483).

Das Engagement ist zudem geprägt durch den Wunsch nach einer egalitären Mitbestimmung – es wird davon ausgegangen, dass die Ideen und Beiträge aller zu einem besseren Ergebnis beitragen als das alleinige Handeln. Dafür ist eine Offenheit für andere Gedanken und Ideen notwendig.

In Anlehnung an Vesters Typen der sozialen Kohäsion zeigen sich weitere, nicht ganz eindeutige, Parallelen zu den »Zurückhaltenden«, bei denen das Geselligungsverhalten gekennzeichnet ist durch »Zurückhaltung, Konventionalität und eine dosierte Gemeinschaftspraxis« (Vester et al. 2001: 483). Soziale Kontakte werden bewusst ausgewählt: »Im Vordergrund steht die Konzentration auf die Familie.« (Ebd.: 483) In den empirischen Ergebnissen der vorliegenden Studie zeigt sich, dass diese bewusste Auswahl von Kontakten auch verbunden ist mit einem Anspruch an tiefergehende Gespräche (in Abgrenzung zu stärker hedonistischen Momenten in Muster II »*anpackend-spontanes Engagement*«). Zudem haben bei diesem Typ Freundschaften einen hohen Wert, was sich ebenfalls im Material zeigt: »Entsprechend pflegsam wird mit den eigenen Freunden umgegangen – eine Sorgsamkeit, die nur noch im Umgang mit der eigenen Familie übertroffen wird.« (Ebd.: 483) Auch hinsichtlich des dort beschriebenen Engagements finden sich teilweise Parallelen zum empirischen Material: »Das soziale Engagement der Zurückhaltenden ist eher mäßig und konventionell gestaltet, wird gegebenenfalls aber regelmäßig praktiziert. Leicht überdurchschnittlich ist ihr Zeitaufwand für Aktivitäten in Politik, Kirche, Gemeinde und Nachbarschaft.« (Ebd.: 483) Diese Form der Regelmäßigkeit und damit verbunden auch Zuverlässigkeit findet sich auch im vorliegenden Sample. Der Wunsch nach der Übernahme konkreter Aufgaben zeigt ein Verantwortungsgefühl gegenüber den Engagementtätigkeiten und den damit verbundenen Anliegen.

Als abschließendes Kapitel folgt die Darstellung des am höchsten im sozialen Raum verorteten karitativ-leistungsorientierten Engagements.

5.4 Engagementmuster IV: Karitativ-leistungsorientiertes Engagement

Das karitativ-leistungsorientierte Engagement, ebenfalls im Leistungsorientierten Arbeitnehmermilieu, jedoch weiter oben an der Trennlinie der Distinktion verortet, weist in Abgrenzung zu den anderen Mustern spezifische distinktive Züge im Engagement auf. Von den insgesamt zwei Fällen in diesem Engagementmuster wird Frau Jakob als Fallportrait vorgestellt, welches an der Trennlinie der Distinktion verortet wurde.

Abbildung 17: Karitativ-leistungsorientiertes Engagement (Muster IV) verortet in der Milieutypologie nach Vester et al. (2001)

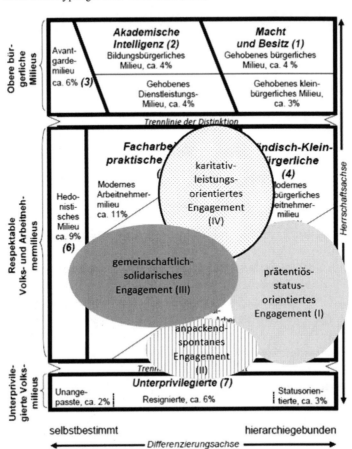

5.4.1 Fallportrait Frau Jakob: »ich hab der dann einen Kilo Zucker [gegeben] und ich sag, das nächste Mal bringen sie ihn mir dann wieder, ne.«

5.4.1.1 Einführung in den Fall

Frau Jakob ist zum Zeitpunkt des Interviews 78 Jahre alt (Jg. 1938). Sie lebt in einem freistehenden Flachdachhaus im Stadtteil, welches sie zur Neugründung des Stadtteils gemeinsam mit ihrem Mann kaufte. Mittlerweile bewohnt sie das Haus alleine, da ihr Mann verstorben ist. Zu ihren beiden Kindern hat sie bis heute einen guten Kontakt.

Geboren in Schlesien, flüchtete Frau Jakob 1945 mit ihrer Mutter und zwei Geschwistern nach Ostdeutschland.[14] Ihre zehn Jahre ältere Schwester erlebte die Flucht im Gegensatz zu Frau Jakob als extrem belastend, was bis heute zu einem schwierigen Verhältnis der Schwestern führt und sich zusätzlich verschärfte, als Frau Jakob gemeinsam mit ihrem Bruder und ihren Eltern Mitte der 1950er Jahre Ostdeutschland von heute auf morgen verließ. Da der Mann ihrer Schwester bei der Stasi war, beschreibt sie die Situation für ihre Schwester als schwierig: »*Und als wir dann nicht mehr erschienen wurde das gemeldet [...]. Was die denen alles vorgelogen hat weiß ich nicht.*« (Z. 238-241)

Mit 14 Jahren begann Frau Jakob eine Lehre als Schneiderin, da sie Spaß an der Arbeit mit Stoffen hatte. Ein Biologiestudium, was sie gerne angestrebt hätte, lehnte ihr Vater ab: »*Ich dürfte nicht auf die Oberschule, weil mein Vater ein Kapitalist war.*« (Z. 126-127) Ihr Vater war Inhaber eines Baugeschäfts, so dass es ihm vermutlich ein Anliegen war, dass seine Tochter früh Geld verdient und sie nicht lange in einem unbezahlten Studium verbleibt.

Die Ehe mit ihrem Mann beschreibt Frau Jakob als sehr glücklich, was sie auch darauf zurückführt, dass sie sich so früh kennengelernt haben: »*man wächst ja so in ineinander rein, ne*« (Z. 1075). In den Erzählungen Frau Jakobs wird deutlich, dass sie mit ihrem Mann eine Einheit darstellte und sie insbesondere auf seine berufliche Position stolz ist: »*der war Direktor beim ((großes Versicherungsunternehmen in der Großstadt)), der hatte die Ausfuhrkreditabteilung unter sich*« (Z. 503-506).[15] Umso schwerer war für sie die vor seinem Tod eintretende Demenzerkrankung, die zu einer starken Persönlichkeitsveränderung führte: »*Mein Mann, der konnte englisch sowieso französisch, spanisch, ne. Der konnte sich unterhalten. Dann ham die den beschrieben, wie er da saß (.) bei so ner Kommission, die ihn beurteilen sollte (.) wie der letzte Dreck ((Frau Jakob fängt an zu weinen)).*« (Z. 744-747) Sie scheint die Diskrepanz zwischen seinem Intellekt während seiner beruflichen Zeit in einer Führungsposition und dem zunehmenden körperlichen und geistigen Abbau nur schwer verarbeiten zu können.

Frau Jakob hat einen sehr strukturierten und organisierten Tagesablauf, wobei ihr die Aufrechterhaltung ihrer Gesundheit sehr wichtig ist: nach einigen Gymnastikübungen im Bett geht sie anschließend im Keller auf das Fahrrad und das Laufband. Sie erläutert, dass sie die Fitnessgeräte damals angeschafft habe, damit ihr Mann »*nicht so nen Schmierbauch kriegt, solche Männer lieb ich nicht ((lacht))*« (Z. 508-509)).

5.4.1.2 Engagementpraktiken

Außer einer langjährigen Mitgliedschaft im Wassersportverein, in dem Frau Jakob aber nicht aktiv mitarbeitet, weist sie keine enge Bindung zu Vereinen auf. Als Mitglied in der katholischen Kirche hat sie sich jedoch als Jugendliche im kirchlichen Kontext engagiert

---

14 Frau Jakobs Schwester verschriftlichte vor acht Jahren die Fluchtgeschichte der Familie. Zu Beginn des Interviews überreicht Frau Jakob der Interviewerin dieses Dokument, so dass diese einen umfassenden Einblick in die Familiengeschichte erhält.

15 Sie gibt im Sozialdatenbogen an, aktuell über mehr als 3.000 € monatlich zu verfügen. Da sie selber für die Kindererziehung zuständig war und nicht ihrem Beruf nachging, erklärt sich die Höhe ihrer Rente über die Leitungsposition ihres Mannes.

und zudem bis vor einigen Jahren Töpferkurse angeboten. Diese Tätigkeiten werden im Folgenden näher erläutert, um anschließend auf die Hilfe in der Familie und im Freundeskreis einzugehen.

Dank und Anerkennung für geleistete (materielle) Hilfe

Im Alter von 17 Jahren schloss sich Frau Jakob dem Kirchenchor in ihrer Wohnsiedlung an und wurde in diesem Zusammenhang angefragt, ob sie sich im dort ansässigen Sozialwerk engagieren möchte. Angesprochen wurden sie von einer *»Dame, die is also von dem ((Namenspatron der Siedlung)) die Schwester gewesen. Und die hat das Sozialwerk in der ((Siedlung)) unter sich gehabt und die hat mich angequatscht.«* (Z. 187-189) Sie ist damit von der Leiterin des Sozialwerks, einer *»Frau Doktor«* (Z. 195), angesprochen worden, womit sie eine Nähe zu dieser leitenden Position herstellt.[16] Sie selbst war nicht für die Durchführung der Gruppenangebote zuständig, sondern hat die Koordination der Gruppen *»gemanagt«* (Z. 194).

Bis heute ist sie in der Kirchengemeinde aktiv und hilft bei Festen oder anderen Veranstaltungen, übernimmt dort aber keine regelmäßigen Aufgaben. Als Motiv für ihr ehrenamtliches Engagement gibt Frau Jakob an, dass sie *»immer gerne geholfen«* (Z. 363) habe. Aufgrund ihrer bisherigen Erfahrungen aus verschiedenen Engagementkontexten hat eine entsprechende Anerkennung ihrer Arbeit eine hohe Bedeutung für sie, denn sie berichtet: *»ich wollte nie bezahlt werden oder so, aber äh, das war für manche dann schon fast selbstverständlich«* (Z. 365-366). Ihre Hilfe scheint damit nicht immer entsprechend honoriert worden zu sein, so dass für sie Hilfsbereitschaft *»ein Geben und Nehmen«* (Z. 1418) bedeute.

Zu dieser Honorierung ihrer Arbeit gehört für sie unter anderem der Aspekt der Bezahlung. Sie berichtet davon, zwanzig Jahre lang dreimal die Woche beim Bildungswerk einen Töpferkurs angeboten zu haben: *»da bin ich bezahlt worden, das war schön, ne«* (Z. 377). Sie bietet nicht ehrenamtlich einen Kurs an, sondern sucht die Möglichkeit, eine geringe Bezahlung zu erhalten, was für sie eine entsprechende Anerkennung ihrer Arbeit darstellt (und finanziell aufgrund der beruflichen Position ihres Mannes vermutlich nicht notwendig war).

Gegenüber der Interviewerin verdeutlicht sie ihren Einsatz und ihr Engagement für den Töpferkurs unter anderem durch den Hinweis, dass im Vergleich zu einem Nähkurs die Durchführung sehr aufwendig sei, da sie selbst dafür sorgen musste, genügend Ton für den Kurs zu besorgen: *»in jedem Kursus mindestens 15 Zentner Ton«* (Z. 384).

Im Weiteren werden die von ihr geschilderten Hilfen im Freundes- und Bekanntenkreis erläutert.

Hilfe unter Freund*innen und Bekannten

Frau Jakob weist unter anderem auf Fahrdienste für Freund*innen hin, die sie bereits als junge Frau übernommen habe und die sie auch heute noch anbiete: *»und wenn*

---

16 Sie weist darauf hin, dass sie durch diese Kontakte ins Sozialwerk ihrem Vater einen Auftrag für sein Bauunternehmen in der Großstadt vermitteln konnte, so dass ihre Eltern und ihr Bruder in den 1950er Jahren nachziehen konnten.

ich dann abgerufen wurd dann bin ich halt gefahren« (Z. 1068-1069). Ihre Fahrdienste übernimmt sie auf Anfrage, weniger freiwillig. Mit dem Hinweis, dass sie »*halt gefahren*« sei, ist zudem weniger Motivation und Spaß erkennbar als vielmehr ein Gefühl der Verpflichtung. Es scheint ihr wichtig zu sein, ihre jederzeit angebotene Hilfe der Interviewerin gegenüber glaubhaft belegen zu können: »*Also da da können sie fragen, wen sie wollen, da bin ich immer gefahren und gelaufen.*« (Z. 1071-1072) Ähnlich wie bei Herrn Grau steht das Autofahren auch bei Frau Jakob (neben der Statuserhöhung) als Zeichen für Jugendlichkeit und Mobilität und dient als Abgrenzung zu *den Alten*, die nicht mehr körperlich fit sind (»*ich kann zum Glück Auto fahren und äh bin körperlich noch fit*«, Z. 1157).

Die bereits dargestellte Relevanz der Anerkennung ihres Engagements findet sich auch im privaten Kontext. Hier führt sie verschiedene Beispiele an, die eine aus ihrer Sicht fehlende Dankbarkeit der Bekannten und Freund*innen deutlich machen.

So habe sie beispielsweise nach dem Tod ihres Mannes die zweite Karte ihres Theaterabonnements einer Bekannten angeboten: »*das war für die dann so selbstverständlich. Ich hab das auch bezahlt, ne.*« (Z. 904) Sie scheint die Bekannte nicht darum gebeten zu haben, die Karte zu bezahlen (eventuell aufgrund von höflicher Zurückhaltung), hätte aber erwartet, dass diese von sich aus eine finanzielle Gegenleistung anbiete. Ebenfalls berichtet sie von einer Nachbarin, die nicht gut mit ihren Lebensmitteln haushalten könne und regelmäßig bei ihr nach Mehl oder Zucker frage: »*ich hab der dann einen Kilo Zucker und ich sag, das nächste mal bringen sie ihn mir dann wieder, ne.* (Z. 547-549) Auch an diesem Beispiel lässt sich durch das Verleihen des Zuckers (statt des Verschenkens) die von Frau Jakob geforderte Form eines Gebens und Nehmens erkennen.

Die Unterstützung durch materielle Hilfe zeigt sich auch anhand weiterer Beispiele. So habe damals eine Reinigungskraft aus der Firma ihres Mannes unerlaubt von der Arbeitsstätte aus ihre Familie in der Türkei angerufen, woraufhin ihr gekündigt wurde. Frau Jakobs Mann schlug daher vor, dass sie bei ihnen zu Hause putzen könne: »*und dann hat der gesagt, naja, einmal die Woche könnte die ja kommen, ne. Wollte der ein gutes Werk tun.*« (Z. 1249-1250) Durch die Formulierung, ein »*gutes Werk*« zu tun, stellt sich Frau Jakob gemeinsam mit ihrem Mann als wohltätige Unterstützer schwächerer Personen dar. Aber auch hier findet sich der Gedanke eines »Geben und Nehmens« und einem Leistungsgedanken, denn der Reinigungskraft wird die Möglichkeit gegeben, sich durch Haushaltstätigkeiten ihr Geld zu verdienen und dieses nicht geschenkt zu bekommen.

Wenn Frau Jakob selbst Hilfe benötigt, würde sie sich insbesondere an ihren Sohn oder ihrer Tochter wenden, da ihre Freund*innen und Bekannten nicht nur aufgrund ihres Alters und der körperlichen Konstitution nicht mehr in der Lage seien, ihr zu helfen, sondern sie diese zudem als zunehmend egoistisch wahrnehme: »*Die denken nur an sich.*« (Z. 1019-1020) Diesen Egoismus erläutert sie anhand des Verhaltens einer Bekannten, die sie bereits seit Jahrzehnten kennt: »*die braucht mich, [...], weil sie oft zu mir kommt äh, dass ich was nähe. [...] ich hab die immer mit ins Theater genommen mit dem Auto äh (.), die mich braucht. Aber selber nie da is.*« (Z. 1026-1028) Sie scheint die Erfahrung gemacht zu haben, sich in schwierigen Situationen nicht auf sie verlassen zu können, so dass das von ihr als wichtig angesehene Prinzip der Reziprozität an dieser Stelle nicht zu funktionieren scheint.

Als Begründung für die fehlende Hilfe führt Frau Jakob an: »*Die is so fett ((zeigt mit den Händen um sich)), der bin ich letztens begegnet.*« (Z. 1029-1030) Hinsichtlich der körperlichen

Situation ihrer Bekannten zeigt sie offen ihr Unverständnis, wodurch die Bedeutung eines gesunden Lebensstils nochmals unterstrichen, aber auch die von ihr eingeforderte Leistungsorientierung, an sich selbst zu arbeiten, verdeutlicht wird.

Insgesamt weisen Frau Jakobs Freizeitbeschäftigungen eine deutliche Ausrichtung an individuellen Tätigkeiten und weniger an gemeinschaftlichen Formen des Miteinanders aus: neben dem Sport zählt der Besuch von Museen und Theaterstücken zu Frau Jakobs Freizeitbeschäftigungen (sie besitzt seit sechzig Jahren ein Theaterabonnement). Derzeit ist sie zudem mit Nähtätigkeiten für ihre Tochter beschäftigt, indem sie die Kleidung ihrer Enkel umnäht.

5.4.1.3 Auswirkungen des Strukturwandels im Stadtteil auf Engagement

Frau Jakob geht in ihren Erzählungen über den Stadtteil zunächst ausschließlich auf ihr eigenes Grundstück mit Garten ein; weniger auf den Stadtteil oder die Nachbarschaft. Dabei weist sie insbesondere auf die ruhige und naturbelassene Umgebung hin: »*Im grünen. Also wir wohnen ja hier im grünen.*« (Z. 562) Sie ist stolz darauf, was sie und ihr Mann sich im Stadtteil aufgebaut haben und berichtet daher ausführlich über die damaligen Gartenarbeiten und den Bau eines Terrassendaches: »*wer es konnte und es sich erlauben konnte, der das Geld hatte, machte sich ein Dach drauf*« (Z. 569-570). Der neue Nachbar hätte sich ihr Haus und ihren Garten angeschaut und »*dem is die Kinnlade runtergefallen. Sagt er, also das mach ich auch.*« (Z. 646-647)[17] Anhand dieses Beispiels unterstreicht sie nochmals ihren Stolz und weist auf die Anerkennung hin, die sie von anderen für ihr Haus erhält. Da sie auch noch ein weiteres Haus in einer Urlaubsregion Deutschlands besitzt, ist ihr in diesem Kontext der Hinweis wichtig: »*wir ham nichts geerbt, alles erarbeitet*« (Z. 599). Damit betont Frau Jakob ihre Leistung und die harte Arbeit, die zu ihrem aktuellen Eigentum geführt habe.

In ihren Erzählungen über den Stadtteil berichtet sie wie auch andere Interviewte von einem Wandel, den sie aber eher als Normalität sieht: »*es hat sich natürlich verändert*« (Z. 619-620). Daher würde sie auch jederzeit wieder in den Stadtteil ziehen. Die veränderte Bewohner*innenstruktur konkretisiert sie am Beispiel eines angrenzenden Wohnhauses mit vielen Mietparteien: »*da waren früher Bundesbedienstete drin, das waren Offiziere mit Familien. Und die Häuser waren immer gepflegt*« (Z. 621-624). Jetzt seien in diesen Häusern »*Hinz und Kunz drin*« (Z. 628), jedoch würden diese Veränderungen mit den Wohnungsbaugesellschaften zusammenhängen. Sie hebt damit weniger auf eine Kritik an den Menschen selbst ab, sondern erläutert die Rahmenbedingungen, die zu diesem Wandel führen.

Auch die Tatsache, dass vereinzelt im Stadtteil eingebrochen würde, scheint Frau Jakob wenig zu besorgen. Sie fühlt sich in ihrem Haus sicher (eventuell tragen dazu auch die Gitter vor den Fenstern bei), informiert sich aber nichtsdestotrotz zu diesem Thema, indem sie eine Infoveranstaltung im Polizeipräsidium besucht und dort erfahren habe: »*wenn sie in Autobahnnähe wohnen, da da sind sie präsenter fürs einbrechen*«

---

17 Auch die Interviewerin erhält eine Führung durch das gesamte Haus und damit einen Einblick in alle Räumlichkeiten.

(Z. 595-596). Für sie scheint es hilfreich zu sein, sich fachliche Informationen zu diesem Thema einzuholen und sie wählt einen rationalen und intellektuellen Umgang mit diesem Thema.

Weniger die veränderte Bewohner*innenstruktur oder die Sicherheit im Stadtteil bemängelt Frau Jakob, sondern aufgrund ihrer Interessen eher fehlende kulturelle Veranstaltungen im Stadtteil sowie qualitativ hochwertige Restaurants. Ein gutes Restaurant konnte sich aus ihrer Sicht nie im Stadtteil etablieren: »*Bis auf diese eine blöde Kneipe, die wir haben und das is für meine Begriffe ne Kaschemme.*« (Z. 807-808)[18] Ihre Abgrenzung zu den Menschen, die diese Kneipe besuchen, unterstreicht sie zusätzlich durch den Hinweis, dass früher im angrenzenden Stadtteil ein Sterne-Restaurant war, welches ihr Mann häufig mit Geschäftspartnern besucht habe: »*Da konnte er also wirklich die Hosen runter lassen. Die waren teuer.*« (Z. 826-827) Die Preise des Restaurants scheinen neben der Auszeichnung durch die Sterne ein weiteres Qualitätskriterium für Frau Jakob zu sein.

Emotional belastend scheint für sie der geringe Kontakt zu ihren Nachbar*innen zu sein. So berichtet sie davon, sich immer mal wieder einsam zu fühlen: »*also (.) manchmal so (.) fühl ich mich dann doch alleine, ne ((Frau Jakob kommen die Tränen)). (.) Bloß ich kann ja nicht irgendwo klingeln gehen und sagen, kann ich mich ne halbe Stunde zu euch setzen, ne.*« (Z. 1361-1363) Als Grund für die eigene Zurückhaltung den Nachbar*innen gegenüber führt sie an, dass insbesondere Familien in der Nachbarschaft leben und keine alleinstehenden Personen, so dass sich die Kontaktaufnahme schwierig gestalte. Dieses Gefühl der Einsamkeit scheint auch bei der Beschreibung des Kontakts zu ihrer Tochter durch. Zu ihr pflegt sie ein gutes Verhältnis, würde sich jedoch einen engeren Kontakt wünschen: »*ich sag, warum bist du nicht mal zur ((Herbstfest im Stadtteil)) gekommen. Ich bin von vielen gefragt worden so nach dir. Ja, sagt sie, es nächste mal.*« (Z. 1394-1396)

Grundsätzlich zeigt sich im Interview eine Ambivalenz hinsichtlich der Einschätzung ihrer Kontakte im Stadtteil. So beklagt sie in ihrer direkten Nachbarschaft einen zu geringen Kontakt. Das alljährlich stattfindende Herbstfest im Stadtteil habe sie aber mit vielen Freund*innen und Bekannten besucht: »*Also in der Beziehung sind wir hier ein Klüngel [...] weil man sich halt kennt, ne.*« (Z. 1350-1351) So scheint ihr insbesondere die Möglichkeit eines alltäglichen ungezwungenen Austauschs mit ihren direkten Nachbar*innen zu fehlen.

5.4.1.4 Sicht auf institutionelles Engagement und Vereine

Im Interview positioniert sich Frau Jakob zu den Themen Kirche, Politik sowie der Arbeit von Vereinen. Diese Themenkomplexe, die teilweise in direkter Verbindung zum Stadtteil stehen, aber auch auf grundsätzliche politische Positionierungen hinweisen, werden im Weiteren näher erläutert und mit dem Blick auf die Nähe oder Ferne von Frau Jakob zu den jeweiligen Bereichen beleuchtet. Daraus lässt sich dann auch ihre Entscheidung für oder gegen ein Engagement erklären.

---

18   Die von ihr angeführte Kneipe ist die Gaststätte, in der die Interviewerin zwei Interviewpersonen (Herrn Nelles und Herrn Albert) kennenlernte und interviewte.

Kirche

In Frau Jakobs Leben zeigt sich durchgehend eine enge Bindung zur katholischen Kirche, was ihr von der Mutter vorgelebt wurde: »*meine Mutter war also sehr fromm gewesen, ne*« (Z. 256-257). Frau Jakob scheint als Jugendliche in der Kirche Personen gefunden zu haben, die ihr eine Orientierung gaben und Vorbild waren, denn von einer Nonne habe sie Hilfsbereitschaft gelernt: »*Die konnte einem was beibringen.*« (Z. 1083) Diese Bindung zur Kirche führte dazu, dass sie früher an einem sogenannten »*Familienkreis*« (Z. 661) im Stadtteil teilnahm, der vom Pfarrer organisiert wurde und bei dem Familien aus dem Stadtteil die Möglichkeit hatten, sich näher kennenzulernen.

Trotz dieser engen Bindung zur Kirche setzt sie sich mit der Institution Kirche und ihren Strukturen ebenso kritisch auseinander. Der Interviewerin berichtet sie begeistert von einem Buch über den Papst »Benedikt«[19]: »*also da können Sie vom Glauben abfallen*« (Z. 1432-1433). Insbesondere kritisiert sie das in dem Buch beschriebene »*Obrigkeitsdenken*« (Z. 1444). Für sie scheinen auch hier Informationen zur aktuellen Situation in der Kirche wichtig zu sein, denn sie sagt: »*da können Sie sich ein Bild erlauben*« (Z. 1445-1446). Diese kritische Haltung zur Institution Kirche ändert aber nichts an ihrem Glauben, denn »*das sind die Menschen, das is nicht der liebe Gott*« (Z. 1451-1452).

Politik

Unter anderem aufgrund ihrer eigenen Herkunft und der als Kind erlebten Flucht in den Westen positioniert sich Frau Jakob im Interview deutlich zu politischen Themen. Sich selbst beschreibt sie als sehr »*freiheitsliebend*« (Z. 67) und betont, dass sie sich »*nicht gern zwingen*« (Z.1092) lasse. Daher fühlte sie sich in der DDR als Jugendliche eingeengt und in ihrer Freiheit eingeschränkt: »*das war wie unterjochen drüben. Wenn sie nicht deren Lied gesungen haben, dann waren sie weg.*« (Z. 350-352)[20] Ihre Erfahrungen in der DDR scheinen sie bis heute sehr zu beschäftigen und führen auch zu einer emotionalen Reaktion ihrerseits hinsichtlich der aktuellen politischen Entwicklungen, was an ihrem sprachlichen Ausdruck deutlich wird. Sie könne nicht nachvollziehen, warum in den ostdeutschen Bundesländern die AfD solch einen Zulauf vermerke und äußert sich in diesem Kontext: »*Was Lenin gesagt hat, das war gut. Aber was Stalin draus gemacht hat, das war der Hitler. (.) Gekotzt der Hitler, ne. Kein, kein äh Respekt vorm Leben, ne.*« (Z. 294-305)

So bringt sie in einigen Interviewpassagen Beispiele dafür an, wie sie selbst Erfahrungen des Fremd-Seins gemacht habe, so unter anderem bei der Begegnung mit ihren Schwiegereltern: »*Ich war für meine Schwiegereltern im Anfang auch von drüben.*« (Z. 333-334) Aufgrund der eigenen Fluchterfahrung kann sie die kritische Haltung ihrer Schwester gegenüber der aktuellen Flüchtlingssituation nicht nachvollziehen: »*Sie glauben es nicht, die schimpft über die Flüchtlinge. Ich könnte platzen.*« (Z. 250-251) Der Ausdruck, dass sie »*platzen könne*«, verdeutlicht ihre emotionale Entrüstung über die Position ihrer Schwester zu diesem Thema. Sie distanziert sich ganz klar von der Einschätzung ihrer Schwester und vertritt eine andere Haltung: »*was die Angela Merkel gesagt hat, das schaffen wir,*

---

19   Der genaue Titel des Buches ist Frau Jakob nicht bekannt.
20   So berichtet sie auch von ihrem Bruder, der zu DDR-Zeiten Mitglied in der CDU war: »*der hatte ältere Freunde gehabt, die ham gesessen drüben politisch, die ham nichts verbrochen, die ham nur anders gedacht*« (Z. 311-312).

hätte ich auch gesagt« (Z. 295-296). In diesem Kontext betont sie auch, dass sie insbesondere Frauen in Führungspositionen präferiere und daher auch froh sei, dass Deutschland eine Frau als Bundeskanzlerin habe: »*ich bin auch nicht für diese Männerhierarchien*« (Z. 1093).

Frau Jakobs Nähe zur CDU macht sie nicht nur im Interview transparent, sondern auch in der Nachbarschaft scheint sie damit offen umzugehen: »*hier gegenüber weiß ich, die sind knatschrot und ich bin schwarz ((lacht))*« (Z. 922-923). So berichtet sie von einer Situation, bei der ihre Nachbarin mit einer Bekannten für die SPD Wahlwerbung betrieb:

> »*also wo so die Wahl ging und dann stehen ja aufm Markt immer so Stände, ne. Und die wollte auch mich zugehen und mir ne Blume, ne Rose bringen und da hat die laut gerufen, ((im Dialekt)) da brauchst du gar nicht hingehen, die is schwarz ((lacht)).*« (Z. 932-938)

Vereine

Hinsichtlich der Politik der Bundesregierung kritisiert Frau Jakob im Interview, dass viel »*gelabert*« (Z. 1113), aber nichts bewegt und verändert würde. Diese Parallele sieht sie auch bei der Arbeit des Bürgervereins, von dem sie sich im Interview sehr deutlich abgrenzt: »*Weil ich die Leute nicht mag, die es machen, ne. [...] die quatschen viel und es wird doch nix bewegt.*« (Z. 1107-1108) Ihr fehlen damit die konkreten Ergebnisse der Arbeit und sie hat vielmehr den Eindruck, dass der Bürgerverein sich nur nach außen gut präsentieren will: »*das das stand zwar jetz groß in der Zeitung, aber wenn die immer sagen, die ham so viel bewegt, so doll find ich das gar nicht*« (Z. 1226-1227). Damit kritisiert sie die aus ihrer Sicht überhebliche Selbstdarstellung des Bürgervereins.

Zudem habe sie das Gefühl, die Arbeit werde nicht gleichmäßig auf die Mitglieder des Vereins verteilt: »*die erwarten immer, andere sollens machen*« (Z. 1109). Da Frau Jakob insbesondere Anerkennung für ihre Hilfe wichtig ist, scheint dies ein weiterer Grund zu sein, sich von der Arbeit des Bürgervereins zu distanzieren.

Frau Jakobs kritische Sicht auf den Bürgerverein lässt sich aber nicht auf die Vereinsarbeit verallgemeinern, denn sie betont, dass ihre Kinder in Vereinen aktiv gewesen seien und sie die Arbeit wichtig finde, womit sie aber insbesondere auf die Arbeit von Sport- und Musikvereinen abhebt.

5.4.1.5 Zusammenfassung: habitusspezifischer Zugang zu Engagement

Frau Jakobs Familiengeschichte mit der Flucht in den Westen und ihre Erfahrungen im politischen System der DDR haben sie politisiert. Im Interview hebt sie insbesondere auf die Bedeutung von Freiheit ab und einer Ablehnung von Zwang und Hierarchien (u.a. konkretisiert am Umgang mit geflüchteten Menschen und dem Wunsch nach mehr Frauen in Führungspositionen).

In ihrer eigenen Biografie findet sich hingegen kein Streben nach einer Führungsposition. Sie blickt vielmehr auf zu ihrem beruflich erfolgreichen Mann, der eine gut bezahlte Leitungsposition in einem großen Versicherungsunternehmen innehatte. Ihre eigene berufliche Laufbahn sei von glücklichen Umständen geprägt, womit sie ihre Leistung klein macht. Ihren Mann und sich präsentiert sie als eine Einheit, wobei es eine klassische Rollenverteilung gab, in der sie für die Kindererziehung und ihr Mann für die finanzielle Absicherung der Familie zuständig waren.

Die Karriere ihres Mannes führte zu der Möglichkeit, ein Haus im Stadtteil zu erwerben und dies entsprechend den eigenen Vorstellungen zu gestalten und umzubauen. Der eigene Besitz (Grundstück, Haus) wird im Stadtteil als Möglichkeit des Rückzugs und als Ort der Sicherheit gesehen (dafür gibt es auch Gitter vor den Fenstern). Gleichzeitig bietet der Besitz auch die Möglichkeit, Anerkennung und Ansehen von anderen dafür zu erhalten. Frau Jakob weist damit ein Statusdenken auf. Auch das Auto dient als Statussymbol, welches sie höherstehen lässt (und zudem von *den Alten* abgrenzt, die körperlich nicht mehr in der Lage seien, Auto zu fahren). Zudem sucht sie eine Nähe zu Personen in höhergestellten Positionen, wie der Leiterin des Sozialwerks oder aber auch durch die Heirat ihres Mannes, der ihr u.a. ein wohlhabendes Leben inklusive Zugang zu teuren Sterne-Restaurants ermöglichte. Diese besucht sie ebenso gerne wie Museen und Theaterstücke. Hier lassen sich hochkulturelle Muster erkennen. In den von ihr favorisierten Hobbies (Theater, Museen, Besuch von Vorträgen, Astronomie) findet sich zudem nicht nur eine Orientierung an individuellen Lebensprinzipien, sondern in ihrer intellektuellen Auseinandersetzung mit Alltagsthemen (wie der Sicherheit im Stadtteil) auch eine Orientierung an ideellen Lebensprinzipien. Ebenfalls in ihrem Engagement im damaligen Sozialwerk sowie der Unterstützung von Freund*innen und Bekannten durch (materielle) Hilfeleistungen zeigt sich weniger eine Suche nach gemeinschaftlichen Tätigkeiten als mehr eine Ausrichtung an individuellen Interessen. Dies führt jedoch auch dazu, dass ihr ein ungezwungener Kontakt zu den Nachbar*innen fehlt und sie sich zeitweise einsam fühlt. Gleichwohl initiiert sie diesen Kontakt in der Regel nicht selbst.

Auch die karitativen Züge in ihrem Engagement durch die Abgabe von materiellen Gütern an schwächere Personengruppen sowie die Nähe zu höhergestellten Personen zeigen Machtansprüche. In der Hilfe unter Freund*innen und Bekannten bedient sie sich ihres ökonomischen Kapitals: so gibt sie eine Theaterkarte an ihre Bekannte weiter, hilft mit Mehl und Zucker aus, sorgt für eine Weiterbeschäftigung der Putzfrau aus der Fima ihres Mannes und bietet Fahrten mit ihrem Auto an. Diese Hilfe möchte sie aber nicht als Selbstverständlichkeit wahrgenommen sehen, sondern fordert dafür Anerkennung ein. Zudem bietet sie die Hilfe nicht von sich aus an, sondern wird angefragt, was ihr eine höhergestellte Position in der Hilfebeziehung zukommen lässt.

Hilfsbereitschaft zeichnet sich aus ihrer Sicht durch Geben und Nehmen aus. Wird das nicht erfüllt, fühlt sie sich ausgenutzt. So ist etwa zu begründen, dass sie sich von der Arbeit des Bürgervereins distanziert, da sie den Eindruck hat, dort würden nur andere die Arbeit machen. Zudem werde ihr dort, vergleichbar mit der Politik, zu viel geredet und zu wenig Veränderung herbeigeführt. Wichtig sind für sie Taten und nicht Worte (ihr Vater unterstützte auch nicht ihren Weg hin zu einem Studium, sondern den Weg in eine *handfeste* Ausbildung).

5.4.2 Vergleichsfälle

Neben Frau Jakob findet sich ein weiterer Fall im Engagementmuster IV, Herr Albert. Dieser wird im Weiteren zur Beschreibung des Musters hinzugezogen.

Wie Frau Jakob wohnt auch Herr Albert, 76 Jahre alt, mit seiner Frau in einem Flachdachhaus im Stadtteil. Dieses erwarben sie aufgrund seiner Tätigkeit als gehobener

Verteidigungsbeamter bei der Bundeswehr und sind dafür sehr dankbar. Die Möglichkeit des Hauserwerbs über die Bundeswehr sowie die finanziellen Zulagen sind für ihn eine finanzielle Entlastung, so dass er sich keine Sorgen um seine Absicherung machen muss: »*Wunderbar finanziert, durch Bausparverträge [...] alles bezahlt und wir sind happy und zufrieden.*« (Z. 142-143)

Die Bedeutung einer finanziellen Sicherheit findet sich bei beiden Fällen mit dem jeweiligen Verweis darauf, sich auch alles selbst erarbeitet zu haben. Herr Albert weist in diesem Kontext auf seinen beruflichen Aufstieg hin, der für ihn mit enormer Anstrengung verbunden war. Nachdem er mit 35 Jahren an der Abendschule die mittlere Reife nachholte, wechselte er in den gehobenen Dienst der Bundeswehr und verbrachte auch einige Jahre in den USA (»*man muss ja wissen, wo ich herkomme, Volksschule und dann [...] bis nach USA zu kommen*«, Z. 338-340). Der Stolz auf die berufliche Laufbahn und die erarbeitete Position findet sich auch bei Frau Jakob. Bei ihr jedoch nicht hinsichtlich ihrer eigenen Biografie, sondern der beruflichen Position ihres Mannes.

Frau Jakob und Herr Albert erwecken beide den Eindruck, sich vorab auf das Interview vorbereitet zu haben: Frau Jakob ist es ein Anliegen, die von ihrer Schwester aufgeschriebene Fluchtgeschichte der Interviewerin zu übergeben, so dass diese einen ausführlichen Einblick in die Familie bekommt. Herr Albert scheint sich vorab überlegt zu haben, welche Themen er der Interviewerin gegenüber erwähnen will: auf die Einstiegsfrage im Interview, wie er seinen Geburtstag gefeiert habe, schweift er in andere Bereiche ab, was im weiteren Verlauf des Interviews nicht passiert. Während des gesamten Interviews wirkt er sehr bedacht, reflektiert und überlegt (trotz des bereits konsumierten Alkohols, da das Interview in der Kneipe im Stadtteil durchgeführt wurde).

Reziprozität in Hilfebeziehungen im Freundeskreis und der Nachbarschaft

In Abgrenzung zu Frau Jakob findet sich bei Herrn Albert eine stärkere Form der Geselligkeit, indem bewusst Orte aufgesucht werden, um mit Menschen in Kontakt zu kommen. Er fährt beispielsweise in die Innenstadt um dort essen zu gehen (»*sitz ich trink ein Glas Wein, esse ein paar Nudeln, mache Small Talk mit irgendwelchen Leuten*«, Z. 732-733) oder besucht zweimal die Woche den Stammtisch in der Kneipe, die auch Herr Nelles aufsucht und in der das Interview geführt wurde (»*Ich freue mich dann auf einen Besuch in der Gaststätte [Name der Kneipe] von 12.30 – ca. 14.30 Uhr. Hier treffe ich viele alte Bekannte und die Unterhaltung verläuft lebhaft und spaßig*«, Auszug aus seinem Freitext, den er anstatt des Sozialraumtagebuches verfasst hat). Diesen Austausch mit anderen Menschen sucht er auch in seiner direkten Nachbarschaft. Seine Frau und er seien sehr offen und daher werde »*immer ein Smalltalk gemacht, ne*« (Z. 1027-1028). Nichts desto trotz ist diese Aufrechterhaltung eines Kontaktes zu seinen Mitmenschen für ihn mit Anstrengung verbunden und keine Selbstverständlichkeit. Herr Albert stellt sich jedoch dieser Kontaktpflege im Gegensatz zu Frau Jakob: »*da hat meine Frau und ich auch einen erheblichen Anteil dran*« (Z. 884-885). Das Miteinander in der Nachbarschaft wird von ihm ganz bewusst gepflegt, was er selbst auch als »*eigennützig*« (Z. 1037) bezeichnet: so hält er beispielsweise mit einer afghanischen Familie in der Nachbarschaft Kontakt, da er hoffe, dass diese für seine Frau und ihn kleine Erledigungen übernehmen würden, wenn sie künftig gesundheitlich nicht mehr so fit seien: »*die würd ich dann schon ansprechen. Und ich bin davon überzeugt, die würden das auch tun.*« (Z. 1040-1041) Der Verbleib im eigenen Haus scheint für ihn und seine Frau so wichtig zu sein, dass bereits frühzeitig Netzwerke aufgebaut werden, in der Hoffnung, diese später für Unterstützung anfragen zu können. Da der Großteil der Nachbar*innen bereits älter und damit auch gesundheitlich eingeschränkter seien, sei aktuell meist er es, der Hilfe anbiete: »*also ich bin eigentlich in Sachen Krankheitsgeschichte in letzter Zeit unterwegs. Ich bin froh, wenn ich jetz Urlaub habe, ne. Nachbarschaftshilfe. Aber das is so, man macht das eben.*« (Z. 33-35) Er scheint mit seiner geleisteten Hilfe an die Grenze seiner Belastbarkeit zu stoßen, was auch dadurch bedingt zu sein scheint, dass er sich von Nachbar*innen und Freund*innen teilweise ausgenutzt fühle. Dieses Gefühl der fehlenden Wechselseitigkeit in der Hilfe eint ihn mit Frau Jakob. Er nimmt bei seinen Mitmenschen wahr, dass diese sehr viel einfordern, er selbst hingegen schaut, wie er zurechtkommt, ohne die Hilfe der anderen anzufragen. So führt er beispielhaft an, dass er sich selbst darum kümmere, wie er nach Hause kommt, wenn er sein Auto in die Werkstatt bringen muss: »*dann schmeiß ich immer mein Fahrrad in mein Auto und fahr hin und fahr mitm Fahrrad zurück, ne. Und sagen alle, kannst du mich mal fahren, kannst du das, kannst du das, kannst du das.*« (Z. 631-633) Ebenso würde er beispielsweise Nachbar*innen nicht zu jeder Tages- und Nachtzeit darum bitten, ihn zum Flughafen zu fahren: »*Ich werde nicht nachts um drei bitten, wenn der Flug ginge, ja, nehm ich ein Taxi, kann man niemandem zumuten.*« (Z. 525-526) Auch hier nimmt er Rücksicht auf seine Mitmenschen und fragt bei diesen nur nach Unterstützung, wenn dies auch zumutbar ist.

Wie Frau Jakob wünscht auch er sich, dass die Mitmenschen mehr Rücksicht auf ihn nehmen: »*aber man hat sich auch immer unter Wert äh da sag ich mal helfen wollte. Und man muss aufpassen, sag ich Ihnen ehrlich, sie werden ausgenutzt. Leider. Geht ganz schnell.*« (Z. 621-623) Dieses »*unter Wert verkaufen*« verdeutlicht er an einem konkreten Beispiel: Die für eine ältere Nachbarin über Jahre geleistete Hilfe wurde aus seiner Sicht bei einer Geburtstagsfeier der Dame nicht entsprechend honoriert: »*hat sie uns in die Ecke gesetzt. An ihrem 90. Geburtstag, schriftlich*« (Z. 691-694). Er hätte in dieser Situation nicht nur einen Platz in der Nähe der Gastgeberin, sondern auch entsprechende Dankesworte erwartet, die die Nachbarin jedoch nicht ausgesprochen hat.

Diese Wahrnehmung einer einseitigen Hilfe findet sich bei Herrn Albert nicht nur im privaten Kontext, sondern auch in der Einschätzung der Vereinsarbeit.

Kritisch-distanzierter Blick auf Arbeit in Vereinen

Wie auch Frau Jakob sieht Herr Albert die Vereinsarbeit skeptisch, so dass er sich nie in einem Verein engagiert hat: »*das war nicht mein Ding*« (Z. 850). An der Mitarbeit hindern ihn insbesondere Bedenken, sich nicht abgrenzen zu können und zu viele Aufgaben im Verein zu übernehmen: »*Und da fühl ich mich eben empfänglich, dass ich das dann mache und sage, so ne scheiße. Warum hast du dich dadrauf eingelassen.*« (Z. 942-944) Auch hier findet sich damit der Eindruck, selbst Tätigkeiten zu übernehmen, dies jedoch nicht immer entsprechend auch vom Gegenüber zu erfahren (ein fehlendes Geben und Nehmen, was auch Frau Jakob beim Bürgerverein wahrnimmt, in dem die Aufgaben nicht gleichmäßig auf alle Schultern verteilt würden).

Nach Einschätzung von Herrn Albert seien die im Verein ausgetragenen Konflikte zudem meist eine »*Nichtigkeit*« (Z. 863). Er scheint den Themen, über die in Vereinen diskutiert wird, keine große Relevanz beizumessen und er selber sei dafür »*nicht so der Typ*« (Z. 866-867). Er selbst fokussiert im Interview eher gesellschaftspolitische Themen, so dass es naheliegt, dass die Diskussion über Vereinsthemen ihm daher zu banal erscheint.

Die Arbeit des Bürgervereins bewertet Herr Albert nicht ganz so skeptisch wie Frau Jakob, indem er wie auch andere Interviewte die Arbeit der Vorsitzenden positiv hervorhebt: »*ob das Bepflanzung is, Osterglocken da und Sauberkeit und Ordnung*« (Z. 483-484). Er selber ist jedoch nur zahlendes Mitglied des Vereins und unterstützt die Arbeit nicht aktiv. Die vom Bürgerverein fokussierten Themen Sauberkeit und Ordnung im Stadtteil scheinen für Herrn Albert nicht eine so zentrale Rolle einzunehmen, dass er selbst diese Arbeit unterstützt.

Analytisch-distanzierter Blick auf den Stadtteil
Wie auch bei Frau Jakob richtet sich der Blick auf den Stadtteil bei Herrn Albert zunächst auf das eigene Grundstück und das eigene Haus. Auch er hebt auf die Ruhe und die Lage im Grünen ab: »*Wir ham im Garten alles grün, ne. Grüne Wand da hinten.*« (Z. 62-63).

Danach erst folgt eine Darstellung des Zusammenlebens, welches vergleichbar mit Frau Jakob in Form einer verkopften, intellektuellen Auseinandersetzung stattfindet. Herr Albert bettet beispielsweise die Sozialstruktur des Stadtteils in die gesamtstädtische Situation ein und zieht daraus die Konsequenz: »*Wir rangieren in dieser eben ganz unten, das wissen wir.*« (Z. 419) Dazu zählt für ihn unter anderem auch der hohe Migrationsanteil: »*Wir kennen es, [...] wir ham hier ja einen Migrationshintergrund von 52 Prozent.*« (Z. 441-443). Dabei greift er nicht nur auf Statistiken zurück, sondern gibt ebenso seine Wahrnehmung der Bürger*innen im Stadtteil wieder. Er habe den Eindruck, dass viele ältere Menschen über Menschen mit Migrationshintergrund »*meckern*« (Z. 445), was er selber kritisch sehe, denn aus seiner Sicht müsse man selber aktiv werden und auf die Menschen zugehen, was er an einem Beispiel erläutert:

> »*wenn ich jetz hier durchs Dorf gehe, und da is ein Schwarzer oder sowas mit den Kindern, ich lasse mal ein Wort fallen oder freue mich, wenn die strampeln, nuckeln. Das kommt zurück, die Leute, zum Teil wären sofort da und froh, wenn ich sage och das is aber süß oder irgendsowas, ne, wenn sie sich angesprochen fühlen. Das mach ich schon.*« (Z. 448-452)

Auch er stellt in seinen Ausführungen Menschen mit Migrationshintergrund den »Pionier*innen« des Stadtteils gegenüber, problematisiert dabei aber in einer intellektuellen Auseinandersetzung nicht ausschließlich die »anderen Fremden«, sondern auch die Menschen, die mit diesem Wandel konfrontiert sind.

Grundsätzlich bewundert er den aus seiner Sicht familialen Zusammenhalt in Familien mit Migationshintergrund: »*dieser Familienverbund bei diesen Ausländern, der is da, wie Pech und Schwefel*« (Z. 568-569). Hier scheint bei ihm eine große Begeisterung für das solidarische Zusammenhalten der Familien vorhanden zu sein und die gegenseitige Unterstützung, welche er sich auch für sich selbst wünscht.

Der analytische und intellektuelle Blick auf den Stadtteil wird bei Herrn Albert auch am Beispiel der fehlenden Sauberkeit im Stadtteil deutlich. So schildert er Situationen im Zusammenleben, bei denen er sich über die fehlende Sauberkeit im Stadtteil ärgert, präsentiert sich an dieser Stelle jedoch als analytischen Beobachter, der ganz bewusst nicht ermahnend und disziplinierend eingreift. So berichtet er von einer Situation, in der Jugendliche ihren Müll auf dem Marktplatz haben liegen lassen: »*Die ham aber drauf gewartet, weil, dass ich sie provoziere. [...] ich seh es ja ständig. Bewusst, und das is das schlimmste, ich seh Dinge.*« (Z. 499-501) Die aus seiner Sicht vorhandene Erwartung der Jugendlichen, dass »*man als älterer sie vielleicht anscheißt*« (Z. 490-491), will er an dieser Stelle bewusst nicht entsprechen (in Abgrenzung zum disziplinierenden Auftreten im *prätentiös-statusorientierten Engagement*, Muster I).

Einordnung des Zusammenlebens im Stadtteil in gesamtgesellschaftliche Entwicklungen
Herr Albert thematisiert ausgehend von seinen Alltagserfahrungen und dem Zusammenleben im Stadtteil immer wieder gesamtgesellschaftliche Entwicklungen und bettet daher individuelle Erfahrungen in größere Zusammenhänge ein. Für ihn ist diese Auseinandersetzung bedeutsam, was er im Interview auch konkret benennt: »*Also ich beschäftige mich schon mit den Dingen und ich hoffe, das hab ich immer getan, ne. Mich politisch zu interessieren.*« (Z. 513-514) Das Einholen von Informationen zu gesellschaftspolitischen Themen ist für ihn daher unerlässlich und auch bei Frau Jakob zeigt sich eine Auseinandersetzung mit aktuellen Entwicklungen durch den Besuch von Informationsveranstaltungen, beispielsweise bei der Polizei.

Daher führt Herr Albert auch die kritische Reflexion und die Auseinandersetzung mit gesellschaftlichen Entwicklungen als zentralen Punkt zur Abschlussfrage an, was wirklich wichtig im Leben sei:

> »*Die Dinge realistisch zu betrachten (.) wie sie tatsächlich sind. Sich nicht einseitig informieren, sondern durch Gespräche, Printmedien oder alles sich seine Informationen holen und filtern und auch seine Schlüsse ziehen für sich selber oder durch Unterhaltungen zu machen.*« (Z. 1056-1059)

Dies führt dazu, dass Herr Albert und Frau Jakob sich zu politischen Entwicklungen äußern und klar positionieren. Dazu gehört beispielsweise die Migrationspolitik, bei der Frau Jakob eine klare Unterstützung von Angela Merkel deutlich macht. Herr Albert hingegen sieht aus finanziellen Gründen die Aufnahme von geflüchteten Menschen problematisch: »*Nur, das kann ja nicht so weiter gehen. Das is ja ein Kostenfaktor, der nicht zu tragen ist irgendwann, ne. () Da kommen ja noch Lawinen auf uns zu, ne.*« (Z. 468-470) Insbesondere sieht er eine Ungerechtigkeit bei der Verteilung von knappen Gütern und sieht »die Deutschen«, insbesondere alleinerziehende Frauen, als zu wenig seitens des Staates unterstützt und gefördert:

> »*Und alles geht zum Nulltarif, und das ist etwas zu großzügig, ne. Da wirtschaftet eine alleinstehende Frau, die von ihrem Mann verlassen wurde, das Kind vielleicht krank, mit ach und krach über die Runden. Und hier laufen die rum, Handys das das das das, das is alles, tut ein bisschen, als älterer, wenn man das so beobachtet, tut ein bisschen weh.*« (Z. 470-474)

Auch das Thema der zunehmenden Individualisierung wird bei beiden Interviewten angesprochen. Frau Jakob kritisiert einen zunehmenden Egoismus, den sie in ihrem Bekanntenkreis wahrnehme. Auch Herr Albert spricht diesen an und macht dafür insbesondere die gesellschaftlichen Entwicklungen verantwortlich, indem er auf die sich verändernde Berufswelt abhebt: »*A sind die Leute sehr sehr arg belastet in ihren Berufen heute [...] diese fünf, sechs verschiedenen Arbeitsverhältnisse.*« (Z. 711-713) Diese Belastungen, dieses »Ausnutzen der Menschen [...] in der Arbeitswelt« (Z. 718) sind für ihn nicht nur Grund für das nachlassende Engagement der Menschen, sondern auch für ein »*auseinanderdriften*« (Z. 716) der Familien. Die schnelllebige und konsumorientierte Welt scheint für Herrn Albert zu einer Belastung für junge Familien zu führen.

Wie auch Frau Jakob ist Herr Albert in der ehemaligen DDR aufgewachsen, so dass sie beide von ihren Erfahrungen der damaligen Zeit berichten und dabei insbesondere auf den Wert von Freiheit abheben. Diese Freiheit werde aus Sicht von Herrn Albert zu wenig geschätzt, insbesondere von jungen Menschen: »*die Masse der Menschen, [...] die diese Geschichten eben, weil sie nie was anderes erlebt haben, so äh gleichgültig hinnehmen. Diese Freiheit vor allen Dingen.*« (Z. 287-289) Er vermisst hier eine Wertschätzung der heutigen individuellen Freiheit, da er selbst wie Frau Jakob in seiner Kindheit im kommunistischen System andere Erfahrungen gemacht hat. In diesem Kontext zitiert er Gottfried Keller (er nennt ihn nicht namentlich, sondern führt das Zitat an): »*Die träge Teilnahmslosigkeit eines Volkes endet immer mit der Missachtung seiner Einrichtungen () und damit der Verlust der Freiheit. Das is so, das is so. Das sind alte Dinge, das steht drin, ne.*« (Z. 315-317)

5.4.3 Muster IV: Engagement nach dem Prinzip »Distinktion und Reziprozität«

Die beiden Fälle, auf denen Engagementmuster IV beruht, leben beide seit über 40 Jahren im Stadtteil und konnten sich den Erwerb eines Hauses leisten (neben einem weiteren Fall eines anderen Musters die einzigen Interviewten im Sample). Frau Jakobs Habituszüge sind teilweise durch ihren Herkunftshabitus geprägt, durch die Heirat mit ihrem Mann jedoch stärker durch distinktive Züge überlagert, da sie durch ihren Mann die Möglichkeit des Zugangs zu exklusiven Kreisen erfuhr.

Herr Albert holte an der Abendschule das Fachabitur nach, woraufhin er zur Bundeswehr wechselte. Dieser berufliche Aufstieg, für den die Unterstützung seiner Vorgesetzten sowie seiner Frau wichtig waren, verweist auf das im Leistungsorientierten Arbeitnehmermilieu zu findende Bildungsstreben. Der Stolz auf diese aufgebrachte Leistung findet sich beispielsweise zum einen an dem ausführlichen Bericht über die damalige berufliche Tätigkeit sowie zum anderen am Vorzeigen des erarbeiteten Besitzes.

Diese mit dem Bildungsstreben verbundene Leistungsorientierung wird nicht nur im beruflichen Kontext gelebt, sondern ebenso im ausgeübten Engagement: Zwar findet sich in diesem Engagementmuster eine Form der karitativen Hilfe durch materielle Unterstützung, jedoch wird diese zusätzlich begleitet durch einen Tauschgedanken, das Prinzip des Geben und Nehmens. Hilfe ist daher nicht ausschließlich von oben herab gerichtet (und damit rein karitativ), sondern ebenfalls geprägt von dem Gedanken, sich anstrengen zu müssen, um etwas zu erreichen (Leistungsorientierung). Diese Ausdauer und Leistungsorientierung findet sich nicht nur im Bildungsaufstieg, sondern ebenso in entsprechenden Hobbys wie dem Töpfern: »*töpfern, is nich, heute machen und morgen mitnehmen*« (Frau Jakob, Z. 393-394).

Verbunden mit dieser Disziplin ist ebenso in Abgrenzung zu den anderen Mustern eine deutlichere Ausrichtung auf das Individuum (und weniger auf die Gemeinschaft) erkennbar: Die Aufrechterhaltung der Gesundheit wird in die Hände jedes*r Einzelnen gelegt, ebenso hat sich jede*r kritisch mit Informationsquellen auseinanderzusetzen, um sich ein Bild über die gesellschaftliche Situation machen zu können und zudem besteht der Wunsch, nicht für jede Hilfe die Mitmenschen anzufragen, sondern zunächst selbst zu schauen, wie die Situation geregelt werden kann. Den Anspruch einer umfangreichen Auseinandersetzung mit fachlichen Informationen findet sich auch im Blick auf den Stadtteil; dortige Entwicklungen werden aus einer analytisch-reflektierenden Perspektive beleuchtet und damit eine persönliche Distanzierung vorgenommen, indem von oben auf die Entwicklungen geschaut wird und sich damit in eine höhergestellte Position begeben wird.

5.4.3.1 Milieuspezifische Engagementpraktiken

Die im Engagementmuster zu findenden Hilfeleistungen sind weniger im Bereich des klassischen bürgerschaftlichen Engagements verortet als vielmehr im Bereich der informellen Hilfeleistungen. Engagement als organisierte Tätigkeitsform in Vereinen oder Initiativen findet sich hier nicht. Das Fernbleiben aus diesen Strukturen wird begründet durch die fehlende Initiative und Mitarbeit von anderen, so dass die Arbeit doch immer von einem selbst übernommen werden müsste. Inwieweit die konkrete Erfahrung dieses Bild stützt oder die grundsätzliche Sicht auf die Mitmenschen zu dieser Haltung beiträgt ist nicht zu differenzieren. Bereits in der Jugend ist jedoch eine Distanz zu Vereinen erkennbar und es wird nicht über die Mitgliedschaft in Vereinen berichtet.

Diese Sichtweise eines defizitären Engagementwillens der anderen findet sich auch im Bereich der informellen Hilfeleistungen, was dazu führt, dass auch hier Hilfe und Unterstützung kaum von selbst angeboten, sondern eher auf Anfrage von Freund*innen und Nachbar*innen übernommen wird. Wird doch von alleine Hilfe und Unterstützung angeboten, erfolgt dies mit einem speziellen Anliegen: Mit dem Blick auf die eigene Zukunft gerichtet besteht der Wunsch, auch dann im Haus wohnen bleiben zu können, wenn es gesundheitliche Beeinträchtigungen gibt. Daher wird ausgehend von einem Reziprozitätsgedanken Hilfe geleistet, um selbst später ebenfalls Unterstützung zu erhalten. Den an andere gerichteten Leistungsgedanken, für in Anspruch genommene Hilfe auch etwas zurückzugeben, findet sich daher auch mit Blick auf die eigene Person. Erst durch die Unterstützung von anderen besteht das Recht auf die spätere eigene Inanspruchnahme von Hilfe.

Neben dem Reziprozitätsprinzip findet sich in diesem Muster zudem insbesondere das Leisten von materieller Hilfe: dazu zählt beispielsweise eine Abgabe von Lebensmitteln, aber auch das Verschenken einer Theaterkarte. Aufgrund der erwarteten Wechselseitigkeit in der Hilfe wird jedoch nicht verschenkt, sondern verliehen. Es wird daher eine Gegenleistung erwartet, um keinen eigenen Verlust zu machen. Daher wird auch die Bezahlung von Tätigkeiten als Wertschätzung der geleisteten Arbeit wahrgenommen. Die Gestaltung sozialer Beziehungen und die Übernahme konkreter Unterstützungsleistungen wird als belastend und anstrengend wahrgenommen und nur dann übernommen, wenn damit ebenfalls ein persönlicher Gewinn erzielt werden kann. Das Geleistete muss sich daher für einen selbst lohnen.

Formen der Gemeinschaft, wie sie in Muster II und III zu finden sind, spielen hier eher eine untergeordnete Rolle. So wird vereinzelt auch über das Beisammensein mit Freund*innen und Nachbar*innen berichtet, doch diese (teilweise) vorhandene Gemeinschaft wird nicht als sicheres Netzwerk wahrgenommen, auf welches in Notsituationen zurückgegriffen werden kann. Das Miteinander bedient eher Momente der Geselligkeit, jedoch weniger verlässliche Hilfestrukturen (zumindest werden diese nicht wahrgenommen). Zudem findet sich in diesem Muster auch der Wunsch nach mehr Kontakten und einem ungezwungenen spontanen Austausch mit Nachbar*innen.

Bedeutung des Strukturwandels im Stadtteil für Engagement

An die im vorangegangenen skizzierte Leistungsorientierung, im damaligen beruflichen Kontext sowie im Engagement, knüpft der Stolz auf den eigenen Besitz an, der sich auch in der Darstellung des Zusammenlebens im Stadtteil wiederspiegelt. So wird hier insbesondere auf das eigene Eigentum verwiesen, was sich unter anderem in einer stolzen Führung der Interviewerin durch das Haus und den Garten zeigt. Das eigene Haus im Stadtteil bietet einen sicheren Schutz, dem Wandel der Bewohner*innenstruktur mit etwas mehr Gelassenheit zu begegnen als beispielsweise im Engagementmuster I. Daher wird zum einen über das öffentliche Leben im Stadtteil (am Beispiel der Bewohner*innenstruktur, fehlender Lokalitäten etc.) berichtet und zum anderen über das Private (am Beispiel des Erwerbs von Eigentum, dem Umbau des Gartens etc.). Der Bereich des Privaten hat eine besondere Bedeutung, denn dieser Bereich bietet zum einen Sicherheit (in der eigenen heilen Welt) gegenüber des unsicher werdenden Zusammenlebens im Stadtteil und ist zum anderen verbunden mit einem Stolz auf den eigenen Besitz. Damit gelingt eine Aufwertung des eigenen Status.

Diese aus dem Schutz des Eigenheims geäußerte Wahrnehmung des Stadtteils wird daher auch als analytisch-distanzierende Beschreibung vorgenommen. Auch in diesen Argumentationsmustern findet sich eine deutliche Abgrenzung eines *wir* (die alteingesessenen Bürger*innen des Stadtteils) gegenüber den *Fremden*, den *Hinzugezogenen*. Es erfolgt jedoch in Abgrenzung zu Muster I keine klassistische Abwertung der Gruppe, sondern eine Auseinandersetzung mit den verschiedenen Faktoren, die das Zusammenleben im Stadtteil erschweren: dazu gehören strukturelle Fragen, aber auch die Sicht auf die bereits lange im Stadtteil lebenden Bürger*innen, welche ebenfalls einen Beitrag für ein gemeinsames Zusammenleben leisten müssen.

Sicht auf anerkanntes Engagement

In diesem Engagementmuster findet sich eine deutliche Abgrenzung zu klassischen Formen bürgerschaftlichen Engagements. Es findet keine aktive Unterstützung von Vereinen, Initiativen oder selbstorganisierten Gruppen im Stadtteil statt, was auch in der gesamten Lebensbiografie nicht zu finden ist.

Die Arbeit von Vereinen, die sich auf den Stadtteil ausrichten, wird als mühselige Arbeit wahrgenommen, bei der die vorzuzeigenden Resultate dann doch nicht so wirkmächtig sind. Die dort verhandelten Themen scheinen zu klein und banal zu sein, als dass sich eine Arbeit auf dieser Ebene lohnen würde. Zudem gebe es häufig nicht genügend Mitstreiter*innen, so dass die Hauptarbeit doch alleine übernommen werden müsste und ferner eine relativ schnelle Herbeiführung von Veränderungen angestrebt wird, so dass wenig Ausdauer für das lange Verfolgen eines Vorhabens vorhanden ist.

Die Personen, die sich in Vereinen engagieren und ihre Arbeit nach außen präsentieren, werden eher skeptisch gesehen. Die Darstellung nach außen wird ebenso wie bei Politiker*innen zynisch belächelt.

5.4.3.2 Verortung im sozialen Raum

Das Engagementmuster befindet sich wie das Muster III »Egalität und Autonomie« in der Traditionslinie der Facharbeit und der praktischen Intelligenz, hier jedoch im Leistungsorientierten Arbeitnehmermilieu weiter oben angesiedelt, an der Trennlinie der Distinktion. Aufgrund der höheren Verortung im sozialen Raum zeigt sich hier deutlicher als in Muster III das für die Leistungsorientierten charakteristische Bildungsstreben: »Das Arbeitsethos der Leistungsorientierten beruht auf einer starken Leistungsmotivation und Identifikation mit der Arbeitstätigkeit.« (Vester et al. 2001: 515) Bei Frau Jakob äußert sich dies in dem nach oben gerichteten Blick auf die berufliche Position ihres Mannes, bei Herrn Albert in der hohen Identifikation mit seiner damaligen Tätigkeit, die durch das ausgiebige Berichten über seine beruflichen Tätigkeiten und seine berufliche Position deutlich wird.

Zudem wird die höhere Verortung im sozialen Raum daran deutlich, dass sie »deutlich mehr kulturelles Kapital erworben [haben] als das benachbarte Kleinbürgerliche Arbeitnehmermilieu« (ebd., Erg. d. Verf.). Im Leistungsorientierten Arbeitnehmermilieu finden sich neben Bank- und Versicherungsangestellten ebenso Angestellte in der Metall- und Bauindustrie sowie im Dienstleistungsbereich (ebd.). Deutlich wird im Sample zudem, dass durch ein diszipliniertes und engagiertes Arbeiten eine gehobene Position erarbeitet wird, um beruflich aufzusteigen: »Sie sind bemüht, aktiv, umsichtig und kompetent zu arbeiten, um beruflich voran zu kommen.« (Ebd.) Neben der Anerkennung durch die Arbeit ist es in diesem Muster zudem gelungen, durch die guten Positionen ein finanziell unabhängiges und abgesichertes Leben im Ruhestand zu erreichen. Es findet sich eine ökonomisch deutlich abgesichertere Situation als im weiter untenstehenden Engagementmuster III, »*gemeinschaftlich-solidarisches Engagement*«.

Daher finden sich hier auch verstärkt distinktive Züge, die eine Anlehnung an das oberhalb der Distinktionslinie verortete Liberal-intellektuelle Milieu erkennen lassen. Hier findet sich ein »hohe[s] Ethos der Leistung, der Eigenverantwortung und der Chancengleichheit« (ebd.: 509).

Hinsichtlich des Gesellungsverhaltens lassen sich hier wie auch beim Engagementmuster III Dimensionen des von Vester et al. entwickelten Gesellungstypen der »Zurückhaltenden« erkennen. Aufgrund der höheren Stellung im sozialen Raum haben hier jedoch die »Werte der Zurückhaltung und der Respektabilität [...] eine elitär-distinktive Bedeutung« (Vester et al. 2001: 481f). Auch hier sind wie in Muster III die sozialen Kontakte bewusst und dosiert ausgewählt, jedoch stärker verbunden mit einem Gedanken der Wechselseitigkeit. Die Frage danach, welche Gegenleistung erbracht wird, steht stärker im Fokus.

Es findet sich zudem weniger eine Ausrichtung an der Gemeinschaft und stärker die Fokussierung auf das Individuum, so dass das eigene Engagement auch einen Beitrag zum eigenen Älterwerden im Stadtteil leisten soll.

In Abgrenzung zu Muster III finden sich deutlichere elitäre Züge, die durch das Hervorheben des Stilvollen und Exklusiven deutlich werden: der Besuch von exklusiven und teuren Restaurants oder der Feinkostabteilung und die gleichzeitige Abwertung der im Stadtteil ansässigen Kneipe als »Kaschemme« (jedoch nur bei Frau Jakob als weibliche Interviewte), eine Nebentätigkeit nach der Erwerbsarbeit in einem exklusiven Lederwarengeschäft und die dort stattfindenden Feiern »*mit Schlips und Kragen*« sowie der Wunsch nach mehr kulturellen Veranstaltungen im Stadtteil. Auch wird hier eine stärkere Betonung von hierarchischen Strukturen vorgenommen, indem damit die eigene Position aufgewertet werden kann.

Im Folgenden werden die Engagementmuster abschließend verdichtet dargestellt sowie zueinander in Relation gesetzt.

6 Zusammenführung der Ergebnisse

Nach der ausführlichen Darstellung der empirischen Ergebnisse folgt im Weiteren zunächst eine verdichtete Betrachtung der Engagementmuster, in der die zugrundeliegenden handlungsleitenden Prinzipien knapp skizziert werden (Kap. 6.1). Anschließend werden die Engagementmuster mit Hilfe von Engagementpolen, die sowohl aus dem empirischen Material wie auch der Theorie identifiziert wurden, übergreifend dargestellt (Kap. 6.2).

6.1 Verdichtete Darstellung der Engagementmuster

Zur übersichtlichen Darstellung der vier Engagementmuster werden in Abbildung 18 das handlungsleitende Prinzip im Engagement sowie die konkrete Engagementpraxis zusammengefasst. Für das *karitativ-leistungsorientierte Engagement* (Muster IV) bedeutet dies beispielsweise, dass dem Muster das handlungsleitende Prinzip »Distinktion und Reziprozität« zugrunde liegt. Heruntergebrochen auf den konkreten Bereich des Engagements älterer Menschen im Sozialraum orientiert sich dieses Muster an der Gestaltung des eigenen Älterwerdens im Stadtteil. Entsprechend dieser Ebenen werden alle Engagementmuster im Folgenden dargestellt und konkretisiert, um die Spezifika zu verdeutlichen und eine Abgrenzung voneinander vorzunehmen.

In den Ergebnissen zeigt sich, dass alle Engagementmuster als eine Reaktion auf den sozialen Wandel im Stadtteil zu sehen sind und das gewählte Engagement damit als Antwort auf die Veränderungen in der direkten Wohnumgebung verstanden werden kann. Dabei zeigen sich jedoch deutliche Unterschiede im konkreten Umgang mit diesen Veränderungen. Die unterschiedlichen Reaktionen sind auf die soziale Herkunft der Interviewten zurückzuführen. Besonders deutlich zeigt sich dies bei den Mustern in der Mitte des sozialen Raums, bei denen das Engagement auf der horizontalen Differenzierungsachse variiert und damit einerseits eine Orientierung an Selbstbestimmung (Muster III, *gemeinschaftlich-solidarisches Engagement*) und andererseits eine stärkere Hierarchiegebundenheit (Muster I, *prätentiös-statusorientiertes Engagement*) aufweist. Geeint werden beide Muster wiederum dadurch, dass sich in ihnen sowohl Tätigkeiten im informellen wie auch formellen Engagementkontext finden lassen und damit besonders in der Mitte des sozialen Raums eine Nähe zu Institutionen und Vereinen zu erkennen ist. Die beiden Muster weiter oben und unten im sozialen Raum wählen hingegen eher informelle Engagementtätigkeiten und stehen den institutionalisierten Engagementformen kritisch gegenüber – dies zum einen aus einer distinktiven Position *von oben* oder zum anderen mit dem Blick von unten nach oben gerichtet, indem insbesondere die fehlende Authentizität des Engagements in institutionellen Strukturen kritisiert wird. Die im sozialen Raum verorteten Engagementmuster aus Abbildung 18 werden nachfolgend mit den jeweiligen handlungsleitenden Prinzipien beschrieben.

Abbildung 18: Habitus- und milieuspezifische Engagementmuster mit den jeweiligen handlungsleitenden Prinzipien

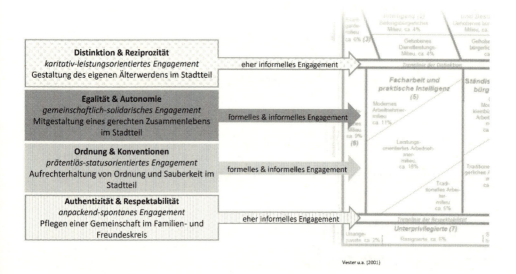

(eigene Darstellung)

6.1.1 Prätentiös-statusorientiertes Engagement

Das *prätentiös-statusorientierte Engagement* (Engagementmuster I) findet sich überwiegend bei den Bewohner*innen, die seit der Gründung des Stadtteils dort leben und sich aufgrund ihrer langen Wohndauer stark mit dem Stadtteil identifizieren (Selbstverständnis als »Pionier*innen« des Stadtteils). Dies führt zu einer Vergangenheitsperspektive, indem das frühere mit dem heutigen Zusammenleben verglichen und dabei insbesondere die nachlassende Bedeutung von Konventionen und Regeln im Miteinander kritisiert wird. Dieser Wandel führt zu einer zunehmenden Verunsicherung, so dass das Anliegen der Wiederherstellung des früheren Zusammenlebens kämpferisch verfolgt wird, um die eigene Stellung im Stadtteil zu sichern. So richten sich dementsprechend auch die Engagementtätigkeiten daran aus, das frühere Zusammenleben aufrechtzuerhalten und einen ordentlichen sauberen Stadtteil herzustellen. Dies gelingt unter anderem durch die Übernahme informeller Engagementtätigkeiten, wie etwa der Säuberung von Grünflächen oder der Aufrechterhaltung einer *regelkonformen Hausgemeinschaft*. So wird beispielsweise Einfluss auf neue Mieter*innen genommen (Auftreten als »Ordnungshüter*in«) und Mitmenschen, insbesondere Jugendliche und Menschen mit Migrationshintergrund, zurechtgewiesen und ermahnt, wenn beispielsweise Müll nicht entsprechend entsorgt wird. Auch im formellen Engagement wird der Wunsch nach Ordnung im Stadtteil verfolgt (z.B. durch gemeinsame Saubermach-Aktionen).

Es werden zudem Ehrenämter in Institutionen im Stadtteil gewählt, beispielsweise im Verwaltungsbeirat der Wohnungseigentümergemeinschaft, im Bürgerverein oder im Bildungswerk. Zum einen werden diese Institutionen unterstützt, da der Eindruck besteht, die jüngere Generation bringe sich nicht mehr aktiv in die Gestaltung des Stadtteils ein und die bestehenden Strukturen würden zusehends brüchig (und zudem nicht entsprechend von der Kommune unterstützt). Zum anderen werden *Posten* übernommen (und dafür auch selbst der Begriff des Ehrenamtes genutzt), um der Tätigkeit eine besondere Bedeutung zu verleihen und das Engagement nach außen sichtbar machen zu können. Damit gelingt es, den eigenen Status zu erhöhen und auf eine gesellschaftliche Funktion der eigenen Tätigkeit zu verweisen. Die eigene Expertise für das gewählte Ehrenamt wird zudem betont durch die Ansprache von (meist höhergestellten) Personen zur Übernahme dieser Aufgaben, so dass die Wahl der Engagementtätigkeiten weniger selbstbestimmt als beim *gemeinschaftlich-solidarischen Engagement* (III) ist. Angeknüpft wird bei den übernommenen Aufgaben im Engagement an den beruflich erlernten Fähigkeiten (u.a. als Sekretärin, Berufssoldat), indem insbesondere administrativ-organisatorische Aufgaben übernommen werden. Das Einüben neuer Fähigkeiten wird im Engagement eher vermieden, da nicht nur das Zusammenleben im Stadtteil Sicherheit vermitteln soll, sondern auch die gewählten Aufgaben im Engagement, die routiniert von der Hand gehen.

6.1.2 Anpackend-spontanes Engagement

Das *anpackend-spontane Engagement* (Engagementmuster II) findet sich nur bei einem Fall des Samples, weist jedoch Charakteristika des Traditionellen Arbeitermilieus auf, weshalb es lohnt, dieses Engagement näher zu beleuchten. In Abgrenzung zu den höhergestellten Milieus der bürgerlichen Mitte zeigt sich in diesem Engagement, verortet oberhalb der Trennlinie der Respektabilität, eine Fokussierung auf konkretes Tun. Nicht nur die als junger Mensch ausgeübten körperlichen Auseinandersetzungen auf der Straße, sondern auch die Hilfe im Freundes- und Familienkreis sind durch *anpackende Tätigkeiten* gekennzeichnet, in denen eine gewisse Authentizität gesehen wird. Hier geht es weniger als beim *prätentiös-statusorientierten Engagement* (Muster I) um die Übernahme von organisatorischen Aufgaben, sondern um ausführende Tätigkeiten wie Unterstützung und Hilfe beim Umzug oder bei handwerklichen Tätigkeiten, welche ebenfalls an den erlernten beruflichen Kompetenzen anschließen. Als *Macher* wird sich damit eine eigene Bedeutsamkeit verliehen und sich zugleich von den Schwächsten der Gesellschaft abgegrenzt. Im Gegensatz zu den anderen Engagementmustern ist ein zusätzlicher Hinzuverdienst im Ruhestand von Bedeutung. Das Bedürfnis nach einer finanziellen Absicherung im Alter zeigt sich hier in besonderer Weise.

Der soziale Wandel im Stadtteil wird wie beim *prätentiös-statusorientierten Engagement* (I) negativ bewertet (insbesondere der Zuzug von Menschen mit Migrationshintergrund), jedoch durch das gewählte Engagement weniger die Rolle eines aktiven Mitgestalters des Stadtteils eingenommen, sondern das Engagement vielmehr auf die Aufrechterhaltung des persönlichen Netzwerks ausgerichtet. Dies dient dazu, dem Wandel im Stadtteil durch Kontinuität in den persönlichen Beziehungen zu begegnen. Das Bestehende abzusichern und zu pflegen, eint dieses Engagementmuster wiederum mit dem weiter rechts im sozialen Raum verorteten *prätentiös-statusorientierten Engagement* (I). Gegenseitige Hilfe wird in diesem Netzwerk selbstverständlich geleistet, ohne diese im Voraus planen zu müssen. Ebenso die übernommene tägliche Enkelkindbetreuung gilt als Selbstverständlichkeit und wird daher auch im Interview nicht als Hilfe angeführt, sondern erst auf Nachfrage erwähnt (ganz im Gegensatz zu der im *prätentiös-statusorientierten Engagement* (I) hervorgehobenen Betonung der ehrenamtlichen Aufgaben, die viel Zeit in Anspruch nehmen). Daher finden sich im *anpackend-spontanen Engagement* insbesondere Tätigkeiten im informellen Engagementkontext. Diese funktionierende reziproke Hilfe im Freundeskreis und der Familie bietet die Sicherheit, selbst bei Bedarf ebenso auf Hilfe zurückgreifen zu können.

Die Arbeit der Vereine und Institutionen im Stadtteil wird eher skeptisch gesehen (außer der Fußballverein, in dem selbst jahrelang als Trainer gearbeitet wurde). Am Beispiel des Bürgervereins wird deutlich, dass insbesondere eine fehlende Authentizität im Engagement kritisiert wird, die unter anderem durch die Selbstdarstellung der Vorsitzenden (beispielsweise durch öffentlichkeitswirksame Presseauftritte) begründet wird. Ebenso wird sich aus diesem Grund kritisch gegenüber Politiker*innen als Repräsentant*innen höher stehender Milieus geäußert, denen ausschließlich die Selbstvermarktung wichtig sei, weniger hingegen die Umsetzung und Veränderung konkreter Anliegen, die den Stadtteil betreffen. Das eigene ehrliche und authentische Engagement, über welches die Zeitung nicht berichtet, wird dagegen öffentlich als zu wenig wertgeschätzt wahrgenommen.

6.1.3 Gemeinschaftlich-solidarisches Engagement

Das *gemeinschaftlich-solidarische Engagement* (Engagementmuster III) findet sich in Abgrenzung zum *prätentiös-statusorientierten Engagement* (I) weiter links im sozialen Raum. Diese Unterscheidung auf der Differenzierungsachse spiegelt sich unter anderem in der Einschätzung des sozialen Wandels im Stadtteil wider. Anders als beim *prätentiös-statusorientierten Engagement* wird beispielsweise der Zuzug von Menschen mit Migrationshintergrund nicht als beängstigend wahrgenommen. Vielmehr zeigt sich eine Offenheit diesen Menschen gegenüber. Es bestehen jedoch auch hier nur vereinzelte Kontakte und auch der Zugang und die Ansprache wird als herausfordernd beschrieben. Es wird jedoch nicht resigniert, sondern eher durch die Wahl von formellen sowie informellen Engagementtätigkeiten versucht, Veränderungen im Stadtteil als Impulsgeber und Ideenbringer aktiv mitzugestalten. Orte, an denen diese Impulse eingebracht werden, sind die Kirchengemeinde, der Arbeitskreis zur Verbesserung der Lebensqualität im Alter oder selbstorganisierte Gruppen im Stadtteil. Diese Unterstützung institutioneller Strukturen erfolgt weniger durch die Übernahme eines Amtes, sondern vielmehr durch das Einbringen eigener Ideen in die Gemeinschaft. Hier wird nicht wie beim weiter rechts stehenden *prätentiös-statusorientierten Engagement* (I) eine fehlende Unterstützung durch Institutionen im Stadtteil, beispielsweise der Kirche, problematisiert, sondern vielmehr die Autonomie jeder*s Einzelnen betont, indem Inhalte selbstbestimmt in den vorhandenen Gremien und Arbeitskreisen eingebracht werden. Stoßen die eingebrachten Vorschläge jedoch in der Gruppe nicht auf entsprechende Resonanz, wird eine defensive Haltung eingenommen, beziehungsweise das Engagement nicht weiterverfolgt. In diesen Situationen überwiegt zum einen das Bedürfnis nach Harmonie und zum anderen die Überzeugung, dass Entscheidungen von allen mitgetragen werden müssen, so dass die eigene Meinung nicht *auf Biegen und Brechen* durchgesetzt werden muss.

Der Gemeinschaftsgedanke zeigt sich ebenso im hohen Stellenwert der Familie und des Freundeskreises. Auch hier wird sich aktiv mit Ratschlägen eingebracht, was vereinzelt zu Konflikten führen kann, da diese nicht immer von den Freund*innen angenommen werden. Um ein harmonisches Miteinander aufrecht zu erhalten, werden aber auch hier die eigenen Vorstellungen bei Widerspruch zurückgestellt.

Stärker als in den anderen Engagementmustern finden sich hier fürsorgliche, sorgende Tätigkeiten im Engagement, geleitet von dem Wunsch nach Unterstützung schwächerer Personengruppen. Auf Stadtteilebene werden beispielsweise fehlende Spielplätze für Kinder kritisiert oder aber bei wahrgenommenen Ungerechtigkeiten gegenüber älteren Menschen im Stadtteil Unterstützung angeboten. Im informellen Engagement äußern sich die fürsorglichen Tätigkeiten in der Übernahme von Einkäufen für ältere Nachbar*innen oder die Unterstützung bei täglichen Verrichtungen wie dem Haarewaschen. Wie in den anderen Engagementmustern werden auch hier aus dem Beruf erlernte Tätigkeiten fortgeführt. Ein ehemaliger IT-Fachmann wählt beispielsweise Tätigkeiten am Computer und bringt sich damit aktiv in den Arbeitskreis ein. Vereinen und Institutionen im Stadtteil wird eine besondere Bedeutung beigemessen und deren Arbeit auch aktiv unterstützt, da bereits in der Familie das Vereinsleben (Karnevalsverein, politische Partei) eine besondere Bedeutung hatte. Im Arbeitskreis besteht sogar der Wunsch, die Arbeit auf noch mehr Schultern zu verteilen, um die Fähigkeiten aller Beteiligten einzubinden.

Das Engagementmuster weist damit ein Spannungsfeld zwischen Gemeinschaft und Individualität auf: Auf der einen Seite findet sich im Engagement eine individuelle Selbstverwirklichung, indem eigene Ideen aktiv eingebracht werden. Auf der anderen Seite steht die Gemeinschaft, deren Mitglieder sich ebenfalls partizipativ beteiligen sollen. Gibt es seitens dieser Gemeinschaft keine Zustimmung zu den eigenen Vorschlägen, überwiegt das Bedürfnis nach Harmonie und die eigenen Themen und Anliegen werden zurückgestellt.

6.1.4 Karitativ-leistungsorientiertes Engagement

Im *karitativ-leistungsorientierten Engagement* (Engagementmuster IV) findet sich eine lange Wohndauer im Stadtteil von etwa 40 Jahren, vergleichbar mit dem *prätentiös-statusorientierten Engagement* (I). Aufgrund einer guten finanziellen Absicherung, dem Leben im eigenen Haus, einem Mehr an kulturellem Kapital und einer damit einhergehenden höheren Verortung im sozialen Raum wird jedoch gelassener auf den sozialen Wandel im Stadtteil geschaut und dieser nicht als persönliche Gefahr gesehen. Der Wandel in der Bewohner*innenschaft wird eher distanziert-analytisch betrachtet. In Abgrenzung zu den anderen Engagementmustern findet hier eine Einordnung der lokalen Entwicklungen in gesamtgesellschaftliche und politische Entwicklungen statt.

Zudem orientiert sich dieses Muster weniger an Gemeinschaft und Geselligkeit, sondern eher an individuellen Vorstellungen und Wünschen. So wird auch die Aufrechterhaltung des Kontakts zu Nachbar*innen und Freund*innen teilweise als anstrengend erlebt. Es wird ein zunehmender Egoismus wahrgenommen, der das Miteinander und eine gegenseitige Hilfe erschwert. Auf die geleistete Hilfe im Freundeskreis und in der Nachbarschaft erfolgt nicht immer eine entsprechende Gegenleistung, die in diesem Engagementmuster jedoch erwartet wird. Die im *anpackend-spontanen Engagement* (II) funktionierende Reziprozität im persönlichen Netzwerk wird hier zunehmend vermisst, indem beispielsweise die im informellen Engagement geleistete meist materielle Hilfe nicht immer entsprechend honoriert wird, so dass das Gefühl eines Ausgenutztwerdens entsteht. Diese Einschätzungen führen auch zu einer Distanz gegenüber den im Stadtteil ansässigen Vereinen und Institutionen. Mit dem Eindruck, dass Mitmenschen sich nicht genügend in die Arbeit von Vereinen einbringen, werden hier formelle Engagementtätigkeiten gemieden. Die Arbeit wird (ähnlich wie der Blick auf den Stadtteil) eher kritisch-distanziert bewertet und die konkreten Erfolge eher gering eingeschätzt. Im Gegensatz zum *anpackend-spontanen Engagement* (II) basiert die Kritik auf einem distinktiven Blick von oben.

Die weniger als in anderen Engagementmustern vorhandene Gemeinschaftsorientierung wird begleitet durch eine besondere Betonung der Freiheit jeder*s Einzelnen. So findet sich auch im weiter untenstehenden *gemeinschaftlich-solidarischen Engagement* (III) ein Anspruch von Autonomie, der jedoch in Form einer inhaltlichen Mitbestimmung ausgelebt wird. Im *karitativ-leistungsorientierten Engagement* ist hingegen die Ausrichtung auf das Individuum stärker verbunden mit einer Eigenverantwortung, die jeder*m abverlangt wird. Dazu gehört auch eine gewisse Leistungsorientierung, die in der eigenen beruflichen Laufbahn (oder der des Ehemannes) verfolgt wurde und damit auch von den Mitmenschen eingefordert wird. Daraus resultiert dementsprechend auch eine höhere Bedeutung von materiellen Dingen und Exklusivität. Aufgrund der Leistungsorientierung soll Hilfe erst dann von anderen eingefordert werden, nachdem die eigenen Kräfte mobilisiert wurden. Diese Erwartung führt zu einem reziproken Hilfeverständnis, in dem die Unterstützung anderer *nicht umsonst* ist, sondern auf einer Wechselseitigkeit beruht. Verbunden mit der Hoffnung, im höheren Alter bei eintretenden körperlichen Beeinträchtigungen auf die Hilfe anderer zurückgreifen zu können, wird daher auch Nachbar*innen geholfen. Die Hoffnung auf eine spätere Unterstützung (trotz des skeptischen Blicks auf Reziprozität) wird genährt durch eine entsprechende Vorauswahl von Nachbar*innen, denen durch positive Erfahrungen diese Hilfe zugetraut wird.

6.1.5 Tabellarische Übersicht der Engagementmuster

Tabelle 3 fasst die Engagementmuster synoptisch zusammen. Neben dem jeweiligen Milieuschwerpunkt, in dem das Muster zu finden ist, wird in der Tabelle der Fokus des Engagements, der auch als inhaltliche Ausrichtung des Engagements verstanden werden kann, aufgenommen. Zudem findet sich eine Zusammenfassung der Kontexte und Funktionen des Engagements. Darauf folgt eine Auflistung der konkreten Engagementtätigkeiten. Abschließend wird auf den Zusammenhang zwischen dem gewählten Engagement sowie dem Stadtteil eingegangen.

Tabelle 3: Tabellarische Übersicht der Engagementmuster

Prätentiös-statusorientiertes Engagement (I)	
Milieuschwerpunkt	Traditionelles Kleinbürgerliches Arbeitnehmermilieu
Fokus im Engagement	Aufrechterhaltung eines ordentlichen, sauberen Stadtteils (in Anlehnung an die frühere Zeit)
Kontexte und Funktionen des Engagements	- Übernahme von Ehrenämtern in Institutionen im Stadtteil (u.a. Bürgerverein, Bildungswerk, Arbeitskreis Senior*innen) - Übernahme von Ämtern ermöglicht Sichtbarkeit des eigenen Engagements - Anfrage für ehrenamtliche Tätigkeit durch höhergestellte Personen in Institutionen betont eigene Expertise - Erhöhung des eigenen Prestige, indem sich mit höhergestellten Personen gezeigt wird - im Stadtteil: Aufrechterhaltung von Sauberkeit und Konventionen im Miteinander
Engagementtätigkeiten	- administrativ-organisatorische Aufgaben (u.a. Anfertigung von Protokollen, Abwicklung der Finanzen, Übernahme organisatorischer Aufgaben) - Unterstützung von Saubermach-Aktionen im Stadtteil - »Ordnungshüter*innen« im Stadtteil - Säuberung von Grünflächen - Aufrechterhaltung einer ordentlichen Hausgemeinschaft durch Einfluss auf neue Mieter*innen

Zusammenhang zwischen Stadtteil und Engagement	- Selbstverständnis als »Pionier*innen« des Stadtteils - aufgrund der langen Wohndauer hohe Identifikation mit Stadtteil - Aufrechterhaltung des damaligen Zusammenlebens - nachlassende Bedeutung von Regeln und Konventionen führt zu Verunsicherung; daher findet ein kämpferisches Auftreten im Engagement zur Bewahrung von Ordnung statt
Anpackend-spontanes Engagement (II)	
Milieuschwerpunkt	Traditionelles Arbeitermilieu
Fokus im Engagement	Pflegen einer Gemeinschaft im Familien- und Freundeskreis
Kontexte und Funktionen des Engagements	- »anpackende« Hilfe im Familien- und Freundeskreis ohne langfristige Planung im Voraus - Unterstützung in der Familie - in der Jugend: Unterstützung schwächerer Personen in körperlichen Auseinandersetzungen - neben Engagement zudem Hinzuverdienst zur finanziellen Absicherung - Kritik an Bürgerverein und Parteien, da die Arbeit als Selbstinszenierung in der Öffentlichkeit erlebt wird (fehlende Authentizität) - Mitarbeit im Fußballverein
Engagementtätigkeiten	- Hilfe bei Umzügen - handwerkliche Arbeiten - Reparaturarbeiten - Enkelkindbetreuung - tägliches Austragen der Zeitung - Organisation der Karnevalsgruppe des Fußballvereins
Zusammenhang zwischen Stadtteil und Engagement	- Kritik an fehlendem Gemeinschaftsgedanken und Verunreinigung des Stadtteils führen zu Ressentiments gegenüber Jugendlichen und Menschen mit Migrationshintergrund - kein Selbstverständnis als aktiver Mitgestalter des Stadtteils (wie beim prätentiös-statusorientierten Engagement) → stärkere Bedeutung hat die Aufrechterhaltung des privaten Netzwerks sowie sicherer Orte (Kneipe, Fußballverein)

Gemeinschaftlich-solidarisches Engagement (III)

Milieuschwerpunkt	Leistungsorientiertes Arbeitnehmermilieu
Fokus im Engagement	Mitgestaltung eines gerechten Zusammenlebens im Stadtteil
Kontexte und Funktionen des Engagements	- Inhaltliche Ideengeber in Institutionen und selbstorganisierten Gruppen (u.a. Kirchengemeinde, Arbeitskreis Senior*innen, selbstorganisierte Frauengruppe) - kritischer Blick auf Autoritäten (wie beispielsweise den Vereinsvorstand) - Forderung des Einbezugs der Kenntnisse und Fähigkeiten aller Teilnehmenden - Unterstützung in der Familie, im Freundeskreis sowie der Nachbarschaft - im Stadtteil: Unterstützung schwächerer Personen
Engagementtätigkeiten	- Übernahme von Aufgaben, die an beruflichen Kompetenzen anknüpfen (u.a. Computertätigkeiten, organisatorische Planung, Unterstützung von Festen) - fürsorgliche Unterstützung durch u.a. Übernahme von Einkäufen, Verrichtungen des Alltags (wie Haare waschen) - Eintreten für Interessen von Kindern, älteren Menschen etc.
Zusammenhang zwischen Stadtteil und Engagement	- sozialer Wandel des Stadtteils wird kaum thematisiert und hat keine besondere Bedeutung - Blick im Stadtteil ist auf schwächere Personengruppen gerichtet, die aktiv unterstützt werden; Ziel: gerechtes Zusammenleben im Stadtteil - Zuzug von Menschen mit Migrationshintergrund wird als Gewinn gesehen

Karitativ-leistungsorientiertes Engagement (IV)

Milieuschwerpunkt	Leistungsorientiertes Arbeitnehmermilieu (an der Trennlinie der Distinktion)
Fokus im Engagement	Gestaltung des eigenen Älterwerdens im Stadtteil

Kontexte und Funktionen des Engagements	- Hilfe unter Freund*innen wird aufgrund eines zunehmenden Egoismus als anstrengend empfunden - Kritik an fehlender Reziprozität; Gefühl des Ausgenutzt werdens entsteht - stärkere Fokussierung auf das Individuum als auf Gemeinschaft - Betonung der Eigenverantwortung jeder*s Einzelnen - Distanz zu Institutionen im Stadtteil; es werden zu wenige konkrete Ergebnisse gesehen (Bürgerverein) - Kritik an fehlender Mitarbeit der anderen
Engagementtätigkeiten	- materielle Unterstützung (u.a. Abgabe einer Theaterkarte, Verleihen von Zucker) - Übernahme von Autofahrten - eigene Hilfe in der Nachbarschaft wird geleistet, um selbst im Sinne eines Reziprozitätsgedankens auf die Hilfe anderer zurückgreifen zu können, sollten altersbedingte Einschränkungen auftreten
Zusammenhang zwischen Stadtteil und Engagement	- lange Wohndauer im Stadtteil wie im prätentiös-statusorientierten Engagement, jedoch wird dem Wandel im Stadtteil entspannt begegnet (gute finanzielle Absicherung, Eigentum im Stadtteil) - Einordung des sozialen Wandels im Stadtteil in gesamtgesellschaftliche Entwicklungen; analytisch-distanzierter Blick *von oben*

6.2 Übergreifende Darstellung der Engagementmuster anhand von Engagementpolen

Die bisher separat dargestellten Engagementmuster werden abschließend anhand zentraler Kriterien in ihren Schnittstellen und Gemeinsamkeiten sowie vorhandenen Unterschieden vorgestellt, um damit die gegenseitigen Bezüge sowie Abgrenzungen zu verdeutlichen. Dafür werden zentrale Pole skizziert, zwischen denen das Engagement zu verorten ist (siehe Abb. 19).

Die in der sternförmig angelegten Abbildung zu findenden Pole wurden aus dem empirischen Material der vorliegenden Studie sowie dem theoretischen Zugang über die Habitus- und Milieutheorie entwickelt. Die vier Engagementmuster werden hinsichtlich dieser Pole eingeordnet und erläutert.

Abbildung 19: Engagementpole

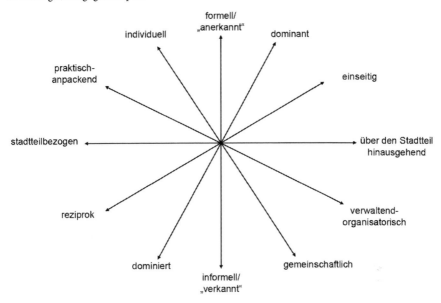

(eigene Darstellung)

6.2.1 Formell/»anerkannt« vs. informell/»verkannt«

Die empirischen Ergebnisse weisen eine Vielfalt an Engagementtätigkeiten im formellen Engagement sowie im informellen Engagement auf. Das informelle Engagement findet sich dabei in allen Mustern, während formelle Engagementtätigkeiten im Sinne des bürgerschaftlichen Engagements nur in ausgewählten Engagementmustern zu finden sind. In den oben und unten im sozialen Raum verorteten Mustern, dem *karitativ-leistungsorientierten* (IV) sowie *anpackend-spontanen Engagement* (II), findet sich eher eine Distanz zu institutionellen Engagementstrukturen. Getragen werden anerkannte Formen des Engagements überwiegend von der bürgerlichen Mitte der Gesellschaft.

Trotz dieser unterschiedlichen Schwerpunkte im formellen und informellen Engagement existieren die identifizierten Muster nicht unabhängig voneinander, sondern treffen in verschiedenen Kontexten im Stadtteil aufeinander. Ein Beispiel im formellen Engagement ist der Arbeitskreis Senior*innen, in dem die Muster aus der Mitte des sozialen Raums aufeinandertreffen. Aufgrund der Differenzierung auf der Horizontalen zeigen sich hinsichtlich dieser Mitarbeit im Arbeitskreis jedoch unterschiedliche Erwartungen: Das *gemeinschaftlich-solidarische Engagement* (III) wird getragen von der Vorstellung einer partizipativen, auf vielen Schultern verteilten Zusammenarbeit, in die sich alle Mitglieder des Arbeitskreises mit ihren Ideen einbringen können. Fälle dieses Musters übernehmen beispielsweise einen aktiven Beitrag im Arbeitskreis. Das *prätentiös-statusorientierte Engagement* (I) fokussiert in diesem Arbeitskreis hingegen eher die Rolle, sich bei den stattfindenden Treffen mit der Expertise und den entsprechenden Erfahrungen einzubringen. Die Übernahme selbstgewählter Aufgaben steht hingegen weniger im Fokus, sondern vielmehr die Möglichkeit einer direkten Einflussnahme bei den Treffen, indem zentrale Themen und Bedarfe benannt werden.

Neben dem Aufeinandertreffen der Engagementmuster (zur konkreten Ausgestaltung dieses Aufeinandertreffens siehe auch Kap. 6.2.3) kann am Beispiel des Bürgervereins, der allen Interviewten in seiner Arbeit bekannt ist, exemplarisch die Nähe oder Ferne der Engagementmuster zu Institutionen aufgezeigt werden. So zeigt sich beim *prätentiös-statusorientierten Engagement* (I) die deutlichste Nähe zum Bürgerverein. Diese äußert sich nicht nur in einer positiven Bewertung der Arbeit des Vereins, der sich unter anderem um Themen wie Ordnung und Sauberkeit kümmert, sondern ebenso in der Hervorhebung der Vorsitzenden des Vereins, die die Bedarfe im Stadtteil sieht und dementsprechend auch aktiv Veränderungen herbeiführt. Zudem wird die Arbeit des Vereins aktiv unterstützt, unter anderem in der Übernahme von Ämtern und Funktionen. Das *gemeinschaftlich-solidarische Engagement* (III) sieht die Arbeit des Vereins auch positiv, stellt jedoch in der konkreten Zusammenarbeit eher die Möglichkeit der Partizipation in Frage, indem die Arbeit der Vorsitzenden teilweise als zu wenig einbindend erlebt wird. Auch das *anpackend-spontane Muster* (II) sieht in der Arbeit des Vereins zwar positive Aspekte für den Stadtteil, stellt jedoch die Authentizität des Engagements in Frage. Das am höchsten verortete *karitativ-leistungsorientierte Engagement* (IV) zeigt die deutlichste Ferne zum Bürgerverein, indem die konkreten Ergebnisse der Arbeit aufgrund des Stadtteilbezugs als zu wenig relevant und bedeutsam eingeordnet werden. Hier wird sich eher mit großen, gesellschaftspolitischen Themen beschäftigt.

Neben dem Aufeinandertreffen in institutionalisierten Engagementstrukturen findet sich ebenso ein Kontakt der unterschiedlichen Milieus in informellen Gesellungsorten, wie beispielsweise in der Kneipe. Dieser Ort vereint die Engagementmuster oben und unten im sozialen Raum, indem Vertreter des *karitativ-leistungsorientierten* (IV) mit dem *anpackend-spontanen Engagement* (II) im Rahmen eines wöchentlichen Männerstammtischs aufeinandertreffen. Dieses Beispiel der Kneipe verdeutlicht jedoch ebenso anschaulich die Relevanz weiterer Dimensionen innerhalb des Milieus. So ist das Zusammenkommen ausschließlich älterer Herren am Männerstammtisch sicherlich auch durch die Dimension Geschlecht geprägt, so dass sich nicht eine verallgemeinerbare Nähe der Milieus oben und unten im sozialen Raum daraus schließen lässt. Frau Jakob, ebenfalls wie Herr Albert im *karitativ-leistungsorientierten Engagement* (IV) verortet, distanziert sich mit einem elitären Blick auf die Kneipe, von ihr auch als »Kaschemme« bezeichnet, deutlich von diesem Treffpunkt *ohne Stil*.

6.2.2 Stadtteilbezogen vs. über den Stadtteil hinausgehend

Der Einfluss des sozialstrukturellen Wandels im Stadtteil auf die jeweiligen Engagementtätigkeiten zeigt sich bei allen Mustern. Für das im unteren Teil des sozialen Raums platzierte Milieu, das Traditionelle Arbeitermilieu, haben der soziale Nahraum und die direkte Wohnumgebung aber eine ganz wesentliche Funktion. Der Wandel des Stadtteils hat hier unmittelbare Auswirkungen auf das Engagement. Da der Stadtteil zum einen täglicher Aufenthaltsort ist, indem dort beispielsweise eingekauft und spazieren gegangen wird und zum anderen zentraler Treffpunkt mit Freund*innen und der Familie, da Bezugspersonen größtenteils ebenfalls vor Ort leben, ist der Bewegungsradius auf den Stadtteil beschränkt (dies belegen auch die Aufzeichnungen des Sozialraumtagebuches). Dies hat zur Folge, dass auch das Engagement, insbesondere in informellen persönlichen Netzwerken, im lokalen Nahraum verortet ist. Der eigene Lebensraum wird damit als Anlass genommen, um das persönliche Netzwerk aufrechtzuerhalten. In diesem Muster findet sich damit die höchste Form der Angewiesenheit auf einen funktionierenden Stadtteil als zentralen Lebensmittelpunkt.

Ebenso zeigt sich beim im sozialen Raum weiter rechts stehenden *prätentiös-statusorientierten Engagement* (I) eine Ausrichtung des Engagements auf den Stadtteil. Auch hier wird sich eher selten aus dem Stadtteil herausbewegt, jedoch werden teilweise Freund*innen und Bekannte außerhalb des Stadtteils besucht. Zudem werden zusätzlich auch formelle Engagementtätigkeiten gewählt, um das von früher bekannte harmonische Zusammenleben wiederherzustellen und dem Wandel auf diese Weise zu begegnen.

Demgegenüber bewegen sich das *gemeinschaftlich-solidarische Engagement* (III) und das am höchsten im sozialen Raum stehende *karitativ-leistungsorientierte Engagement* (IV) regelmäßig auch aus dem Stadtteil heraus. Im *gemeinschaftlich-solidarischen Engagement* (III) findet sich formelles Engagement sowohl in Vereinen als auch informelles Engagement im Freundes- und Bekanntenkreis. Diese privaten Netzwerke sind in jüngeren Jahren entstanden, wie beispielsweise bei der Pfadfinderbewegung. Das Engagement dieses Musters weist damit keine ausschließliche Ausrichtung auf den Stadtteil auf.

Das *karitativ-leistungsorientierte Engagement* (IV) weist den geringsten Bezug zum Sozialraum und die höchste Mobilität innerhalb der Großstadt auf. Die Innenstadt wird für den Besuch von Restaurants oder Theaterbesuchen aufgesucht und damit Angebote genutzt, die aufgrund ihrer Exklusivität nicht im Stadtteil vor Ort zu finden sind. Damit reduziert sich auch die Angewiesenheit auf einen strukturell gut ausgestatteten Stadtteil vor Ort, da aktuell die Möglichkeit des Ausweichens auf andere Stadtteile besteht. Ebenso bietet das Eigentum im Stadtteil die Möglichkeit eines sicheren Rückzugsortes und eine damit einhergehende gelassenere Sicht auf den Wandel.

6.2.3 Dominant vs. dominiert

Vor dem Hintergrund des theoretischen Zugangs über die Habitus- und Klassentheorie Bourdieus stellt sich nach der Darstellung der Engagementmuster sowie der Erkenntnis des Aufeinandertreffens der Muster an ausgewählten Orten die Frage, welche Milieus im Engagement *den Ton angeben* und welche Milieus hingegen eher dominiert werden. Die Schlussfolgerung, dass die Milieus, die auf der Herrschaftsachse oben stehen, auch im lokalen Engagementkontext am ehesten ihre Interessen durchsetzen, lässt sich so nicht ziehen. Das am höchsten verortete *karitativ-leistungsorientierte Engagement* (IV) meidet mit einem distanzierten Blick am stärksten die im Stadtteil vorzufindenden institutionellen Engagementstrukturen und beleuchtet die dortigen Tätigkeiten eher kritisch, indem die Bedeutsamkeit des Engagements in Frage gestellt wird: Es wird davon ausgegangen, dass wichtige Entscheidungen auf höheren politischen Ebenen getroffen werden und dieses konkrete und im Stadtteil fassbare Engagement eher als Nebenschauplatz zu verstehen ist. Daher ist man auch nicht bereit, die eigene Zeit dort zu investieren, so dass das Fernbleiben aus den Engagementstrukturen im Stadtteil als

Distinktionspraxis verstanden werden kann. Die Stellung der Vertreter*innen des *karitativ-leistungsorientierten Engagements* (IV) im sozialen Raum scheint jedoch auch nicht weit genug oben zu sein, um sich in größeren politischen Kontexten zu engagieren. Eine herrschaftliche Perspektive mit dem damit verbundenen Selbstbewusstsein findet sich hier nicht. Daher wird eher in einer passiv-kritischen Begutachtung des Engagements vor Ort verblieben.

Das *anpackend-spontane Engagement* (II), verortet im unteren sozialen Raum, ist insbesondere auf Formen der Geselligkeit im privaten Bereich fokussiert. Es steht weniger die gemeinsame Umsetzung von Maßnahmen im Stadtteil im Fokus als vielmehr die Aufrechterhaltung eines sicheren Netzwerks. Zu den Menschen, die sich engagieren, wird mit einem Blick von unten aufgeschaut.

Die konkrete Gestaltung des Stadtteils durch Engagementtätigkeiten und informelle Netzwerke entscheidet sich gewissermaßen in den beiden Engagementmustern der »bürgerlichen Mitte«, die sich in ihrem Anliegen einen, die eigenen Vorstellungen eines idealen Zusammenlebens im Stadtteil durchzusetzen: rechts im sozialen Raum geleitet von der Vorstellung der Wiederherstellung des damaligen Zusammenlebens im Stadtteil und links im Raum durch eine solidarisch geleitete Idee eines Zusammenbringens aller Bürger*innen im Stadtteil. Im empirischen Material gibt es keine Hinweise darauf, dass es zu einem konflikthaften Aufeinandertreffen dieser unterschiedlichen Anschauungen kommt u.a. aufgrund der nicht stattfindenden Artikulation der Wünsche im Arbeitskreis. Das im *prätentiös-statusorientierten Engagement* (I) zu findende bonding-Kapital (Putnam 2001), verstanden als Vertrauen innerhalb einer fest definierten Gruppe, bezieht sich hier auf die Bewohner*innen des Stadtteils, die von Beginn an im Stadtteil leben und damit die *alten Konventionen* aufrecht erhalten. Dem steht das bridging-Kapital (Putnam 2001) des *gemeinschaftlich-solidarischen Engagements* (III) gegenüber, das neben der Primärgruppe ebenso weitere außenstehende Personen einbindet und hier unter anderem aufgrund einer christlich begründeten Nächstenliebe die Sicht auf alle Bürger*innen richtet sowie eine Einbindung der hinzugezogenen Personen anstrebt. In den empirischen Ergebnissen gibt es jedoch keine Hinweise darauf, welchem Muster eher die Durchsetzung von Machtansprüchen im Engagement gelingt. Am Beispiel des Arbeitskreises, in dem beide Muster aufeinandertreffen, zeigen sich jedoch Tendenzen des Rückzugs beim *solidarisch-gemeinschaftlichen Engagement* (III), da die eigenen Vorstellungen von Partizipation nicht entsprechend aufgegriffen werden.

6.2.4 Praktisch-anpackend vs. verwaltend-organisatorisch

In der breiten Vielfalt an Engagementtätigkeiten finden sich unterschiedliche Arbeitslogiken (Oesch 2007), die an die beruflichen Tätigkeiten der Interviewten rückgebunden werden können. So finden sich die im *anpackend-spontanen Engagement* (II) ausgeübten zupackenden Tätigkeiten im gelernten Ausbildungsberuf im Handwerk. Dem stehen verwaltend-organisatorische Tätigkeiten gegenüber, die beispielsweise im *prätentiös-statusorientierten Engagement* (I) in Form von Verwaltungsberufen erlernt wurden. Neben dieser Differenzierung von anpackenden und verwaltenden Tätigkeiten finden sich zudem, insbesondere bei weiblichen Engagierten, sorgende und betreuende Tätigkeiten, die teilweise ebenfalls am erlernten Beruf im Care-Bereich anschließen.

Die Engagementmuster sind hinsichtlich dieser Arbeitslogiken jedoch nicht homogen, sondern vielfältig aufgestellt. Es lassen sich somit keine bestimmten Engagementtätigkeiten ausgewählten Milieus zuordnen. Vielmehr finden sich hinter den gewählten Tätigkeiten größere Anliegen und habitusspezifische Vorstellungen, welche die Engagementmuster in ihrer Milieuspezifität einen. Am Beispiel des rechts im sozialen Raum stehenden *prätentiös-statusorientierten Engagements* (I) kann dies verdeutlicht werden: den ehrenamtlichen Tätigkeiten, in denen verwaltende und organisatorische Tätigkeiten übernommen werden, stehen die informellen Engagementtätigkeiten als Kümmerer des Stadtteils gegenüber, in denen durch Gespräche mit Nachbar*innen sowie konkrete Unterstützungsangebote Hilfestrukturen aufrecht erhalten werden. Trotz dieser unterschiedlichen Arbeitslogiken, die sich im Engagement zeigen werden diese Fälle durch den milieuspezifischen Wunsch geeint, den Stadtteil in Anlehnung an früher ordentlich und sauber zu halten und gemeinsame Regeln im Miteinander zu bewahren; daraus erfolgt die Übernahme von Ehrenämtern in Institutionen des Stadtteils oder die direkte Unterstützung in der Nachbarschaft. Dies deutet darauf hin, dass milieuspezifische Blickwinkel die Strukturierung des Engagements durch Arbeitslogiken überlagern und vermögen, verschiedene Arbeitslogiken in einem Engagementort zu vereinen.

6.2.5 Individuell vs. gemeinschaftlich

In den vier Engagementmustern finden sich unterschiedliche Fokussierungen auf Individualität oder Gemeinschaft im Engagement. Je höher die Engagementmuster im sozialen Raum verortet sind, desto eher finden sich individuelle Habituszüge im Engagement wieder. Verstärkt wird dies zudem durch eine Verortung links im sozialen Raum. Die stärkere Fokussierung auf Individualität äußert sich jedoch unterschiedlich: das *karitativ-leistungsorientierte Engagement* (IV) richtet den Blick insbesondere auf das eigene Älterwerden im Stadtteil und hebt weniger die Bedeutung von geselligen Kontakten hervor. Das Miteinander im Stadtteil wird eher als schwierig wahrgenommen, da sich auf Freund*innen und Bekannte nicht verlassen werden kann. Auch im *gemeinschaftlich-solidarischen Engagement* (III) findet sich durch den Anspruch nach Autonomie und Egalität im Engagement eine Fokussierung auf das Individuum, welches jedoch andere Konsequenzen hat: Hier wird stärker das Einbringen inhaltlicher Ideen und Vorstellungen fokussiert und dies auch von anderen als bereichernd erlebt. Es zeigt sich daher an dieser Stelle eine deutliche Ambivalenz hinsichtlich der Pole Gemeinschaft und Individuum: Es besteht der Wunsch, im Engagement eigene Ideen einzubringen. Dies wird dementsprechend auch von anderen eingefordert. Das führt teilweise jedoch auch zu potenziellen Konflikten in der Gemeinschaft, da diese als Kollektiv für gemeinsame Entscheidungen verstanden wird. Wird also ein Vorschlag nicht von allen Beteiligten mitgetragen, wird sich der Gemeinschaft untergeordnet oder aber, ist eine Zustimmung nicht möglich, aus der Gemeinschaft zurückgezogen.

Demgegenüber findet sich im weiter rechts stehenden *prätentiös-statusorientierten Engagement* (I) eine deutlichere Ausrichtung an der Gemeinschaft, welche sich am damaligen Zusammenleben orientiert und daher auch nur ausgewählte Personengruppen als dazugehörig versteht. Die Gemeinschaft dient dazu, Sicherheit aufrechtzuerhalten, denn ein sich veränderndes Zusammenleben im Stadtteil und eine Neuaushandlung eines funktionierenden Miteinanders führen zu Verunsicherung und der Angst eines sozialen Abstiegs.

Das *anpackend-spontane Engagement* (II) weist die deutlichste Gemeinschaftsorientierung auf, bezogen aber insbesondere auf informelle und persönliche Netzwerke. Auch hier bietet die Gemeinschaft Sicherheit, ist aber noch enger auf den privaten Kreis beschränkt.

6.2.6 Reziprok vs. einseitig

Der in der Literatur als zentrales Charakteristikum für ehrenamtliches Engagement genannte Altruismus (siehe Forschungsstand, Kap. 2.2) kann durch die empirischen Ergebnisse geweitet werden, indem sich in den Engagementmustern deutliche, teilweise auch implizite Hinweise auf Reziprozität finden lassen. Nachdrücklich zeigt sich dies im *karitativ-leistungsorientierten Engagement* (IV), indem der Wunsch nach einer Gegenleistung im Engagement zu finden ist. Auch kleine materielle Hilfen, wie die Weitergabe von Zucker an eine Nachbarin, werden nicht als einseitig verstanden, sondern eine entsprechende Gegengabe erwartet. Ebenso werden informelle Hilfen in der Nachbarschaft übernommen, um sich damit im Gegenzug eine spätere Unterstützung im hohen Alter bei eventuell eintretender Immobilität zu sichern. Das hier beschriebene kaum funktionierende Unterstützungsnetzwerk findet sich im *anpackend-spontanen Engagement* (II) als gut funktionierendes System. Hier wird Hilfe geleistet, da auch sichergestellt wird, dass diese Unterstützung wiederum selbst bei Bedarf angefragt werden kann (»eine Hand wäscht die andere«). Um Teil der Gemeinschaft zu bleiben und Hilfe in Anspruch nehmen zu dürfen muss daher auch selbst Hilfe geleistet werden.

Weniger stark findet sich die Bedeutung reziproker Hilfe in den Mustern in der Mitte des sozialen Raums. Hier wird diese Logik weniger deutlich artikuliert, jedoch soll auch hier das eigene Engagement, ob im informellen oder formellen Engagementkontext, einen Effekt für das eigene Leben im Stadtteil mit sich bringen. Die im *prätentiösstatusorientierten Engagement* (I) zu findende kämpferische Aufrechterhaltung der früheren Ordnung im Stadtteil dient zur Systemstabilisierung eines regelkonformen Miteinanders. Hier wird daher keine konkrete Gegenleistung der Mitmenschen eingefordert, sondern vielmehr ein Beitrag dazu geleistet, in Anlehnung an das frühere Miteinander im Stadtteil sicher alt werden zu können.

Resümierend lässt sich festhalten: Das von den Milieus der bürgerlichen Mitte getragene formelle Engagement im Stadtteil wird von den oben sowie weiter untenstehenden Milieus kritisch-distanziert betrachtet: zum einen aufgrund der Infragestellung der Relevanz der dort bearbeiteten Themen, zum anderen mit einer Kritik an fehlender Authentizität im Engagement. Es findet sich damit im stadtteilbezogenen Engagement nicht automatisch eine Dominanz der Milieus, welche weiter oben im sozialen Raum verortet sind, da diese sich in diesem Kontext zu wenig Prestige versprechen und daher ihr Interesse an größeren gesellschaftlichen und politischen Themen ausgerichtet ist. Insbesondere das Traditionelle Kleinbürgerliche Arbeitnehmermilieu dominiert die klassischen Ehrenämter sowie die Mitwirkung in Arbeitskreisen, indem es jedoch weniger um die inhaltliche Mitbestimmung als vielmehr um die Möglichkeit geht, durch repräsentative Aufgaben gesehen und wahrgenommen zu werden. Das Leistungsorientierte Arbeitnehmermilieu verfolgt demgegenüber konkrete Themen und Ideale, die jedoch bei kritischen Einwänden von Dritten zurückgezogen und nicht weiter verfolgt werden.

Informelle Engagementtätigkeiten finden sich hingegen, in unterschiedlicher Intensität, in allen Engagementmustern. Zudem treffen die Muster in verschiedenen informellen Treffpunkten im Stadtteil aufeinander, was sich jedoch nicht ausschließlich über die Milieuverortung als vielmehr auch über weitere Dimensionen, wie das Geschlecht, erklären lässt.

Geeint werden die Engagementmuster in sich weniger durch die jeweiligen Engagementtätigkeiten (im Sinne des formellen sowie informellen Engagements), sondern vielmehr durch milieuspezifische Anliegen und Blickwinkel, die in unterschiedlichen Tätigkeiten Niederschlag finden. Dementsprechend hat auch der Stadtteil als Lebensraum für die Engagementmuster eine unterschiedliche Relevanz. Die höher im sozialen Raum verorteten sowie weiter links im sozialen Raum stehenden Milieus weisen eine geringere Ausrichtung auf den Stadtteil aus.

7 Schlussbetrachtungen und Ausblick

Mit dem theoretisch-empirischen Zugang über die Habitus- und Milieutheorie hat die vorliegende Arbeit Engagementtätigkeiten älterer Menschen in Verbindung mit ihren habitusspezifischen Dispositionen beleuchtet. Dadurch konnte – anknüpfend an Studien zu Erklärungsansätzen für die Aufnahme eines Engagements – eine neue Perspektive auf Engagement eingenommen werden. Es gelang damit nicht nur, Beweggründe älterer Menschen zur Ausübung von Engagement vor dem Hintergrund ihrer Einbettung in gesellschaftliche Strukturen und ihrer Position im gesellschaftlichen Raum zu verstehen, sondern ebenso Engagement als Teil der Lebensführung in den Blick zu nehmen, womit insbesondere die Perspektive der Älteren selbst sichtbar wurde. Die empirischen Ergebnisse untermauern die Annahme, dass ältere Menschen aus ihrer milieuspezifischen Lebenswelt heraus ganz gezielt Kontexte und Orte für ihr Tätigsein wählen und sich die im wissenschaftlichen Diskurs zu findende Differenzierung von formellem vs. informellem Engagement aus Sicht der Älteren dieses Samples nicht bestätigen lässt.

Die Ergebnisse lassen darüber hinaus erkennen, dass das Tätigsein im informellen Engagement bei interviewten Personen einiger Milieus, wie beispielsweise dem Traditionellen Arbeitermilieu, zur Aufrechterhaltung der persönlichen Beziehungen beiträgt. Wird mit diesem Engagement zwar ebenso eine aktive Gestaltung des Zusammenlebens im Stadtteil übernommen, findet sich hier bei den Interviewten jedoch weniger ein Selbstverständnis von aktiv Mitgestaltenden der Zivilgesellschaft. Demnach begreifen sich nicht alle älteren Menschen »als zentrale Akteurinnen und Akteure der Zivilgesellschaft« (Ministerium für Gesundheit, Emanzipation, Pflege und Alter des Landes NRW 2016: 377). Vielmehr steht in gewissen Milieus das Interesse an der Aufrechterhaltung privater Netzwerke im Fokus, welche Sicherheit und Stabilität bieten. Die Aufnahme eines Engagements ist zudem vor dem Hintergrund zu beleuchten, dass in diesen Milieus das klassische bürgerschaftliche Engagement anderen Menschen mit den dafür notwendigen Kompetenzen zugeschrieben wird und damit ein Selbstausschluss (Bremer 2008) im Bereich des formellen Engagements einhergeht, welcher der Reproduktion gesellschaftlicher Machtstrukturen im Engagement und damit einem Fremdausschluss geschuldet ist.

Die Beleuchtung dieses von Ungleichheit durchzogenen Nahraums des Engagements im Alter war schließlich ein wichtiges Anliegen der Arbeit, indem die empirische

Studie das Engagement in einem ausgewählten Stadtteil einer Großstadt Nordrhein-Westfalens erschließt und damit das gerontologische Paradigma der stadtteilbezogenen Engagementprozesse aufgreift.

Im Weiteren werden zunächst die zentralen Ergebnisse anhand der Forschungsfragen resümiert (Kap. 7.1), um sie anschließend in den aktuellen Engagementdiskurs einzuordnen und damit an bestehende Erkenntnisse anzuknüpfen und diese weiterzuführen (Kap. 7.2). Abschließend werden auf Grundlage der empirischen Ergebnisse Perspektiven für die pädagogische und soziale Arbeit in der Begleitung von Engagierten dargestellt (Kap. 7.3).

7.1 Zusammenfassung zentraler Befunde

Mit dem gewählten qualitativen Forschungsdesign wurde in der Arbeit das Ziel verfolgt, habitusspezifische Engagementmuster herauszuarbeiten und die Bedeutung des sozialen Nahraums für Engagementtätigkeiten zu beleuchten. Anhand von zehn leitfadengestützten Interviews sowie strukturierten Sozialraumtagebüchern konnten – ausgehend vom Zusammenleben im Stadtteil – sowohl institutionell angebundene Engagementtätigkeiten als auch informelles Engagement identifiziert werden. Die Interviews wurden habitushermeneutisch ausgewertet (siehe Kap. 4.2.2.3) und nach einer Verschriftlichung im Rahmen von Fallportraits eine Verortung der Fälle im sozialen Raum vorgenommen. Die sich im sozialen Raum nahestehenden Fälle konnten abschließend durch eine übergreifende Betrachtung zu vier Engagementmustern verdichtet werden, welche jeweils durch ein handlungsleitendes Prinzip im Engagement charakterisiert werden.

Zudem konnten die in der Literatur zu findenden Systematisierungen des Engagements anhand von Engagementpolen (siehe Kap. 1.1.2) aus einer habitustheoretischen Perspektive ergänzt und weitere Engagementpole identifiziert werden (dominant vs. dominiert, individuell vs. gemeinschaftlich etc., siehe hierzu Kap. 6.2).

Im Folgenden werden die zwei forschungsleitenden Fragen der Arbeit komprimiert dargestellt und abschließend die Ergebnisse synoptisch zusammengefasst.

Welche Verbindung besteht zwischen der Engagementtätigkeit älterer Menschen (im formellen oder informellen Engagementkontext) und den habitusspezifischen Dispositionen? Welche milieuspezifischen Zugänge zu Engagement lassen sich erkennen?
Über den habitus- und milieutheoretischen Zugang wird das ausgeübte Engagement als Teil der Lebensführung verstanden und davon ausgegangen, dass zentrale Lebensprinzipien in allen Bereichen Entfaltung finden, so auch in der Wahl und Ausübung von Engagement. Dabei sind diese Zugänge nicht alleine rückzubinden an individuelle, rein biografisch erworbene Dispositionen, sondern an die eingenommene Position im sozialen Raum. Die empirischen Ergebnisse konnten aufzeigen, dass die Nähe einzelner Fälle im sozialen Raum zu ähnlichen Engagementzugängen führt, so dass daraus in der Folge entsprechende Engagementmuster entwickelt werden konnten (siehe Tab. 4).

Tabelle 4: Übersicht über die Engagementmuster mit den jeweils handlungsleitenden Prinzipien und konkreten Engagementtätigkeiten

Engagement-muster	Milieuschwerpunkt	Handlungs-leitendes Prinzip	Engagementtätigkeiten
Muster I »prätentiös-statusorientiert«	Traditionelles Kleinbürgerliches Arbeitnehmermilieu	Ordnung & Konventionen	Aufrechterhaltung von Ordnung und Sauberkeit im Stadtteil
Muster II »anpackend-spontan«	Traditionelles Arbeitermilieu	Authentizität & Respektabilität	Pflegen einer Gemeinschaft im Familien- und Freundeskreis
Muster III »gemeinschaftlich-solidarisch«	Leistungsorientiertes Arbeitnehmermilieu	Egalität & Autonomie	Mitgestaltung eines gerechten Zusammenlebens im Stadtteil
Muster IV »karitativ-leistungs-orientiert«	Leistungsorientiertes Arbeitnehmermilieu (an der Trennlinie der Distinktion)	Distinktion & Reziprozität	Gestaltung des eigenen Älterwerdens im Stadtteil

Engagementmuster I, das *prätentiös-statusorientierte Engagement*, ist vornehmlich im Traditionell Kleinbürgerlichen Milieu zu finden. Hier wird mit Hilfe formeller sowie informeller Engagementtätigkeiten zur Aufrechterhaltung eines ordentlichen und sauberen Stadtteils beigetragen, um damit auch das frühere harmonische Zusammenleben zu sichern. Das handlungsleitende Prinzip »Ordnung und Konventionen« führt sowohl zu Engagement im Bürgerverein, welcher Saubermachaktionen im Stadtteil plant, als auch zur Aufrechterhaltung persönlicher Kontakte, welche Sicherheit in einem sich wandelnden Stadtteil bieten.

Engagementmuster II, das *anpackend-spontane Engagement*, findet sich überwiegend im Traditionellen Arbeitermilieu und ist durch einen hohen Anteil informeller Engagementtätigkeiten gekennzeichnet, welche zur Pflege und Aufrechterhaltung der Gemeinschaft im Familien- und Freundeskreis dienen. Zentrales handlungsleitendes Prinzip ist hier »Authentizität und Respektabilität«, wodurch sich beispielsweise von zu stark in der Öffentlichkeit präsentierten Engagementtätigkeiten abgegrenzt wird. Im informellen Engagement finden sich etwa handwerkliche Tätigkeiten, Unterstützung bei Umzügen von Freund*innen oder eine regelmäßige Enkelkindbetreuung.

Engagementmuster III, das *gemeinschaftlich-solidarische Engagement*, ist insbesondere im Leistungsorientierten Arbeitnehmermilieu verortet. Die Engagementtätigkeiten werden getragen vom Prinzip »Egalität und Autonomie«. Dies zeigt sich beispielsweise in dem Wunsch eines gerechten Zusammenlebens im Stadtteil und einem Blick auf benachteiligte Gruppen. Wie in Engagementmuster I finden sich hier formelle sowie informelle Engagementtätigkeiten, die sowohl verwaltend-organisatorische sowie praktisch-anpackende Tätigkeiten umfassen.

Engagementmuster IV, das *karitativ-leistungsorientierte Engagement*, ist ebenfalls überwiegend im Leistungsorientierten Arbeitnehmermilieu, hier jedoch weiter oben, knapp unterhalb der Trennlinie der Distinktion, zu verorten. Wie in Engagementmuster II findet sich hier insbesondere informelles Engagement, welches durch das handlungsleitende Prinzip »Distinktion und Reziprozität« geprägt wird. Es stehen stärker individuelle Wünsche (wie die Gestaltung des eigenen Älterwerdens im Stadtteil) im Fokus. Die Frage der Reziprozität im Engagement ist hier von besonderer Bedeutung, indem für das eigene Engagement auch eine entsprechende Gegenleistung eingefordert wird.

Die hier entwickelte neue Perspektive auf Engagement im Alter zeigt habitusspezifische Engagementmuster auf, welche speziellen handlungsleitenden Prinzipien folgen, die wiederum die konkrete Engagementpraxis strukturieren.

Dieser theoretische Zugang zu Engagement älterer Menschen eröffnet damit fünf neue Perspektiven auf Engagement, die im Folgenden pointiert zusammengefasst werden.

1) Engagementmuster mit handlungsleitenden Prinzipien

Die im Engagementdiskurs zu findende Kategorisierung der breiten Engagementlandschaft anhand von (1) formellem sowie informellem Engagement, (2) Engagementbereichen (beispielsweise Engagement im Bereich Sport, Soziales, Kultur) sowie (3) Engagementtätigkeiten (administrative Tätigkeiten, anpackende Tätigkeiten etc.) kann (4) durch zentrale handlungsleitende Prinzipien im Engagement (beispielsweise »Ordnung und Konventionen«, »Egalität und Autonomie«) ausdifferenziert werden. Im Engagement wird diesen Prinzipien auf unterschiedliche Art und Weise Ausdruck verliehen, so dass diese nicht eindeutig bestimmten Engagementbereichen oder auch -tätigkeiten zugeordnet werden können. Beispielhaft verdeutlicht werden kann dies am Engagementmuster I, dem *prätentiös-statusorientierten Engagement* des Traditionell Kleinbürgerlichen Arbeitnehmermilieus. Hier zeigt sich, dass der Wunsch nach Aufrechterhaltung von Ordnung und Sauberkeit zum einen darin münden kann, selbst Grünflächen zu säubern oder zum anderen, sich in der Wohnungseigentümergemeinschaft für ein ordentliches Zusammenleben im Haus einzusetzen. Bedeutsam ist, dass sich hinter diesen unterschiedlichen Tätigkeiten vielmehr eine habitusspezifische Dimension zeigt, die als zentrales handlungsleitendes Prinzip verstanden werden kann, in diesem Fall das Prinzip »Ordnung und Konventionen«. Kurzum: eine Habitus- und Milieuspezifik von Engagement im Alter erschöpft sich nicht in der Charakterisierung von spezifischen Engagementtätigkeiten, sondern orientiert sich an dem dahinterliegenden habitusspezifischen handlungsleitenden Prinzip.

2) Formen der Vergemeinschaftung als Ursprung von Engagement

Die in der Engagementforschung vorhandenen Studien zu Beweggründen für Engagement reichen von biografischen Erklärungsansätzen über Sozialkapitalansätze bis hin zu Lebensstil- und Milieustudien (siehe ausführlich Kap. 2.2). Aufgrund der Fokussierung der meisten Milieustudien auf Kapitalsorten und deren Bedeutung für Engagement wird bisher kaum das Habituskonzept und damit verbunden der Aspekt der Vergemeinschaftung im Kontext von Engagement in den Blick genommen. Mit Hilfe des *habitus*theoretischen Zugangs wird es möglich, informelle Treffpunkte als Ausgangspunkt für Engagement zu verstehen und den Kohäsionsgedanken im Engagement aufzugreifen. So finden sich diese Vergemeinschaftungsformen im Stadtteil in unterschiedlichen Kontexten: zum einen in *Gesellungsorten* wie der Kneipe, zum anderen in informell selbstorganisierten Gruppen (beispielsweise von alleinlebenden älteren Frauen), die sich regelmäßig zum Austausch treffen. Aus diesen Orten heraus können zum einen Engagementtätigkeiten entstehen, zum anderen aber auch das Fernbleiben erklärt werden. Die Kneipe vereint beispielsweise (durchaus geschlechtsspezifisch) sehr unterschiedliche Milieus, die sowohl oben im sozialen Raum (Leistungsorientiertes Arbeitnehmermilieu) als auch unten im sozialen Raum (Traditionelles Arbeitermilieu) verortet sind. Diese beiden Milieus weisen hingegen die größte Distanz zu klassischen Strukturen bürgerschaftlichen Engagements auf und bleiben diesen fern – wenn auch aus unterschiedlichen Beweggründen (siehe die Beschreibung der Engagementmuster, Kap. 5).

3) Aufeinandertreffen von Milieus im formellen sowie informellen Engagement

Das bereits dargestellte Zusammentreffen von Milieus in Gesellungsorten wie der Kneipe wird im Engagementkontext fortgeführt: so findet nicht etwa eine Separierung der Milieus nach informellem und formellem Engagement statt, sondern vielmehr ein Aufeinandertreffen in unterschiedlichen Kontexten. Im Arbeitskreis im Stadtteil finden sich etwa Vertreter*innen des Leistungsorientierten Arbeitnehmermilieus sowie des Traditionell Kleinbürgerlichen Arbeitnehmermilieus mit ihren unterschiedlichen Anliegen, den Prinzipien von »Autonomie und Egalität« sowie »Ordnung und Konventionen«. Diese führen auf der einen Seite zu einem Wunsch nach Mitgestaltung und Partizipation aller Mitglieder des Arbeitskreises, auf der anderen Seite zu einer stärkeren Aufrechterhaltung der vorhandenen altbewährten Strukturen des Zusammenlebens im Stadtteil. Dieses Aufeinandertreffen ist dann auch Ausdruck eines Ringens unterschiedlicher Klassenhabitus um die konkrete inhaltliche Ausrichtung der Zusammenarbeit im Arbeitskreis.

4) Bewahrung versus Veränderung – Ausdifferenzierung einer Mittelschichtsorientierung

In klassischen Formen des bürgerschaftlichen Engagements zeigt sich eine deutliche Mittelschichtsorientierung, so dass die Milieus der bürgerlichen Mitte als *stärkste Kraft* im formellen Engagement bezeichnet werden können (siehe Forschungsstand, Kap. 2 sowie die Ergebnisse der vorliegenden Studie, Kap. 5). Dieses Engagement wird von weiter oben stehenden Milieus sowie dem Traditionellen Arbeitermilieu eher gemieden. Weiterführend lässt sich hinsichtlich dieser Mittelschichtsorientierung eine Ausdifferenzierung auf einer horizontalen Ebene erkennen (siehe zur Verortung der Engagementmuster in der Milieutypologie Abb. 18): So verfolgt das in der Traditionslinie der

Facharbeit und Praktischen Intelligenz stehende Leistungsorientierte Arbeitnehmermilieu mit den Engagementtätigkeiten das Anliegen – ausgerichtet auf die im Stadtteil lebenden Menschen – eine Gemeinschaft zu gestalten und hier auch beispielsweise schwächere Gruppen zu berücksichtigen. Demgegenüber geht es dem weiter rechts stehenden Traditionell Kleinbürgerlichen Milieu in der ständisch-kleinbürgerlichen Traditionslinie eher um die Bewahrung einer alten und hierarchischen Ordnung im Zusammenleben. Zu beobachten ist hier auch eine stärkere Statusorientierung im Engagement. Diese im Engagement zu findende Differenzierung findet sich beispielsweise auch im zweiten Engagementbericht der Bundesregierung in der Gegenüberstellung von »Konflikt und Wandel« sowie »Konsens und Bewahrung« (BMFSFJ 2017: 72), jedoch ohne einen theoretischen Erklärungsansatz. Die habitustheoretische Perspektive bietet damit die Möglichkeit einer Ergänzung der Ergebnisse, indem beispielsweise der Pol der Bewahrung unter anderem auf eine Sicherheitsorientierung zurückgeführt werden kann, durch die im Rahmen des Engagements ein Beitrag zur Aufrechterhaltung des bisherigen Zusammenlebens im Stadtteil geleistet wird.

5) Reziprozität im Engagement

Der im Engagementdiskurs zu findende Dualismus zwischen altruistisch-uneigennützigen und selbstbezogen-egoistischen Beweggründen ist um eine differenzierte Perspektive zu erweitern. Mit Rückgriff auf Bourdieus Ausführungen zur Ökonomie des symbolischen Tauschs (1998a) kann sich von altruistischen und uneigennützigen Beweggründen gelöst und vielmehr die auch im Rahmen von Engagement vorhandenen impliziten Erwartungen an das Gegenüber in den Blick genommen werden. Von ihm als »Tabu der expliziten Formulierung« (Bourdieu ebd.: 165) bezeichnet, bleiben diese Erwartungen im Engagement verdeckt, werden nicht ausgesprochen und wirken daher unterschwellig mit, sind jedoch vorhanden. Dies lässt sich in Ansätzen auch im empirischen Material finden, indem beispielsweise die Unterstützung von Nachbar*innen daran gebunden ist, selbst auf eine entsprechende Gegenleistung in der Zukunft, etwa bei altersbedingt zunehmender Immobilität, zu hoffen. Ebenso kann das Engagement in öffentlichkeitswirksamen Funktionen als Möglichkeit der Resonanzerfahrung durch das direkte Wohnumfeld verstanden werden.

Der verstehende Zugang zu Engagement aus einer habitustheoretischen Perspektive ermöglicht aufgrund der weitgehenden Lösung von aufgemachten Grenzziehungen eine Öffnung des Diskurses und damit ebenso eine Entkräftung der normativen Aufladung der Engagementdebatte, indem konsequent an der milieuspezifischen Lebenswelt der Älteren angeknüpft wird. Damit wird nicht nur eine Vielfalt an Engagement sichtbar, sondern zudem deutlich, dass in allen Milieus Engagementtätigkeiten zu finden sind, die dazu führen, dass nicht alle Älteren auch noch für zusätzliche formelle Engagementtätigkeiten zu mobilisieren sind.

Welche Bedeutung hat der soziale Nahraum für die milieuspezifischen Zugänge zu Engagement älterer Menschen?

Die im gerontologischen Diskurs zu findende Ausrichtung von Engagement im Alter auf den sozialen Nahraum wurde in der vorliegenden Studie durch die Beleuchtung eines exemplarisch ausgewählten Stadtteils aufgegriffen (zur Begründung dieser Auswahl, siehe Kap. 4.1.2). Vor dem Hintergrund der Erkenntnis, dass Funktionen von Nachbarschaften und dem sozialen Nahraum »nicht von vornherein durch die räumliche Nähe bestimmt werden, sondern sich erst sozialräumlich konstituieren« (Böhnisch 2015: 155), war auch für die vorliegende Arbeit von Interesse, welche Relevanz der Nahraum für das Engagement aufzeigt. Die Anlage der Studie bringt verschiedene Dimensionen hinsichtlich der Bedeutung des Stadtteils für das Engagement Älterer zum Vorschein.

Im Stadtteil finden sich unterschiedliche Engagementkontexte, die nach formellen sowie informellen Engagementbereichen betrachtet werden können. Diese sind in sich jedoch nochmals auszudifferenzieren, so dass sich insgesamt vier Engagementkontexte im Stadtteil gezeigt haben: neben (1) klassischen Formen des Engagements in Institutionen wie dem Bürgerverein finden sich im Stadtteil (2) weitere institutionell angebundene Engagementformen, wie beispielsweise der durch einen Sozialarbeiter organisierte Arbeitskreis. Diese Engagementkontexte bieten aufgrund einer nicht ausschließlich an eine Institution gebundenen Tätigkeit für die Engagierten mehr Flexibilität, da beispielsweise ein Arbeitskreis nach einigen Jahren den Arbeitsschwerpunkt verändern, sich nach Bedarf aber auch ganz auflösen kann. Im Bereich des informellen Engagements findet sich ebenso eine Ausdifferenzierung: neben dem (3) informellen Engagement in der Familie, der Nachbarschaft und dem Freundeskreis findet sich Engagement ausgehend von (4) Gesellungsorten im Stadtteil, wie beispielsweise der Kneipe oder aber selbstorganisierten Gruppen, die sich regelmäßig in eigenen Räumlichkeiten treffen und damit nicht an Institutionen gebunden sind.

Ausgehend von diesen vier Engagementkontexten zeigt sich im vorliegenden Sample, dass nicht alle Interviewten in der Gestaltung ihres Alltags sowie der Ausübung ihres Engagements eine Ausrichtung auf den Stadtteil aufweisen, sondern sich vielmehr eine Milieuspezifik andeutet. Im Engagement der weiter oben verorteten Milieus (*gemeinschaftlich-solidarisches Engagement*, III und *karitativ-leistungsorientiertes Engagement*, IV) zeigt sich eine weniger starke Fokussierung auf die direkte Wohnumgebung, weil sich auch außerhalb des Stadtteils aufgehalten wird (unter anderem aufgrund des aus ihrer Sicht mangelnden kulturellen Angebots vor Ort, welches dann eher in der Innenstadt gefunden wird). Demgegenüber ist für das Traditionelle Kleinbürgerliche Arbeitnehmermilieu (*prätentiös-statusorientiertes Engagement*, I) sowie das Traditionelle Arbeitermilieu (*anpackend-spontanes Engagement*, II) der Stadtteil von größerer Bedeutung, mit dem sich zudem stärker identifiziert wird. Da die Interviewten keine körperlichen Beeinträchtigungen aufweisen und noch eigenständig mobil sind, ist die im gerontologischen Diskurs angeführte Immobilität als Begründung für die Bedeutung des sozialen Nahraums an dieser Stelle weniger relevant. Vielmehr legen die Ergebnisse nahe, dass der Bewegungsradius mit dem Milieu korrespondiert. Damit erhält der unmittelbare Nahraum für die gewählten Engagementkontexte jeweils unterschiedliche Bedeutungen.

Die empirische Anlage der Studie verdeutlicht zudem, dass nicht die Nahräumlichkeit allein ein relevanter Faktor für die Gestaltung des Engagements ist, sondern vielmehr die Identifikation mit der direkten Wohnumgebung als bedeutsame Einflussgröße zu beachten ist, welche sich wiederum milieuspezifisch ausdifferenziert. Dabei hat der ausgewählte Stadtteil der vorliegenden Arbeit in den letzten vierzig Jahren einen deutlichen Sozialstrukturwandel vollzogen, so dass sich milieuspezifische Strategien des Umgangs mit diesem Wandel aufzeigen lassen: diese reichen von der Bewahrung konventioneller Strukturen im Zusammenleben (*prätentiös-statusorientiertes Engagement*, I) bis zu deutlicheren gemeinschaftlichen Tendenzen und der Einbindung auch hinzugezogener Personengruppen in das Miteinander (*gemeinschaftlich-solidarisches Engagement*, III). Die bereits beschriebene Ausrichtung des Alltags über den Stadtteil hinaus (*karitativ-leistungsorientiert*, IV) führt wiederum zu einer eher distanzierten Perspektive auf den Wandel und einer Gelassenheit im Umgang mit Veränderungen des Zusammenlebens. Das *anpackend-spontane Engagement*, Muster IV, findet sich insbesondere in informellen Engagementkontexten auf den Stadtteil ausgerichtet und möchte durch die Aufrechterhaltung der privaten Netzwerke dem Wandel im Stadtteil Sicherheit entgegensetzen. Neben der Nahräumlichkeit sind damit ebenso die jeweiligen historischen Entwicklungsstadien der Stadtteile zu berücksichtigen, um die Wahl von Engagementtätigkeiten in Gänze nachvollziehen zu können.

Fazit

Abschließend fasst die folgende Tabelle 5 synoptisch die zentralen Aspekte zu den zwei leitenden Forschungsfragen zusammen. In Anlehnung an die Abbildung des konzeptionellen Rahmens der Arbeit und der zentralen inhaltlichen *Eckpfeiler* (siehe Abb. 1) wird der Forschungsgegenstand auch hier wieder aufgegriffen, an dieser Stelle jedoch mit Ergebnissen der habitus- und milieuspezifischen Untersuchung gefüllt und damit die Differenzierung von Formellem sowie Informellem verzichtbar.

Im Weiteren folgt eine Anbindung der Befunde der Arbeit an bestehende Forschungserkenntnisse sowie eine Darstellung weiterführender aus der Arbeit heraus identifizierter Forschungsdesiderate.

Tabelle 5: Zentrale Ergebnisse der Arbeit mit habitus- und milieuspezifischer Perspektive auf Engagement

Perspektivwechsel auf Engagement mit Hilfe der Habitus- und Milieutheorie (Forschungsfrage 1)	Engagement als Teil der Lebensführung und als sinnstiftende Tätigkeit aus der milieuspezifischen Lebenswelt heraus (unabhängig von der wissenschaftlichen Logik des formellen vs. informellen Engagements)
	Ursprung von Engagement liegt in Vergesellschaftungsorten, in denen soziale Milieus aufeinandertreffen (nicht ausschließlich in gemeinsam getragenen Ideen und Anliegen für ein Engagement)
	Habitus- und Milieuspezifik im Engagement erschöpft sich nicht in spezifischen Engagementtätigkeiten, sondern einem dem Engagement zugrunde liegenden habitusspezifischen handlungsleitenden Prinzip
	stärkste Kraft im formellen Engagement sind die sozialen Milieus in der Mitte des sozialen Raums; Erkenntnisse zur Mittelschichtsorientierung im formellen Engagement werden durch horizontale Milieudifferenzierung ergänzt
	Reziprozität im Engagement findet sich durch implizite Erwartungen an das Gegenüber; auch mit zeitlicher Verzögerung der »Gegengabe« in der Zukunft
Relevanz des Stadtteils für das Engagement (Forschungsfrage 2)	in der Ausrichtung des Engagements auf den Stadtteil zeigt sich eine Milieuspezifik (besondere Relevanz des Stadtteils für weiter unten im sozialen Raum verortete Milieus)
	lange Wohndauer im Stadtteil führt zu hoher Identifikation mit diesem und trägt zu einem Engagement im Stadtteil bei
	Engagement im Stadtteil ist vor dem Hintergrund eines sozialstrukturellen Wandels im Stadtteil zu beleuchten

7.2 Einbettung der Ergebnisse in den Engagementdiskurs und weiterführende Forschungsdesiderate

Die in der Einführung vorgestellten sozialgerontologischen Diskurse (Kap. 1.1.1) stecken die bisher diskutieren Rahmenbedingungen für das Engagement Älterer ab. Die mit den Diskursen einhergehenden Ambivalenzen der Engagementthematik verdeutlichen die Notwendigkeit einer kritischen Perspektive auf den Engagementdiskurs. Dies bestätigt auch die Tendenz, »dass [...] nahezu sämtliche Kernbegriffe und Kernkonzepte Sozialer Arbeit eine Umdeutung erfahren haben« (Roß/Roth 2019: 15), unter anderem die Konzepte der Sozialraumorientierung und des bürgerschaftlichen Engagements.

Hier wurde die Habitustheorie herangezogen, um ein neues Engagementverständnis anzuregen, das aus der Lebenswelt der Individuen heraus entfaltet wird. Die Habitus- und Milieutheorie bietet sich als theoretischer Zugang hinsichtlich dieser Perspektive an, wurde im deutschen Gerontologiediskurs bisher jedoch nur punktuell aufgegriffen (siehe hierzu Kap. 1.1.5). Die identifizierte »Leerstelle« (van Dyk 2015b: 85) hinsichtlich der Rezeption der Theorie Bourdieus trifft daher nicht nur auf die englischsprachige gerontologische Forschung, sondern ebenso auf die deutsche Forschung zu. Die vorliegende Arbeit hat diesen theoretischen Zugang am Beispiel der Beleuchtung von Engagement älterer Menschen in einem qualitativen Forschungsdesign aufgegriffen, um damit die Möglichkeit einer differenzierten Beleuchtung *der Älteren* vornehmen zu können.

In der Engagementforschung liegen bisher vielfältige Studien zum Engagement spezieller Zielgruppen vor (für das Engagement älterer Menschen siehe Forschungsstand, Kap. 2; für psychisch erkrankte Menschen u.a. Stecklum 2017, für Engagement wohlhabender Personengruppen u.a. Ströing 2015). Deutlich wird jedoch, dass alle Studien vor der Herausforderung stehen, der Differenziertheit und Heterogenität der jeweiligen Zielgruppe gerecht zu werden. Für die vorliegende gerontologische Arbeit konnte mit dem theoretischen Zugang über das Habitus- und Milieukonzept herausgearbeitet werden, wie sich trotz der Zugehörigkeit zu einer Generation bei den Interviewten die Wahl eines Engagements je nach Verortung im sozialen Raum unterscheidet. Damit wurde die Frage aufgegriffen, ob sich »im Hinblick auf das Selbstverständnis von bürgerschaftlich Engagierten ungleiche generationenspezifische [...] sozialmoralische Grundhaltungen hinsichtlich der gesellschaftlichen Teilhabe ausfindig machen« (Beetz et al. 2014: 283) lassen. Beetz et al. nehmen an, »dass die gleichgelagerten Angehörigen benachbarter Geburtsjahrgänge unterschiedliche Wahrnehmungs-, Denk- und Handlungsstile ausbilden« (ebd.: 285). Eben diese »Wahrnehmungs-, Denk- und Handlungsstile«, nach Bourdieu im Habitus zusammengefasst, wurden in der vorliegenden Arbeit nicht nur als theoretisches Analyseinstrument genutzt, sondern konnten ebenso empirisch die Heterogenität innerhalb einer Generation am Beispiel des Engagements aufzeigen.

Die Arbeit knüpft damit an Studien zur Identifizierung von Engagementcharakteristika verschiedener Milieus sowie des Einflusses des sozialen Nahraums an (siehe Forschungsstand, Kap. 2.2). So untermauern die Ergebnisse der vorliegenden Studie die vornehmlich bei traditionellen Milieus zu findende hohe Identifikation und das starke Verbundenheitsgefühl mit dem Stadtteil, von Beck und Perry (2008) als Suche nach »Verlässlichkeit, Berechenbarkeit, Stabilität, Geborgenheit und Heimatgefühl« (ebd.: 118) beschrieben. Diese Milieus bleiben selbst dann im Quartier wohnen, »wenn Störfaktoren im Wohnumfeld zunehmen« (ebd.). An dieser Stelle deuten die Forschungsergebnisse der vorliegenden Studie weiterführend darauf hin, dass diese Veränderungen im Wohnumfeld von den befragten Älteren nicht ausschließlich passiv ausgehalten und hingenommen werden, sondern ihnen auch mit einer aktiven, teils gar kämpferischen Haltung begegnet wird, indem versucht wird, den früheren Zustand des Zusammenlebens wieder herzustellen. Mit einem habitustheoretischen Zugang können diese sich daraus ergebenden Handlungen (wie beispielsweise das Auftreten als »*Ordnungshüter*in*«) als Engagementtätigkeit verstanden werden, indem das Engagement im Stadtteil zur eigenen Statusabsicherung dient. Klatt und Walter (2011) weisen in ihrer Studie zu sozialräumlichem Engagement auf ähnliche Strategien der Aufrechterhaltung eines

Miteinanders hin. Deutlich wird dies beispielsweise durch die Schilderung einer wütenden Dame, die über die Müllentsorgung anderer Personen verärgert ist (ebd.: 150). Mit Hilfe der Einordnung solcher Aussagen in den sozialen Wandel im Stadtteil und der Rückbindung der Bewohner*innen des Stadtteils in den sozialen Raum erwecken diese Reaktionen nicht ausschließlich den Eindruck eines *einfachen und simplen* Zurechtweisens von Mitmenschen. Sie lassen vielmehr die Bedeutsamkeit und Tragweite dieses Engagements hervortreten, welches aus Sicht der Bewohner*innen als Möglichkeit gesehen wird, die eigene Position im Stadtteil abzusichern und mit dem Rückgriff auf Konventionen und Regeln die ins Wanken geratene Sicherheit zu stabilisieren. Diese Aspekte des Statuserhalts durch Engagementtätigkeiten knüpfen auch an den biografischen Studien von Nadai und Meusel an. So findet sich in einem von Nadai (1996) empirisch entwickelten Engagementtyp mit Hilfe der übernommenen Engagementtätigkeiten »ein Mittel zur Kompensation von Statusdefiziten« (ebd.: 155), beispielsweise durch ein Engagement in einer Organisation mit hohem Ansehen oder aber der Wahl einer herausfordernden Aufgabe (ebd.). Inwieweit durch Engagement nicht nur eine Statusabsicherung, sondern auch ein gewünschter Aufstieg fokussiert wird, beschreibt Meusel (2016) in ihrer Arbeit am Beispiel einer interviewten Dame, welche »die habituellen Äußerungen ihrer Quasi-Kolleginnen [übernimmt] und […] damit den Aufstieg in das entsprechende soziale Milieu sowie die Verbesserung ihrer Lebenslage an[strebt]« (ebd.: 139, Erg. d. Verf.). Die angeführten Hinweise auf die Bedeutung des Statuserhalts und -aufstiegs mit Hilfe von Engagementtätigkeiten finden sich auch in der vorliegenden Arbeit, hier in besonderer Weise vor dem Hintergrund des sozialstrukturellen Wandels im Stadtteil.[1]

Die hier skizzierten Zugänge zu Engagement lassen sich durch einen Ansatz an der Lebenswelt der Individuen zusammenführen. Angeknüpft werden kann an das von Munsch und Müller (2021a) beschriebene Partizipationsverständnis, welches »den normativen Bezugspunkt dessen, woran Partizipation als solche bestimmt wird, vom Alltag (und nicht von geplanten und intendierten Zielen) her« (ebd.: 12) denkt. Dieses Verständnis führt zu einer »entdeckende[n], ethnographische[n] Perspektive auf Partizipationspraktiken« (ebd.: 13) und führt im Kontext der Engagementdebatte dazu, den Blick auch auf informelles Engagement zu richten. Anknüpfend an den Forschungsstrang zu informellem Engagement (siehe hierzu u.a. Fromm/Rosenkranz 2019; Klatt/Walter 2011; Munsch 2005; Barloschky 2003) zeigen sich auch in der vorliegenden Arbeit eine Fülle an Tätigkeiten – verortet im familialen, freundschaftlichen oder nachbarschaftlichen Kontext. Die vorliegende Studie weist zudem darauf hin, dass die Übernahme von Engagement in privaten Kontexten in einigen sozialen Milieus von einer Skepsis gegenüber formellen Engagementtätigkeiten begleitet wird und hier insbesondere gegen-

---

1   Am Beispiel des Statuserhalts im Rahmen von Engagementtätigkeiten lässt sich auch die Bedeutung qualitativer Studien in Abgrenzung zu quantitativen Studien in der Engagementforschung aufzeigen: Inwieweit beispielsweise die Fälle des Engagementmusters I auch im Rahmen des Freiwilligensurveys der Frage zugestimmt hätte, dass »Ansehen und Einfluss gewinnen« für sie im Rahmen des Engagements bedeutsam sei, ist fraglich. In den Ergebnissen der vorliegenden Studie zeigt sich jedoch, dass die öffentliche Wahrnehmung für das geleistete Engagement für sie eine bedeutsame Rolle einnimmt.

über den Tätigkeiten, welche öffentlichkeitswirksam nach außen präsentiert werden. Auch Klatt und Walter (2011) stoßen in ihrer Studie auf diese Skepsis gegenüber formellem Engagement: »Abstraktem Einsatz für ›das Gemeinwohl‹ der Gesellschaft und überhaupt Menschen, die viel über ihr eigenes Engagement reden, wird mit Skepsis begegnet.« (Ebd.: 197) Damit verbunden zeigt sich in der vorliegenden Arbeit zudem auch eine Enttäuschung über die zu wenig in der Öffentlichkeit wahrgenommenen eigenen Engagementtätigkeiten im Privaten. Die vorliegenden Ergebnisse zeigen auf, dass die geleistete Hilfe in der Öffentlichkeit als zu wenig wahrgenommen und gewertschätzt gesehen und zudem der Anspruch von Authentizität in Engagementformen in der Öffentlichkeit vermisst wird. Hier zeigt sich deutlich der Einfluss der Öffentlichkeit als zentrale Notwendigkeit zur Erlangung symbolischen Kapitals im Rahmen der Engagementtätigkeiten (siehe Kap. 1.1.3). Eben diese Dimension fehlt im informellen Engagement. Offen bleibt jedoch anhand des empirischen Materials, wie eine Form der Anerkennung und Wertschätzung des bisher als zu gering wahrgenommenen informellen Engagements konkret aussehen könnte (insbesondere mit dem Wissen über die kritische Einschätzung öffentlichkeitswirksamer Präsentationen).

Diese konkrete Unterstützung und Hilfe in der Familie oder unter Freund*innen (siehe hierzu unter anderem das Engagementmuster II, Kap. 5.2), werden in der öffentlichen Debatte kaum aufgegriffen. Dabei sind es insbesondere diese Tätigkeiten, die in der Gesellschaft für viele Personengruppen zu einer deutlichen Entlastung beitragen, beispielsweise »für die mittlere Generation (z.B. hinsichtlich der Entlastung erwerbstätiger Personen) und die Sozialisation der Enkelkinder« (Künemund 2006a: 307). Diese gesellschaftlichen Effekte werden häufig jedoch kaum wahrgenommen, da informelles Engagement im wissenschaftlichen Diskurs nicht systematisch und strukturiert erfasst wird.[2]

Neben dieser skeptisch distanzierten Haltung zu öffentlichkeitswirksam dargestellten formellen Engagementtätigkeiten findet sich eine grundsätzliche Distanz bestimmter sozialer Milieus zu institutionell organisiertem Engagement im Stadtteil, was von Klatt und Walter (2011) als »organisationslogische Barriere« (ebd.: 156) bezeichnet wird. Stadtteil- und Nachbarschaftszentren werden in diesen Milieus demnach eher als Orte für eine abgehängte Klientel gesehen, nicht aber als Orte, die selbst aufgesucht würden. Daraus lässt sich jedoch anhand der im Sample zu findenden Fälle wiederum nicht schließen, dass sozial benachteiligte Personengruppen eine *ausschließliche* Orientierung an informellen Engagementtätigkeiten aufweisen. Vielmehr ist die Heterogenität der Vereinslandschaft zu berücksichtigen, die sich etwa an der Gegenüberstellung einer Partei und eines Fußballvereins plakativ aufzeigen lässt und damit eine Milieuspezifik der Institutionen aufzeigt (siehe hierzu auch Geiling et al. 2001). Ebenso weisen die Ergebnisse darauf hin, dass nicht alleine eine Teilnahme oder Nicht-Teilnahme an formellem Engagement ein Ausdruck sozialer Ungleichheit ist, sondern vielmehr die im

---

2 Notwendig wären hierfür perspektivisch mehr Forschungsvorhaben ausschließlich zu informellem Engagement. Solche Ansätze zeigen sich beispielsweise im vom BMBF geförderten Projekt »Informelles Zivilgesellschaftliches Engagement im Sozialraum (IZESO)« der Hochschule Düsseldorf (für Projektinformationen siehe Projektwebsite o.J.).

Engagement übernommenen Aufgaben durchzogen sind von Strukturen sozialer Ungleichheit: hier finden sich nicht nur geschlechtsspezifische Arbeitsteilungen (beispielsweise eine häufiger von Frauen übernommene Form der Care-Arbeit durch Pflege- und Betreuungstätigkeiten), sondern auch eine Unterscheidung anhand von Arbeitslogiken (Oesch 2007). Vertreter*innen der Milieus der bürgerlichen Mitte übernehmen häufiger administrative und verwaltende Tätigkeiten als das Traditionelle Arbeitermilieu.

Einer ähnlichen Logik folgt die Wahl eines Engagementbereichs. Die von Corsten et al. (2008) skizzierten Handlungslogiken in den unterschiedlichen Engagementbereichen zeigen die Vielfalt des Engagements auf. Auch die vorliegende Arbeit versteht Engagement nicht als ein eigenständiges Feld, sondern vielmehr als Teilbereich, beispielsweise der Felder Bildung, Politik (siehe auch Rameder 2015; Munsch 2005).

Neben der Einbettung der Ergebnisse in die Forschungsliteratur werden im Weiteren auf Grundlage der Arbeit identifizierte Forschungsdesiderate für den Engagementdiskurs skizziert.

Forschungsdesiderate
Die im Folgenden skizzierten Forschungsdesiderate weisen auf weiterführende Perspektiven hinsichtlich des habitustheoretischen Zugangs zu Engagement im Alter hin, die für die gerontologische Engagementforschung neue Anknüpfungspunkte bieten:

- Die Arbeit konnte den Einfluss des milieuspezifischen Habitus auf das Engagement älterer Menschen sichtbar machen. Perspektivisch könnte eine Beleuchtung der wechselseitigen Einflüsse der Dimensionen Alter, Milieu und Geschlecht im Engagementkontext zu weiterführenden Ergebnissen führen[3], denn so zeigte sich die Geschlechterdimension in der vorliegenden empirischen Studie als relevant in Vergesellschaftungsorten wie der Kneipe (für die Beleuchtung des »weiblichen Ehrenamtes« siehe u.a. Hahmann 2021; Backes 1987). Das Habituskonzept bietet die Möglichkeit, die Verwobenheit dieser Dimensionen darzustellen und damit auch neben dem Geschlecht weitere Dimensionen zur Beleuchtung der Engagementpraxis älterer Menschen zu berücksichtigen.
- Aufgrund des Forschungszugangs über einen ausgewählten Stadtteil einer Großstadt Nordrhein-Westfalens und der sozialstrukturellen Entwicklung des Stadtteils (siehe Kap. 1.2.2) umfasst das Sample der Studie ausschließlich bestimmte soziale Milieus. Die empirischen Ergebnisse der milieuspezifischen handlungsleitenden Prinzipien im Engagement lassen jedoch auch Überschneidungen zu anderen Milieus erkennen. Es kann beispielsweise davon ausgegangen werden, dass die im Traditionellen Arbeitermilieu identifizierten Aspekte der Körperlichkeit und Affektbezogenheit im Engagement auch im Traditionslosen Arbeitnehmermilieu bedeutsam sind. Zudem finden sich in Engagementmuster IV, dem am höchsten im sozialen Raum verorteten Engagementmuster, Hinweise auf distinktive Züge im Engagement, die in den Milieus oberhalb der Trennlinie der Distinktion vermutlich noch

---

3   Für das Zusammenspiel von Milieu und Geschlecht im Kontext von Studienfachwahlen siehe beispielsweise Loge 2021.

deutlicher zum Vorschein kommen. Ein Zugang über Stadtteile mit unterschiedlicher Milieuzusammensetzung könnte weitere habitusspezifische handlungsleitende Prinzipien im Engagement der in der vorliegenden Studie nicht vertretenen Milieus aufzeigen.
- Stand in der vorliegenden Arbeit die Beleuchtung der Beweggründe der Engagierten und damit die Perspektive der Subjekte im Fokus, verweisen die Ergebnisse zudem vereinzelt auf den Einfluss institutioneller Rahmenbedingungen je nach Engagementbereich. Mit einer stärkeren empirischen Beleuchtung von Institutionen und der vorhandenen Engagementstrukturen könnten diese Passungsverhältnisse stärker in den Blick genommen werden. Ausgangspunkt könnte die Einbindung vorhandener Daten zu den Institutionen des zivilgesellschaftlichen Engagements, wie dem ZiviZ-Survey (Priemer/Krimmer 2017) sein, einer repräsentativen Befragung der organisierten Zivilgesellschaft. Die Beleuchtung dieser Strukturen mit Rückgriff auf die Habitus- und Milieutheorie ermöglicht eine Reflexion der institutionellen Logiken und damit die Entwicklung neuer Ansätze zur Engagementförderung.
- Mit einem verstärkten Aufgreifen von Bourdieus Feldansatz für die jeweiligen Engagementfelder (vgl. Rameder 2015) wäre es zudem möglich, Ausschlüsse vom Engagement sichtbar zu machen und in diesem Zusammenhang auch Engagementabbrüche in den Blick zu nehmen (wie sie ansatzweise in der Studie von Munsch zum Ausdruck kommen, vgl. Kewes/Munsch 2019). Diese können hilfreiche Hinweise dazu bieten, inwieweit neben dem im Alter häufig genannten Grund des sich verschlechternden Gesundheitszustands möglicherweise auch latente Gefühle der Nicht-Passung, etwa des *Nicht-hierher-gehörens*, eine Rolle spielen.

Abschließend kann festgehalten werden: Die Kategorien des formellen und informellen Engagements sind nur begrenzt hilfreich für die Identifizierung und Erfassung von Engagementtätigkeiten. Insbesondere im Rahmen des forscherischen Zugangs zu Engagement und der Beleuchtung dieses breiten Diskurses ist es hilfreich, aus dieser Logik auszubrechen und sich auf die Vielfalt der unterschiedlichen Engagementfelder einzulassen.

7.3 Perspektiven für die pädagogische und soziale Arbeit in der Begleitung von Engagierten

Auf Grundlage der Ergebnisse der vorliegenden Arbeit können für unterschiedliche Bereiche der Praxis Anregungen und Impulse abgeleitet werden. Dies betrifft insbesondere Orte der Praxis, an denen Engagierte professionell begleitet werden, wie beispielsweise in Freiwilligenzentren, Bildungsstätten oder der offenen Senior*innenarbeit. In diesen Kontexten sind Fachkräfte unterschiedlicher Professionen, unter anderem aus der Sozialen Arbeit, der Erziehungswissenschaft und der Gerontologie, tätig.

In der klassischen Ehrenamtsarbeit wird bisher der Blick auf formelles Engagement gerichtet. Hier finden zwar eine Weiterentwicklung verschiedener Formate bürgerschaftlichen Engagements sowie ein Aufgreifen aktueller Entwicklungen statt, wie beispielsweise digitale Formate[4] oder auch die Ansprache bisher nur schwer erreichbarer Zielgruppen (u.a. Klein et al. 2021). Die Ergebnisse der vorliegenden Arbeit zeigen jedoch auf, dass gewisse Milieus eher im informellen Engagement zu finden und damit in den formellen Engagementstrukturen nicht sichtbar sind. Die vier identifizierten Engagementmuster sind in unterschiedlicher Intensität anschlussfähig an die bestehenden institutionellen Engagementstrukturen und geraten damit auch unterschiedlich von den dort hauptamtlich Tätigen in den Blick. So sind Engagementmuster II und IV verstärkt im informellen Engagement tätig und kaum an formelles Engagement angebunden, hingegen Engagementmuster I und III leichter zugänglich für formelles Engagement. Hinsichtlich der konkreten Ansprache wären folgende Aspekte zu berücksichtigen:

- Muster I, *prätentiös-statusorientiertes Engagement*:
  Engagierte dieses Musters zeigen eine grundsätzliche Nähe zu institutionell angebundenen Engagementtätigkeiten. Von besonderer Bedeutung ist bei diesen Engagierten, dass sie gerne in ihrer Expertise angefragt werden. Zudem findet sich hier ein Interesse an der Übernahme von *Posten*, die auch eine gewisse Außenwirkung haben (Protokollführung, Aushänge machen etc.). Inhaltlich orientieren sich die Engagementtätigkeiten im Stadtteil an der Aufrechterhaltung eines harmonischen Miteinanders und eines ordentlichen und sauberen Stadtteils.
- Muster II, *anpackend-spontanes Engagement*:
  Für eine Ansprache älterer Menschen dieses Engagementmusters steht zunächst das Aufsuchen von Gesellungsorten für eine erste Kontaktaufnahme im Fokus. Da sich in diesem Muster insbesondere im Bereich der privaten Netzwerke bewegt wird, können in Gesprächen notwendige Ressourcen und damit die Möglichkeit der Unterstützung des informellen Engagements eruiert werden. Durch die Ausrichtung des Alltags auf den Stadtteil finden sich hier zudem interessante *Insider-Informationen* zum Stadtteil, die für die Engagementförderung hilfreich sein können. Von besonderer Bedeutung ist hier zudem die Schaffung einer Schnittstelle zwischen informellen sowie formellen Engagementkontexten.
- Muster III, *gemeinschaftlich-solidarisches Engagement*:
  Engagierte dieses Musters sind an der Übernahme eigenständiger Aufgaben interessiert. Hier geht es jedoch weniger um eine reine Übertragung von Aufgaben, sondern eine aktive Einbindung und Beteiligung der Engagierten bei der Entwicklung von Maßnahmen und Ideen. Die Zusammenarbeit sollte daher nicht hierarchisch, sondern egalitär gestaltet werden. Inhaltliche Ansatzpunkte des Engagements im Stadtteil können unter anderem die Ansprache benachteiligter Personengruppen sowie die Gestaltung eines gerechten Zusammenlebens im Stadtteil sein.
- Muster IV, *karitativ-leistungsorientiertes Engagement*:
  Da sich ältere Menschen aus diesem Muster weniger in formelle Engagementstrukturen im Stadtteil einbringen und zudem auch ihre Freizeit außerhalb des Stadtteils verbringen, steht hier (wie bei Muster II) zunächst eine erste Kontaktaufnahme an

---

4   Siehe hierzu beispielsweise die AG »Digitalisierung und Bürgerschaftliches Engagement« des BBE (BBE-Website o.J.).

(eventuell über Strukturen der Kirchengemeinde oder informeller Gesellungsorte). Um die Älteren dieses Musters für ein Engagement zu gewinnen, sollte zudem der Gewinn des Engagements für das eigene Älterwerden im Stadtteil deutlich werden, indem sich auch andere Mitstreiter*innen aktiv für das Anliegen einsetzen und die Arbeit auf mehreren Schultern verteilt wird.

Grundsätzlich zeigt sich durch alle Engagementmuster, dass eine Weitung der Perspektive auf informelles Engagement zahlreiche bereits bestehende Netzwerk- und Unterstützungsstrukturen sichtbar machen kann, welche eine gute Basis für eine erweiterte Engagementförderung darstellen. Anknüpfend an die ethnografische Perspektive von Munsch und Müller (2021b) hinsichtlich Partizipationsformen kann für hauptamtlich Tätige die Haltung hilfreich sein, »sich so weit wie möglich unwissend zu stellen, so, was wisse man nicht bereits, was Partizipation ist oder sein sollte« (ebd.:38). Diese Sicht auf Partizipation kann auch auf Engagement übertragen werden und damit eine Offenheit in der eigenen Haltung erreicht werden, um Rahmenbedingungen und entsprechende Ressourcen für informelle Nachbarschaftsnetzwerke bereitzustellen. Nachbarschaftliche Hilfe lässt sich nicht steuern und kontrollieren, aber durch Ressourcen und hauptamtliche Ansprechpartner*innen unterstützen und entsprechend fördern. Dafür müssen jedoch entsprechende Wege der Ansprache gewählt werden und aktiv auf diese Menschen, auch in Vergesellschaftungsorten wie der Kneipe, zugegangen werden.

Darin liegt nicht nur die Chance in einer Sichtbarmachung von informellen Engagementtätigkeiten in der Engagementförderung, sondern ebenso die Einbindung unterschiedlicher Milieus mit ihren handlungsleitenden Prinzipien sowie den Konsequenzen für die Engagementpraxis (siehe Tabelle 4). So kann beispielsweise die Zusammenarbeit in einem Arbeitskreis verschiedene Milieus an einem Ort vereinen, welche jedoch ganz unterschiedliche Erwartungen an das Engagement mitbringen. Diese reichen von der Erwartung einer aktiven Einbindung und Übertragung von Aufgaben an alle Beteiligten bis hin zur reinen Teilnahme ohne weitere Aufgaben zwischen den jeweiligen Treffen.

Diese Perspektive ermöglicht aber nicht nur die Einbindung unterschiedlicher Präferenzen (von der Protokollführung bis hin zu dem Aufbau von Pavillons und Bierbänken), sondern ebenso die Möglichkeit, Raum für unterschiedliche Ansprüche an Engagement und Mitbestimmung zu geben. So führt in der Praxis teilweise die scheinbar zu geringe Verantwortungsübernahme durch Engagierte und die Schwierigkeit, aktive Bürger*innen für bestimmte Aufgaben gewinnen zu können, zu einer Enttäuschung und Desillusionierung auf Seiten der hauptamtlich Tätigen. Der Anspruch nach Partizipation und Mitbestimmung ist jedoch milieuspezifisch sehr heterogen ausgeprägt, so dass die Teilnahme an einem Treffen eine ebenso, aus Sicht der Lebenswelt heraus, bedeutsame Entscheidung für ein Engagement sein kann, wie die Bereitschaft, einen Raum entsprechend zu dekorieren und für ein Treffen vorzubereiten (siehe hierzu auch die Partizipationsleiter nach Hart 1992).

Die Zusammenführung von Milieus an Orten des Engagements und in Institutionen kann die Möglichkeit bieten »soziale Verhärtungen zwischen Milieus aufzuweichen« (Hummel/Graf Strachwitz 2021: 39). Diese Zusammenführung ist jedoch kein *Selbstläufer*, sondern vielmehr professionell herausfordernd und vielleicht auch nicht immer erfolgreich, jedoch ein notwendiges Anliegen zur Ausdifferenzierung und Weiterentwicklung von Engagementstrukturen. Zentrale Notwendigkeit für dieses Zusammenführen der Milieus in Engagementkontexten ist eine Sensibilisierung der Fachkräfte für die unterschiedlichen Interessen und Anliegen der Älteren im Rahmen von Engagement und der damit verbundenen milieuspezifischen Logiken. Zentral scheint hier auch eine professionelle Haltung zur *Wertigkeit* unterschiedlicher Aufgaben zu sein, indem übernommene Aufgaben, wie beispielsweise die Protokollführung, nicht als bedeutsamer und anspruchsvoller eingestuft wird als das Aufstellen der Bierbänke für ein Stadtteilfest, um damit nicht zu einer symbolischen Auf- oder Abwertung beizutragen. Zusammengefasst kann dies als entsprechende »Habitussensibilität« und »Milieukompetenz« (Lange-Vester/Teiwes-Kügler 2014) bezeichnet werden, die im Engagementkontext zur Folge hat, die den Fachkräften der Sozialen Arbeit zugrundeliegenden Engagementverständnisse und die damit verbundenen Erwartungen an die Engagierten kritisch zu reflektieren.[5] Diese Habitussensibilität knüpft an der Debatte eines Professionshabitus an, der in der Pädagogik in verschiedenen Bereichen aufgegriffen wird (zum pädagogischen Professionshabitus siehe Bremer et al. 2020). In diesem Sinne geht es weniger um die Identifizierung *eines* Habitus von Pädagog*innen oder Erwachsenenbildner*innen, sondern vielmehr um den Einfluss der Habitusformen auf das Praxisfeld, was auch für die Begleitung Engagierter eine relevante Perspektive ist.

Hieran anknüpfend stellt sich ebenso die Frage nach der Ermöglichung von Übergängen aus ausschließlich informellen Engagementstrukturen oder auch »vorpolitischen« Sphären (Geiling et al. 2011: 19) in Strukturen des formellen Engagements. Ziel sollte es sein, eine größere Milieuvielfalt in formellen Engagementstrukturen zu erreichen, ohne sich dabei jedoch wiederum bestimmter Milieus zu bemächtigen und andere milieuspezifische Logiken zu entwerten. Zu diesem herausfordernden Übergang von einer »privaten Vergemeinschaftung« zur Logik einer »öffentlichen Vergesellschaftung« (ebd.) finden sich bisher für die Praxis kaum weiterführende Antworten, welche jedoch für die künftige Gestaltung von Engagementsettings in den Blick zu nehmen wären. Notwendige Voraussetzung und damit erster Schritt für die Gestaltung dieses Übergangs wäre die seitens der Ehrenamtsarbeit beschriebene Berücksichtigung und Einbindung informellen Engagements, indem beispielsweise diese Strukturen ebenfalls entsprechend unterstützt werden. So könnte beispielsweise eine bisher selbstorganisierte Gruppe alleinlebender Frauen auf der Suche nach einem entsprechenden Raum für ihre Treffen sein. Durch eine Offenheit von Institutionen diesen Strukturen gegenüber könnten notwendige Ressourcen für informelles Engagement bereitgestellt und damit auch erste Übergänge in institutionelle Settings ermöglicht werden.

Zudem sind für die Gestaltung von sozialräumlichen Engagementsettings im Stadtteil neben dem Aspekt der Nahräumlichkeit, der in der gerontologischen Arbeit häufig zu finden ist, weitere Ebenen zu berücksichtigen: Hier gilt es, die historische Entwicklung des Stadtteils (aus unterschiedlichen Milieuperspektiven) zu kennen und für die

---

5   Anschaulich beschreibt Munsch (2005) dies in ihrer ethnografischen Studie anhand des von den im Arbeitskreis tätigen Engagierten stark gemachten Kriteriums der Effektivität in der Zusammenarbeit. Dieser Anspruch, in kurzer Zeit ergebnisorientiert bestimmte Maßnahmen im Stadtteil zu planen, unterschied sich von den Milieus, die eher lockere Gespräche fokussierten.

Gestaltung von Engagement zu berücksichtigen. So zeigt sich in einem Stadtteil mit einem großen Anteil dort alt gewordener Senior*innen ein hoher Grad der Identifikation mit *ihrem* Stadtteil. In der vorliegenden Arbeit hat sich bestätigt, dass die Frage nach Deutungshoheiten und Machtansprüchen unter anderem mit der Wohndauer begründet und damit neu Hinzugezogenen teils das Recht abgesprochen wird, vor Ort mitbestimmen zu dürfen. Das Wissen um diese zunächst *unsichtbaren* Hintergründe der Verbundenheit und der damit verbundenen Form der Ausgrenzung Hinzugezogener kann das Verstehen erleichtern und zudem die aktive Einbindung dieser Personengruppen in die vorhandenen Strukturen ermöglichen. Ein Wissen über unterschiedliche milieuspezifische Narrative der Geschichte des Stadtteils ist hilfreich zur Ermöglichung entsprechender Engagementstrukturen im Stadtteil.

Abschließend lässt sich aufgrund der gewonnenen Erkenntnisse resümieren, dass die Engagementförderung mit ihren Strukturen neu zu überdenken ist. Perspektivisch wird es notwendig sein, verschiedene Engagementbereiche zusammenzuführen und die verschiedenen Dimensionen »professionelle Dienste, familiale Leistungen, Förderung von Selbsthilfe und bürgerschaftliches Engagement« (Alscher et al. 2009: 96) zusammenzudenken. Dafür ist es von Bedeutung, an der Alltagswelt der Menschen anzuknüpfen und damit auch die »Eigenlogiken von Selbstbestimmung zu akzeptieren und zu stärken« (Alisch 2020: 249). Die Ergebnisse der vorliegenden Studie verweisen darauf, dass die »spezifische Qualität [von Engagement] in seiner Freiwilligkeit, seinem Eigensinn und seinem lebensweltlichen Charakter besteht« (Roß/Roth 2019: 56, Erg. d. Verf.). Für dieses Engagement ist es notwendig, möglichst vielen Menschen in unterschiedlichen sozialen Milieus und in einem von Ungleichheit durchzogenen sozialen Nahraum unterstützende Strukturen bereitzustellen – unabhängig von der Differenzierung nach formellem sowie informellem Engagement.

Literaturverzeichnis

Adorno, Theodor. W.; Frenkel-Brunswick, Else; Levinson, Daniel J.; Sanford, R. Nevitt (1973): Studien zum autoritären Charakter. Frankfurt a.M.: Suhrkamp.

Ajrouch, Kristine J.; Blandon, Alysia Y.; Antonucci, Toni C. (2005): Social networks among men and women: the effects of age and socioeconomic status. In: The journals of gerontology. Series B, Psychological sciences and social sciences 60 (6), S. 311-317.

Alisch, Monika (2014): Älter werden im Quartier. Soziale Nachhaltigkeit durch Selbstorganisation und Teilhabe. Kassel: Kassel Univ. Press.

Alisch, Monika (2020): Freiwilliges Engagement älterer Menschen und freiwilliges Engagement für ältere Menschen. In: Kirsten Aner, Ute Karl und Eva Maria Löffler (Hg.): Handbuch Soziale Arbeit und Alter. Wiesbaden: Springer VS, S. 239-249.

Allan, Graham (1977): Class Variation in Friendship Patterns. In: The British Journal of Sociology 28 (3), S. 389-393.

Allmendinger, Jutta (2015): Soziale Ungleichheit, Diversität und soziale Kohäsion als gesellschaftliche Herausforderung. In: vhw-Fachkolloquium, S. 127-131.

Alscher, Mareike; Dathe, Dietmar; Priller, Eckhardt; Speth, Rudolf (2009): Bericht zur Lage und zu den Perspektiven des bürgerschaftlichen Engagements in Deutschland. Berlin: Wissenschaftszentrum Berlin für Sozialforschung.

Amann, Anton; Kolland, Franz (Hg.) (2008): Das erzwungene Paradies des Alters? Fragen an eine kritische Gerontologie. Wiesbaden: Springer VS.

Amrhein, Ludwig (2004): Die Bedeutung von Situations- und Handlungsmodellen für das Leben im Alter. In: Stefan Blüher (Hg.): Neue Vergesellschaftungsformen des Alter(n)s. Wiesbaden: Springer VS, S. 53-86.

Amrhein, Ludwig (2008): Drehbücher des Alter(n)s. Die soziale Konstruktion von Modellen und Formen der Lebensführung und -stilisierung älterer Menschen. Wiesbaden: Springer VS.

Amrhein, Ludwig (2013a): Das maskierte Alter(n): Paradoxien der Lebensführung in einer jungen Altersgesellschaft. Vortrag im Rahmen der Herbsttagung der DGS-Sektion Alter(n) und Gesellschaft am 6. und 7. September 2013.

Amrhein, Ludwig (2013b): Die soziale Konstruktion von »Hochaltrigkeit« in einer jungen Altersgesellschaft. In: Zeitschrift für Gerontologie und Geriatrie (1), S. 10-15.

Aner, Kirsten (2002): Das freiwillige Engagement älterer Menschen – Ambivalenzen einer gesellschaftlichen Debatte. In: Fred Karl und Kirsten Aner (Hg.): Die »neuen Alten« – revisited. Kaffeefahrten – Freiwilliges Engagement – Neue Altenkultur – Intergenerative Projekte. Kassel: Kassel Univ. Press, S. 39-102.

Aner, Kirsten (2005): »Ich will, dass etwas geschieht«. Wie zivilgesellschaftliches Engagement entsteht – oder auch nicht. Berlin: edition sigma.

Aner, Kirsten (2007): Prekariat und Ehrenamt. In: Kirsten Aner, Fred Karl und Leopold Rosenmayr (Hg.): Die neuen Alten – Retter des Sozialen? Wiesbaden: Springer VS, S. 185-199.

Aner, Kirsten; Karl, Fred; Rosenmayr, Leopold (Hg.) (2007): Die neuen Alten – Retter des Sozialen? Wiesbaden: Springer VS.

Aner, Kirsten; Karl, Ute; Löffler, Eva Maria (Hg.) (2020): Handbuch Soziale Arbeit und Alter. Wiesbaden: Springer VS.

Aner, Kirsten; Köster, Dietmar (2016): Partizipation älterer Menschen – Kritisch gerontologische Anmerkungen. In: Gerhard Naegele, Elke Olbermann und Andrea Kuhlmann (Hg.): Teilhabe im Alter gestalten. Aktuelle Themen der Sozialen Gerontologie. Wiesbaden: Springer VS, S. 465-483.

Anheier, Helmut K.; Toepler, Stefan (2003): Bürgerschaftliches Engagement zur Stärkung der Zivilgesellschaft im internationalen Vergleich. In: Christiane Toyka-Seid (Hg.): Bürgerschaftliches Engagement im internationalen Vergleich. Opladen: Leske + Budrich, S. 13-55.

Backes, Gertrud (1987): Frauen und soziales Ehrenamt. Zur Vergesellschaftung weiblicher Selbsthilfe. Augsburg: Maro.

Backes, Gertrud M. (Hg.) (2000): Soziologie und Alter(n). Neue Konzepte für Forschung und Theorieentwicklung. Wiesbaden: Springer VS.

Backes, Gertrud M. (2005): Alter, Lebenslauf und Generationen – Aufbruch zu neuen Horizonten. Unveröffentlichtes Typoskript, Berlin/Kassel.

Backes, Gertrud M. (2006): Widersprüche und Ambivalenzen ehrenamtlicher und freiwilliger Arbeit im Alter. In: Klaus R. Schroeter und Peter Zängl (Hg.): Altern und bürgerschaftliches Engagement. Aspekte der Vergemeinschaftung und Vergesellschaftung in der Lebensphase Alter. Wiesbaden: Springer VS, S. 63-94.

Backes, Gertrud M. (2008): Potenziale des Alter(n)s – Perspektiven des homo vitae longae? In: Anton Amann und Franz Kolland (Hg.): Das erzwungene Paradies des Alters? Fragen an eine kritische Gerontologie. Wiesbaden: Springer VS, S. 63-100.

Backes, Gertrud M.; Clemens, Wolfgang (Hg.) (2002a): Zukunft der Soziologie des Alter(n)s. Wiesbaden: Springer VS.

Backes, Gertrud; Clemens, Wolfgang (2002b): Welche Zukunft hat die Soziologie des Alter(n)s? In: Gertrud M. Backes und Wolfgang Clemens (Hg.): Zukunft der Soziologie des Alter(n)s. Wiesbaden: Springer VS, S. 7-32.

Backes, Gertrud; Clemens, Wolfgang (2008): Lebensphase Alter. Eine Einführung in die sozialwissenschaftliche Alternsforschung. Weinheim: Beltz Juventa.

Backes, Gertrud M.; Clemens, Wolfgang; Schroeter, Klaus R. (Hg.) (2001): Zur Konstruktion sozialer Ordnungen des Alter(n)s. Wiesbaden: Springer VS.

Backes, Gertrud M.; Höltge, Jacqueline (2008): Überlegungen zur Bedeutung ehrenamtlichen Engagements im Alter. In: Marcel Erlinghagen und Karsten Hank (Hg.):

Produktives Altern und informelle Arbeit in modernen Gesellschaften. Theoretische Perspektiven und empirische Befunde. Wiesbaden: Springer VS, S. 277-299.

Backhaus-Maul, Holger; Speck, Karsten; Hörnlein, Miriam; Krohn, Maud (2015): Engagement in der Freien Wohlfahrtspflege. Empirische Befunde aus der Terra incognita eines Spitzenverbandes. Wiesbaden: Springer VS.

Baltes, Margret M.; Kohli, Martin; Sames, Klaus (Hg.) (1992): Erfolgreiches Altern. Bedingungen und Variationen. Bern: Huber.

Baltes, Margret M.; Montada, Leo (Hg.) (1996): Produktives Leben im Alter. ADIA-Stiftung zur Erforschung Neue Wege für Arbeit und Soziales Leben. Frankfurt a.M.: Campus.

Baltes, Paul B.; Baltes, Margret M. (1992): Erfolgreiches Altern: Mehr Jahre und mehr Leben. In: Margret M. Baltes, Martin Kohli und Klaus Sames (Hg.): Erfolgreiches Altern. Bedingungen und Variationen. Bern: Huber, S. 5-10.

Barber, Benjamin R. (1994): Starke Demokratie. Über die Teilhabe am Politischen. Hamburg: Rotbuch.

Barber, Benjamin R. (1998): A place for us. How to make society civil and democracy strong. New York: Hill and Wang.

Barloschky, Katja (2003): Bürgerschaftliches Engagement im Feld »Arbeitslosigkeit und Soziale Integration«. In: Enquete-Kommission »Zukunft Bürgerschaftlichen Engagements« (Hg.): Bürgerschaftliches Engagement und Sozialstaat. Opladen: Leske + Budrich, S. 141-158.

Barlösius, Eva (2011): Pierre Bourdieu. Frankfurt a.M.: Campus.

Bauer, Ullrich; Büscher, Andreas (Hg.) (2008): Soziale Ungleichheit und Pflege. Beiträge sozialwissenschaftlich orientierter Pflegeforschung. Wiesbaden: Springer VS.

Baumgartner, A. Doris; Fux, Beat (Hg.) (2019): Sozialstaat unter Zugzwang? Zwischen Reform und radikaler Neuorientierung. Wiesbaden: Springer VS.

Beck, Sebastian; Perry, Thomas (2008): Studie Soziale Segregation. Nebeneinander und Miteinander in der Stadtgesellschaft. In: vhw (3), S. 115-122.

Beck, Ulrich (2003): Risikogesellschaft. Auf dem Weg in eine andere Moderne. Frankfurt a.M.: Suhrkamp.

Becker, Horst (1993): Die Älteren. Zur Lebenssituation der 55- bis 70jährigen. Eine Studie der Institute Infratest Sozialforschung, Sinus und Horst Becker. Bonn: Dietz.

Beetz, Michael; Corsten, Michael; Rosa, Hartmut; Winkler, Torsten (2014): Was bewegt Deutschland? Sozialmoralische Landkarten engagierter und distanzierter Bürger in Ost- und Westdeutschland. Weinheim: Beltz Juventa.

Beetz, Stephan; Brauer, Kai; Neu, Claudia (Hg.) (2005): Handwörterbuch zur ländlichen Gesellschaft in Deutschland. Wiesbaden: Springer VS.

Beher, Karin; Liebig, Reinhard; Rauschenbach, Thomas (1999): Das Ehrenamt in empirischen Studien – ein sekundäranalytischer Vergleich. Stuttgart: Kohlhammer.

Behringer, Jeanette (2016): Sich in die eigenen Angelegenheiten einmischen. Das politische Potenzial freiwilligen Engagements. In: Ansgar Klein, Rainer Sprengel und Johanna Neuling (Hg.): Engagement und Partizipation. Schwalbach am Taunus: Wochenschau, S. 99-109.

Benedetti, Sascha (2015): Engagement, Biographie und Erwerbsarbeit. Eine biographieanalytische Studie zur subjektiven Bedeutung gesellschaftlichen Engagements. Wiesbaden: Springer VS.

Bhasin, Seema (1997): My time, my community, mysel. Experiences of volunteering within the black community. London: National Centre for Volunteering.

Bierhoff, Hans W.; Burkart, Thomas; Wörsdörfer, Christoph (1995): Einstellungen und Motive ehrenamtlicher Helfer. In: Gruppendynamik 26 (3), S. 373-386.

Bleck, Christian; van Rießen, Anne; Knopp, Reinhold (2013): Der Blick Älterer auf »ihr Quartier«. In: Sozialmagazin 38 (6), S. 6-12.

Blinkert, Baldo; Klie, Thomas (2000): Pflegekulturelle Orientierungen und soziale Milieus. In: Sozialer Fortschritt (10), S. 237-245.

Blinkert, Baldo; Klie, Thomas (2008): Soziale Ungleichheit und Pflege. In: Politik und Zeitgeschichte (12–13), S. 25-33.

Blinkert, Baldo; Klie, Thomas (2017): Formen der Solidarität. Auswertung der Zeitverwendungsstudie zu den Fokusaktivitäten bürgerschaftliches Engagement, Nachbarschaftshilfe und Übernahme von Pflegeaufgaben. In: Statistisches Bundesamt (Hg.): Wie die Zeit vergeht. Analysen zur Zeitverwendung in Deutschland. Beiträge zur Ergebniskonferenz der Zeitverwendungserhebung 2012/2013 am 5./6. Oktober 2016 in Wiesbaden, S. 195-228.

Blinkert, Baldo; Klie, Thomas (2018): Zivilgesellschaftes Engagement in Deutschland und Europa. In: Thomas Klie und Anna Wiebke Klie (Hg.): Engagement und Zivilgesellschaft. Expertisen und Debatten zum Zweiten Engagementbericht. Wiesbaden: Springer VS, S. 339-424.

Blüher, Stefan (Hg.) (2004): Neue Vergesellschaftungsformen des Alter(n)s. Wiesbaden: Springer VS.

Bobbio, Norberto (1999): Vom Alter. De senectute. München: Piper.

Böger, Anne; Huxhold, Oliver; Wolff, Julia K. (2017): Wahlverwandtschaften: Sind Freundschaften für die soziale Integration wichtiger geworden? In: Katharina Mahne, Julia Katharina Wolff, Julia Simonson und Clemens Tesch-Römer (Hg.): Altern im Wandel. Zwei Jahrzehnte Deutscher Alterssurvey (DEAS). Wiesbaden: Springer VS, S. 257-271.

Böhnisch, Lothar (2008): Sozialpädagogik der Lebensalter. Eine Einführung. Weinheim: Juventa.

Böhnisch, Lothar (2015): Nachbarschaft als Medium der Vergesellschaftung? In: Christian Reutlinger, Steve Stiehler und Eva Lingg (Hg.): Soziale Nachbarschaften. Geschichte, Grundlagen, Perspektiven. Wiesbaden: Springer VS, S. 155-162.

Bohnsack, Ralf; Marotzki, Winfried; Meuser, Michael (Hg.) (2011): Hauptbegriffe qualitativer Sozialforschung. Opladen, Farmington Hills: Barbara Budrich.

Bolder, Axel; Epping, Rudolf; Klein, Rosemarie; Reutter, Gerhard; Seiverth, Andreas (Hg.) (2010): Neue Lebenslaufregimes – neue Konzepte der Bildung Erwachsener? Wiesbaden: Springer VS.

Bourdieu, Pierre (1970): Zur Soziologie der symbolischen Formen. Frankfurt a.M.: Suhrkamp.

Bourdieu, Pierre (1982): Die feinen Unterschiede. Kritik der gesellschaftlichen Urteilskraft. Frankfurt a.M.: Suhrkamp.

Bourdieu, Pierre (1985): Sozialer Raum und »Klassen«. Frankfurt a.M.: Suhrkamp.
Bourdieu, Pierre (1987): Sozialer Sinn. Kritik der theoretischen Vernunft. Frankfurt a.M.: Suhrkamp.
Bourdieu, Pierre (1991): Physischer, sozialer und angeeigneter physischer Raum. In: Martin Wentz (Hg.): Stadt-Räume. Frankfurt a.M.: Campus, S. 25-34.
Bourdieu, Pierre (1993): Soziologische Fragen. Frankfurt a.M.: Suhrkamp.
Bourdieu, Pierre (1998a): Praktische Vernunft. Zur Theorie des Handelns. Frankfurt a.M.: Suhrkamp.
Bourdieu, Pierre (1998b): Das Elend der Welt. Zeugnisse und Diagnosen alltäglichen Leidens an der Gesellschaft. Konstanz: UVK.
Bourdieu, Pierre (Hg.) (2000): Das religiöse Feld. Texte zur Ökonomie des Heilsgeschehens. Konstanz: UVK.
Bourdieu, Pierre (2001): Das politische Feld. Zur Kritik der politischen Vernunft. Konstanz: UVK.
Bourdieu, Pierre (2005): Die verborgenen Mechanismen der Macht. Hamburg: VSA Verlag.
Bourdieu, Pierre (2011): Der Tote packt den Lebenden. Hamburg: VSA Verlag.
Bourdieu, Pierre (2017): Die männliche Herrschaft. Frankfurt a.M.: Suhrkamp.
Bourdieu, Pierre; Chamboredon, Jean-Claude; Passeron, Jean-Claude (1991): Soziologie als Beruf. Wissenschaftstheoretische Voraussetzungen soziologischer Erkenntnis. Berlin, New York: De Gruyter.
Bourdieu, Pierre; Wacquant, Loïc (1996): Reflexive Anthropologie. Frankfurt a.M.: Suhrkamp.
Brandstetter, Manuela; Schmid, Tom; Vyslouzil, Monika (Hg.) (2012): Community Studies aus der sozialen Arbeit. Theorien und Anwendungsbezüge aus der Forschung im kleinstädtischen/ländlichen Raum. Wien, Berlin, Münster: Lit.
Brauer, Kai (2005): Community Studies & Gemeindesoziologie. In: Stephan Beetz, Kai Brauer und Claudia Neu (Hg.): Handwörterbuch zur ländlichen Gesellschaft in Deutschland. Wiesbaden: Springer VS, S. 32-41.
Braun, Joachim; Bischoff, Stefan (1999): Bürgerschaftliches Engagement älterer Menschen, Motive und Aktivitäten. Engagementförderung in Kommunen, Paradigmenwechsel in der offenen Altenarbeit. Stuttgart: Kohlhammer.
Bremer, Helmut (2001): Zur Theorie und Empirie der typenbildenden Mentalitätsanalyse. Hannover: Leibniz Universität.
Bremer, Helmut (2004): Von der Gruppendiskussion zur Gruppenwerkstatt. Ein Beitrag zur Methodenentwicklung in der typenbildenden Mentalitäts-, Habitus- und Milieuanalyse. Münster-Hamburg-London: LIT.
Bremer, Helmut (2007a): Soziale Milieus, Habitus und Lernen. Zur sozialen Selektivität des Bildungswesens am Beispiel der Weiterbildung. Weinheim: Juventa.
Bremer, Helmut (2007b): Schicht, Klasse, Milieu. Bezugskonzepte der Weiterbildungsforschung 1957–2007. In: DIE – Zeitschrift für Erwachsenenbildung, S. 26-31.
Bremer, Helmut (2008): Das »politische Spiel« zwischen Selbstausschließung und Fremdausschließung. In: Außerschulische Bildung (3), S. 266-272.
Bremer, Helmut (2010): Was kommt nach dem »selbstgesteuerten Lernen«? Zu Irrwegen, Gegenhorizonten und möglichen Auswegen einer verhängnisvollen Debatte.

In: Axel Bolder, Rudolf Epping, Rosemarie Klein, Gerhard Reutter und Andreas Seiverth (Hg.): Neue Lebenslaufregimes – neue Konzepte der Bildung Erwachsener? Wiesbaden: Springer VS, S. 215-242.

Bremer, Helmut; Faulstich, Peter; Teiwes-Kügler, Christel; Vehse, Jessica (2015): Gesellschaftsbild und Weiterbildung. Auswirkungen von Bildungsmoratorien auf Habitus, Lernen und Gesellschaftsvorstellungen. Baden-Baden: Nomos.

Bremer, Helmut; Lange-Vester, Andrea (Hg.) (2014a): Soziale Milieus und Wandel der Sozialstruktur. Die gesellschaftlichen Herausforderungen und die Strategien der sozialen Gruppen. Wiesbaden: Springer VS.

Bremer, Helmut; Lange-Vester, Andrea (2014b): Einleitung: Zur Entwicklung des Konzeptes sozialer Milieus und Mentalitäten. In: Helmut Bremer und Andrea Lange-Vester (Hg.): Soziale Milieus und Wandel der Sozialstruktur. Die gesellschaftlichen Herausforderungen und die Strategien der sozialen Gruppen. Wiesbaden: Springer VS, S. 11-36.

Bremer, Helmut; Pape, Natalie (2019): Habitus als Ressource der (Nicht-)Teilnahme an Weiterbildung. Überlegungen am Beispiel der Alphabetisierungsforschung. In: Hessische Blätter für Volksbildung (4), S. 365-376.

Bremer, Helmut; Pape, Natalie; Schlitt, Laura (2020): Habitus und professionelles Handeln in der Erwachsenenbildung. In: Hessische Blätter für Volksbildung (1), S. 57-70.

Bremer, Helmut; Teiwes-Kügler, Christel (2013): Habitusanalyse als Habitus-Hermeneutik. In: ZQF 14 (2), S. 199-219.

Bremer, Helmut; Trumann, Jana (2019): Erwachsenenpädagogik als sozialraumbezogenes Handlungsfeld. In: Fabian Kessl und Christian Reutlinger (Hg.): Handbuch Sozialraum. Grundlagen für den Bildungs- und Sozialbereich. Wiesbaden: Springer VS, S. 581-598.

Breuer, Franz; Dieris, Barbara; Lettau, Antje (2010): Reflexive Grounded Theory. Eine Einführung für die Forschungspraxis. Wiesbaden: Springer VS.

Brömme, Norbert; Strasser, Hermann (2001): Gespaltene Bürgergesellschaft? Die ungleichen Folgen des Strukturwandels von Engagement und Partizipation. In: Aus Politik und Zeitgeschichte (25-26), S. 6-14.

Bubolz-Lutz, Elisabeth (2020): Kompetenzentwicklung im Engagementbereich »Älterwerden und Pflegen« – aktuelle Erkenntnisse und notwendige Veränderungen. In: BBE Newsletter für Engagement und Partizipation in Deutschland (16).

Bubolz-Lutz, Elisabeth; Gösken, Eva; Kricheldorff, Cornelia; Schramek, Renate (2010): Geragogik. Bildung und Lernen im Prozess des Alterns. Das Lehrbuch. Stuttgart: Kohlhammer.

Bundesministerium für Familie, Senioren, Frauen und Jugend (2010): Sechster Bericht zur Lage der älteren Generation in der Bundesrepublik Deutschland. Bericht der Sachverständigenkommission. Berlin: Bundesministerium für Familie, Senioren, Frauen und Jugend.

Bundesministerium für Familie, Senioren, Frauen und Jugend (2012): Erster Engagementbericht – Für eine Kultur der Mitverantwortung. Berlin: Bundesministerium für Familie, Senioren, Frauen und Jugend.

Bundesministerium für Familie, Senioren, Frauen und Jugend (2014): Motive des bürgerschaftlichen Engagements. Kernergebnisse einer bevölkerungsrepräsentativen

Befragung durch das Institut für Demoskopie Allensbach im August 2013. Berlin: Bundesministerium für Familie, Senioren, Frauen und Jugend.

Bundesministerium für Familie, Senioren, Frauen und Jugend (2015): Siebter Bericht zur Lage der älteren Generation in der Bundesrepublik Deutschland. Sorge und Mitverantwortung in der Kommune – Aufbau und Sicherung zukunftsfähiger Gemeinschaften. Bericht der Sachverständigenkommission. Berlin: Bundesministerium für Familie, Senioren, Frauen und Jugend.

Bundesministerium für Familie, Senioren, Frauen und Jugend (2017): Zweiter Bericht über die Entwicklung des bürgerschaftlichen Engagements in der Bundesrepublik Deutschland. Schwerpunktthema: »Demografischer Wandel und bürgerschaftliches Engagement: Der Beitrag des Engagements zur lokalen Entwicklung«. Berlin: Bundesministerium für Familie, Senioren, Frauen und Jugend.

Bundesnetzwerk Bürgerschaftliches Engagement (o.J.): Engagement und Partizipation in Theorie und Praxis. Online verfügbar unter: https://www.b-b-e.de/publikationen/jahrbuch-engagementpolitik/[15.07.2022].

Bundesnetzwerk Bürgerschaftliches Engagement (o.J.): Digitalisierung und bürgerschaftliches Engagement. Themenfeld mit Arbeitsgruppe. Online verfügbar unter: https://www.b-b-e.de/digitalisierung/[15.07.2022].

Burgess, Ernest W. (1950): Personal and social adjustment in old age. In: Milton Derber (Hg.): The aged and society. Champaign: Industrial Relations Research Association, S. 138-156.

Burmester, Monika; Friedemann, Jan; Funk, Stephanie Catharina; Kühnert, Sabine; Zisenis, Dieter (Hg.) (2020): Die Wirkungsdebatte in der Quartiersarbeit. Wiesbaden: Springer VS.

Clemens, Wolfgang (1993): Soziologische Aspekte eines »Strukturwandels des Alters«. In: Gerhard Naegele und Hans Peter Tews (Hg.): Lebenslagen im Strukturwandel des Alters. Alternde Gesellschaft – Folgen für die Politik. Wiesbaden, Springer VS, S. 61-81.

Clemens, Wolfgang (2002): Arbeitsleben und nachberufliche Tätigkeiten – Konzeptionelle Überlegungen zum Zusammenhang von Erfahrungen der Erwerbsarbeit und Aktivitäten im Ruhestand. In: Ursula Dallinger und Klaus R. Schroeter (Hg.): Theoretische Beiträge zur Alternssoziologie. Opladen: Leske + Budrich, S. 169-200.

Clemens, Wolfgang; Naegele, Gerhard (2004): Lebenslagen im Alter. In: Andreas Kruse und Mike Martin (Hg.): Enzyklopädie der Gerontologie. Alternsprozesse in multidisziplinärer Sicht. Bern: Huber.

Conrad, Christoph; Kondratowitz, Hans-Joachim von (1983): Gerontologie und Sozialgeschichte, Wege zu einer historischen Betrachtung des Alters. In: Journal of Social History 18 (4), S. 665-667.

Corsten, Michael; Kauppert, Michael; Rosa, Hartmut; Giegel, Hans-Joachim (2008): Quellen Bürgerschaftlichen Engagements. Die biographische Entwicklung von Wir-Sinn und fokussierten Motiven. Wiesbaden: Springer VS.

Cowgill, Donald O.; Holmes, Lowell D. (1972): Aging and modernization. New York: Appleton-Century-Crofts.

Cumming, Elaine; Henry, William E. (1961): Growing old: The Process of Disengagement. New York: Basic Books.

Dallinger, Ursula (2002): Das ›Problem der Generationen‹: Theorieentwicklung zu intergenerationellen Beziehungen. In: Ursula Dallinger und Klaus R. Schroeter (Hg.): Theoretische Beiträge zur Alternssoziologie. Opladen: Leske + Budrich, S. 203-234.

Dallinger, Ursula; Schroeter, Klaus R. (Hg.) (2002a): Theoretische Beiträge zur Alternssoziologie. Opladen: Leske + Budrich.

Dallinger, Ursula; Schroeter, Klaus R. (2002b): Theoretische Alter(n)ssoziologie — Dämmertal oder Griff in die Wühlkiste der allgemeinen soziologischen Theorie? In: Ursula Dallinger und Klaus R. Schroeter (Hg.): Theoretische Beiträge zur Alternssoziologie. Opladen: Leske + Budrich, S. 7-33.

Derber, Milton (Hg.) (1950): The aged and society. Champaign: Industrial Relations Research Association.

Deutscher Verein für Öffentliche und Private Fürsorge (Hg.) (2007): Fachlexikon der sozialen Arbeit. Frankfurt a.M.: Dt. Verein für Öffentliche und Private Fürsorge.

Dewey, John (2011): Demokratie und Erziehung. Eine Einleitung in die philosophische Pädagogik. Weinheim: Beltz.

Durkheim, Émile (1988): Über soziale Arbeitsteilung. Studie über die Organisation höherer Gesellschaften. Frankfurt a.M.: Suhrkamp.

DZA (o.J.): Deutscher Freiwilligensurvey (FWS). Online verfügbar unter: https://www.dza.de/forschung/fws [15.07.2022].

Ekerdt, D. J. (1986): The busy ethic: moral continuity between work and retirement. In: The Gerontologist 26 (3), S. 239-244.

Elias, Norbert (2009): Was ist Soziologie? Weinheim: Juventa.

Embacher, Serge (2016): Vom »unbestimmten Rechtsbegriff« zur politischen Größe. Plädoyer für eine Legaldefinition des bürgerschaftlichen Engagements. In: Ansgar Klein, Rainer Sprengel und Johanna Neuling (Hg.): Engagement und Partizipation. Schwalbach am Taunus: Wochenschau, S. 30-34.

Engels, Dietrich (1991): Soziales, kulturelles, politisches Engagement: Sekundäranalyse einer Befragung zu ehrenamtlicher Mitarbeit und Selbsthilfe. Köln: ISAB Verlag.

Engstler, Heribert; Vogel, Claudia; Böger, Anne; Franke, Janna; Klaus, Daniela; Mahne, Katharina et al. (2017): Deutscher Alterssurvey (DEAS): Instrumente der DEAS-Erhebung 2017. Berlin: Deutsches Zentrum Für Altersfragen (DZA).

Enquête-Kommission »Zukunft Bürgerschaftlichen Engagements« (2002a): Bürgerschaftliches Engagement. Auf dem Weg in eine zukunftsfähige Bürgergesellschaft. Opladen: Leske + Budrich.

Enquête-Kommission »Zukunft Bürgerschaftlichen Engagements« (2002b): Bürgerschaftliches Engagement und Zivilgesellschaft. Wiesbaden: Springer VS.

Enquête-Kommission »Zukunft Bürgerschaftlichen Engagements« (Hg.) (2003): Bürgerschaftliches Engagement und Sozialstaat. Opladen: Leske + Budrich.

Erlinghagen, Marcel (2003): Die individuellen Erträge ehrenamtlicher Arbeit. Zur sozioökonomischen Theorie unentgeltlicher, haushaltsextern organisierter Produktion. In: Kölner Zeitschrift für Soziologie und Sozialpsychologie 55 (4), S. 737-757.

Erlinghagen, Marcel (2008): Ehrenamtliche Arbeit und informelle Hilfe nach dem Renteneintritt. In: Marcel Erlinghagen und Karsten Hank (Hg.): Produktives Altern und informelle Arbeit in modernen Gesellschaften. Theoretische Perspektiven und empirische Befunde. Wiesbaden: Springer VS, S. 93-117.

Erlinghagen, Marcel; Hank, Karsten (Hg.) (2008): Produktives Altern und informelle Arbeit in modernen Gesellschaften. Theoretische Perspektiven und empirische Befunde. Wiesbaden: Springer VS.

Evers, Adalbert (2002): Engagement und seine Förderung. Über unterschiedliche Verständnisse einer Herausforderung. In: Norbert Kersting (Hg.): Ehre oder Amt? Qualifizierung bürgerschaftlichen Engagements im Kulturbereich. Opladen: Leske + Budrich, S. 115-126.

Evers, Adalbert; Klie, Thomas; Roß, Paul-Stefan (2015): Die Vielfalt des Engagements. In: Aus Politik und Zeitgeschichte 65 (14–15), S. 3-9.

Eylmann, Constanze (2015): Es reicht ein Lächeln als Dankeschön. Habitus in der Altenpflege. Osnabrück: V&R unipress.

Fehren, Oliver (2008): Wer organisiert das Gemeinwesen? Zivilgesellschaftliche Perspektiven Sozialer Arbeit als intermediärer InstanZ. Berlin: edition sigma.

Fischer, Ralf (2012): Freiwilligenengagement und soziale Ungleichheit. Eine sozialwissenschaftliche Studie. Stuttgart: Kohlhammer.

Freericks, Renate; Brinkmann, Dieter (Hg.) (2015): Handbuch Freizeitsoziologie. Wiesbaden: Springer VS.

Fröhlich, Gerhard; Rehbein, Boike (2014): Bourdieu-Handbuch. Leben – Werk – Wirkung. Stuttgart, Weimar: J.B Metzler.

Fromm, Sabine; Rosenkranz, Doris (2019): Unterstützung in der Nachbarschaft. Struktur und Potenzial für gesellschaftliche Kohäsion. Wiesbaden: Springer VS.

Geiling, Heiko (2000): Zum Verhältnis von Gesellschaft, Milieu und Raum: ein Untersuchungsansatz zu Segregation und Kohäsion in der Stadt. In: Arbeitsgruppe Interdisziplinäre Sozialstrukturforschung (agis) Hannover.

Geiling, Heiko (Hg.) (2003): Probleme sozialer Integration. Agis-Forschungen zum gesellschaftlichen Strukturwandel. Münster: Lit.

Geiling, Heiko (2014): Milieu und Stadt. Zur Theorie und Methode einer politischen Soziologie der Stadt. In: Helmut Bremer und Andrea Lange-Vester (Hg.): Soziale Milieus und Wandel der Sozialstruktur. Die gesellschaftlichen Herausforderungen und die Strategien der sozialen Gruppen. Wiesbaden: Springer VS, S. 339-363.

Geiling, Heiko; Gardemin, Daniel; Meise, Stephan; König, Andrea (2011): Migration – Teilhabe – Milieus. Spätaussiedler und türkeistämmige Deutsche im sozialen Raum. Wiesbaden: Springer VS.

Geiling, Heiko; Schwarzer, Thomas; Heinzelmann, Claudia; Bartnick, Esther (2001): Stadtteilanalyse Hannover-Vahrenheide. Sozialräumliche Strukturen, Lebenswelten und Milieus. Hannover: agis-Texte.

Gembris, Heiner (Hg.) (2014): Musik im Alter. Soziokulturelle Rahmenbedingungen und individuelle Möglichkeiten. Frankfurt a.M.: Peter Lang.

Gensicke, Thomas; Geiss, Sabine (2010): Hauptbericht des Freiwilligensurveys 2009. Zivilgesellschaft, soziales Kapital und freiwilliges Engagement in Deutschland 1999–2004-2009. Berlin: Bundesministerium für Familie, Senioren, Frauen und Jugend.

Glatzer, Wolfgang (Hg.) (1999): Ansichten der Gesellschaft: Frankfurter Beiträge aus Soziologie und Politikwissenschaften. Opladen: Leske + Budrich.

Graefe, Stefanie (2013): Des Widerspenstigen Zähmung: Subjektives Alter(n), qualitativ erforscht. Forum Qualitative Sozialforschung (2).

Grates, Miriam; Krön, Annette; Rüßler, Harald (2018): Stadtquartiere. Rahmenbedingungen verstehen und Ausgangssituation erfassen. Dortmund: Forschungsinstitut Geragogik, Fachhochschule Dortmund.

Grymer, Herbert; Köster, Dietmar; Krauss, Melanie; Ranga, Myrto-Maria; Zimmermann, Jan-Christoph (Hg.) (2008): Altengerechte Stadt – Das Handbuch. Partizipation älterer Menschen als Chance für die Städte. Münster: Landesseniorenvertretung NRW.

Günther, Julia (2015): Soziale Unterstützung und Nachbarschaft. In: Christian Reutlinger, Steve Stiehler und Eva Lingg (Hg.): Soziale Nachbarschaften. Geschichte, Grundlagen, Perspektiven. Wiesbaden: Springer VS, S. 189-200.

Hacket, Anne; Mutz, Gerd (2002): Empirische Befunde zum bürgerschaftlichen Engagement. In: Aus Politik und Zeitgeschichte (9), S. 39-46.

Hahmann, Julia (2019): Gemeinschaft, Netzwerke und soziale Beziehungen im Alter. In: Klaus R. Schroeter, Claudia Vogel und Harald Künemund (Hg.): Handbuch Soziologie des Alter(n)s. Wiesbaden: Springer VS, S. 1-23.

Hahmann, Julia (2021): Uptown Girl: Identitätskonstruktion, Anerkennung und Gemeinschaft. Vergeschlechtlichte Ehrenamts-Biographien in der US-amerikanischen Upper Class. In: Julia Hahmann, Kira Baresel, Marvin Blum, und Katja Rackow (Hg.): Gerontologie gestern, heute und morgen. Wiesbaden: Springer VS, S. 237-262.

Hahmann, Julia; Baresel, Kira; Blum, Marvin; Rackow, Katja (Hg.) (2021): Gerontologie gestern, heute und morgen. Wiesbaden: Springer VS.

Hank, Karsten; Erlinghagen, Marcel (2008): Produktives Altern und informelle Arbeit. In: Marcel Erlinghagen und Karsten Hank (Hg.): Produktives Altern und informelle Arbeit in modernen Gesellschaften. Theoretische Perspektiven und empirische Befunde. Wiesbaden: Springer VS, S. 9-26.

Hannemann, Christine (2019): Stadtsoziologie. Eine disziplinäre Positionierung zum Sozialraum. In: Fabian Kessl und Christian Reutlinger (Hg.): Handbuch Sozialraum. Grundlagen für den Bildungs- und Sozialbereich. Wiesbaden: Springer VS, S. 45-68.

Hansen, Stefan (2008): Lernen durch freiwilliges Engagement. Eine empirische Studie zu Lernprozessen in Vereinen. Wiesbaden: Springer VS.

Hart, Roger. A. (1992): Children's partizipation: From tokenism to citizenship. Florenz: Unicef.

Häußermann, Hartmut; Siebel, Walter (2004): Stadtsoziologie. Eine Einführung. Frankfurt a.M., New York: Campus.

Heinzelmann, Claudia (2003): Lokale Räume der Nähe und DistanZ. Eine Kohäsionsanalyse im Stadtteil Hannover-Vahrenheide. In: Heiko Geiling (Hg.): Probleme sozialer Integration. Agis-Forschungen zum gesellschaftlichen Strukturwandel. Münster: Lit, S. 105-120.

Heite, Elisabeth (2012): Bürgerschaftliches Engagement älterer Menschen im Stadtteil. Gleiche Beteiligungschancen und Mitgestaltungsmöglichkeiten für alle? Freiburg: Centaurus.

Heusinger, Josefine (2008): Der Zusammenhang von Milieuzugehörigkeit, Selbstbestimmungschancen und Pflegeorganisation in häuslichen Pflegearrangements älterer Menschen. In: Ullrich Bauer und Andreas Büscher (Hg.): Soziale Ungleichheit und Pflege. Wiesbaden: Springer VS, S. 301-314.

Heusinger, Josefine; Klünder, Monika (2005): »Ich lass' mir nicht die Butter vom Brot nehmen!«. Aushandlungsprozesse in häuslichen Pflegearrangements. Frankfurt a.M.: Mabuse.

Hochschule Düsseldorf (o.J.): Projektbeschreibung »Informelles Zivilgesellschaftliches Engagement im Sozialraum. Eine qualitative Studie zu Barrieren der Teilhabe an gemeinwohlstärkendem Engagement mit spezifischem Blick auf die Ursachen der Nicht-Nutzung. Online verfügbar unter: https://soz-kult.hs-duesseldorf.de/forschung/forschungsaktivitaeten/einrichtungen/fspe/izeso [15.07.2022].

Hoeft, Christoph; Klatt, Johanna; Klimmeck, Annike; Kopp, Julia; Messinger, Sören; Rugenstein, Jonas; Walter, Franz (2014): Wer organisiert die »Entbehrlichen«? Viertelgestalterinnen und Viertelgestalter in benachteiligten Stadtquartieren. Bielefeld: transcript.

Hollstein, Bettina (2015): Ehrenamt verstehen. Eine handlungstheoretische Analyse. Frankfurt a.M.: Campus.

Hradil, Stefan (Hg.) (1992a): Zwischen Bewußtsein und Sein. Die Vermittlung »objektiver« Lebensbedingungen und »subjektiver« Lebensweisen. Wiesbaden: Springer VS.

Hradil, Stefan (1992b): Alte Begriffe und neue Strukturen. Die Milieu-, Subkultur- und Lebensstilforschung der 80er Jahre. In: Stefan Hradil (Hg.): Zwischen Bewußtsein und Sein. Die Vermittlung »objektiver« Lebensbedingungen und »subjektiver« Lebensweisen. Wiesbaden: Springer VS, S. 15-55.

Hradil, Stefan (2006): Soziale Milieus – eine praxisorientierte Forschungsperspektive. In: Aus Politik und Zeitgeschichte (44–45), S. 3-10.

Hradil, Stefan; Schiener, Jürgen (2001): Soziale Ungleichheit in Deutschland. Wiesbaden: Springer VS.

Hübner, Astrid (2010): Freiwilliges Engagement als Lern- und Entwicklungsraum. Eine qualitative empirische Studie im Feld der Stadtranderholungsmaßnahmen. Wiesbaden: Springer VS.

Hummel, Siri; Graf Strachwitz, Ruppert (2021): Zivilgesellschaft und gesellschaftlicher Zusammenhalt. In: Aus Politik und Zeitgeschichte 71 (13–15), S. 35-41.

Huster, Ernst-Ulrich; Boeckh, Jürgen; Mogge-Grotjahn, Hildegard (Hg.) (2018): Handbuch Armut und soziale Ausgrenzung. Wiesbaden: Springer VS.

Infratest Sozialforschung (2003): Hilfe- und Pflegebedürftigkeit in Privathaushalten in Deutschland 2002. München: Bundesministerium für Familie, Senioren, Frauen und Jugend.

Institut für Soziale Infrastruktur (Hg.) (2002): Grundsatzthemen der Freiwilligenarbeit. Theorie und Praxis des sozialen Engagements und seine Bedeutung für ältere Menschen. Bonn: Bundesarbeitsgemeinschaft Seniorenbüros.

Isengard, Bettina (2005): Freizeitverhalten als Ausdruck sozialer Ungleichheiten oder Ergebnis individualisierter Lebensführung? In: Kölner Zeitschrift für Soziologie und Sozialpsychologie 57 (2), S. 254-277.

Jakob, Gisela (1993): Zwischen Dienst und Selbstbezug. Eine biographieanalytische Untersuchung ehrenamtlichen Engagements. Opladen: Leske + Budrich.

Jakob, Gisela (2003): Biografische Strukturen bürgerschaftlichen Engagements. Zur Bedeutung biografischer Ereignisse und Erfahrungen für ein gemeinwohlorientiertes Engagement. In: Chantal Munsch (Hg.): Sozial Benachteiligte engagieren sich doch. Über lokales Engagement und soziale Ausgrenzung und die Schwierigkeiten der Gemeinwesenarbeit. Weinheim, München: Juventa, S. 79-96.

Jost, Frank (2007): Mein Haus – mein Quartier – meine Stadt. Sinus-Milieus und bürgerschaftliches Engagement. Reihe Bürgergesellschaft – Themen zum bürgerschaftlichen Engagement. Konrad-Adenauer-Stiftung, Nr. 4.

Kantar Public (2019): SOEP Core – 2018: Personenfragebogen, Stichproben A-L3 + N. SOEP Survey Papers 608: Series A. Berlin.

Karl, Fred; Aner, Kirsten (Hg.) (2002): Die »neuen Alten« – revisited. Kaffeefahrten – Freiwilliges Engagement – Neue Altenkultur – Intergenerative Projekte. Kassel: Kassel Univ. Press.

Karl, Fred; Zank, Susanne (Hg.) (2002): Zum Profil der Gerontologie. Kasseler Gerontologische Schriften. Band 30.

Kersting, Norbert (Hg.) (2002): Ehre oder Amt? Qualifizierung bürgerschaftlichen Engagements im Kulturbereich. Opladen: Leske + Budrich.

Kessl, Fabian; Maurer, Susanne (2019): Soziale Arbeit. eine disziplinäre Positionierung zum Sozialraum. In: Fabian Kessl und Christian Reutlinger (Hg.): Handbuch Sozialraum. Grundlagen für den Bildungs- und Sozialbereich. Wiesbaden: Springer VS, S. 161-183.

Kessl, Fabian; Otto, Hans U. (2007): Territorialisierung des Sozialen. Regieren über Soziale Nahräume. Opladen: Barbara Budrich.

Kessl, Fabian; Reutlinger, Christian (Hg.) (2019): Handbuch Sozialraum. Grundlagen für den Bildungs- und Sozialbereich. Wiesbaden: Springer VS.

Kewes, Andreas; Munsch, Chantal (2019): Should I Stay or Should I Go? Engaging and Disengaging Experiences in Welfare-Sector Volunteering. In: Voluntas 30 (5), S. 1090-1103.

Klages, Helmut (2001): Werte und Wertewandel. In: Bernhard Schäfers und Bianca Lehmann (Hg.): Handwörterbuch zur Gesellschaft Deutschlands. Bonn: Bundeszentrale für Politische Bildung, S. 726-738.

Klages, Helmut (2002): Zerfällt das Volk? Von den Schwierigkeiten der modernen Gesellschaft mit Gemeinschaft und Demokratie. In: Helmut Klages und Thomas Gensicke (Hg.): Wertewandel und bürgerschaftliches Engagement an der Schwelle zum 21. Jahrhundert. Speyer: Forschungsinstitut für Öffentliche Verwaltung, S. 1-20.

Klages, Helmut; Gensicke, Thomas (Hg.) (2002): Wertewandel und bürgerschaftliches Engagement an der Schwelle zum 21. Jahrhundert. Speyer: Forschungsinstitut für Öffentliche Verwaltung.

Klatt, Johanna (2012): Partizipation. Ein erstrebenswertes Ziel politischer Bildung? In: Aus Politik und Zeitgeschichte (46-47), S. 3-8.

Klatt, Johanna; Walter, Franz (2011): Entbehrliche der Bürgergesellschaft? Sozial Benachteiligte und Engagement. Bielefeld: transcript.

Klein, Ansgar; Olk, Thomas; Hartnuß, Birger (2010): Engagementpolitik als Politikfeld: Entwicklungserfordernisse und Perspektiven. In: Thomas Olk, Ansgar Klein und Birger Hartnuß (Hg.): Engagementpolitik. Die Entwicklung der Zivilgesellschaft als politische Aufgabe. Wiesbaden: Springer VS, S. 24-59.

Klein, Ansgar; Sprengel, Rainer; Neuling, Johanna (Hg.) (2016): Engagement und Partizipation. Schwalbach am Taunus: Wochenschau.

Klein, Ludger; Merkle, Maike; Molter, Sarah (2021): Schwierige Zugänge älterer Menschen zu Angeboten der Sozialen Arbeit. Abschlussbericht eines Praxisforschungsprojekts. Frankfurt a.M.: Institut für Sozialarbeit und Sozialpädagogik e.V.

Klie, Thomas (2003): Bürgerschaftliches Engagement im Alter. In: Enquete-Kommission »Zukunft Bürgerschaftlichen Engagements« (Hg.): Bürgerschaftliches Engagement und Sozialstaat. Opladen: Leske + Budrich, S. 109-124.

Klie, Thomas; Klie, Anna Wiebke (Hg.) (2018): Engagement und Zivilgesellschaft. Expertisen und Debatten zum Zweiten Engagementbericht. Wiesbaden: Springer VS.

Kneer, Georg; Schroer, Markus (Hg.) (2010): Handbuch Spezielle Soziologien. Wiesbaden: Springer VS.

Knopp, Reinhold; van Rießen, Anne (2020): Das Handlungsfeld Sozialraum aus der Perspektive Sozialer Arbeit: Gemeinwesenarbeit – Sozialraumarbeit – Quartiersmanagement. In: Monika Burmester, Jan Friedemann, Stephanie Catharina Funk, Sabine Kühnert und Dieter Zisenis (Hg.): Die Wirkungsdebatte in der Quartiersarbeit. Wiesbaden: Springer VS, S. 3-17.

Kohli, Martin (Hg.) (1993): Engagement im Ruhestand. Rentner zwischen Erwerb, Ehrenamt und Hobby. Wiesbaden: Springer VS.

Kohli, Martin (2013): Alter und Altern der Gesellschaft. In: Steffen Mau und Nadine M. Schöneck-Voß (Hg.): Handwörterbuch zur Gesellschaft Deutschlands. Wiesbaden: Springer VS, S. 11-24.

Kohli, Martin; Künemund, Harald (1996): Nachberufliche Tätigkeitsfelder – Konzepte, Forschungslage, Empirie. Stuttgart: Kohlhammer.

Kohli, Martin; Künemund, Harald (Hg.) (2005): Die Zweite Lebenshälfte. Gesellschaftliche Lage und Partizipation Im Spiegel des Alters-Survey. Wiesbaden: Springer VS.

Kolland, Franz (2002): Ehrenamtliche Tätigkeit der jungen Alten. In: Fred Karl und Susanne Zank (Hg.): Zum Profil der Gerontologie. Kasseler Gerontologische Schriften. Band 30, S. 79-87.

Kolland, Franz; Oberbauer, Martin (2006): Vermarktlichung bürgerschaftlichen Engagements im Alter. In: Klaus R. Schroeter und Peter Zängl (Hg.): Altern und bürgerschaftliches Engagement. Aspekte der Vergemeinschaftung und Vergesellschaftung in der Lebensphase Alter. Wiesbaden: Springer VS, S. 153-174.

Köster, Dietmar (2002): Kritische Geragogik: Aspekte einer theoretischen Begründung und praxeologische Konklusionen anhand gewerkschaftlich orientierter Bildungsarbeit. Dortmund: Universität Dortmund.

Köster, Dietmar (2012): Thesen zur kritischen Gerontologie aus sozialwissenschaftlicher Sicht. In: Zeitschrift für Gerontologie und Geriatrie 45 (7), S. 603-609.

Köster, Dietmar (2014): Entwicklungschancen in alternden Gesellschaften durch Bildung: Trends und Perspektiven. In: Heiner Gembris (Hg.): Musik im Alter. Soziokulturelle Rahmenbedingungen und individuelle Möglichkeiten. Frankfurt a.M.: Peter Lang, S. 31-52.

Köster, Dietmar; Miesen, Vera (2013): Selbstbestimmt – mein Quartier gewinnt! Partizipation im Alter in den Kommunen Nordrhein-Westfalens (PiA2). Projektabschlussbericht. Witten. Online verfügbar unter: https://docplayer.org/6047011 3-Abschlussbericht-selbstbestimmt-mein-quartier-gewinnt-partizipation-im-alter-in-den-kommunen-nordrhein-westfalens-pia-2-witten-dezember-2013.html [15.07.2022].

Köster, Dietmar; Schramek, Renate (2005): Die Autonomie des Alters und die Konsequenzen für zivilgesellschaftliches Engagement. In: Hessische Blätter für Volksbildung 55 (3), S. 226-237.

Köster, Dietmar; Schramek, Renate; Dorn, Silke (2008): Qualitätsziele moderner SeniorInnenarbeit und Altersbildung. Das Handbuch. Oberhausen: Athena.

Krais, Beate; Gebauer, Gunter (2013): Habitus. Bielefeld: transcript.

Krug, Melanie; Corsten, Michael (2010): Sind Nicht-Engagierte nicht eigensinnig? In: Angela Pilch Ortega, Andrea Felbinger, Regina Mikula und Rudolf Egger (Hg.): Macht, Eigensinn, Engagement. Lernprozesse gesellschaftlicher Teilhabe. Wiesbaden: Springer VS, S. 41-61.

Kruse, Andreas; Martin, Mike (Hg.) (2004): Enzyklopädie der Gerontologie. Alternsprozesse in multidisziplinärer Sicht. Bern: Huber.

Kubisch, Sonja; Störkle, Mario (2016): Erfahrungswissen in der Zivilgesellschaft. Eine rekonstruktive Studie zum nachberuflichen Engagement. Wiesbaden: Springer VS.

Kümpers, Susanne; Alisch, Monika (2018): Altern und soziale Ungleichheiten: Teilhabechancen und Ausgrenzungsrisiken. In: Ernst-Ulrich Huster, Jürgen Boeckh und Hildegard Mogge-Grotjahn (Hg.): Handbuch Armut und soziale Ausgrenzung. Wiesbaden: Springer VS, S. 597-618.

Künemund, Harald (2001): Gesellschaftliche Partizipation und Engagement in der zweiten Lebenshälfte. Empirische Befunde zu Tätigkeitsformen im Alter und Prognosen ihrer zukünftigen Entwicklung. Berlin: Weißensee.

Künemund, Harald (2006a): Tätigkeiten und Engagement im Ruhestand. In: Clemens Tesch-Römer, Heribert Engstler und Susanne Wurm (Hg.): Altwerden in Deutschland. Sozialer Wandel und individuelle Entwicklung in der zweiten Lebenshälfte. Wiesbaden: Springer VS, S. 289-327.

Künemund, Harald (2006b): Methodenkritische Anmerkungen zur Empirie ehrenamtlichen Engagements. In: Klaus R. Schroeter und Peter Zängl (Hg.): Altern und bürgerschaftliches Engagement. Aspekte der Vergemeinschaftung und Vergesellschaftung in der Lebensphase Alter. Wiesbaden, Springer VS, S. 111-134.

Künemund, Harald (2007): Freizeit und Lebensstile älterer Frauen und Männer – Überlegungen zur Gegenwart und Zukunft gesellschaftlicher Partizipation im Ruhestand. In: Ursula Pasero, Gertrud Backes und Klaus R. Schroeter (Hg.): Altern in Gesellschaft. Ageing – diversity – inclusion. Wiesbaden: Springer VS, S. 231-240.

Künemund, Harald; Hollstein, Bettina (2005): Soziale Beziehungen und Unterstützungsnetzwerke. In: Martin Kohli und Harald Künemund (Hg.): Die zweite Lebenshälfte. Gesellschaftliche Lage und Partizipation Im Spiegel des Alters-Survey. Wiesbaden: Springer VS, S. 212-276.

Künemund, Harald; Kohli, Martin (2020): Soziale Netzwerke im Alter. In: Kirsten Aner, Ute Karl und Eva Maria Löffler (Hg.): Handbuch Soziale Arbeit und Alter. Wiesbaden: Springer VS, S. 379-385.

Künemund, Harald; Schupp, Jürgen (2008): Konjunkturen des Ehrenamts — Diskurse und Empirie. In: Marcel Erlinghagen und Karsten Hank (Hg.): Produktives Altern und informelle Arbeit in modernen Gesellschaften. Theoretische Perspektiven und empirische Befunde. Wiesbaden: Springer VS, S. 145-163.

Künemund, Harald; Vogel, Claudia (2020): Strukturwandel des Ehrenamtes in der zweiten Lebenshälfte? Veränderungen zwischen 1996 und 2014. In: Stephanie Stadelbacher und Werner Schneider (Hg.): Lebenswirklichkeiten des Alter(n)s. Vielfalt, Heterogenität, Ungleichheit. Wiesbaden: Springer VS, S. 201-222.

Kunstreich, Timm (2011): Rezension Klatt et al.: Entbehrliche der Bürgergesellschaft? Sozial Benachteiligte und Engagement. In: Das Argument 53, S. 779-781.

Lamnek, Siegfried; Krell, Claudia (2016): Qualitative Sozialforschung. Weinheim, Basel: Beltz.

Lange-Vester, Andrea; Teiwes-Kügler, Christel (2013a): Das Konzept der Habitushermeneutik in der Milieuforschung. In: Alexander Lenger, Christian Schneickert und Florian Schumacher (Hg.): Pierre Bourdieus Konzeption des Habitus. Grundlagen, Zugänge, Forschungsperspektiven. Wiesbaden: Springer VS, S. 149-174.

Lange-Vester, Andrea; Teiwes-Kügler, Christel (2013b): Zwischen W3 und Hartz IV. Arbeitssituation und Perspektiven Wissenschaftlicher Mitarbeiterinnen und Mitarbeiter. Opladen: Barbara Budrich.

Lange-Vester, Andrea; Teiwes-Kügler, Christel (2014): Habitussensibilität im schulischen Alltag als Beispiel zur Integration ungleicher sozialer Gruppen. In: Tobias Sander (Hg.): Habitussensibilität. Eine neue Anforderung an professionelles Handeln. Wiesbaden: Springer VS, S. 177-207.

Laslett, Peter (1995): Das dritte Alter. Historische Soziologie des Alterns. Weinheim: Juventa.

Leitner, Sigrid; Vukoman, Marina (2019): Altenarbeit. als sozialraumbezogenes Handlungsfeld. In: Fabian Kessl und Christian Reutlinger (Hg.): Handbuch Sozialraum. Grundlagen für den Bildungs- und Sozialbereich. Wiesbaden: Springer VS, S. 599-615.

Lenger, Alexander; Schneickert, Christian; Schumacher, Florian (Hg.) (2013): Pierre Bourdieus Konzeption des Habitus. Grundlagen, Zugänge, Forschungsperspektiven. Wiesbaden: Springer VS.

Lessenich, Stephan (2008): Die Neuerfindung des Sozialen. Der Sozialstaat im flexiblen Kapitalismus. Bielefeld: transcript.

Leßmann, Ortrud (2009): Konzeption und Erfassung von Armut. Vergleich des Lebenslage-Ansatzes mit Sens »Capability«-AnsatZ. Berlin: Duncker & Humblot.

Lindner, Rolf (2007): Die Entdeckung der Stadtkultur. Soziologie aus der Erfahrung der Reportage. Frankfurt a.M.: Campus.

Loge, Lena (2021): Von Bauingenieurinnen und Sozialarbeitern. Studien(fach)wahlen im Kontext von sozialem Milieu und Geschlecht. Wiesbaden: Springer VS.

Löw, Martina (2001): Gemeindestudien heute: Sozialforschung in der Tradition der Chicagoer School? In: Zeitschrift für qualitative Bildungs-, Beratungs- und Sozialforschung 2 (1), S. 111-131.

Löw, Martina; Steets, Silke; Stoetzer, Sergej (2008): Einführung in die Stadt- und Raumsoziologie. Opladen, Farmington Hills: Barbara Budrich.

Löw, Martina; Sturm, Gabriele (2019): Raumsoziologie. Eine disziplinäre Positionierung zum Sozialraum. In: Fabian Kessl und Christian Reutlinger (Hg.): Handbuch Sozialraum. Grundlagen für den Bildungs- und Sozialbereich. Wiesbaden: Springer VS, S. 3-21.

Lüttringhaus, Maria (2000): Stadtentwicklung und Partizipation. Fallstudien aus Essen Katernberg und der Dresdner Äußeren Neustadt. Bonn: Stiftung Mitarbeit.

Mahne, Katharina; Wolff, Julia K.; Simonson, Julia; Tesch-Römer, Clemens (2017): Altern im Wandel: Zwei Jahrzehnte Deutscher Alterssurvey. In: Katharina Mahne, Julia Katharina Wolff, Julia Simonson und Clemens Tesch-Römer (Hg.): Altern im Wandel. Zwei Jahrzehnte Deutscher Alterssurvey (DEAS). Wiesbaden: Springer VS, S. 11-28.

Mahne, Katharina; Wolff, Julia Katharina; Simonson, Julia; Tesch-Römer, Clemens (Hg.) (2017): Altern im Wandel. Zwei Jahrzehnte Deutscher Alterssurvey (DEAS). Wiesbaden: Springer VS.

Mania, Ewelina (2018): Weiterbildungsbeteiligung sogenannter »bildungsferner Gruppen« in sozialraumorientierter Forschungsperspektive. Bielefeld: wbv.

Mau, Steffen; Schöneck-Voß, Nadine M. (Hg.) (2013): Handwörterbuch zur Gesellschaft Deutschlands. Wiesbaden: Springer VS.

Maurer, Susanne (2018): Der Einfluss der früheren Erwerbstätigkeit auf freiwilliges Engagement im Ruhestand. In: Simone Scherger und Claudia Vogel (Hg.): Arbeit im Alter. Zur Bedeutung bezahlter und unbezahlter Tätigkeiten in der Lebensphase Ruhestand. Wiesbaden: Springer VS, S. 195-215.

May, Michael; Alisch, Monika (2013): AMIQUS – Unter Freunden. Ältere Migrantinnen und Migranten in der Stadt. Opladen: Barbara Budrich.

Meusel, Sandra (2016): Freiwilliges Engagement und soziale Benachteiligung. Eine biografieanalytische Studie mit Akteuren in schwierigen Lebenslagen. Bielefeld: transcript.

Meyer, Sabine; Klemm, Antje (2004): Zivilgesellschaft stärken – Bürgerschaftliches Engagement in E&C-Gebieten fördern. Dokumentation zur Veranstaltung vom 3. und 4. November 2004. Online verfügbar unter: https://www.stiftung-spi.de/fileadmin/user_upload/Dokumente/veroeffentlichungen/E_und_C/Meyer_Klemm_2004_Zivilges_staerken_Dok_VA_3-4_11_2004.pdf [15.07.2022].

Micheel, Frank (2017): Bürgerschaftliches Engagement und Engagementpotenziale von 55- bis 70-Jährigen in Deutschland. In: Zeitschrift für Gerontologie und Geriatrie 50 (2), S. 134-144.

Ministerium für Arbeit, Gesundheit und Soziales des Landes Nordrhein-Westfalen (2020): Alt werden in Nordrhein-Westfalen. Bericht zur Lage der Älteren. Altenbericht 2020. Online verfügbar unter: https://www.mags.nrw/sites/default/files/asset/document/altenbericht_langfassung_bf-2.pdf [15.07.2022].

Ministerium für Gesundheit, Emanzipation, Pflege und Alter des Landes Nordrhein-Westfalen (2016): Alt werden in Nordrhein-Westfalen. Bericht zur Lage der Älteren.

Altenbericht NRW 2016. Online verfügbar unter https://www.mags.nrw/sites/defa ult/files/asset/document/2016_altenbericht_nrw_lang_web.pdf [15.07.2022].

Mörchen, Annette; Tolksdorf, Markus (2009): Lernort Gemeinde. Ein neues Format der Erwachsenenbildung. Bielefeld: Bertelsmann.

Mösken, Gina (2016): Der (Eigen)Sinn frei-gemeinnütziger Tätigkeit. Eine Fallstudie zur Rekonstruktion individueller Sinnstrukturen frei-gemeinnützig Tätiger aus verschiedenen Engagementfeldern. Magdeburg: Pabst.

Motel-Klingebiel, Andreas; Wurm, Susanne; Tesch-Römer, C. (Hg.) (2010): Altern im Wandel. Befunde des Deutschen Alterssurveys (DEAS). Stuttgart: Kohlhammer.

Müller, Falko; Munsch, Chantal (Hg.) (2021): Jenseits der Intention – ethnografische Einblicke in Praktiken der Partizipation. Weinheim, Basel: Beltz Juventa.

Müller, Francis (2018): Designethnografie. Methodologie und Praxisbeispiele. Wiesbaden: Springer VS.

Müller, Stella; Zimmermann, Jens (Hg.) (2017): Milieu – Revisited. Forschungsstrategien der Qualitativen Milieuanalyse. Wiesbaden: Vieweg.

Münkler, Herfried (2003): Bürgerschaftliches Engagement in der Zivilgesellschaft. In: Enquete-Kommission »Zukunft Bürgerschaftlichen Engagements« (Hg.): Bürgerschaftliches Engagement und Sozialstaat. Opladen: Leske + Budrich, S. 29-36.

Munsch, Chantal (Hg.) (2003): Sozial Benachteiligte engagieren sich doch. Über lokales Engagement und soziale Ausgrenzung und die Schwierigkeiten der Gemeinwesenarbeit. Weinheim, München: Juventa.

Munsch, Chantal (2004): Wird wirklich jede/r gebraucht? Über bürgerschaftliches Engagement und soziale Benachteiligung. E-&C-Zielgruppenkonferenz: Zivilgesellschaft stärken – Bürgerschaftliches Engagement in E-&C-Gebieten fördern. Dokumentation zur Veranstaltung vom 3. und 4. November 2004.

Munsch, Chantal (2005): Die Effektivitätsfalle. Gemeinwesenarbeit und bürgerschaftliches Engagement zwischen Ergebnisorientierung und Lebensbewältigung. Baltmannsweiler: Schneider Hohengehren.

Munsch, Chantal (2011): Engagement und Ausgrenzung – theoretische Zugänge zur Klärung eines ambivalenten Verhältnisses. In: Forschungsjournal Soziale Bewegungen 24 (3), S. 48-55.

Munsch, Chantal; Müller, Falko (2021a): Jenseits der Intention. Ambivalenzen, Störungen und Ungleichheit mit Partizipation zusammendenken. In: Falko Müller und Chantal Munsch (Hg.): Jenseits der Intention – ethnografische Einblicke in Praktiken der Partizipation. Weinheim, Basel: Beltz Juventa, S. 10-36.

Munsch, Chantal; Müller, Falko (2021b): Partizipation in ihren Zusammenhängen entdecken. Fragerichtungen für ethnografische Beobachtungen. In: Falko Müller und Chantal Munsch (Hg.): Jenseits der Intention – ethnografische Einblicke in Praktiken der Partizipation. Weinheim, Basel: Beltz Juventa, S. 37-50.

Musick, M. A.; Herzog, A. R.; House, J. S. (1999): Volunteering and mortality among older adults: findings from a national sample. In: The journals of gerontology. Series B, Psychological sciences and social sciences 54 (3), S173-80.

Musick, Marc A.; Wilson, John (2007): Volunteers. A social profile. Bloomington: Indiana University Press (Philanthropic and nonprofit studies).

Nadai, Eva (1996): Gemeinsinn und EigennutZ. Freiwilliges Engagement im Sozialbereich. Bern, Stuttgart, Wien: Haupt.
Naegele, Gerhard (Hg.) (2010): Soziale Lebenslaufpolitik. Wiesbaden: Springer VS.
Naegele, Gerhard; Olbermann, Elke; Kuhlmann, Andrea (Hg.) (2016): Teilhabe im Alter gestalten. Aktuelle Themen der Sozialen Gerontologie. Wiesbaden: Springer VS.
Naegele, Gerhard; Tews, Hans Peter (Hg.) (1993): Lebenslagen im Strukturwandel des Alters. Alternde Gesellschaft – Folgen für die Politik. Wiesbaden: Springer VS.
Naumann, Dörte; Romeu Gordo, Laura (2010): Gesellschaftliche Partizipation: Erwerbstätigkeit, Ehrenamt und Bildung. In: Andreas Motel-Klingebiel, Susanne Wurm und C. Tesch-Römer (Hg.): Altern im Wandel. Befunde des Deutschen Alterssurveys (DEAS). Stuttgart: Kohlhammer, S. 118-141.
Nave-Herz, Rosemarie (2007): Familie heute. Wandel der Familienstrukturen und Folgen für die Erziehung. Darmstadt: Primus.
Neckel, Sighard (1997): Zwischen Robert E. Park und Pierre Bourdieu: Eine dritte »Chicago School«? Soziologische Perspektiven einer amerikanischen Forschungstradition. In: Soziale Welt 48 (1), S. 71-83.
Nowossadeck, Sonja; Mahne, Katharina (2017): Soziale Kohäsion in der Nachbarschaft. In: Katharina Mahne, Julia Katharina Wolff, Julia Simonson und Clemens Tesch-Römer (Hg.): Altern im Wandel. Zwei Jahrzehnte Deutscher Alterssurvey (DEAS). Wiesbaden: Springer VS, S. 315-328.
Oesch, Daniel (2007): Soziale Schichtung in der Schweiz und in Deutschland. Zur Analyse der Klassenstruktur von Dienstleistungsgesellschaften. In: Widerspruch. Beiträge zu sozialistischer Politik 27 (52), S. 59-74.
Oevermann, Ulrich (1999): Strukturale Soziologie und Rekonstruktionsmethodologie. In: Wolfgang Glatzer (Hg.): Ansichten der Gesellschaft: Frankfurter Beiträge aus Soziologie und Politikwissenschaften. Opladen: Leske + Budrich, S. 72-84.
Oevermann, Ulrich; Allert, Tilman; Konau, Elisabeth; Krambeck, Jürgen (1979): Die Methodologie einer »objektiven Hermeneutik« und ihre allgemeine forschungslogische Bedeutung in den Sozialwissenschaften. In: Hans-Georg Soeffner (Hg.): Interpretative Verfahren in den Sozial- und Textwissenschaften. Stuttgart: Metzler, S. 352-434.
Olk, Thomas (2002): Modernisierung des Engagements im Alter – Vom Ehrenamt zum bürgerschaftlichen Engagement? In: Institut für Soziale Infrastruktur (Hg.): Grundsatzthemen der Freiwilligenarbeit. Theorie und Praxis des sozialen Engagements und seine Bedeutung für ältere Menschen. Bonn: Bundesarbeitsgemeinschaft Seniorenbüros (BaS), S. 25-48.
Olk, Thomas; Hartnuß, Birger (Hg.) (2011): Handbuch Bürgerschaftliches Engagement. Weinheim und Basel: Beltz Juventa.
Olk, Thomas; Klein, Ansgar; Hartnuß, Birger (Hg.) (2010): Engagementpolitik. Die Entwicklung der Zivilgesellschaft als politische Aufgabe. Wiesbaden: Springer VS.
Ortega, Angela Pilch (2010): Biographisierte Wir-Bezüge und ihre Relevanz für soziales Engagement. Eine kritische Momentaufnahme. In: Angela Pilch Ortega, Andrea Felbinger, Regina Mikula und Rudolf Egger (Hg.): Macht, Eigensinn, Engagement. Lernprozesse gesellschaftlicher Teilhabe. Wiesbaden: Springer VS, S. 81-97.

Ortega, Angela Pilch; Felbinger, Andrea; Mikula, Regina; Egger, Rudolf (Hg.) (2010): Macht, Eigensinn, Engagement. Lernprozesse gesellschaftlicher Teilhabe. Wiesbaden: Springer VS.

Ostrom, Elinor (Hg.) (2003): Foundations of social capital. Paperback ed. Cheltenham: Elgar.

Park, Robert E. (1983): Die Stadt als räumliche Struktur und als sittliche Ordnung. In: Klaus M. Schmals (Hg.): Stadt und Gesellschaft. München: Academic, S. 309-318.

Pasero, Ursula; Backes, Gertrud; Schroeter, Klaus R. (Hg.) (2007): Altern in Gesellschaft. Ageing – diversity – inclusion. Wiesbaden: Springer VS.

Prahl, Hans-Werner (2010): Soziologie der Freizeit. In: Georg Kneer und Markus Schroer (Hg.): Handbuch Spezielle Soziologien. Wiesbaden: Springer VS, S. 405-420.

Priemer, Jana; Krimmer, Holger (2017): ZiviZ-Survey 2017: Vielfalt verstehen, Zusammenhalt stärken. Berlin: Edition Stifterverband.

Putnam, Robert D. (2001): Bowling alone. The collapse and revival of American community. NY: Simon & Schuster.

Rameder, Paul (2015): Die Reproduktion sozialer Ungleichheiten in der Freiwilligenarbeit. Theoretische Perspektiven und empirische Analysen zur sozialen Schließung und Hierarchisierung in der Freiwilligenarbeit. Frankfurt a.M.: PL Academic Research.

Rauschenbach, Thomas (2007): Ehrenamtliche/freiwillige Tätigkeit. In: Deutscher Verein für Öffentliche und Private Fürsorge (Hg.): Fachlexikon der sozialen Arbeit. Frankfurt a.M.: Dt. Verein für Öffentliche und Private Fürsorge, S. 226-228.

Rawls, John (2016): Politischer Liberalismus. Frankfurt a.M.: Suhrkamp.

Reutlinger, Christian; Stiehler, Steve; Lingg, Eva (Hg.) (2015): Soziale Nachbarschaften. Geschichte, Grundlagen, Perspektiven. Wiesbaden: Springer VS.

Rosa, Hartmut (2013): Weltbeziehungen im Zeitalter der Beschleunigung. Umrisse einer neuen Gesellschaftskritik. Berlin: Suhrkamp.

Rosenmayr, Leopold; Kolland, Franz (2002): Altern in der Großstadt – Eine empirische Untersuchung über Einsamkeit, Bewegungsarmut und ungenutzte Kulturchancen in Wien. In: Gertrud M. Backes und Wolfgang Clemens (Hg.): Zukunft der Soziologie des Alter(n)s. Wiesbaden: Springer VS, S. 251-278.

Roß, Paul-Stefan; Roth, Roland (2018): Bürgerkommune. In: Thomas Klie und Anna Wiebke Klie (Hg.): Engagement und Zivilgesellschaft. Expertisen und Debatten zum Zweiten Engagementbericht. Wiesbaden: Springer VS, S. 163-268.

Roß, Paul-Stefan; Roth, Roland (2019): Soziale Arbeit und bürgerschaftliches Engagement: gegeneinander – nebeneinander – miteinander? Freiburg i.Br.: Lambertus.

Roth, Roland (2016): Gewinnwarnung – Anmerkungen zur wundersamen Engagementvermehrung des Freiwilligensurveys 2014. In: BBE Newsletter für Engagement und Partizipation in Deutschland (10). Online verfügbar unter: https://www.b-b-e.de/fileadmin/Redaktion/05_Newsletter/01_BBE_Newsletter/bis_2017/2016/newsletter-10-roth.pdf [15.07.2022].

Roth, Roland (2018): Engagement im Quartier – aktuelle Tendenzen und Herausforderungen. In: BBE Newsletter für Engagement und Partizipation in Deutschland. Online verfügbar unter: https://www.b-b-e.de/fileadmin/Redaktion/05_Newsletter/01_BBE_Newsletter/2018/newsletter-07-roth.pdf [15.07.2022].

Roth, Roland (2000): Bürgerschaftliches Engagement – Formen, Bedingungen, Perspektiven. In: Annette Zimmer und Stefan Nährlich (Hg.): Engagierte Bürgerschaft. Traditionen und Perspektiven. Wiesbaden: Springer VS, S. 25-48.

Rowe, J. W.; Kahn, R. L. (1997): Successful aging. In: The Gerontologist 37 (4), S. 433-440.

Rüßler, Harald; Köster, Dietmar; Stiel, Janina; Heite, Elisabeth (2015): Lebensqualität im Wohnquartier. Ein Beitrag zur Gestaltung alternder Stadtgesellschaften. Stuttgart: Kohlhammer.

Sachße, Christoph (2011): Traditionslinien bürgerschaftlichen Engagements in Deutschland. In: Thomas Olk und Birger Hartnuß (Hg.): Handbuch Bürgerschaftliches Engagement. Weinheim und Basel: Beltz Juventa, S. 17-27.

Sander, Tobias (Hg.) (2014): Habitussensibilität. Eine neue Anforderung an professionelles Handeln. Wiesbaden: Springer VS.

Saup, Winfried (1993): Alter und Umwelt. Eine Einführung in die ökologische Gerontologie. Stuttgart: Kohlhammer.

Schäfers, Bernhard; Lehmann, Bianca (Hg.) (2001): Handwörterbuch zur Gesellschaft Deutschlands. Bonn: Bundeszentrale für Politische Bildung.

Scherger, Simone; Vogel, Claudia (Hg.) (2018): Arbeit im Alter. Zur Bedeutung bezahlter und unbezahlter Tätigkeiten in der Lebensphase Ruhestand. Wiesbaden: Springer VS.

Schicka, Manuela; Schroeter, Klaus R.; Zanda, Adriana (2019): Soziale Beziehungen als Unterstützungsressourcen im Alter. In: Angewandte Gérontologie Appliquée 4 (1), S. 6-8.

Schiefer, David; van der Noll, Jolanda; Delhey, Jan; Boehnke, Klaus (2012): Kohäsionsradar: Zusammenhalt messen. Gesellschaftlicher Zusammenhalt in Deutschland – ein erster Überblick. Bertelsmann Stiftung.

Schirrmacher, Frank (2004): Das Methusalem-Komplott. München: Blessing.

Schmals, Klaus M. (Hg.) (1983): Stadt und Gesellschaft. München: Academic.

Schorn, Ariane (2000): Das »themenzentrierte Interview«. Ein Verfahren zur Entschlüsselung manifester und latenter Aspekte subjektiver Wirklichkeit. In: Forum: Qualitative Sozialforschung 2 (1).

Schroeter, Klaus R. (2001): Lebenslagen, sozialer Wille, praktischer Sinn. In: Gertrud M. Backes, Wolfgang Clemens und Klaus R. Schroeter (Hg.): Zur Konstruktion sozialer Ordnungen des Alter(n)s. Wiesbaden: Springer VS, S. 31-64.

Schroeter, Klaus R. (2002a): Zur Allodoxie des »erfolgreichen« und »produktiven Alter(n)s«. In: Gertrud M. Backes und Wolfgang Clemens (Hg.): Zukunft der Soziologie des Alter(n)s. Wiesbaden: Springer VS, S. 85-110.

Schroeter, Klaus R. (2002b): Lebenswelten ohne (soziale) Hinterbühne: Die Lebenslagen stationär versorgter, pflegebedürftiger alter Menschen unter dem Vergrößerungsglas einer feld- und figurationssoziologischen Betrachtung. In: Ursula Dallinger und Klaus R. Schroeter (Hg.): Theoretische Beiträge zur Alternssoziologie. Opladen: Leske + Budrich, S. 141-168.

Schroeter, Klaus R. (2006a): Status und Prestige als symbolische Kapitalien im Alter? In: Klaus R. Schroeter und Peter Zängl (Hg.): Altern und bürgerschaftliches Engagement. Aspekte der Vergemeinschaftung und Vergesellschaftung in der Lebensphase Alter. Wiesbaden: Springer VS, S. 27-61.

Schroeter, Klaus R. (2006b): Einleitung: Vom »alten Ehrenamt« zum »bürgerschaftlichen Engagement im Alter«. In: Klaus R. Schroeter und Peter Zängl (Hg.): Altern und bürgerschaftliches Engagement. Aspekte der Vergemeinschaftung und Vergesellschaftung in der Lebensphase Alter. Wiesbaden: Springer VS, S. 7-16.

Schroeter, Klaus R. (2007): Zur Symbolik des korporalen Kapitals in der »alterslosen Altersgesellschaft«. In: Ursula Pasero, Gertrud Backes und Klaus R. Schroeter (Hg.): Altern in Gesellschaft. Ageing – diversity – inclusion. Wiesbaden: Springer VS, S. 129-148.

Schroeter, Klaus R. (2008): Pflege in Figurationen — ein theoriegeleiteter Zugang zum ›sozialen Feld der Pflege‹. In: Ullrich Bauer und Andreas Büscher (Hg.): Soziale Ungleichheit und Pflege. Wiesbaden: Springer VS, S. 49-77.

Schroeter, Klaus R.; Vogel, Claudia; Künemund, Harald (Hg.) (2019): Handbuch Soziologie des Alter(n)s. Living reference work, continuously updated edition. Wiesbaden: Springer VS.

Schroeter, Klaus R.; Zängl, Peter (Hg.) (2006): Altern und bürgerschaftliches Engagement. Aspekte der Vergemeinschaftung und Vergesellschaftung in der Lebensphase Alter. Wiesbaden: Springer VS.

Schulze, Gerhard (2000): Die Erlebnisgesellschaft. Kultursoziologie der Gegenwart. Frankfurt a.M.: Campus.

Schulz-Nieswandt, Frank; Köstler, Ursula (2011): Bürgerschaftliches Engagement im Alter. Hintergründe, Formen, Umfang und Funktionen. Stuttgart: Kohlhammer.

Schütz, Alfred (1971): Gesammelte Aufsätze. I. Dordrecht: Springer Netherlands.

Schwabe, Sven (2015): Alter in Verantwortung? Bielefeld: transcript.

Schwingel, Markus (2011): Pierre Bourdieu zur Einführung. Hamburg: Junius.

Seel, Martin (2011): 111 Tugenden, 111 Laster. Eine philosophische Revue. Frankfurt a.M.: Fischer.

Simonson, Julia; Kelle, Nadiya; Kausmann, Corinna; Karnick, Nora; Arriagada, Céline; Hagen, Christine et al. (2021): Freiwilliges Engagement in Deutschland. Zentrale Ergebnisse des Fünften Deutschen Freiwilligensurveys (FSW 2019). Berlin. Online verfügbar unter https://www.bmfsfj.de/resource/blob/176836/7dffa0b4816c6c652fec8b9eff5450b6/freiwilliges-engagement-in-deutschland-fuenfter-freiwilligensurvey-data.pdf [15.07.2022].

Simonson, Julia; Vogel, Claudia (2019): Freiwilliges Engagement im Alter. In: Klaus R. Schroeter, Claudia Vogel und Harald Künemund (Hg.) (2019): Handbuch Soziologie des Alter(n)s. Living reference work, continuously updated edition. Wiesbaden: Springer VS.

Simonson, Julia; Vogel, Claudia; Tesch-Römer, Clemens (2014): Freiwilliges Engagement in Deutschland – Der Deutsche Freiwilligensurvey 2014. Berlin: Bundesministerium für Familie, Senioren, Frauen und Jugend.

Simonson, Julia; Vogel, Claudia; Tesch-Römer, Clemens (Hg.) (2017): Freiwilliges Engagement in Deutschland. Der Deutsche Freiwilligensurvey 2014. Wiesbaden: Springer VS.

Soeffner, Hans-Georg (Hg.)(1979): Interpretative Verfahren in den Sozial- und Textwissenschaften. Stuttgart: Metzler.

Stadelbacher, Stephanie; Schneider, Werner (Hg.) (2020): Lebenswirklichkeiten des Alter(n)s. Vielfalt, Heterogenität, Ungleichheit. Wiesbaden: Springer VS.

Statista (2021): Senioren in Deutschland. Statista-Dossier zu Senioren in Deutschland. Online verfügbar unter https://de.statista.com/themen/172/senioren/#dossierSummary [15.07.2022].

Statistisches Bundesamt (Hg.) (2017): Wie die Zeit vergeht. Analysen zur Zeitverwendung in Deutschland. Beiträge zur Ergebniskonferenz der Zeitverwendungserhebung 2012/2013 am 5./6. Oktober 2016 in Wiesbaden.

Stecklum, Heike (2017): Bürgerschaftliches Engagement psychisch erkrankter Menschen. Eine biografietheoretische Studie in Ostdeutschland. Wiesbaden: Springer VS.

Steinfort, Julia (2010): Identität und Engagement im Alter. Eine empirische Untersuchung. Wiesbaden: Springer VS.

Stiftung für Engagement und Ehrenamt (o.J.): Homepage der Deutschen Stiftung für Engagement und Ehrenamt. Online verfügbar unter: https://www.deutsche-stiftung-engagement-und-ehrenamt.de/ [15.07.2022].

Störkle, Mario (2021): Expatriates und freiwilliges Engagement in der SchweiZ. Eine qualitative Analyse im Kanton Zug. Wiesbaden: Springer VS.

Ströing, Miriam (2015): Reichtum und gesellschaftliches Engagement in Deutschland. Empirische Analyse der Determinanten philanthropischen Handelns reicher Personen. Wiesbaden: Springer VS.

Sutterlüty, Ferdinand; Imbusch, Peter (2008): Abenteuer Feldforschung. Soziologen erzählen. Frankfurt a.M.: Campus.

Teiwes-Kügler, Christel; Lange-Vester, Andrea (2017): Das Konzept der Habitus-Hermeneutik in der typenbildenden Milieuforschung. In: Stella Müller und Jens Zimmermann (Hg.): Milieu – Revisited. Forschungsstrategien der Qualitativen Milieuanalyse. Wiesbaden: Vieweg, S. 113-155.

Tesch-Römer, Clemens; Engstler, Heribert; Wurm, Susanne (Hg.) (2006a): Altwerden in Deutschland. Sozialer Wandel und individuelle Entwicklung in der zweiten Lebenshälfte. Wiesbaden: Springer VS.

Tesch-Römer, Clemens; Wurm, Susanne; Hoff, Andreas; Engstler, Heribert; Motel-Klingebiel, Andreas (2006b): Der Alterssurvey: Beobachtung gesellschaftlichen Wandels und Analyse individueller Veränderungen. In: Clemens Tesch-Römer, Heribert Engstler und Susanne Wurm (Hg.): Altwerden in Deutschland. Sozialer Wandel und individuelle Entwicklung in der zweiten Lebenshälfte. Wiesbaden: Springer VS, S. 11-46.

Tesch-Römer, Clemens; Simonson, Julia; Vogel, Claudia; Ziegelmann, Jochen P. (2017): Ergebnisse des Deutschen Freiwilligensurveys 2014: Implikationen für die Engagementpolitik. In: Julia Simonson, Claudia Vogel und Clemens Tesch-Römer (Hg.): Freiwilliges Engagement in Deutschland. Der Deutsche Freiwilligensurvey 2014. Wiesbaden: Springer VS, S. 647-662.

Tews, Hans Peter (1993): Neue und alte Aspekte des Strukturwandels des Alters. In: Gerhard Naegele und Hans Peter Tews (Hg.): Lebenslagen im Strukturwandel des Alters. Alternde Gesellschaft – Folgen für die Politik. Wiesbaden: Springer VS, S. 15-42.

Tews, Hans-Peter (1994): Alter zwischen Entpflichtung, Belastung und Verpflichtung. In: Günter Verheugen (Hg.): 60 plus. Die wachsende Macht der Älteren. Köln: Bund, S. 51-60.

Tews, Hans-Peter (1996): Produktives Leben im Alter. In: Margret M. Baltes und Leo Montada (Hg.): Produktives Leben im Alter. Frankfurt a.M.: Campus, S. 184-210.

Tocqueville, Alexis de (1987): Über die Demokratie in Amerika. Zürich: Manesse.

Tokarski, Walter (1993): Lebensstile: Ein brauchbarer Ansatz für die Analyse des Altersstrukturwandels? In: Gerhard Naegele und Hans Peter Tews (Hg.): Lebenslagen im Strukturwandel des Alters. Alternde Gesellschaft – Folgen für die Politik. Wiesbaden, Springer VS, S. 116-132.

Toyka-Seid, Christiane (Hg.) (2003): Bürgerschaftliches Engagement im internationalen Vergleich. Opladen: Leske + Budrich.

Trumann, Jana (2013): Lernen in Bewegung(en). Politische Partizipation und Bildung in Bürgerinitiativen. Bielefeld: transcript.

Ueltzhöffer, Jörg (2000): Lebenswelt und bürgerschaftliches Engagement. Soziale Milieus in der Bürgergesellschaft. Ergebnisse einer sozialempirischen Repräsentationserhebung in der Bundesrepublik Deutschland. Mannheim: Sozialwissenschaftliches Institut für Gegenwartsfragen.

van Dyk, Silke (2009): Das Alter: adressiert, aktiviert, diskriminiert. Theoretische Perspektiven auf die Neuverhandlung einer Lebensphase. Berliner Journal für Soziologie 19 (4), S. 601-625.

van Dyk, Silke (2015a): Die neuen Aktivbürger von nebenan? Die wohlfahrtsstaatliche Vergesellschaftung des höheren Lebensalters und die Entdeckung des Sozialraums. In: Anne van Rießen, Christian Bleck und Reinhold Knopp (Hg.): Sozialer Raum und Alter(n). Zugänge, Verläufe und Übergänge sozialräumlicher Handlungsforschung. Wiesbaden: Springer VS, S. 31-51.

van Dyk, Silke (2015b): Soziologie des Alters. Bielefeld: transcript.

van Dyk, Silke; Haubner, Tine (2019): Gemeinschaft als Ressource? Engagement und Freiwilligenarbeit im Strukturwandel des Wohlfahrtsstaates. In: A. Doris Baumgartner und Beat Fux (Hg.): Sozialstaat unter Zugzwang? Zwischen Reform und radikaler Neuorientierung. Wiesbaden: Springer VS, S. 259-279.

van Dyk, Silke; Lessenich, Stephan (Hg.) (2009): Die jungen Alten. Analysen einer neuen Sozialfigur. Frankfurt a.M.: Campus.

van Rießen, Anne; Bleck, Christian; Knopp, Reinhold (Hg.) (2015): Sozialer Raum und Alter(n). Zugänge, Verläufe und Übergänge sozialräumlicher Handlungsforschung. Wiesbaden: Springer VS.

van Rießen, Anne; Henke, Stefanie (2020): Selbstbestimmte Teilhabe älterer Menschen durch ehrenamtliches Engagement: Chancen und Herausforderungen. In: Blätter der Wohlfahrtspflege 167 (5), S. 173-176.

van Willigen, M. (2000): Differential benefits of volunteering across the life course. In: The journals of gerontology. Series B, Psychological sciences and social sciences 55 (5), S308-18.

Verheugen, Günter (Hg.) (1994): 60 plus. Die wachsende Macht der Älteren. Köln: Bund.

Vester, Michael (2003): Class and Culture in Germany. In: Sociologia, Problemas e Práticas, Vol. 42, S. 25-64.

Vester, Michael (2012): Kurze Beschreibung der sozialen Milieus. Online verfügbar unter https://docplayer.org/30903652-Kurze-beschreibung-der-sozialen-milieus-stand-april-2012.html [15.07.2022].

Vester, Michael (2015): Die Grundmuster der alltäglichen Lebensführung und der Alltagskultur der sozialen Milieus. In: Renate Freericks und Dieter Brinkmann (Hg.): Handbuch Freizeitsoziologie. Wiesbaden: Springer VS, S. 143-187.

Vester, Michael (2019): Von Marx bis Bourdieu. Klassentheorie als Theorie der Praxis. In: Michael Vester, Ulf Kadritzke und Jakob Graf (Hg.): Klassen – Fraktionen – Milieus. Beiträge zur Klassenanalyse (1). Berlin: Rosa-Luxemburg-Stiftung, S. 9-67.

Vester, Michael; Kadritzke, Ulf; Graf, Jakob (Hg.) (2019): Klassen – Fraktionen – Milieus. Beiträge zur Klassenanalyse (1). Berlin: Rosa-Luxemburg-Stiftung.

Vester, Michael; Oertzen, Peter von; Geiling, Heiko; Hermann, Thomas; Müller, Dagmar (2001): Soziale Milieus im gesellschaftlichen Strukturwandel. Zwischen Integration und Ausgrenzung. Frankfurt a.M.: Suhrkamp.

Vogel, Claudia (2021): Ehrenamtliches Engagement in der zweiten Lebenshälfte. In: Julia Hahmann, Kira Baresel, Marvin Blum und Katja Rackow (Hg.): Gerontologie gestern, heute und morgen. Wiesbaden: Springer VS, S. 309-336.

Vogel, Claudia; Motel-Klingebiel, Andreas (Hg.) (2013): Altern im sozialen Wandel. Die Rückkehr der Altersarmut? Wiesbaden: Springer VS.

Vogel, Claudia; Simonson, Julia; Ziegelmann, Jochen P.; Tesch-Römer, Clemens (2017a): Freiwilliges Engagement von Frauen und Männern in Deutschland. In: Julia Simonson, Claudia Vogel und Clemens Tesch-Römer (Hg.): Freiwilliges Engagement in Deutschland. Der Deutsche Freiwilligensurvey 2014. Wiesbaden: Springer VS, S. 637-646.

Vogel, Claudia; Kausmann, Corinna; Hagen, Christine (2017b): Freiwilliges Engagement älterer Menschen. Sonderauswertungen des Vierten Deutschen Freiwilligensurveys. Berlin: Bundesministerium für Familie, Senioren, Frauen und Jugend.

Vogel, Claudia; Tesch-Römer, Clemens (2017): Informelle Unterstützung außerhalb des Engagements: Instrumentelle Hilfen, Kinderbetreuung und Pflege im sozialen Nahraum. In: Julia Simonson, Claudia Vogel und Clemens Tesch-Römer (Hg.): Freiwilliges Engagement in Deutschland. Der Deutsche Freiwilligensurvey 2014. Wiesbaden: Springer VS, S. 253-283.

Vögele, Wolfgang; Bremer, Helmut; Vester, Michael (Hg.) (2002): Soziale Milieus und Kirche. Würzburg: Ergon.

Vogt, Irmgard (1987a): Die freiwillige und unbezahlte Arbeit von Frauen. Fakten und Fiktionen. In: Irmgard Vogt (Hg.): Dokumente und Berichte 2 der Parlamentarischen Staatssekretärin für die Gleichstellung von Frau und Mann: Erst war ich selbstlos – jetzt geh‹ ich selbst los. Düsseldorf, S. 139-163.

Vogt, Irmgard (Hg.) (1987b): Dokumente und Berichte 2 der Parlamentarischen Staatssekretärin für die Gleichstellung von Frau und Mann: Erst war ich selbstlos – jetzt geh‹ ich selbst los. Düsseldorf.

Vogt, Ludgera (2005): Das Kapital der Bürger. Theorie und Praxis zivilgesellschaftlichen Engagements. Frankfurt a.M.: Campus.

Voigtländer, Leiv Eirik (2015): Armut und Engagement. Zur zivilgesellschaftlichen Partizipation von Menschen in prekären Lebenslagen. Bielefeld: transcript.

Wagner, Thomas (2012): »Und jetzt alle mitmachen!« Ein demokratie- und machttheoretischer Blick auf Widersprüche und Voraussetzungen (politischer) Partizipation. In: Widersprüche. Zeitschrift für sozialistische Politik im Bildungs-, Gesundheits- und Sozialbereich 32 (123), S. 15-38.

Walker, Allan (2010): The Emergence and Application of Active Ageing in Europe. In: Gerhard Naegele (Hg.): Soziale Lebenslaufpolitik. Wiesbaden: Springer VS, S. 585-601.

Weemaes, Bart; Schokkaert, Erik (2009): Preference Variation in Volunteering Decisions: Public Goods and Private Benefits. SSRN Journal. Online verfügbar unter: https://papers.ssrn.com/sol3/papers.cfm?abstract_id=1414191 [15.07.2022].

Wentz, Martin (Hg.) (1991): Stadt-Räume. Frankfurt a.M.: Campus.

Wiebke, Gisela (2002): Das Gesamtbild: Zwanzig Datenprofile sozialer Milieus. In: Wolfgang Vögele, Helmut Bremer und Michael Vester (Hg.): Soziale Milieus und Kirche. Würzburg: Ergon, S. 275-409.

Wildner, Kathrin (2003): Zócalo – die Mitte der Stadt Mexiko. Ethnographie eines Platzes. Berlin: Reimer.

Wilkinson, Richard G.; Pickett, Kate (2010): The spirit level. Why equality is better for everyone. London: Penguin Books.

Wilson, John (2012): Volunteerism Research. In: Nonprofit and Voluntary Sector Quarterly 41 (2), S. 176-212.

Winker, Gabriele; Degele, Nina (2009): Intersektionalität. Zur Analyse sozialer Ungleichheiten. Bielefeld: transcript.

Zander, Michael; Heusinger, Josefine (2013): Milieuspezifische Bewältigung prekärer Lebenslagen bei Pflegebedarf im Alter: Ausgewählte Befunde aus dem Projekt NEIGHBOURHOOD. In: Claudia Vogel und Andreas Motel-Klingebiel (Hg.): Altern im sozialen Wandel. Die Rückkehr der Altersarmut? Wiesbaden: Springer VS, S. 99-112.

Zimmer, Annette; Nährlich, Stefan (Hg.) (2000): Engagierte Bürgerschaft. Traditionen und Perspektiven. Wiesbaden: Springer VS.

Kulturwissenschaft

Tobias Leenaert
Der Weg zur veganen Welt
Ein pragmatischer Leitfaden

Januar 2022, 232 S., kart., Dispersionsbindung,
18 SW-Abbildungen
20,00 € (DE), 978-3-8376-5161-4
E-Book:
PDF: 17,99 € (DE), ISBN 978-3-8394-5161-8
EPUB: 17,99 € (DE), ISBN 978-3-7328-5161-4

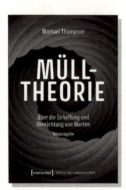

Michael Thompson
Mülltheorie
Über die Schaffung und Vernichtung von Werten

2021, 324 S., kart., Dispersionsbindung, 57 SW-Abbildungen
27,00 € (DE), 978-3-8376-5224-6
E-Book:
PDF: 23,99 € (DE), ISBN 978-3-8394-5224-0
EPUB: 23,99 € (DE), ISBN 978-3-7328-5224-6

Erika Fischer-Lichte
Performativität
Eine kulturwissenschaftliche Einführung

2021, 274 S., kart., Dispersionsbindung, 3 SW-Abbildungen
23,00 € (DE), 978-3-8376-5377-9
E-Book:
PDF: 18,99 € (DE), ISBN 978-3-8394-5377-3

**Leseproben, weitere Informationen und Bestellmöglichkeiten
finden Sie unter www.transcript-verlag.de**

Kulturwissenschaft

Stephan Günzel
Raum
Eine kulturwissenschaftliche Einführung

2020, 192 S., kart.
20,00 € (DE), 978-3-8376-5217-8
E-Book:
PDF: 16,99 € (DE), ISBN 978-3-8394-5217-2

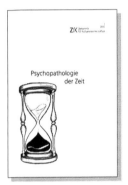

Maximilian Bergengruen, Sandra Janßen (Hg.)
Psychopathologie der Zeit
Zeitschrift für Kulturwissenschaften, Heft 1/2021

Januar 2022, 176 S., kart.
14,99 € (DE), 978-3-8376-5398-4
E-Book:
PDF: 14,99 € (DE), ISBN 978-3-8394-5398-8

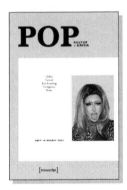

Thomas Hecken, Moritz Baßler, Elena Beregow,
Robin Curtis, Heinz Drügh, Mascha Jacobs,
Annekathrin Kohout, Nicolas Pethes, Miriam Zeh (Hg.)
POP
Kultur und Kritik (Jg. 10, 2/2021)

2021, 176 S., kart.
16,80 € (DE), 978-3-8376-5394-6
E-Book:
PDF: 16,80 € (DE), ISBN 978-3-8394-5394-0

**Leseproben, weitere Informationen und Bestellmöglichkeiten
finden Sie unter www.transcript-verlag.de**